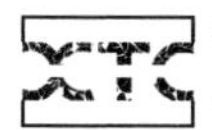

云南省高等学校民族团结进步理论与实践协同创新中心资助项目
中国特色民族团结进步事业智库资助项目

中国特色民族团结进步事业丛书

主编　王德强

企业发展与民族团结

民族地区企业社会责任的理论与实践

刘　玲 / 著

社会科学文献出版社
SOCIAL SCIENCES ACADEMIC PRESS(CHINA)

总　序

王德强

20 世纪末以苏联解体、东欧剧变为开端，在“冷战”体系下长期压抑且得不到释放的族裔主义，开始全面复苏和爆发，伴随着国家裂变、民族纷争、种族仇杀、宗教复古、原住民运动、泛民族主义运动等，形成了声势浩大的“第三次世界民族主义浪潮”，民族问题的普遍性、长期性、复杂性和国际性再次凸显。

超级大国美国“种族主义”重新泛起，“黑白之争”连续升温并持续发酵；特朗普的“穆斯林禁令”让全世界哗然。在英国寻求脱欧之际，2014 年苏格兰举行了独立公投，仅两年之后，苏格兰宣布再次“脱英”公投，“分还是合”的古老命题仍困扰着昔日的日不落帝国。欧洲浪漫之都巴黎的恐怖袭击震惊世界，折射出自由法国乃至欧洲深层次的民族宗教矛盾。美国等一些西方国家对西亚北非局势的蛮横干涉，导致的欧洲难民危机，反射出冷战之后的霸权主义仍挥之不去。叙利亚问题已经成为大国角力和博弈的竞技场。乌克兰危机既凸显出“向东走”还是“向西走”问题上的深度对立，又折射出该国民族问题的复杂性。因民族问题引发的缅北冲突持续不断，昂山素季重启 21 世纪彬龙会议的计划，步履维艰。

民族是客观存在的实体，而不是“想象的共同体”。人类社会是民族的大千世界，当今世界仍有两三千个民族。民族多，国家少；多民族国家多，单一民族国家少，是当今世界的常态。如何处理统一性和多样性之间的关系，实现“尊重差异、包容多样”的国民整合，是世界性的难题。

在漫长的历史发展进程中，解决民族问题的观念和实践多以消除差异为目标，其手段不外乎武力征服、强迫同化、驱赶围困，甚至赶尽杀绝。这种手段或政策，在西方殖民主义时代形成了通则，并被推向极致，为今天世界民族问题留下了诸多的“历史遗产”。

殖民时代结束后，随着同化、熔炉政策的整体性失败，多元文化主义开始成为西方国家解决民族问题的普遍性潮流，但是好景不长，“多元文化主义已经过时”的论调接踵而来，与之相呼应，“文明冲突论”甚嚣尘上。世界许多国家似乎对多样性失去了兴致，对处理统一性和多样性之间的关系失去了耐心、穷尽了智慧。

与此形成鲜明对照的是，中国共产党始终坚持把马克思主义基本原理同中国多民族国情相结合，开辟了中国特色解决民族问题的正确道路，缔造了中国特色民族团结进步辉煌事业。实践证明：只有坚持马克思主义的立场、观点和方法才能正确处理民族问题。

新民主主义革命时期，中国共产党根据马列主义关于民族问题的理论与国家学说，结合中国民族问题的现状，明确提出了民族平等、民族团结这一马克思主义正确处理民族问题的原则。民族平等是民族团结的前提和基础，民族团结是民族平等的目标和实现形式。1922 年，中共二大宣言指出：中国的反帝国主义运动要并入世界被压迫民族的民族革命浪潮中，与世界无产阶级革命运动联合起来。“世界无产阶级联合起来”的主张是中国共产党民族团结进步思想的萌芽。在第二次国内革命战争时期，中国共产党明确提出了民族平等政策，中华苏维埃第一次全国代表大会决定：凡是居住在苏维埃共和国的少数民族劳动者，在汉人占多数的区域，和汉族的劳苦人民一律平等，享有法律上的一切权利，并履行相应义务，而不加任何限制。1934 年 5 月 5 日，中国共产党在《党团中央为声讨国民党南京政府告全国劳动群众书》中首次提出了民族团结的主张，指出不分党派、职业、民族、性别、信仰都团结起来，一致抗日。在长征途中，中国共产党始终团结各民族，并建立了少数民族自治政权，积累了民族团结和民族工作的宝贵经验。抗日战争全面爆发后，中国共产党提出了联合国内各种力量建立广泛的抗日民族统一战线的主张，1937年8月15日《中国共产党抗日救国十大纲领》中明确提出“抗日的民族团结”，主张全民族的联合和一致对外。在整个抗日战争时期，中国共产党都坚持民族团结、一致抗日的主张和政策。从第一次国内革命战争到第二次国内革命战争，中国共产党解决民族问题、处理民族事务的政策主张从民族“联合”走向民族“团结”，并在抗日战争的历史背景下，实现了从民族“联合”到民族“团结”的根本转型。

解放战争时期，中国共产党客观分析当时的形势，把抗战时期民族团结、抗日救国的政策主张，发展为各民族团结起来，共建独立、自由、和平、统一和强盛的人民民主共和国的主张。1947年5月，针对当时一些人提出的内蒙古“独立自治”的错误倾向和分裂活动，中央明确提出建立第一个省级自治区——内蒙古自治区。新中国成立前夕，在总结新民主主义革命胜利的经验基础上，中国共产党继承和发展了马克思主义的民族团结观。《中国人民政治协商会议共同纲领》明确规定：“中华人民共和国境内各民族一律平等，实行团结互助，反对帝国主义和各民族内部的人民公敌，使中华人民共和国成为各民族友爱合作的大家庭。反对大民族主义和狭隘民族主义，禁止民族间的歧视、压迫和分裂各民族团结的行为。”丰富和深化了中国共产党关于民族团结理论与政策的内涵，并成为新中国处理民族问题的基本原则。

中华人民共和国成立后，中国共产党全面开创中国特色民族团结进步事业。创建统一的多民族国家，实行民族区域自治保障民族平等和各民族团结；在民族地区政权建设进程中把民族因素与区域因素相结合，历史与现实相结合，政治与经济相结合，因地制宜，实行民族区域自治，增强各民族的团结，维护国家统一。派出中央民族访问团，毛泽东手书“中华人民共和国各民族团结起来！”为访问团壮行，访问团累计行程8万多公里，足迹遍布除西藏、台湾外的所有民族地区，宣传党的民族政策，消除民族隔阂，化解矛盾纠纷，促进各民族的团结。继而又开展了民族大调查、民族识别等工作，极大地丰富和深化了对多民族国情的认识，为全面实行民族区域自治和促进民族团结创造了条件，分类指导，改革少数民族地区社会经济制度。中华人民共和国成立以来终结了民族压迫、剥削、歧视的历史，全面建立了促进民族平等团结、共同繁荣发展的崭新的政治经济社会文化制度，民族团结达到了全新的水平。从新中国成立到“文化大革命”前这段时期，各民族的团结达到了空前的高度，民族工作迎来了“第一个黄金时期”。

20世纪70年代末，真理标准的大讨论和党的十一届三中全会，拉开了思想解放和改革开放的历史帷幕，同时开辟了巩固和加强我国民族团结进步事业的正确航道。1979年全国边防工作会议重申了党的民族政策，确定了新时期民族工作的主要任务：“在全党、全国各族人民中间、普遍地、深入地、大张旗鼓地进行民族政策再教育，认真检查民族政策的执行情况，切实解决存在于民族关系方面的问题，消除不利于民族团结的因素”，各地在贯彻落实中央的这一精神过程中，创造性地开展了形式多样的民族团结进步宣传活动，取得良好的效果。改革开放以来，中国共产党高度重视民族团结进步事业，以邓小平为核心的第二代中央领导集体开创性地提出了“汉族离不开少数民族，少数民族也离不开汉族”的重要思想，并在党的十三届四中全会以后最终形成了中国共产党关于中国民族关系“三个离不开”的基本认识。同时，根据党和国家中心工作的历史性转变，及时将民族工作的中心转移到社会主义现代化建设上来，加大民族政策贯彻落实力度，特别强调了发展是解决民族问题的核心，并逐步形成了“各民族共同团结奋斗，共同繁荣发展”的新时期民族工作主题。“两个共同”的思想深刻阐释了维护民族团结和加快民族地区发展的辩证关系。在实践层面制定并实施西部大开发战略，制定实施人口较少民族发展、兴边富民、少数民族事业发展三个专项规划，采取一系列重大举措加快少数民族和民族地区发展；专门研究部署加快西藏、新疆等边疆民族地区经济社会发展，推进民族团结进步事业；定期召开民族团结进步表彰大会，总结经验，表彰先进；全面、深入地开展民族团结进步创建活动；等等。在改革开放的进程中，在复杂多变的国际环境中，我国不仅保持了民族团结、边疆稳定和国家统一，而且将中国特色民族团结进步事业全面推进。

党的十八大以来，以习近平同志为核心的党中央，深刻洞察世界政治经济格局的走向与变化，全面分析和科学研判我国民族工作新的阶段性特征，深入研究党和国家事业发展对民族工作的时代要求，提出了一系列关于做好民族工作的新理念、新思想、新战略，科学回答了新形势下推进中国特色民族团结进步事业发展的一系列重大理论和实践问题，全面阐释了中国特色解决民族问题的正确道路，彻底澄清了近年来民族工作领域理论上的一些模糊认识，切实纠正了实践中的一些不当做法，开启了中国特色民族团结进步事业的新航程。民族地区的五大文明建设全面推进，各民族之间的交往交流交融全面展开、深入发展。

在理论层面，深化了对多民族国情的认识，强调多民族是“特色”、是“有利因素”，多元一体是“重要财富”、是“重要优势”。这一新定位、新认识，为族际交往从“各美其美”走向“美人之美，美美与共”，提供了内在根据；强调中华民族和各民族的关系，是一个大家庭和家庭成员的关系，各民族之间是大家庭里不同成员之间的关系，一家人都要过上好日子，全面建成小康社会，一个民族也不能少；为增强中华民族共同体意识、加快共有精神家园建设，为夯实民族团结进步事业的物质基础指明了方向。

在实践层面，多措并举，综合施策。强调推动民族工作要做到物质力量和精神力量并用，一把钥匙开一把锁：物质层面的问题要靠物质力量、靠发展来解决；精神层面的问题要靠精神力量、靠思想教育来解决。强调法律保障和争取人心并重：习近平总书记既强调要用法律来保障民族团结；又强调“做好民族工作，最管用的是争取人心”，要“绵绵用力，久久为功”，强调人心是最大的政治，强调要在全社会不留死角地搞好民族团结宣传教育。民族团结宣传教育应少做“漫灌”，多做“滴灌”和精耕细作。强调城市民族工作中对少数民族流动人口既不能搞关门主义，也不能放任自流，关键是要抓流出地和流入地的两头对接，着力点是推动建立相互嵌入的社会结构和社区环境。党的十八大以来关于民族事务治理的新理念、新思想、新战略，从理论和实践层面科学回答了新的历史阶段民族工作中面临的新问题、新挑战，丰富和发展了马克思主义民族理论。

由云南省高等学校民族团结进步理论与实践协同创新中心和中国特色民族团结进步事业智库推出的“中国特色民族团结进步事业丛书”全面总结中国特色民族团结进步的成功经验，深刻阐释中国特色解决民族问题的正确道路，深入揭示各民族共同团结奋斗、共同繁荣发展的内在逻辑，深入研究推进中国特色民族团结进步事业面临的新情况、新问题，期冀不断巩固和加强中国特色民族团结进步事业，并通过讲述中国故事，传播中国声音，彰显中国特色民族团结进步事业的普世价值和意义，为化解“文明冲突”和民族纷争，促进文明互鉴、族际和谐提供借鉴。

2017 年 4 月 22 日于临沧

序　言

朱景文

刘玲博士的专著《企业发展与民族团结：民族地区企业社会责任理论与实践》即将出版，看到自己培养的博士研究生的成果，我很高兴为她作序。

对企业社会责任有不同的理论。自由主义理论认为，作为一个经济单位的企业，以营利为目的是天经地义的，只要企业的经营遵纪守法，降低成本，增大赢利，赚的钱越多，说明企业的效益越好，在经济学和法学上都是有价值的、无可指摘的。一方面，企业赢利越高，对企业来讲固然重要，对社会来讲，通过税收机制，也可做出更大的贡献。另一方面，企业为实现自身利益，扩大企业规模，也可为社会创造更多的就业机会，带来社会稳定。因此，企业的经济效益本身就会对社会做出贡献，在某种程度上利己与利他，与企业的社会责任是一致的。这就是亚当·斯密的"看不见的手"的理论，即一个社会通过市场能够最好地确定其需要，如果企业尽可能高效率地使用资源以提供社会需要的产品和服务，并以消费者愿意支付的价格销售它们，企业就尽到了自己的社会责任。在此之外，给企业加上所谓社会责任，承担本来应由政府承担的责任，只会加重企业负担，破坏市场规律。

但是，自由主义社会责任理论是建立在企业经营与社会利益一致的基础上，如果企业赢利与社会利益相矛盾，这种理论是说不通的。20 世纪 90 年代以来，随着人权、环境、劳工等问题的日益突出，跨国公司在全球化中的作用越来越大，如何保护在市场经济下最容易遭到破坏的要素成为全球关注的焦点，形成了企业社会责任运动。2000 年联合国开始实施的“全球契约”提出，企业除了赢利之外，必须承担人权、劳工、环境和反腐败等四个方面的十项原则，包括：第一，企业应在其所能影响的范围内支持并尊重对国际社会做出的维护人权的宣言；第二，不袒护侵犯人权的行为、劳动；第三，有效保证组建工会的自由与团体交涉的权利；第四，消除任何形式的强制劳动；第五，切实有效地废除童工；第六，杜绝在用工与职业方面的差别歧视；第七，企业应对环保问题未雨绸缪；第八，主动承担环境保护责任；第九，推进环保技术的开发与普及；第十，积极采取措施反对强取和贿赂等任何形式的腐败行为。

企业社会责任最初不是法律责任，而是一种道德责任，属于慈善活动的范围，也就是说，企业除了自己发财之外，还应对社会做出某些贡献，对教育、贫困人口、公益事业提供捐赠。因此，企业社会责任这一概念最初都是与“乐善好施”相联系的。企业承担社会责任，献爱心，回报社会，本来是件好事，但是只停留在道德层面是远远不够的。道德责任不上升为法律会带来两方面的后果：一方面，捐赠固然好，解决了政府和社会所急，但是企业不捐赠，也并不违法，只不过获得道德上的恶名，“拔一毛而利天下，而不为之”，后来的“黑名单”之类做法就是由此而来的；另一方面，在有些情况下，政府又利用这类慈善，以捐款的名义，要求企业赞助，横征暴敛，企业为了生存，不得不“忍痛割爱”，从而使市场经济的基础受到威胁。毫无疑问，企业在创造利润的时候，不应忘记自己的道德责任，但是道德责任如果缺乏法律的规制和保障，往往会落空，甚至会被歪曲。

企业社会责任有广义和狭义的解释。从广义上说，企业社会责任包括企业的一切法律义务、社会义务，包括企业对政府的责任，即遵纪守法、合法经营、照章纳税；企业对股东的责任，按照公司法和公司章程运行，保障股东的合法权益，有责任向股东提供真实、可靠的经营和投资方面的信息；企业对消费者的责任，履行消费者权益保护法的规定，对提供的产品质量和服务质量承担责任，履行对消费者在产品质量和服务质量方面的承诺，不得欺诈消费者和谋取暴利，在产品质量和服务质量方面自觉接受政府和公众的监督。从狭义上说，企业社会责任主要包括三项：第一，企业对员工的责任，即按照《劳动法》和《劳动合同法》的要求，保护劳工权利；第二，企业对环境和可持续发展的责任，即企业经营不得破坏环境，浪费资源，为了企业的暂时利益，阻碍可持续发展；第三，企业对社区的责任，即企业有义务对它们所在的社区发展做出贡献，为社区提供就业机会，为社区的公益事业提供慈善捐助，向社区公开企业经营的有关信息等。有社会责任的企业应意识到通过适当的方式把利润中的一部分回报给所在社区是其应尽的义务。

刘玲博士的著作涉及少数民族地区的企业社会责任问题，这是企业社会责任在一个特殊地区的表现，有它的特殊性。她提出，少数民族地区企业社会责任建设既要重视正式制度安排的影响，更要重视民族社会非正式制度安排的影响，重视民族地区企业社会责任标准的地方性与民族性。这种特别强调社会责任在民族地区的特殊性的观点是很重要的。实际上，企业社会责任的三个方面，即劳工、环境和社区发展，每个方面在民族地区都有它们的特殊性。劳工问题应特别注意少数民族职工的特殊性，尊重他们的民族习惯和尊严。环境方面应特别注意少数民族地区对环境保护和可持续发展的特殊阶段，注重生态的保护。如果说企业对所在社区的责任主要是帮助实现经济和社会发展，对少数民族地区而言，经济和社会发展有着特殊的意义。一般来说，由于历史的原因，少数民族地区相较于汉族聚集的地区，经济和文化发展相对落后，无论从经济发展水平、人均 GDP，还是从受教育水平分析，广大少数民族地区都处于欠发达的水平，因此在经济和文化教育发展方面，少数民族地区的企业比其他地区，特别是比较富裕、受教育水平更高的东南沿海地区的企业的社会责任会显得更重要。在该地区的企业在招工以及对教育文化事业、慈善事业的投入上，要更多地从当地少数民族的现状出发。特别是企业的社会责任，不仅仅是经济的，更应该从讲政治、讲大局的高度，看待这个问题。在少数民族地区维护民族团结、维护国家统一是最大的政治和大局。

2017 年 3 月 23 日于世纪城

摘　要

本书选取获益与回馈、改革与转型、法律与道德、主体与行动四对基本范畴，力图多角度、全方位地讨论民族地区企业社会责任的理论与实践问题，具体阐述了以下几个方面的内容。

（1）结合企业行为的经济缘由、政治愿景、社会根源的一般理论阐释，本书从企业社会责任理念与多民族国家民族关系调适的宏观视角，解读民族地区企业社会责任建设对国家治理和社会治理的影响，综合解析民族地区企业社会责任的理论基础。

（2）不同的社会经济形态对企业行为边界和社会责任要求有着质的区别。从某一个具体时段来看，民族地区经济社会发展及在其发展框架下的企业发展具有特殊性，但对于人类社会发展的漫长时空范围而言，民族地区企业发展更具有共同性，就是在特定社会形态界定的自由与责任的范围内寻求自身作用的发挥。本书在对人类社会和中国改革与转型整体进程的历时性描述中，结合民族地区经济社会发展面临的不同社会环境，以及各个时期国家战略的影响，总结民族地区企业发展与社会责任建设的阶段性特征。

（3）法律和道德是基本的社会规制方式，也是推动企业社会责任建设的两种基本路径。对企业社会责任行为的法律规制与道德约束相辅相成，缺一不可。民族地区企业社会责任的承担既具有社会经济组织的一般特征，又因所在地特有的资源禀赋、文化传统与制度环境而具有内容与形式上的特殊性。民族地区企业社会责任建设要坚持法律责任与道德责任相结合，既要重视正式制度安排的约束，更要重视民族社会非正式制度安排的影响。企业身处民族地区，应当始终注意将自身发展与民族关系调适紧密结合，将民族团结工作贯穿于促进企业发展、带动地区经济增长的全过程。

（4）在政府、企业、社会的推动下，企业社会责任建设作为社会治理的重要组成部分，逐渐从社会共识阶段走向社会责任管理的实践阶段，在民族地区，更成为民族团结进步创建活动的重要组成部分。要重视民族地区企业社会责任标准的地方性与民族性，通过政府、企业与社会三方协力推进企业履责行为，使企业社会责任建设成为促进民族团结进步的重要举措。

在理论阐释与实践调查的基础上，本书将企业社会责任理念引入民族地区，重点考察民族区域自治制度对企业履责行为的影响，通过制度与组织的互动与影响，得出有益于制度完善和企业履责的结论。

关键词： 企业发展　民族团结　民族地区企业社会责任建设

Abstract

This book selects the four basic categories of benefits and feedback, reform and transformation, law and morality, subject and action, and tries to comprehensively discuss the theory and practice of CSR in the ethnic areas, including the following aspects:

(1) Based on the general theory of economic reasons, political vision and social roots, from the perspective of CSR and the adjustment of ethnic relations in multi-ethnic countries, the book analyzes both the influence of CSR construction on national governance and social governance, and the theoretical basis of CSR in the ethnic areas.

(2) Different forms of social economy have a qualitative difference requirement between corporate behavior and social responsibility. Within a specific period of time, the development of the ethnic areas and local enterprises is special, but for the development of human society in the long time, the development of enterprises in the ethnic areas is more common. That is, to seek their own function in the scope of freedom and responsibility defined by the specific social form. Based on the diachronic description of the whole process of human society and the Chinese reform and transformation, combined with the different social environment of economic and social development in the ethnic areas, and the influence of national strategy in each period, to summary the stage characteristics of enterprise development and social responsibility construction in the ethnic areas.

(3) Law and morality are the two basic ways of social regulation, which to promote the construction of CSR. Legal and moral constraints to CSR behavior complement each other, and neither is dispensable. The undertaking of social responsibility of enterprises in the ethnic areas has not only the general characteristics of social and economic organizations, but also the particularity of content and form because of its unique resource endowment, cultural tradition and institutional environment. The construction of CSR in ethnic areas should adhere to the combination of legal responsibility and moral responsibility. We should pay attention to the impact of the formal and informal institutional arrangements. Enterprises in the ethnic minority areas should always pay close attention to the combination of their own development and the adjustment of ethnic relations, and integrate the work of ethnic unity throughout the whole process of promoting the development of enterprises and regional economic growth.

(3) Under the impetus of the government, the enterprise and the society, the construction of CSR, as an important part of social governance, has gradually moved from the stage of social consensus to the practice of social responsibility management. In ethnic areas, it is also an important part of ethnic unity and progress. We should pay attention to the locality and nationality of the standard of CSR, promote CSR behavior through the cooperation of the government, the enterprise and the society. We should make sure the the construction of CSR has become an important measure to promote ethnic unity and progress.

In the process of theoretical explanation and practical investigation, we introduce the concept of CSR into the ethnic areas, focus on the impact of the regional autonomy system on Corporate responsibility. Through the interaction and influence of institutions and organizations, it is helpful to come to conclusion which can improve the system and enterprise responsibility.

Key words: enterprise development; ethnic unity; CSR in the ethnic areas

目　录

The Catalog

导　言

随着经济体制改革的全面推进，我国已基本实现了由计划经济体制向市场经济体制的转变。市场经济作为一种法治经济，关键在于处理政府与市场的关系，既要求市场在资源配置中起决定作用，同时也要发挥政府在引领市场有序发展中的主导作用。随着西部大开发战略的实施和民族地区发展步伐的加快，越来越多的企业进入民族地区，参与民族地区的资源开发与生产建设。企业是国民经济的重要支柱，是全面建设小康社会和构建和谐社会的重要力量，是执政党执政的重要基础，企业的持续健康发展直接关系我国经济社会的又好又快发展。企业履行社会责任的能力和水平事关企业核心竞争力的提升和经济社会的可持续发展，企业在民族地区对自身社会责任的遵守与切实履行，对促进民族地区与少数民族发展，完善民族区域自治制度，以及巩固和发展各民族平等、团结、互助、和谐关系产生着重要作用。

在企业成为推动社会积极变革的组织体的情形下，对企业能够解决社会问题的理论和实践分析就变得至关重要。当前，中国的改革开放事业进入关键时期。中国共产党十八届三中全会就全面深化改革进行总体部署，提出“完善和发展中国特色社会主义制度，推进国家治理体系和治理能力现代化”的总目标。在现代化的国家治理体系中，强调“市场在资源配置中起决定性作用”，“更好地发挥政府作用”，“激发社会组织活力”，在多主体参与的多元治理模式中应对复杂的社会问题。[①] 这次会

---

① 《中共中央关于全面深化改革若干重大问题的决定》，国务院新闻办公室网站，http://www.scio.gov.cn/zxbd/tt/Document/1350709/1350709.htm，最后访问日期：2015 年 8 月 1 日。

议将“承担社会责任”作为深化国有企业改革的六项重点任务之一，这说明企业社会责任已被置于改革与发展的战略高度，成为国家倡导企业社会职能的重要标志。从这种意义上看，全面深化改革为我国企业社会责任建设提供重要的发展契机。

西部大开发战略的深入实施为民族地区加快发展注入强大的活力，“一带一路”建设的有序推进，更将民族地区推向了对外开放的“最前沿、重要节点和关键枢纽”①，民族地区经济社会发展面临重大战略机遇。

民族地区的现代化离不开工业发展和企业发展在地化，民族地区企业社会责任的履行对民族团结态势有着相当重要的影响，由于地理位置、人文环境的特殊性，民族地区企业的社会责任实践对当地经济发展、社会稳定具有重要意义。本书正是从这个角度切入，探讨民族地区企业社会责任履行实践中对民族关系的正向影响，以及对民族团结形势总体的影响。企业社会责任的理论与行动研究旨在厘清政府、企业与社会在承担社会责任的行为边界，并在此基础上设定企业的法律责任和道德责任。本书在对企业社会责任进行一般理论探索的同时，将研究视角聚焦于民族地区，试图从我国多民族国情出发，考察民族地区企业社会责任的制度因素和制度环境，以期更好地把握影响社会责任理念和行动的制度因素，进而从组织与制度互动的角度为制度的坚持和完善提供理论与实践依据。

一 选题背景与研究意义

（一）社会问题的全球治理为企业社会责任理念与行动提供宏观时代背景

随着全球化的持续深入，生态恶化、资源枯竭、失业与腐败问题等自然与社会原因使得包括企业运营在内的经济社会发展面临更多的不确定，充分凝聚国际社会共识，在人权、劳工、环境等方面践行共同的社会责任，已经成为全球治理的重要内容。新的发展形势对企业行为提出了更高的要求，企业要想实现更广泛的社会影响和在更充分的国际竞争

---

① 王正伟：《民族地区要在服务“一带一路”战略大局中大有作为》，《求是》2015 年第 14 期。

中得到助力，就需要将对社会和环境的关切整合到企业运作以及与利益相关者的互动中，使其经营行为满足社会和可持续发展的要求，符合法律规定和社会道德标准。

国际组织普遍关心企业社会责任标准，并积极倡导推进企业履责行为。联合国于2000年启动全球契约计划，号召企业遵守在人权、劳工标准、环境及反腐败方面的十项基本原则，共同参与减少全球化的负面影响。欧盟和国际标准化组织都提出了自己的企业社会责任倡议，国际劳工组织、全球报告倡议组织对社会责任标准和信息披露提出了指导性意见。世界经济合作与发展组织、国际劳工组织、国际标准化组织、国际雇主组织和欧盟等，都提出了自己的企业社会责任倡议，国际劳工组织、全球报告倡议组织更对社会责任标准和信息披露提出了指导性意见。这一系列举措都使企业社会责任成为全球趋势，旨在确保供应商所供应的产品符合社会责任标准的要求的社会责任标准 SA8000 被广泛应用，企业社会责任承担情况成为国际贸易和国际投资活动的门槛。

（二）中国企业社会责任制度建设为企业履责行为提供制度依据

2006年以来，国内关于企业社会责任的制度建设渐次展开，行业规范和地方标准逐步完善。从立法层面来看，2005年全国人大常委会修订通过，自2006年1月1日起实施的《公司法》将强化企业社会责任理念的条款明确列入总则，并在分则中设计了一套积极推进企业社会责任的具体制度。2006年《公司法》进一步完善了职工董事制度与职工监事制度，并将企业社会责任精神贯穿于公司设立、治理、运营、重组等各个环节的制度设计中。[①] 与公司社会责任的立法引导密切相关，行业内部关于企业社会责任的指导意见的出台也为公司履责行为提供可操作性依据。2006年9月25日，深圳证券交易所发布《上市公司社会责任指引》，鼓励上市公司根据指引要求“积极履行社会责任，定期评估公司社会责任的履行情况，自愿披露公司社会责任报告”，[②] 这被认为是资本市场运作平台引导社会责任行动的里程碑事件。2007年12月29日，国

① 刘俊海：《新〈公司法〉的制度创新》，《法制日报》2005年11月1日第9版。

② 深圳证券交易所：《深圳证券交易所上市公司社会责任指引》，深交所网站，http://www.szse.cn/main/disclosure/bsgg/9299.shtml，最后访问日期：2015年8月1日。

务院国有资产监督管理委员会发布《关于中央企业履行社会责任的指导意见》，要求中央企业建立社会责任报告制度，“有条件的企业要定期发布社会责任报告或可持续发展报告”，“完善社会责任沟通方式和对话机制”。[①] 这是国家部委针对企业社会责任出台的首部规范性文件，被视为官方机构推动企业社会责任发展的积极信号。紧随其后，上海证券交易所也于2008年发布《关于加强上市公司社会责任承担工作暨发布〈上海证券交易所上市公司环境信息披露指引〉的通知》[②]，鼓励公司在披露公司年度报告的同时披露公司的年度社会责任报告。相关的行业标准还有《中国工业企业及工业协会社会责任指南》和《中国纺织服装企业社会责任报告纲要》等。各地方发布的企业社会责任指引为进入本地方的企业履责行为提供规范依据，并与上述制度建设形成合力，共同促进企业社会责任的全面推广。仅2008年，就有浙江省人民政府《关于推动企业积极履行社会责任的若干意见》，中国证券监督管理委员会福建监管局《福建上市公司、证券期货经营机构、证券期货服务机构社会责任指引》、《山西省工业企业社会责任指南》等地方政府或政府部门从不同层面提出社会责任倡导，制定社会责任地方标准，这意味着地方政府日益重视企业社会责任建设，并将其作为提升区域责任竞争力的重要内容。2010年，财政部会同证监会、审计署、银监会、保监会制定了企业内部控制应用指引、评价指引和审计指引，在应用指引中单独制定了社会责任指引，这标志着包括社会责任在内的中国企业内部控制规范体系基本形成。

总之，我国的企业社会责任建设从理念倡导、制度建设到实践过程逐渐与国际接轨，并呈现标准化、规范化态势。包括政府部门、社会团体、企业员工、消费者、社区、投资者等在内的企业利益相关者积极推动社会责任行动，促进企业社会责任管理体系的建立和完善，企业社会责任行动也逐渐从能源、电力等公共事业向采掘、制造、贸易、通信、

① 《关于印发〈关于中央企业履行社会责任的指导意见〉的通知》，国资委网站，http://www.sasac.gov.cn/n85463/n327265/n327567/n327583/c330701/content.html，最后访问日期：2015年8月1日。

② 上海证券交易所：《关于加强上市公司社会责任承担工作暨发布〈上海证券交易所上市公司环境信息披露指引〉的通知》，上交所网站，http://www.sse.com.cn/lawandrules/sserules/listing/stock/c/c_20120918_49642.shtml，最后访问日期：2015年8月1日。

金融等全渠道扩散，区域层面也逐渐从东部中心城市向中部、西部省区扩散，呈现出“全社会参与、全面加速和中心扩散”[①] 的特征。

（三）民族地区经济社会发展是企业社会责任建设的内在需求

考察我国民族地区企业社会责任，必须着眼于我国的多民族国情和社会发展阶段。中华人民共和国是“统一的多民族国家，将长期处于社会主义初级阶段”，这是宪法序言中关于我国基本特征和基本国情的概括。社会主义初级阶段是对我国社会基本发展阶段的定位，认识中国的一切问题，包括民族问题，都需要基于社会主义初级阶段这一基本国情；统一的多民族国家是对我国多民族国家结构形式的描述，我国的民族工作、民族政策都要基于多民族结构这一基本特征。2014 年中央民族工作会议对我国多民族的基本国情进行了深入解读，进一步明确民族地区是我国的资源富集区、水系源头区、生态屏障区、文化特色区、边疆地区、贫困地区。其中，前三个区域定位都指向自然资源。的确，多年来，民族地区资源优势转化为经济优势的问题未得到有效解决，由自然资源开发引发的利益纠纷不断升级，资源开发补偿机制运行不畅也加剧了这一冲突。在资源开发中切实保障资源地的利益，让资源地共享全国改革开放发展的成果，是有效开发和利用资源、推动民族地区经济社会发展的关键问题。党的十八届三中全会提出要“用制度保护生态环境”，要“建立系统完整的生态文明制度体系，实行最严格的源头保护制度、损害赔偿制度、责任追究制度，完善环境治理和生态修复制度”。[②] 可以说，进入攻坚期和深水区的改革进程要求企业在资源和环境保护方面承担更多的责任，而民族地区的资源、文化和发展程度等特性也要求所在地企业回应更深的社会关切。

二　研究状况与文献综述

扎实的学术研究必须建立在对前人学术积累的梳理和各学科学术探

---

① 陈佳贵：《〈中国企业社会责任〉文库总序》，《中国企业社会责任报告编写指南（CASS - CSR 2.0）》，经济管理出版社，2011，第 1 页。

② 《中共中央关于全面深化改革若干重大问题的决定》，国务院新闻办公室网站，http://www.scio.gov.cn/zxbd/tt/Document/1350709/1350709.htm，最后访问日期：2015 年 8 月 1 日。

索的研判之上，方能找出研究薄弱点，进而通过一己的点滴努力，将对该领域研究对象的认识向前及向深推进。

企业社会责任理念作为一个概念最早出现在20世纪20年代，但其成为全球范围内的共同话语和一种社会运动则从20世纪六七十年代开始，并随着经济全球化而席卷整个世界。在全球化背景下，企业凭借其巨大的社会影响（权力）而需要承担社会责任的理念逐渐深入人心。20世纪六七十年代，以美国为代表的西方国家开始重视企业财务报表中除企业财务状况和赢利状况以外的非财务信息，并以法令、规则、报告等形式要求企业社会责任的会计揭示。20世纪70年代起，日本、英国、美国开始关注企业社会责任立法，80年代初美国超过半数的州（29州）掀起修改公司法的浪潮。这些新修改的公司法要求公司经理不仅要为股东服务，也要为公司的利益相关者服务，被称为“公司社会责任法律化的第一次浪潮”①。20世纪末期以来，由于联合国、欧盟、国际劳工组织等国际组织的积极倡导，企业社会责任成为全世界的理念与行动。由此，企业社会责任概念自发端以来，已由一种理念发展到企业行为，进而通过政府的立法行动和国际组织的呼吁，获得了学术界、企业界和政府的持续关注。

（一）国外企业社会责任研究现状

企业社会责任概念最早由谢尔顿（Oliver Sheldon）于1924年提出，自20世纪30年代起，美国哈佛大学法学院的多德（E. Merrick Dodd）和伯利（Adolf Berle）两位教授就“企业的经理人员是谁的受托人”进行了长达20余年的讨论，双方都提出了企业社会责任问题。1953年，鲍恩（Howard R. Bowen）在其著作《商人的社会责任》中最早系统地对企业社会责任进行定义，他认为：“商人的社会责任是指商人有义务按照社会所期望的目标和价值观来制定政策、进行决策。”② 标志着现代企

① 杨骁：《公司社会责任若干问题研究》，《广西政法管理干部学院学报》2005年第2期。

② 鲍恩认为，商人的社会责任是指商人有义务按照社会所期望的目标和价值观来制定政策、进行决策。H. R. Bowen, *Social Responsibilities of the Businessman* (New York: Harper & Row, 1953), p. 3.

业社会责任概念构建的开始。[①] 随后，学者们从不同学科领域对企业社会责任进行了深入的研究。

（1）企业社会责任的概念界定与理论基础

1924 年企业社会责任概念被提出后，并未立即引起学界的研究兴趣。直到 20 世纪 50 年代，随着企业社会责任系统定义的开始，对这一概念的界定才成为学者们乐此不疲的工作，据统计，截至 2008 年，企业社会责任的代表性定义有 37 个之多。[②] 最初的定义从企业与社会的关系入手，代表性观点如下。雷蒙德·鲍尔认为“企业社会责任是关于公司行为对社会影响的认真考虑”，其指出了企业社会责任的初步见解，但较为笼统、含糊；基斯·戴维斯和罗伯特·布罗姆斯特朗指出“社会责任是决策者在考虑自己的利益的同时，也有义务采取财务措施以保护和改善社会福利”。这一定义强调了社会责任的保护和改善两个积极层面。约瑟夫·麦奎尔认为：社会责任是指除经济和法律方面义务以外的其他社会责任。这一概念将社会责任与经济和法律责任相联系。埃德温·埃普斯坦认为：“企业社会责任主要与组织对特别问题的决策结果有关，决策要达成的结果应对利益相关者是有益的而不是有害的。企业社会责任主要关注企业行为结果的规范性、正确性。”[③] 戴维斯提出“责任铁律”，认为“商人的社会责任必须与他们的社会权利相称”，他将社会责任定义为“企业考虑或回应超出狭窄的经济、技术和立法要求外的议题，实现企业追求的传统经济目标和社会利益”。[④]

20 世纪 70 年代，企业社会责任的定义进一步扩展。1971 年，美国经济发展委员会（Committee for Economic Development）发布《商事企业的社会责任》（*Social Responsibility of Business Corporations*）报告，将企业

① A. B. Carroll, “Corporate Social Responsibility: Evolution of a Definition Construct,” *Business and Society* 38 (1999): 270.

② A. Dahlsrud, “How Corporate Social Responsibility is Defined: An Analysis of 37 Definitions,” *Corporate Social Responsibility & Environmental Management* 15 (2008): 1－13.

③ 以上定义参见〔美〕阿奇·B. 卡罗尔、安·K. 巴克霍尔茨《企业与社会：伦理与利益相关者管理》，机械工业出版社，2004，第 23～24 页。

④ K. Davis, “Can Business Afford to Ignore Social Responsibilities?” *California Management Review* 2 (1960): 70－76.

社会责任具体化为“企业对社会负责的一系列行为或任务”，并列举了涉及10个领域的58种旨在促进社会进步的行为。[①] 报告用“三个同心圈”“两个基本类型”来描述企业社会责任的层次，其中：内圈代表企业的基本责任，即为社会提供产品、工作机会并促进经济增长的经济职能；中间圈是企业在实施经济职能时，要对其行为可能影响的社会和环境变化承担责任，如保护环境、回应员工诉求和顾客期望等，则包含更大范围内促进社会进步的其他无形责任，如消除社会贫困和防止城市衰败等。[②] 报告将企业社会责任行为区分为两个基本类型：一是纯自愿性的行为，由企业主动实施且在实施中发挥主导作用；二是非自愿性的行为，由政府引导或由法律强制执行。这是首次对企业社会责任进行分层的概念模型。1979年，卡罗尔（Archie B. Carroll）提出，“企业社会责任意指某一特定时期社会对组织寄托的经济、法律、伦理和自由决定（慈善）的期望”，他用四个层次的金字塔图形对企业社会责任进行了形象的说明：处在最底端的经济责任是企业的基本责任；法律责任是社会关于对错的法规集成，处于第二层；伦理责任要求企业避免或尽量减少对利益相关者利益的损害；慈善责任位居金字塔的最高层，它代表着社会对企业成为出色社会公民的期望。[③] 这一概念模型借助于利益相关者理论为企业提供行动上的指导，对于分析企业社会责任的范围很有帮助，但其将企业道德责任和慈善责任相提并论似有不妥，因为企业道德责任实际上可以涵盖企业的慈善责任。

企业社会责任的理论基础除了利益相关者理论外，还有社会契约理论、社会回应、社会表现及企业公民理论等，下文在对企业社会责任的社会学分析中会有详细的叙述，此处不再赘述。

（2）企业社会责任与经济绩效的相关性研究

古典经济学家对企业社会责任的最大批评就在于企业承担社会责任

---

① 参见李淑英《企业社会责任：概念界定、范围及特质》，《哲学动态》2007年第4期。

② 参见郑若娟《西方企业社会责任理论研究进展——基于概念演进的视角》，《国外社会科学》2006年第2期。

③ 〔美〕阿奇·B. 卡罗尔、安·K. 巴克霍尔茨：《企业与社会：伦理与利益相关者管理》，机械工业出版社，2004，第23~24页。

会损害自由竞争的基础，会增加企业成本，加大将额外成本转嫁给消费者和生产链的可能性，从而降低企业经济绩效。关于企业社会责任与经济绩效相关性的分析对于企业社会责任的发展走向关系重大，这一讨论几乎伴随着企业社会责任理念与实践发展的始终。丰富的理论基础、大量的实证研究与不尽一致的结论是企业社会责任与财务绩效相关性研究的特点。

国外研究主要呈现三种观点：第一，认为企业社会责任与财务绩效正相关，企业履责行为能够提高利益相关者的满意度，最终带来更好的财务绩效。这种观点以利益相关者理论为基础，并伴随着大量的实证研究。第二，认为企业社会责任增加了企业成本，与企业财务绩效负相关。第三，通过文献检索认为，两者之间并无关系或关系呈非线性。马格利斯（Margolis）和沃尔什（Walsh）在回顾了127篇有关企业社会责任与企业经济绩效关系的实证文献后仍对两者的关系感到不解。[①] 国内有学者对20世纪90年代以来国外关于社会责任与企业经济绩效相关性研究的结果进行了统计，在28篇相关论著中，认为正相关的有18篇，占64.3%；认为负相关的有3篇，占10.7%；认为不相关或无固定相关关系的有7篇，占25%。[②] 格里芬（Griffin）和马洪（Mahon）对1972～1997年有关企业社会绩效和经济绩效关系的51篇文献进行综述，也得出了相似的结论。[③] 实际上，随着研究的深入，人们发现，分析结果的差异一方面产生于各项研究使用的财务绩效和社会绩效的评价方法不统一，另一方面，各项研究很少考虑产业、企业规模、企业历史对研究的影响。[④] 一般而言，大多数企业社会责任变量对于当期财务绩效的影响为负相关，而从长期来看，企业履行社会责任对其财务绩效有正向作用。[⑤]

---

① J. D. Margolis and J. P. Walsh, "Misery Loves Companies: Rethinking Social Initiatives by Business," *Administrative Science Quarterly* 48 (2003): 268-305. 转引自苏蕊芯《企业传播、企业社会责任与经济绩效关联性研究综述》，《经济管理》2010年第7期。

② 张剑：《企业社会责任与财务绩效相关性研究综述》，《经济研究导刊》2009年第22期。

③ J. J. Griffin, J. F. Mahon, "The Corporate Social Performance and Corporate Financial Performance debate: Twenty-five Years of Incomparable Research," *Business and Society* 36 (1997): 5-31.

④ 郭红玲：《国外企业社会责任与企业财务绩效关联性研究综述》，《生态经济》2006年第4期。

⑤ 温素彬、方苑：《企业社会责任与财务绩效关系的实证研究》，《中国工业经济》2008年第10期。

（3）企业社会责任的信息披露研究

信息披露是企业社会责任由理念向实践转变的重要标志，信息披露内容也随着利益相关者理论的发展而逐渐深化。国外关于企业社会责任信息披露的研究主要围绕动机（影响因素）、内容、形式和标准展开。

从动机和影响因素来看，利益相关者理论和组织合法性理论是用来解释企业社会责任信息披露动机的两大主要理论。20 世纪 90 年代末期以来，学者们倾向于认为组织合法性理论比利益相关者理论具有更强的解释力，这一理论“将社会看作一个整体”，可以“用来解释管理层的决策和行为”，“组织之所以能够生存是因为组织所依存的社会认为其经营的价值体系与社会自身价值体系相一致”。[①]

一般认为，企业社会责任信息披露状况与公司规模、赢利能力和融资需求正相关，[②] 并且受到来自规章制度和利益相关者的信息需求两方面因素的影响。[③] 关于公司规模对社会责任信息披露的影响，有研究者从代理理论出发，认为大公司的代理成本较高，所以需要增加信息披露。[④] 有研究认为，大公司对政治成本更为敏感，对信息披露更有动力。[⑤] 也有研究认为大公司准备信息的成本较低，信息披露可能带来的不利竞争的代价也较低。[⑥] 关于企业赢利能力与企业信息披露的关系，

---

① D. G. Woodward et al. , “Organizational Legitimacy and Stakeholder Information Provision,” *British Journal of Management* 7 (1996): 329 – 348; C. Deegan, “The Legitimizing Effect of Social and Environmental Disclosures – A Theoretical Foundation,” *Accounting, Auditing & Accountability* 15 (2002): 282 – 311; R. H. Gray et al. , *Accounting and Accountability: Changes and Challenges in Corporate Social and Environmental Reporting* (Hemel Hempstead: Prentice Hall, 1996).

② 沈洪涛：《公司特征与公司社会责任信息披露——来自外国上市公司的经验证据》，《会计研究》2007 年第 3 期。

③ 赵颖、马连福：《海外企业社会责任信息披露研究综述及启示》，《证券市场导报》2007 年第 8 期。

④ R. W. Leftwich, J. L. Zimmerman, “Voluntary Corporate Disclosure: The Case of Interimreporting,” *Journal of Accounting Research* 19 (1981): 50 – 77.

⑤ L. Watts Ross, J. L. Zimmerman, *Positive Accounting Theory* (New York: Social Science Electronic Publishing, 1986). 转引自沈洪涛《公司特征与公司社会责任信息披露——来自外国上市公司的经验证据》，《会计研究》2007 年第 3 期。

⑥ G. K. Meek et al. , “Factors Influencing Voluntary Annual Report Disclosures by US, UK and Continental European Multinational Corporations,” *Journal of International Business Studies* 26 (1995): 555 – 572.

Preston 等人提出了“资金提供假说”，认为企业希望在任何时候表现出应有的社会责任感，但是他们愿望的达成和实际能够采取的行动取决于企业资源的约束，经济效益好的企业为了与不承担社会责任的企业相区别，通常会选择自愿披露社会责任信息。[①] 有学者对自愿性信息披露进行实证研究，得出结论：信息披露与资本成本负相关。[②] 因此，有再融资需求的企业为了降低其融资成本也会增加信息披露。

从内容来看，根据 Guthrie 和 Parker 的研究，澳大利亚的布罗肯希尔（Broken Hill Proprietary Company Ltd.）公司自 1985 年起就已陆续披露人力资源和社区贡献方面的信息。[③] 霍格纳（Hogner）观察到，美国钢铁公司从 1905 年开始就在年度报告中披露了员工住所、建设社区等相关的社会责任信息。[④] 进入 21 世纪，企业社会责任信息披露受到了更多的关注，2001 年修订的经济合作与发展组织（OECD）《跨国公司指南》对透明度提出了更高的要求，其中对跨国公司披露社会和环境信息提供了一系列的原则和标准。2002 年 4 月，世界银行集团发起了一个针对发展中国家的强化企业社会责任的技术支持项目，其中一项就是报告企业的社会或环境业绩。法国政府在 2001 年颁布的《诺威尔经济管制条例》中，要求所有在第一股票市场（Premier marche）上市的公司从 2002 年开始在年度财务报告中必须披露劳工、健康与安全、环境、社会、人权、社区参与问题等信息。[⑤]

从形式和标准来看，早期研究表明，在不同国家中，受特定社会体制和社会文化、企业领导人的认识和企业实力等因素的影响，企业承担社会责任并披露信息的内容也有很大的不同，即使在一国内部也存在着

---

① L. E. Preston et al., "The Corporate Social-financial Performance Relationship: A Typology and Analysis," *Business and Society* 36 (1997): 419 – 429.

② C. A. Botosan, "Disclosure Level and the Cost of Equity Capital," *The Accounting Review* 72 (1997): 323 – 349.

③ J. E. Guthrie, and L. D. Parker, "Corporate Social Reporting: A Rebuttal of Legitimacy Theory," *Accounting and Business Research* 19 (1989): 343 – 352.

④ R. H. Hogner, "Corporate Social Reporting: Eight Decades of Development at U. S. Steel," *Research in Corporate Social Performance and Policy* 4 (1982): 243 – 250.

⑤ 李正、向锐：《中国企业社会责任信息披露的内容界定、计量方法和现状研究》，《会计研究》2007 年第 7 期。

不同的公告形式。从形式的演化来看，20 世纪 70 年代出现了员工报告，90 年代初为环境报告，90 年代末为健康安全环境报告，21 世纪发展为企业社会责任报告，[①] 形式逐渐多样化。

（二）国内企业社会责任研究现状

国内学者在引介企业社会责任理论过程中，也将责任理念、理论基础和实践运作方式与我国的实际情况相结合，进行了广泛的研究。

（1）著作和研究报告方面

1966 年黄冬梅编著的《现代企业管理》中最早提及企业社会责任，将企业社会责任定义为“企业对社会的福利、稳定和发展而负有的多方面的责任”，包括“就业均等、环境保护、生产更好更安全”等内容。[②] 此后一直到 20 世纪 80 年代末，关于企业社会责任的讨论限于企业经营管理范围，散见于经济法、企业管理等书籍中，未有专门论述企业社会责任的著述出现。

袁家方 1990 年主编的《企业社会责任》是第一部以企业社会责任命名的论著，就企业社会责任概念、内容以及企业在纳税、自然资源运用、能源运用、环境保护、消费者权益保护等方面的行为规范进行详细论述，认为：“企业社会责任是企业在争取自身的生存与发展的同时，面对社会需要和各种社会问题，为维护国家、社会和人类的根本利益，必须承担的义务。所谓的责任，属于广义的社会学范畴，而不是法律或法学意义上对违法行为所追究的行为人的法律责任。”[③] 宋献中、李皎予《企业社会责任会计》（中国财政经济出版社，1992）一书介绍了社会责任会计的产生与发展、含义与理论框架、计量方法、报告模式、评估模型，以及对我国社会责任会计的总体构想，是最早研究企业社会责任会计的专著。刘俊海《公司的社会责任》（法律出版社，1999）一书运用法解释学、比较法学、历史考察等研究方法，提出了公司社会责任的法律问题，并就企业社会责任的理论基础与立法实践进行了系统研究，是

① 钟宏武：《中国社会责任报告全球占比达 10% 地位显著》，新华网，http://news.xinhuanet.com/fortune/2014-01/17/c_126022599.htm，最后访问日期：2016 年 1 月 2 日。

② 黄冬梅编著《现代企业管理》，中国环境科学出版社，1966，第 13 页。

③ 袁家方主编《企业社会责任》，海洋出版社，1990，第 5 页。

企业社会责任立法研究的补白性著作。卢代富的《企业社会责任的经济学与法学分析》（法律出版社，2002）以经济学和法学相结合的研究方法，就企业社会责任的概念、内涵和正当性等基础理论问题进行了深入的探讨，是当前企业社会责任专门书籍当中引用量最高的著作。谭深、刘开明主编的《跨国公司的社会责任与中国社会》（社会科学文献出版社，2003）分调查篇、论文篇、研讨篇三部分详细探讨了针对跨国公司的社会责任/生产守则的争议以及在中国实施所面对的问题，为我国企业国际化经营提供行动指南。李立清、李燕凌的《企业社会责任研究》（人民出版社，2005）构建了企业社会责任标准化理论框架，提出了我国应当加紧企业社会责任国际标准“本土化”工作的“一揽子”战略措施和政策建议。这是国内学者在企业社会责任标准化方面的早期尝试。黎友焕《企业社会责任》（华南理工大学出版社，2010）一书以国内外理论界对企业社会责任争论的焦点问题作为切入点，围绕企业社会责任的缘由、范围、途径、影响和深化等问题进行了讨论。

其他代表性著作还有：刘连煜《公司治理与公司社会责任》，中国政法大学出版社，2002；田虹《企业社会责任及其推进机制》，经济管理出版社，2006；曹风月《企业道德责任论》，社会科学文献出版社，2006；王瑞璞、张占斌主编《中国民营经济发展与企业家的社会责任》，人民出版社，2006；徐立青等编著《中小企业社会责任理论与实践》，科学出版社，2007；沈洪涛、沈艺峰《公司社会责任思想——起源与演变》，上海人民出版社，2007；单忠东主编《中国企业社会责任调查报告》，经济科学出版社，2007；姜启军、顾庆良《企业社会责任和企业战略选择》，上海人民出版社，2008；李正《企业社会责任信息披露研究》，经济科学出版社，2008；刘长喜《企业社会责任与可持续发展研究——基于利益相关者和社会契约的视角》，上海财经大学出版社，2009；冯梅等《中国国有企业社会责任论——基于和谐社会的思考》，经济科学出版社，2009；王红《企业的环境责任研究》，经济管理出版社，2009；钟宏武《政府与企业社会责任——国际经验与中国实践》，经济管理出版社，2010；等等。

除了学者个人对企业社会责任的研究外，中国企业管理研究会、北京大学民营经济研究院、中国社会科学院企业社会责任研究中心等机构先后发布研究报告，见证和推动了企业社会责任在中国的实践过程。中国社会科学院企业社会责任研究中心构建了一个责任管理、市场责任、社会责任和环境责任“四位一体”的企业社会责任理论模型，并从2009年起连续发布企业社会责任研究报告，并由社会科学文献出版社出版发行。2009年报告共分总报告、责任管理篇、市场责任篇、社会责任篇、环境责任篇五部分，涉及中国企业社会责任研究综述、促进企业履行社会责任的十大力量、企业社会责任推进体系、消费者权益保护、中国企业产品质量安全等方面的内容。2010年报告以中国国有企业100强、民营企业100强和外资企业100强为评价对象，呈现了各个企业的社会责任管理与社会责任信息披露水平，剖析了中国企业社会责任年度最新发展特征。2011年报告对中国企业社会责任报告进行了分阶段分析，提出了企业社会责任报告六项指标体系；2012年新增行业篇，对14个行业的企业社会责任进行了分析和评价；2013年报告形成了中国100强企业社会责任发展指数，分别对中国100强国有企业、民营企业、外资企业和上市公司的社会责任发展指数进行了详细解读；2014年通过“分享责任中国行”系列调研的阶段性成果，以选取的3家企业作为优秀案例，生动呈现了优秀企业社会责任管理的最新进展；2015年重点行业增加至16个，并增加了专项调研报告；2016年将评价范围进一步扩大至中国企业300强，并首次发布了中国省域国有企业社会责任发展指数。

除此之外，其他重要的研究报告还有：邹东涛主编《中国企业公民报告2009》（社会科学文献出版社，2009）；《WTO经济导刊》从2009年起发布的《中国企业社会责任报告研究》；全哲洙编《中国民营企业社会责任研究报告》，中华工商联合出版社，2014。地方政府组织编写并发布的当地企业社会责任报告也有新的突破，贵州省于2011～2012年连续发布了国有企业社会责任研究报告，四川省于2013～2016年连续发布地方企业社会责任报告，河南省和陕西省均于2015年发布地方企业社会责任报告，对各自地区企业社会责任现状、问题和趋势进行综合判断，是推动企业社会责任走向深入的坚实举措。

（2）论文方面

本书试图从研究广度、深度两个层面呈现企业社会责任的研究现状。通过中国知网文献检索，截至 2016 年 6 月 30 日，在期刊总库中以“企业社会责任”为主题进行精确查找，命中 24230 篇。

从研究的时间跨度来看，如图 1 所示，继 1987 年第一篇以企业社会责任命名的论文之后[①]，整个 20 世纪 80 年代，涉及企业社会责任的文献仅有 8 篇，20 世纪 90 年代这一数据增长了 12.25 倍，为 106 篇。2000 年以来社会各界对企业社会责任的关注日盛，20 世纪初的前五年持匀速增长，2005 年的相关文献篇数为 552 篇。随着 2006 年《中华人民共和国公司法》的修改中对企业社会责任提出明确要求并进行相应的制度设计后，当年研究企业社会责任的期刊论文增至 1066 篇，此后每年的文献量增长稳定，至 2009 年为 2501 篇。整个 21 世纪的前十年涉及企业社会责任的论文共 8996 篇，比上一个十年增长了 83.87 倍，2010 年至 2016 年 6 月 30 日的 6 年多来与企业社会责任相关的论文更是超过了历史文献的总和。

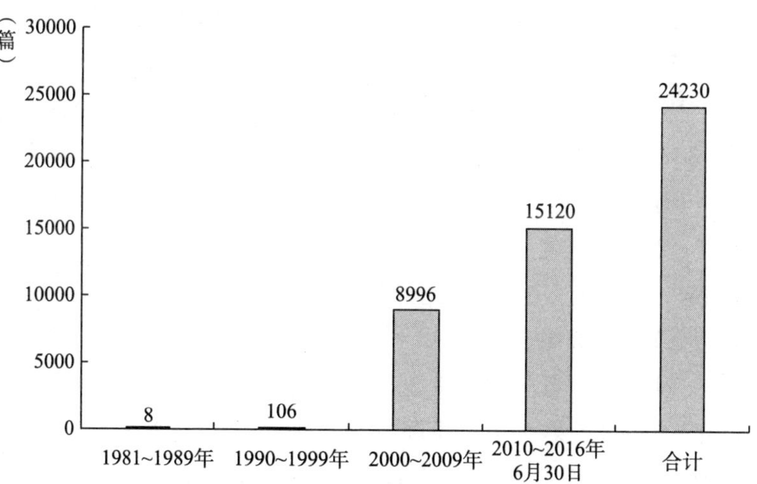

图 1　CNKI 检索：以企业社会责任为主题的文献总数

从研究的内容来看，企业社会责任研究从最开始对国外社会责任理

① 徐淳厚：《试论商业企业的社会责任》，《经济纵横》1987 年第 9 期。

念和实践的推介到国内的实证研究，从企业社会责任基本概念与理论阐释到企业社会责任与经济绩效、企业会计及审计、企业社会责任信息披露等不同层次应用的实证分析，呈现逐渐深入的趋势。

改革开放初期，在经济体制由计划经济向市场经济转型的宏观背景下，国内学术界和实务界引进企业社会责任概念和理念讨论企业行为的自我约束，这一时期研究主题主要围绕西方企业责任理念推介以及我国企业文化借由社会责任理念塑造的影响及具体实践。徐淳厚发表于1987年的《试论商业企业的社会责任》揭开了国内企业社会责任专题研究的序幕。吴克烈《企业社会责任初探》[①] 一文从企业、社会和责任的基本范畴出发，分析了企业承担社会责任的客观必然性和主要方面，认为承担企业社会责任需满足以下社会条件：必须建立社会责任、社会权限和社会利益统一的社会责任体系；必须有法律的保障和监督；必须完善社会机制。这些研究对于在深化改革中加强企业社会责任有所助益。

20世纪90年代，国内学界除一般性地讨论企业社会责任的缘由以外，技术层面逐渐关注企业承担社会责任的成本和效益核算，研究集中于企业责任行为对传统会计制度的影响，并逐渐扩展到审计领域。尤力、王金顺在《论企业的社会责任》中分析了企业社会责任的“分忧论”、“行善论”和“摊派论”的不足，将其定义为“企业为了自身和社会的健康发展必须承担的法律上和道义上的责任”[②]，他们在分析企业与社会在“利润与道德”“企业行为与经济秩序”“生产与生态”“企业权力与社会影响”等四个维度基本关系的基础上，提出了企业承担责任的不同层次，并提出了政府、社会和企业在社会责任分担方面应起到的作用，对当前研究仍具有重要启示作用。关于企业社会责任会计与审计的代表性论文有：周加来、石金明、王玉春《企业社会责任的会计揭示问题》，《财贸研究》1994年第5期；潘理科《企业社会责任会计初探》，《四川会计》1994年第4期；秦勇《企业社会责任会计的理论基础及理论结构》，《财务与会计》1995年第3期；顾兆峰《浅谈企业社会责任会

① 吴克烈：《企业社会责任初探》，《企业经济》1989年第8期。

② 尤力、王金顺：《论企业的社会责任》，《四川大学学报》（哲学社会科学版）1990年第1期。

计》,《四川会计》1997 年第 7 期;余玉苗《论西方国家的企业社会责任审计》,《审计与经济研究》1996 年第 1 期。

进入新世纪以来,国内学界关于企业社会责任的研究围绕基本概念与理论阐释、企业社会责任与经济绩效、企业社会责任与社会反应、企业社会责任审计、企业社会责任信息披露、企业社会责任标准等内容全面展开。随着社会责任理论体系的日益完善,研究题目往往以政府、员工、消费者、社区和环境等利益相关者视角,运用社会责任投资、审计等技术手段进行深入研究。

①关于企业社会责任的基本概念与理论阐释

代表性论文有:卢代富《国外企业社会责任界说述评》,《现代法学》2001 年第 3 期;陈宏辉、贾生华《企业社会责任观的演进与发展:基于综合性社会契约的理解》,《中国工业经济》2003 年第 12 期;郑若娟《西方企业社会责任理论研究进展——基于概念演进的视角》,《国外社会科学》2006 年第 2 期;周祖城《企业社会责任:视角、形式与内涵》,《理论学刊》2005 年第 2 期;徐尚昆、杨汝岱《企业社会责任概念范畴的归纳性分析》,《中国工业经济》2007 年第 5 期。

②关于企业社会责任与经济绩效的关系

代表性论文有:李正《企业社会责任与企业价值的相关性研究——来自沪市上市公司的经验证据》,《中国工业经济》2006 年第 2 期;温素彬、方苑《企业社会责任与财务绩效关系的实证研究》,《中国工业经济》2008 年第 10 期;田虹《企业社会责任与企业绩效的相关性——基于中国通信行业的经验数据》,《经济管理》2009 年第 1 期;王建琼、何静谊《公司治理、企业经济绩效与企业社会责任——基于中国制造业上市公司数据的经验研究》,《经济经纬》2009 年第 2 期;杨皖苏、杨善林《中国情境下企业社会责任与财务绩效关系的实证研究——基于大、中小型上市公司的对比分析》,《中国管理科学》2016 年第 1 期。

③关于利益相关者理论视角下的企业社会责任研究

当今,积极的社会责任行为已经成为企业获得社会认同和创造竞争优势的重要方式。而被识别的关键利益相关者一般由政府、员工、环境、社区等组成。代表性论文有:陈宏辉《企业的利益相关者理论与实践研究》，浙江大学企业管理专业博士学位论文，2003；张兆国、刘晓霞、张庆《企业社会责任与财务管理变革——基于利益相关者理论的研究》，《会计研究》2009年第3期；谢佩洪、周祖城《中国背景下CSR与消费者购买意向关系的实证研究》，《南开管理评论》2009年第1期；贾明、张喆《高管的政治关联影响公司慈善行为吗?》，《管理世界》2010年第4期；郗河《企业社会责任特征对员工组织承诺及组织公民行为作用机制研究》，浙江大学企业管理专业博士学位论文，2009。

④企业社会责任现状调查

代表性文章有：彭泗清等《企业家对企业社会责任的认识与评价——2007年中国企业经营者成长与发展专题调查报告》，《管理世界》2007年第6期；黄群慧等《中国100强企业社会责任发展状况评价》，《中国工业经济》2009年第10期；易文婷等《2015中国企业500强社会责任报告调查》，《WTO经济导刊》2016年第2期；陈钊《中国的企业在尽怎样的社会责任——来自民营部门调查的证据》，《学术月刊》2016年第3期；李韵婷、欧晓明《成长阶段视角下的农业企业社会责任与社会资本关系探讨——基于304家农业企业的问卷调查》，《农业经济》2016年第5期。

⑤关于企业社会责任信息披露

代表性论文有：李正、向锐《中国企业社会责任信息披露的内容界定、计量方法和现状研究》，《会计研究》2007年第7期；阳秋林《中国社会责任会计信息披露模式的架构》，《当代财政》2005年第6期；毛洪涛、张正勇《企业社会责任信息披露影响因素及经济后果研究述评》，《科学决策》2009年第8期；孟晓俊等《关企业社会责任信息披露与资本成本的互动关系——基于信息不对称视角的一个分析框架》，《会计研究》2010年第9期；高红贵《现代企业社会责任履行的环境信息披露研究——基于“生态社会经济人”假设视角》，《会计研究》2010年第12期。

⑥关于企业社会责任评价、指标与标准

代表性论文有：李立清《企业社会责任评价理论与实证研究：以湖南省为例》，《南方经济》2006年第1期；陈讯、韩亚琴《企业社会责任分级模型及其应用》，《中国工业经济》2005年第9期；金立印《企业社会责任运动测评指标体系实证研究——消费者视角》，《中国工业经济》

2006年第6期；徐传谌、陈黎黎《中国国有企业特殊社会责任评价体系研究——一个分类推进改革的新标准》，《当代经济管理》2016年第9期；姜万军等《中国民营企业社会责任评价体系初探》，《统计研究》2006年第7期。

（三）民族地区企业社会责任研究现状

本书将研究视野最终聚焦于民族地区企业社会责任，重点考察民族区域自治基本政治制度和基本法律对企业行为和责任履行的作用和影响。如表1所示，截至2016年6月30日，在以“企业社会责任”为主题对中国知网期刊总库进行检索命中的24230篇文献中，分主题进行检索，其中：以“企业社会责任”与“制度”为主题，命中2661篇；以“企业社会责任”与“民族”为主题，命中199篇；以“企业社会责任”与“民族地区”为主题，命中166篇；以“企业社会责任”与“民族区域自治”为主题，命中0篇，即使模糊搜索也仅有6篇，分别涉及民族地区公共治理、财政体制改革、对口支援、金融企业责任信贷等问题。这说明，在企业社会责任研究中，对制度关注明显不够，对关涉少数民族、民族地区和民族区域自治制度的研究更是有限。

表1　民族地区企业社会责任研究现状：以中国知网期刊总库为例

主题	企业社会责任	企业社会责任与制度	企业社会责任与民族	企业社会责任与民族地区	企业社会责任与民族区域自治
数量（篇）	24230	2661	199	166	0
占比（%）	100	10.98	0.82	0.69	0

但对民族地区企业社会责任问题的研究较少并不代表对民族地区企业行为关注程度较低。如果我们换一个视角，以“民族地区”与“环境”为主题进行检索，命中8502篇；以“民族地区”与“企业”为主题，命中2205篇；以“民族地区”与“就业”为主题进行检索，命中1462篇。其中，大量文献与企业行为有关。这说明，随着企业在民族地区经济社会发展中的作用和影响的增强，企业行为对民族地区就业、环境和社区等各方面的影响受到广泛关注。但与全国企业社会责任的研究热度相比，民族地区企业社会责任并未引起学界太大的关注，民族地区

社会建设与社会问题的解决并未足够重视企业的力量。这与企业在民族地区经济社会发展中的重要影响是不相匹配的。

尽管如此，学界对民族地区企业社会责任也进行了一些理论尝试，是本书研究的重要借鉴资料。十一届三中全会以来，党实现了民族工作上的拨乱反正，彻底否定了“民族问题的实质是阶级问题”，将发展作为解决民族问题的关键。1982 年党的十二大提出“民族团结、民族平等和各民族共同繁荣”的重要工作任务。为实现这一目标，必须进一步调动民族地区的各种积极因素，其中，国营企业占有举足轻重的重要地位。在这样的背景下，孙青《国营企业在民族地区社会主义建设中的作用问题》（《民族研究》1983 年第 2 期）一文分析了国营企业在帮助少数民族地区发展经济、大量培养少数民族人员和工人、维护当地群众利益、尊重民族自治地方自治权利等方面对民族地区社会主义建设的作用和影响，虽然文章并未运用企业社会责任理论框架分析问题，但在分析过程中紧扣民族区域自治制度对民族地区企业的要求，此文可视为民族地区企业社会责任研究的开端之作。

此后，一直到 20 世纪 90 年代中后期，民族地区企业社会责任相关研究陆续展开。阿盟吉兰泰盐场党委统战部《试论边远地区国有大中型企业对民族地区社会经济发展作用的辐射作用》（《内蒙古统战理论研究》1996 年第 6 期）对国有大中央企业推动边远地区的社会发展、经济繁荣，以及对民族地区经济社会发展的辐射推动作用阐述了观点。

1998 年 11 月在广西平果铝业公司召开的“民族地区国有企业与当地经济社会发展学术研讨会”是学术界与实务界对民族地区企业社会作用进行共同研究的起点，这次会议由中国民族理论学会、中国民族政策研究会、广西平果铝业公司和广西民族研究所联合举办，围绕国有企业对民族地区经济社会发展的带动作用、企业与地方共同发展的有效途径、社会主义市场经济条件下民族地区国有企业面临的问题和对策等进行了深入的交流和对接，使企业与民族地区经济社会发展相得益彰。[①] 在这

① 参见马俊毅《民族地区国有企业与当地经济社会发展学术研讨会综述》，《民族研究》1999 年第 2 期。

次研讨会上提交的杜发春、罗炳正《民族地区大型国有企业与当地经济社会发展——广西平果铝业公司与周边地区调查》（《民族研究》1999年第2期）一文是对民族地区企业发展对当地经济社会发展促进作用的首次调查，通过调查得出的三条经验对当前民族地区企业发展与民族团结进步仍具有重要的借鉴意义，即：大型国有企业在民族地区的经济发展中始终具有重要的地位和作用；开发少数民族地区丰富的资源能够促进各民族的交往和社会进步；正确处理中央、地方、企业和当地少数民族的关系，是企业持续稳定发展的关键。

关于民族地区企业社会责任的特征，阿青撰文指出，与东部发达地区相比，民族地区政府与企业有着截然不同的行为边界和利益目标，要强化政府对地区经济发展的主导责任，明晰民族地区政府行为的利益边界，构筑适用于民族地区的经济伦理。① 这是第一篇深入解读民族地区政府与企业社会责任关系的论文，值得借鉴。2008年，陆铭宁将民族地区企业社会责任建设研究延伸到民族自治地方的民营企业，对其实施现状、问题与对策进行思考。② 蒋楚麟以西部地区矿业为例对资源型企业社会责任的特征进行分析，认为西部矿业企业在履责过程中面临着自身认识和外部环境的挑战。企业应识别其行业内特定的社会责任议题，政府部门应制定适合资源型行业和本地区发展的企业社会责任指南，并建立企业社会责任沟通交流平台，促进利益相关者的多方参与。③ 薛红焰、陈炜分别撰文指出工会组织和社会人际关系在民族地区经济社会发展中的作用。④ 苏亚民、谢晖等分别撰文探讨了民族地区企业社会责任的特殊性与重要性。⑤

① 阿青：《西部民族地区政府与企业社会责任的经济伦理学思考》，《青海民族研究》2006年第1期。

② 陆铭宁：《凉山民族地区民营企业承担社会责任的现状及对策》，《商场现代化》2008年第14期。

③ 蒋楚麟：《西部地区矿业企业的社会责任探索》，《贵州社会科学》2010年第9期。

④ 薛红焰：《工会组织在西部民族地区经济发展和社会稳定中的角色定位与责任担当》，《攀登》2010年第5期；陈炜、王文：《论社会人际关系在近代西部民族地区城镇工商企业发展中的作用——以广西为例》，《青海民族研究》2010年第4期。

⑤ 苏亚民：《论民族地区企业社会责任的特殊性》，《会计之友》2012年第16期；谢晖等：《西部地区企业社会责任履行的重要性研究》，《新西部》（理论版）2012年第14期。

2009年以来，民族地区企业社会责任研究逐渐向多行业、多主体、多层次延伸，研究方法日益呈现多样化。代表性论文有：乔永《对民族地区银行业履行社会责任的思考》，《甘肃金融》2009年第10期；苏亚民《民族地区企业履行社会责任的对策》，《财政监督》2011年第20期；谢秋凌《试论民族地区建立“环境侵权责任社会分担机制”的必要性》，《云南民族大学学报》（哲学社会科学版）2012年第2期；单豪杰《基于共生理论视角下西北少数民族地区民营企业社会责任研究》，《法制与社会》2012年第19期；李慧《民族自治地区中小企业盈利与社会责任表现——基于南宁市的调查分析》，《会计之友》2012年第31期；喆儒等《我国西部民族地区企业社会责任相关问题研究》，《西南金融》2014年第5期；王卫京等《西藏地区矿山企业社会责任评价体系研究》，《中国矿业》2014年第10期。叶奕、王江华、黄玉萍分别撰文讨论了民族地区企业社会责任中的民族因素与宗教因素。[①] 布日格勒、赛娜《少数民族地区矿产资源型上市公司社会责任履行状况分析——基于信息披露视角》，《经济论坛》2015年第11期；曾旗、王冠《民族地区矿产资源开发企业的环境责任研究》，《贵州民族研究》2016年第3期；马金莲等《少数民族企业社会责任的内涵》，《经贸实践》2016年第7期。

三 研究方法与结构安排

（一）研究方法

1. 规范分析与实证分析相结合

企业社会责任的研究可以分为区别显著的两大部分，其中，一部分专注于企业社会责任概念的界定和完善，属于规范研究；另一部分集中探讨企业社会责任的实现机制，属于实证研究。

在国外，企业社会责任是一个纷争迭起的研究课题，经济学、管理学、社会学、法学等都从自己的学科角度展开研究，取得了不错的成绩，各种文献可谓汗牛充栋。国内学术界对企业社会责任的关注时间不长，

① 叶奕、王江华：《青海多民族地区宗教信仰对民营企业社会责任的影响研究》，《青藏高原论坛》2015年第2期；黄玉萍：《少数民族企业社会责任践行中的民族维度——基于利益相关者视角》，《贵州民族研究》2015年第4期。

实务界对企业社会责任的误读层出不穷，阻碍了企业社会责任理论的研究以及实践层面的推进。有学者总结了对于企业社会责任的八大认识误区：①企业社会责任就是SA8000，把企业社会责任与认证标准混为一谈；②把SA8000当作国际强制标准；③把企业社会责任与“企业办社会”等同；④认为企业社会责任是企业自身的事，与政府无关；⑤实施企业社会责任就是增加企业负担；⑥将企业社会责任等同于企业捐赠或公益事业；⑦企业社会责任是出口企业的事，与一般企业无关；⑧企业在照章纳税之后，就算完成了企业社会责任。[①] 过度囿于学术视野或历史经验的偏见会导致企业社会责任研究的停滞甚至倒退。本书在广泛阅读国外研究文献的基础上，运用规范分析的方法探讨企业社会责任的理论发展脉络、含义以及变迁的动力机制，力图厘清国内对企业社会责任的认识分歧。

在规范分析的基础上，运用小样本的案例研究和大样本的计量分析等方法进行实证研究，以期呈现我国民族地区企业发展与社会责任建设现状。

2. 多学科角度的综合分析

企业作为社会生产关系的产物和社会的有机构成部分，在享有社会资源的同时，承担一定的社会责任是无可厚非的。但过于强调企业作为经济组织所应坚持的经济法则，或者过于强调企业的社会意识、伦理道德约束，强加过多的责任于企业之上也是欠缺依据的。本书主要从经济学、管理学、政治学、社会学和法学的角度对民族地区企业社会责任问题进行全面分析。本课题研究将运用多学科交叉的方法，借助于经济学的实证分析和规范分析方法，借助于民族学、人类学、社会学的田野调查，借助于政治学、法学的制度分析，借助于民族理论和民族政策研究的现实讨论，以民族地区企业社会责任建设为切入点，通过广泛的调查研究并借鉴国内外在企业社会责任方面研究的已有研究成果，对我国民族地区企业社会责任实践过程进行调查，从理论和实践层面寻求民族地

① 参见殷格非、崔怡《摆脱困惑与诱惑间的徘徊——寻求中国企业社会责任实施路径》，《WTO经济导刊》2005年第9期。2007年起针对《劳动合同法》的指责也是这样，很多评论称《劳动合同法》的实施“如同又回到了吃大锅饭的阶段”，这样的说法有待于理性的分析。

区企业社会责任建设过程中调适民族关系、推进民族区域自治制度完善的途径。

(1) 经济学（管理学）角度

从社会经济观考虑，利润是企业的首要目标，而企业追逐利润的前提是企业自身的生存。企业关注社会责任，是因为企业经营者应该关注企业长期资本收益率的最大化。为了实现这一点，它们必须承担社会义务以及由此产生的社会成本。此外，良好的公众形象、和谐的工作氛围也有利于企业的长远生存。另外从管理学角度，全球供应链模式的产生使得企业之间的交易成本下降，但与此同时，为了满足消费者对“可信赖产品”的需求，上游企业更加关注下游企业的行为，迫使整个链条上的企业都要从自身的利益需求出发考虑承担社会责任。

(2) 政治学角度

企业或企业社会责任，与政治或国家分属于两个不同的范畴，但是企业在一定政治体制或国家制度中的地位和作用，直接影响着其承担社会责任的程度和范围。而作为上层建筑的政治体制，建立在经济基础之上，政治制度与企业制度之间，也存在着相互影响的作用。

(3) 社会学角度

社会是一个有机整体，企业作为构成这个有机体的单元不能离开社会而独立存在，二者相互影响、相互制约。企业是社会的组成部分，企业活动是社会生产的基础层次和单位形式，社会的发展依赖于企业的发展壮大。同时，企业之所以不能孤立存在于社会之中，是因为企业还是一定生产关系的产物。企业中的劳动者是以一定的生产关系结合在一起的，这种关系要求企业必须在一定生产关系的约束下对企业劳动者的利益负责，对企业劳动者的生存和发展承担责任，而这种责任正是企业社会责任的一种体现。

(4) 法学角度

法学角度即从规范企业行为的制度与法律的角度对企业社会责任进行评析。诺斯等人的制度变迁理论提供了很好的借鉴，他们将制度变迁定义为一种效益更高的制度替代原有制度的转换过程。作为一个过程，制度变迁还具有路径依赖的性质，即已有的初始制度对制度变迁过程的某种惯性影响。[1] 因此，外部的法律制度变革就要消除我国企业原有经营管理制度产生的惯性影响，使之在国家立法的强制性制度变迁引导下发生自身的诱导性制度变迁，即内部公司治理方面的改革。同时针对我国当前立法和实践中存在的法律缺失、执法不力等现象，分析原因，并提出解决之道。

3. 法社会学的框架和方法

一般来讲，研究法律现象的进路通常可分为三种：价值、规范与事实，即自然法、规范法和社会法学的立场、方法与角度。自然法关注法律价值，无须实证分析；规范法与社会法学均注重实证分析，前者多重于已有法律规定的逻辑体系研究，后者更关注法律与其他社会子系统的关系，强调对已有法律规定的实际运行效果的研究。本书采取的是从事实出发的法社会学的分析理路。法社会学的分析理路常强调“书本上的法”（law in the paper）与“行动中的法”（law in action）的区别，通过考察书本上的法（制定法）从社会生活中产生和演变的历史轨迹，探索书本上的法在现实生活中发挥应有作用的体制机制。本项目在对国际社会和我国民族地区企业社会责任的制度和实践现状进行分析时采用了以问题为中心的功能比较。正如朱景文教授指出的，“功能比较不是以规则为中心，而是以问题为中心，功能比较摆脱了规范比较中容易受到本国法律概念的限制的局限，对执行同一功能的不同规范进行比较研究”,[2] 从而能达到更好的效果。

（二）结构安排

围绕民族地区企业社会责任这个主题，本书将分为导言和七章进行阐述。

导言部分结合国内外经济发展形势、企业制度建设现状以及民族地区经济社会发展的内在需求，对民族地区企业社会责任研究的理论意义与现实意义进行阐释。通过对当前国内外企业社会责任的研究现状进行

---

① 参见《为什么会存在无效率的制度——诺斯的制度变迁理论述评》，智识学术网，http://www. zisi. net/htm/sxrd/2005 - 04 - 07 - 18756. htm，最后访问日期：2016 年 1 月 1 日。

② 朱景文：《比较法社会学的框架和方法——法制化、本土化和全球化》，中国人民大学出版社，2004，第 55 ~ 58 页。

一般阐释，最终聚焦民族地区企业发展和社会责任建设，提出本书的研究立足点和可能的创新点，确定本书的研究目标和任务，同时也对本书的研究方法和章节结构予以说明。

第一章“问题与概念”是研究缘起与问题提出部分，以企业对当今社会的影响为前提，提出本书所要研究的问题，并通过对“民族地区”、“民族团结”与“企业社会责任”概念的界定明确问题的含义和范围。本章以当前民族地区企业社会责任缺失的诸多表现引出话题，认为企业社会责任远不是个法律问题，而是关系到企业本质、企业治理和企业社会功能的根本问题。关于企业社会责任概念，笔者在综合分析国内外学者观点的基础上提出了自己的看法：企业社会责任的概念是不断变化的，依社会对企业的期望而处于不断调试的状态。本书所称企业社会责任是企业在追求利润的前提下所应担负的法律义务和道德义务的总和，是正式的制度安排和非制度安排的统一体。

第二章“获益与回馈：企业社会责任理念与民族地区发展”是理论评述，在企业社会责任理念与多民族国家法律调适的宏观背景下，讨论了企业社会责任的经济学、政治学与社会学缘由，主要内容是从经济学、政治学、社会学三个方面对企业社会责任有关的理论进行归纳、整理和初步评价，目的是为本书的研究提供有效的概念工具和理论基础，揭示企业社会责任的多方原因。本章的学术旨趣在于讨论民族地区企业社会责任的缘由，从民族国家时代的企业发展与地区发展的宏观角度，结合民族地区发展的资源优势和特殊困难，深入探讨民族地区企业发展对民族团结进步的重要影响，从而得出企业社会责任建设是民族地区社会治理重要力量的结论。

第三章“改革与转型：民族地区企业社会责任的历史变迁”主要梳理不同社会形态下企业社会责任的核心内容和基本要求，并从国家整体发展战略转型的角度讨论民族地区的战略定位以及由此产生的企业发展及企业社会责任建设变迁。

第四章“法律与道德：民族地区企业社会责任的约束机制”主要讨论法律和道德在引导和约束企业社会责任方面的作用机制，分析民族地区企业社会责任制度环境的一般性与特殊性，以及我国企业的社会责任表现。

第五章“主体与行动：民族自治地方企业社会责任推进机制”在分析民族自治地方社会治理的多元主体的基础上，将企业社会责任理念引入实证，以不同层级民族自治地方的企业社会责任案例为样本，分析问题，提出对策。

第六章“沟通与披露：民族地区企业社会责任实践调查”，通过样本企业社会责任报告文本的比较分析，考察企业在民族地区从事经营行为时如何回应民族自治地方政府和民众的期待，是否具有执行基本法意识并遵守基本法规约。民族区域自治法作为实施民族区域自治制度的基本法律，是民族政策的法制化形式，将企业社会责任理念应用于民族自治地方企业对民族政策的贯彻和落实情况，是企业社会责任理论和实践研究的一个新的尝试。本章提出加强民族地区企业社会责任工作的建设性意见，要将追求经济效益与履行社会责任统一起来，构建一种民族地区经济社会全面发展的和谐场景下的企业新型治理结构，打造符合中国特色社会主义要求和中国统一多民族国家特点的企业。

第七章“制度与保障：民族地区企业社会责任的实现路径”是本书的基本结论和政策建议部分。通过制度与组织行为互动的原理讨论民族地区企业社会责任建设的必要性和可行性；结合当前民族地区企业社会责任制度建设和指标体系的总体框架，分析其存在的问题和不足之处；最后对照民族区域自治的基本要求，提出加强我国民族地区企业社会责任建设的政策建议。

第一章

问题与概念：研究缘起与问题提出

随着企业行为及其影响力的逐渐扩大，由此产生的环境保护、人权、腐败、劳工标准与工资差异等社会问题，都对企业承担社会责任提出了必然的要求。在这样的背景下，人类社会进入20世纪以来，人们对企业行为及其本质进行了深入的反思，并于20世纪末逐渐巩固了这样的认识，即“企业已不再被看作只是为拥有者创造利润和财富的工具，它还必须对整个社会的政治、经济发展负责”，这种观念或认知“注定会改变人们对企业的看法、企业对自己的看法以及企业在21世纪社会中的位置”。[①]

当今世界出现的这种对企业社会作用的新观念，是以下因素综合作用的结果。

第一，在和平发展已成为时代主题的当前，世界各国日益达成这样的共识：企业是现代社会中基本的和必不可少的组成部分。

第二，世界经济的全球化正使世界逐步形成统一的经济空间，而企业是这个空间中的重要组成部分，伴随企业全球影响力而来的是企业的全球责任。

第三，现代信息科技的发展，使人们更多关注企业行为标准及经营战略，并以前所未有的方式将企业行为交由公众监督。

第四，公众提升生活质量的诉求日益高涨，期望环境能得到保护，期望享受到作为人和劳动者的应有权利，期望人类的基本公平规则得到

---

① 〔美〕约翰·马雷斯卡：《企业新概念》，《华盛顿季刊》2000年春季号，转引自《参考消息》2000年5月5日第4版。

遵守，这就要求建立使经济社会发展方面处于优势地位的群体能够帮助那些弱势群体脱离困境的机制。

受以上这些因素的影响，企业在社会中的作用受到人们的密切关注，社会各界对企业的社会表现和社会回应进行着热烈的讨论，企业自身也在重新审视自己的价值观、经营方式，以及它们与周边环境相处的方式。这一切都促使我们重新认识企业的作用。

其一，企业不再被看作只是为股东创造财富的工具。企业是为整个社会创造财富的经济实体——不仅为企业家和股东谋取利润，而且要为必须公正地得到工资的员工、从税收中得到资金去发展公共福利事业的政府创造财富。企业要生产有益的产品，这些产品必须越来越安全，尽可能少地破坏环境，并能让人们长期受益。

其二，企业对更多的公众，而不只是对它们的拥有者和创立者负有责任。企业与它所在的社区，与其所处的自然环境与社会环境，与其面对的产业链和消费者群体日益广泛地发生着直接的联系。

其三，企业作为创造财富的主要工具，与社会的其他主体是共存共生的关系。这种企业的社会作用与传统观念是不同的。在传统观念下，“小而全、大而全”的企业肩负着沉重的社会负担，企业的慈善活动是建立在一种将穷人和富人分开以及富人对穷人施舍的基础之上的。而当今的企业是在获得产权保障和市场经济主体地位的前提下承担与其能力相适应的社会责任，企业慈善是建立在责任感与相应的经济绩效评估之上的。

其四，企业全新的社会作用将对治理方式产生重大影响。企业是用来创造财富的，企业需要确保它们是在负责任地创造财富，确保这一过程更多地造福整个社会。政府和社会也要共同营造一种保障机制和舆论导向，促使负责任的企业能够获得更好的经济效益与社会声望。

一　理论前设：如何看待企业社会责任？对企业性质和作用的重新审视

现代意义上的企业理论，是伴随着 18 世纪工业革命逐渐发展起来的。最早的企业理论，当数亚当·斯密（Adam Smith）在《国富论》

（1776 年）中大量论述的有关分工、价格、工资、利润等关涉企业管理的基本范畴。这之后，一直到 19 世纪 40 年代至 50 年代，才开始了真正意义上的公司管理实践。事件的起因是一起交通事故。1841 年 10 月 5 日，在美国一条连接马萨诸塞州和纽约州的西部铁路上，两列客车迎头相撞，造成近 20 人死伤的重大事故。一时舆论哗然，公众纷纷对铁路公司老板是否有能力领导和经营现代企业提出质疑。在马萨诸塞州议会的推动下，这个铁路公司进行了管理改革，老板交出了企业管理权，只从企业利润中获取红利，而选拔具有管理才能的专业人士从事企业经营与管理。这是美国第一家“全部由拿薪水的经理人员通过正式管理机构管理的企业”①。这一做法是将企业资本所有者和企业经营管理者分离、财产所有权和经营管理权分离的开创性改革，形成了所谓“经理制”，建立了各级责任制，从而在人类历史上、在企业管理领域中第一次实现了所有权与管理权的分离。由此可知，现代意义上的公司实践，正是在弥补由于社会责任管理缺失而导致的企业社会行为危害过程中，在社会批评、政府压力和法律约束的共同作用下诞生出来的。

企业是“集合生产要素，并在利润动机和承担风险条件下，为社会提供产品和服务的单位”②。生产要素理论既是经济学理论的重要组成部分，也构成企业本质理论的基本前提。关于生产的要素，学界有二元论、三元论、四元论等不同认识。③ 其中，英国学者威廉·配第（William Petty）提出“土地为财富之母，而劳动则为财富之父和能动的要素”④的重要论断，认为财富的最终源泉只能是土地与劳动，从而建立了生产要素的二元论学说。法国经济学家萨伊（Jean Baptiste Say）将“土地、劳动、资本”归结为生产的三个基本要素，认为能产生价值或扩大人类财富的因素“都是归因于劳动、资本和自然力这三者的作用和协力，其中以能耕种的土地为最重要的因素但不是唯一因素”⑤，这是关于生产要

① 顾宝炎：《管理学导论》，东方出版中心，1998，第 18 页。

② 董俊武、陈震红：《国外企业本质理论的演进与述评》，《经济管理》2007 年第 5 期。

③ 徐斌、李燕芳：《生产要素理论的主要学派与最新发展》，《北京交通大学学报》（社会科学版）2006 年第 3 期。

④ 〔英〕威廉·配第：《配第经济著作选集》，陈冬野译，商务印书馆，1997，第 66 页。

⑤ 〔法〕萨伊：《政治经济学概论》，陈福生、陈振骅译，商务印书馆，1997，第 76 页。

素三元论的系统表述。[①] 在三要素的基础上，英国学者阿尔弗里德·马歇尔（Alfred Marshall）主张将“组织”作为一个独立的要素从资本要素中分离出来，由此构建了生产要素的四元论。[②] 零散的生产要素要转变为现实的生产力，必须有某种经济组织将其整合在一起，才能实现有序的生产，使之转化为社会所需的产品和服务，实现效用的增加和财富的增值。在社会发展的任何一个阶段，都有一种生产要素是最重要的和难以替代的，因此，掌握这种最重要生产要素供给的阶层往往具有极其重要的社会地位。在传统的农业社会，最重要的生产要素是土地，主要的生产组织形式是家庭农场和作坊，掌握土地的地主阶级在社会中占据主导地位。工业革命以后，资本代替土地成为最重要的生产要素，资本家就在社会中起着主导作用。与此同时，社会化大生产必然要求社会化的经济组织成为生产活动的主要载体。因此，打破家庭农场和作坊樊篱的现代企业，就成为工业经济时代到来时组织各种要素进行生产的有效组织形式。随着生产社会化程度的日益提高和科学技术的迅速进步，各工业生产部门所需要的专门技术知识越来越复杂，享有专业知识和专门技能的人士将在企业发展中起到更加重要的作用，专业的技术团队和经营团队实际上成为企业的决策者。

企业作为现代社会重要的组织形式之一，从创造的经济价值角度来看，一个国家的综合竞争力往往通过该国企业的竞争力表现出来。在市场对资源配置起决定作用的条件下，企业竞争力的强弱突出表现在其对利润的追逐能力上，利润是企业存在的初始理由和发展的动力来源。然而，企业是整体社会系统的有机组成部分，必然与社会的其他组织和个人发生广泛互动。互动过程中由于外部性问题和信息不对称等问题导致的道德风险行为，使得企业逐利行为与社会整体利益产生竞合关系。

企业行为外部性从经济学角度来讲是指“企业的生产经营活动所产

① 生产要素三元论还有不同的观点：英国学者西尼尔用人的心理因素来解释社会经济现象，将生产三要素归结为“劳动、自然要素和节欲”。参见于刃刚《西方经济学生产要素理论述评》，《河北经贸大学学报》2002 年第 5 期。

② 〔英〕马歇尔：《经济学原理》，陈良璧译，商务印书馆，1983，第 158 页。

生的成本和收益超出了企业自身的边界而向外部‘溢出’”[①]，通俗点来理解是指企业对与其经营行为无直接关系的他人或社会所产生的影响。学者们根据外部性现象的表现形式、影响效果、产生领域、前提条件、稳定性、具体时空、方向性及根源等因素，将企业外部性细分为诸多门类[②]，本书仅就其基本面向——正外部性（也称为正外部积极效应、外部经济）与负外部性（也称为负外部经济效应、外部不经济）进行分析。正外部性指的是企业的生产经营活动使周边社会受益的情况。企业的健康发展、致富能力的提升、生产效率的提高，不仅可以增加就业、贡献税收、促进地方经济繁荣，而且会拉动周边产业的发展，甚至起到区域内经济增长极的带动作用，这是企业为社会带来的效益。负外部性是企业将本应由自身承担的成本向外界转嫁的结果，最典型的如企业排污问题。企业理应自行解决生产过程中产生的污染或为污染处理付费，但是这样做会加大企业运营成本，如果企业未能自觉承担合理排污或损害赔偿义务，任意向外界排放生产生活废弃物，就等于将自身应负担的成本转移给了社会。一般情况下，正负外部性问题可以通过政府给予补贴或征税的方式实现外部效应的内部化。于是出现了基础设施建设领域的“谁受益，谁投资”原则以及环境保护领域的“谁污染，谁治理”的政策。但完美的理论模型总会出现漏洞，其一，外部效应往往不是一方侵害另一方的单向问题，而具有相互性；其二，在交易费用为零的情况下，双方通过自愿协商就可以产生资源配置的最佳效果，无须政府干预；其三，在交易费用不为零的情况下，需要通过各种政策手段和制度选择的成本收益权衡方能实现外部效应的内部化，这也是新制度经济学将外部性引入制度分析的原因所在。

除外部性问题以外，现代工业化社会的海量信息打破了经济人拥有完全信息的假设，现实生活中任何市场主体不可能占有完全的市场信息，在作为生产者的企业和绝大多数消费者之间，就出现了各种产品信息不

① 林毅夫：《企业承担社会责任的经济学分析》，中国企业家调查系统编《企业家看社会责任：2007 中国企业家成长与发展报告》，机械工业出版社，2007，第 246 页。

② 沈满洪、何灵巧：《外部性的分类及外部性理论的演化》，《浙江大学学报》（人文社会科学版）2002 年第 1 期。

对称的现象。信息不对称的存在加大了信息拥有方为牟取自身更大利益而使另一方利益受损的道德风险和逆向选择现象的可能性，由此，社会必须为此付出更大代价。在新闻报道里频频出现的“苏丹红”“毒奶粉”“地沟油”“瘦肉精”“纸箱肉”等产品，虽可能在一时给某些企业增加利润，却对社会造成了不可逆的巨大危害。

信息不对称不仅发生在企业与外部社会之间，而且发生在企业与其内部员工之间，导致企业在经营决策、收入分配、管理体制和企业制度等方面出现了种种问题。以安全生产为例，国家法律和地方法规对生产的安全有详细的规定，但是管理当局与企业之间的信息不对称，企业与内部员工之间的信息不对称和谈判权利不对等等诸多因素，为有些企业利用这些信息不对称与权利不对等，降低自身所应该遵循的安全标准留下空间。而安全生产标准的降低，所带来的恶果是显而易见的。近年来各地发生的特大、重大安全事故，伤亡人数动辄以数十甚至以百计。这些事故多与企业违规操作、安全生产工作监督不力有关。

企业追求利润是天经地义的，但由于外部性与信息不对称问题的存在，企业行为常常会自觉不自觉地超过自身应有的边界，对社会、企业员工等利益相关者产生不利的影响。为了使企业的外部效应内部化，除了加强企业自身对社会责任的认知外，也要健全外部制度环境，加强社会舆论，加强对企业行为的监管。

这是一场源于企业自由与责任的讨论。现代社会企业可以自由地发展生产、提供服务，但这种自由不是与生俱来、天经地义的，是经过政治、经济和文化的漫长演变过程而逐步实现的。在重农抑商的古代社会，经商被认为是对共同体财富的破坏，商人的合法性遭到根本性的质疑和否定，此时的商人只有通过向教会或穷人捐钱来获得灵魂的救赎。即使发展到重商主义时期，商人也是国家主义的牺牲品，其作为国家积累财富的工具而丝毫没有个人财富的观念。资产阶级革命给商人提供了自由的空气，对个人独立性的呼吁和私有财产神圣不可侵犯的宣扬使得追逐利润成为一种天赋人权。尽管获得自由的同时也意味着要承担责任，但不同的是，此时的商人可以自由地承担责任，通过组织企业来承担责任，从而在历史的时空下真正地实现了个人人格向企业集体人格的转换，自由也在更广泛的领域内获得了其存在的价值。企业的产生与对企业行为的规制是同步进行的，作为公权力代表的政府通过制定法律，对企业行为实现强制性约束；而社会公众通过舆论与道德话语，给企业行为设定了不可逾越的界限。经济全球化的发展使得企业行为在更广阔的时空下发挥作用，也更广泛地影响着国家和社会的方方面面，企业行为开始跨越国界，而对企业行为的要求和规制也不再局限于一国疆域，单个民族国家的主权让渡出现了两种形式：向上转移（政府权力向超国家的国际组织）和向下转移（中央政府的权力向地方政府、集团、区域组织甚至跨国公司转移）。这并不是对国家主权的挑战，而说明了更深层面的一个问题：对企业行为的规制和企业社会责任的要求，已经成为全世界需要共同面对的问题，这个过程不仅需要企业参与、政府参与，更需要最广泛的社会公众的参与。

二　问题的呈现

首先，让我们来看看这样几个场景。

民族地区资源富集，落户企业多以资源型企业为主。内蒙古霍煤鸿骏铝电有限责任公司（以下简称“霍煤鸿骏公司”）主营电解铝生产和供热业务，属于重污染行业，主要污染物有工业废气、废水和废渣。自2007年起，霍煤鸿骏公司在生产电解铝的过程中，排放氟化物超标，导致内蒙古通辽市扎鲁特旗阿日昆都楞镇周边下风地区的牛羊因患“异牙病”大量死亡。据不完全统计，阿日昆都楞镇牲畜发病户共583户，牲畜死亡4万余头，有些牧民也患上了“斑状齿”等怪病，严重影响了当地数十平方公里农牧民的正常生产生活。[①] 牲畜的大量死亡给当地牧民的生产生活造成极大的损失，多年来，当地牧民通过到各级政府反映、上访，并邀请非政府组织（NGO）、学者、媒体记者和法律人士介入调查取证，尝试合法维权。这些努力并非毫无进展，国家环保部和当地环保部门都对该企业进行过相应的处罚，当地政府也承诺对该镇居民进行

---

① 《内蒙古通辽：铝厂严重污染草原生态　牧民多年维权无果》，民主与法制网，http://www.mzyfz.com/cms/benwangzhuanfang/xinwenzhongxin/zuixinbaodao/html/1040/2016-08-17/content-1215014.html，最后访问日期：2016年8月17日。

生态移民并予以补偿，但处罚和补偿远远不足以弥补损失。更令人担忧的是，污染仍在继续。从该污染案例可以看出，企业管理层更多关注的是生产效益，而未将防治由企业生产导致的环境污染纳入工作重点，上级机关和监管部门工作不力纵容了企业对环境保护的忽视，污染的严重程度与依法处罚以及补偿力度的失衡严重制约着生态环境保护工作的实效，从而形成了“企业污染、群众受害、政府买单”的治理困局。在利润面前，企业的社会责任缺失是问题的症结所在。2011 年发生在锡林郭勒盟的“511”“515”恶性刑事案件是群众不满企业污染而暴力维权的典型案例[①]，污染如果不予以制止，损害的不仅仅是当地生态和民众生活，长此以往，必然成为影响当地民族关系和谐与社会稳定的重要隐患。

2008 年被视为中国慈善元年，在冰灾和地震等自然灾害面前，包括企业在内的社会各界创造了超过 1000 亿元的捐赠奇迹。但是，在豪华的“捐赠秀”之后，捐赠款项的到账率极低。截至 2008 年 6 月 19 日，“谷歌承诺捐助 1700 万元，实际捐助 500 万元；诺基亚承诺捐助 3500 万元，实际捐助 1600 万元……”，与此类似，“1998 年洪灾 6 亿元捐款一半未到位，2008 年初雪灾 1.06 亿元捐款实际到账 7383 万元”。[②] 不仅如此，平常年份的到账率更低，仅为 7%。[③] 当前，“诺而不捐”“多说少捐”的慈善捐赠乱象并未在舆论和公众压力下止步，反而呈现层出不穷的态势。企业社会责任反映着社会对企业的伦理期待，但完备运作程序和完善法律机制的缺位使得企业履行社会责任缺乏制度支撑。从现行捐赠模式和体制来看，基金会通过承诺相应的“回报”来筹集资金，企业希望通过资助知名度很高的非政府组织（NGO）实现市场推广、提高社会声誉。这不仅反映了 NGO 的功能错位，也反映着我国慈善配套政策的不完善。或许我们需要加强企业责任担当的法律支撑，才能打通慈善的制度化通道。

---

① 《内蒙古公安厅通报“511”“515”案件侦破情况》，榆林网，http://www.ylrb.com/2011/0602/20924.shtml，最后访问日期：2015 年 7 月 1 日。

② 《“诺而不捐”早成慈善潜规则?》，青年周末网站，http://www.yweekend.com/webnews/080703/A09/080703A0901.shtml，最后访问日期：2016 年 7 月 1 日。

③ 据《慈善家》杂志负责人李立伟在 2008 年 6 月 14 日凤凰卫视的一档节目中透露。

作为“世界工厂”和“制造大国”，中国历来占有大量工业产品市场份额，基于廉价劳动力的粗放型发展模式已经濒临极限，作为以制造业为国力源泉的我国来说，由“世界工厂”向“制造强国”转变是未来发展的必然趋势。企业作为社会经济的命脉，对国家发展和人民福利做出了巨大的贡献。在飞速发展的转型时期，一方面，由于传统文化的积弊、多元价值观的冲突，企业家们尚未建立起新的财富观，对企业承担社会责任的范围和限度缺乏理性认识，对企业履责行为与经济效益的良性互动认知不足。另一方面，由于法律法规和制度建设不健全，一些企业唯利是图，随意将其负外部性转嫁给社会，放任自身不负责任的行为对社会造成严重损害。当前，在中国社会经济的改革与转型升级过程中，无论是经济新常态下的主动调整，还是环境资源、人口等红利流失的倒逼，都对企业践行社会责任提出了更高的要求。党的十八届四中全会提出“必须以保护产权、维护契约、统一市场、平等交换、公平竞争、有效监管为基本导向，完善社会主义市场经济法律制度”，并强调加强“企业社会责任立法”，进一步规范了企业在市场竞争中的权利与责任。①

正是在这样的背景下，本书展开了论述。事实上，随着研究的深入，笔者逐渐发现，企业社会责任远不是个法律问题，它是关系到企业本质、企业治理和企业社会功能的根本问题。传统的企业理论将企业价值最大化或股东利益最大化作为单一目标，其暗含的假设条件是相关的社会成本（外部性问题）可以忽略不计，或者可以被定价由企业支付。事实上，股东对企业的完全意义上的所有权仅具有理论意义。作为一种社会机构，企业存在的目的并不只是获取利润，资本是企业生产要素的重要组成部分，但并不是唯一因素，除资本之外，企业的生产要素还包括其他自然资源、经济资源和社会资源。这些资源不只是被企业占有和利用，而且是基于契约关系由企业和其所在的环境共享。由此，企业与其所处的环境唇齿相依，考虑到投资风险的因素，强调社会责任并不必然达至企业在商业上的成功，但对社会责任风险的无知或有意忽视，可能会导

① 《中共中央关于全面推进依法治国若干重大问题的决定》，《求是》2014 年第 21 期。

致企业行为与其财务目标背道而驰。

从这个角度看，企业从来都不是自我运营的封闭系统，企业治理也不只涉及股东和代理人之间的契约安排，而是代表各种生产要素的各方面主体与企业以及企业中的部门、群体和个人之间的多重契约关系。由于各方主体与企业的联结方式及其侧重点不一致，其所面临的投资风险也不尽一致，由此带来的风险防控机制也就出现了多元样态。因此，根据“谁投资，谁受益”的原则，除了内部治理结构（董事会制度、独立董事制度等）和资本市场外部治理机制（如股权并购、市场监管等）以外，企业的治理还需要社会监督治理机制来保障企业的各种生产要素和投资主体的合法权益。

对企业行为与制度约束关联性的探究涉及各个学科分类和实务领域，本书在理论阐释的基础上，将企业社会责任理念和观察视角引入民族地区，重点从被学界所忽视的民族地区企业行为的制度约束方面切入企业社会责任的讨论，以期更好地发挥企业在民族地区经济社会发展、全面实现小康社会进程中的作用，以及在此过程中，通过企业、政府与社会的互动，推动包括企业治理在内的民族地区治理体系与治理能力现代化。对于民族地区企业来说，除了一般法律和制度规制外，不可忽视的是作为基本政治制度和基本法律的民族区域自治的约束，这是考察民族地区企业社会责任不可忽视的制度维度。从制度约束角度考察民族地区企业的社会责任表现，能够更好地把握影响社会责任理念和行动的制度因素，进而从组织与制度互动的角度为制度的坚持和完善提供理论与实践依据。

三　概念的界定

（一）民族地区与民族团结

1. 民族地区

顾名思义，民族地区是指少数民族聚居的地区。理论界和实务界关于民族地区的界定有两种路径。

一种是统计学意义上的“民族八省区”，即包括内蒙古、新疆、西藏、广西、宁夏等5个自治区和云南、贵州、青海等3个多民族省，国家统计局、中国民族统计年鉴、国家民族经济发展司等单位统计民族地区数据时一般指民族八省区的数据。

一种是行政建制意义上的民族自治地方。民族区域自治制度是我国的一项基本政治制度，指在国家统一领导下，各少数民族聚居地方实行区域自治，设立自治机关，行使宪法和法律授予的自治权。据此建立的民族自治地方是中华人民共和国范围内的一个行政区域，是中华人民共和国不可分离的组成部分。根据《中华人民共和国宪法》（以下简称《宪法》）和《中华人民共和国民族区域自治法》（以下简称《民族区域自治法》）的规定，按照少数民族聚居区人口的多少、区域面积的大小，民族自治地方分为自治区、自治州、自治县三级。截至目前，我国共建立了155个民族自治地方，其中包括5个自治区、30个自治州、120个自治县（旗）。鉴于中国的一些少数民族聚居地域较小、人口较少并且分散，不宜建立自治地方，《宪法》规定通过设立民族乡的办法，使这些少数民族也能行使当家做主、管理本民族内部事务的权利。1993年，我国颁布《民族乡行政工作条例》，以保障民族乡制度的实施。截至目前，在相当于乡的少数民族聚居的地方共建立了1100多个民族乡。11个因人口较少且聚居区域较小而没有实行区域自治的少数民族中，有10个建有民族乡。在55个少数民族中，有44个建立了自治地方，实行区域自治的少数民族人口占少数民族总人口的71%，民族自治地方的面积占全国国土总面积的64%左右。[①]

根据论述需要，本书所指民族地区将上述两种解释方法相结合，既包括统计学和宏观意义上的民族八省区，也包括行政区划意义上包括自治区、自治州和自治县在内的所有民族自治地方，特此说明。

2. 民族团结

民族团结是指各民族“在社会生活和交往联系中的和谐、友好、协调、联合”，是“为了共同的利益和目标在自愿和平等的基础上的联合”。[②]

民族团结是中国处理民族问题的根本原则，也是中国民族政策的核心内容。各民族平等的联合与团结是实现国家统一、社会稳定、各项社

① 《中国的民族区域自治制度》，中国政府网，http://www.gov.cn/test/2012-06/20/content_2165897.htm，最后访问日期：2015年10月8日。

② 金炳镐：《民族理论通论》，中央民族大学出版社，2007，第464、481页。

会事业发展的前提和保证。党和国家始终将民族团结与国家、民族、人民的前途命运和根本利益紧紧联系在一起。新中国的成立和社会主义制度的建立，为实现各民族的真正平等和紧密团结创造了根本前提。新中国成立以来，国家采取法律、经济、行政等手段，努力消除历史遗留下来的民族歧视和民族隔阂，消除一切不利于民族团结的因素，坚定不移地维护民族团结，努力实现各民族团结奋斗与繁荣发展。我国坚持和发展民族区域自治制度，将国家的集中统一与民族聚居地区的区域自治有机结合，保障少数民族当家做主，巩固和发展各民族平等团结互助和谐关系，是民族团结的制度基础。国家始终坚持将加快少数民族和民族地区经济社会发展作为解决中国民族问题的根本途径，从政策、资金、技术、人才等方面支持民族地区发展，为民族团结奠定物质基础。国家通过加强民族团结宣传教育与民族团结进步创建活动，使得民族团结观念深入人心。国家注重用法律手段处置影响民族团结的矛盾和问题，建立了处理影响民族团结问题的长效机制和应急预案，在民族事务治理法治化的轨道下增进民族团结。

（二）企业社会责任

20 世纪以来兴起于欧美的企业社会责任概念，既是运用多学科方法界定的一个重要学术概念，也是建构企业与社会和谐关系的一种基本思想。作为学术概念，企业社会责任的定义有着多维向度，对这一概念的界定，即使是在企业社会责任的倡导者中也未能达成一致。作为观念体系，企业社会责任既包含着人们对企业性质和作用的重新思考，也因其挑战传统而备受责难。本书在倡导企业社会责任的立场上讨论其内涵与外延，旨在通过对国内外具有代表性的企业社会责任定义进行回顾和检视，发掘企业社会责任应有之义，寻求企业社会责任在我国的恰当表达。

1. 国外学者关于企业社会责任的界定

（1）将企业社会责任直接等同于企业利润最大化

这部分学者认为，包括企业在内的每一个经济个体实现利润最大化，必然达至整个社会利益的最大化，因此，只要企业尽自身所能追求利润最大化，就是践行了其对社会的责任。管理学家德鲁克较早提出这种观点。他指出："牟取利润是企业的社会责任，这个责任是绝对的，是不可放弃的。”同时，私益和公益是可以自动调和的，在此意义上，“私益和公益是一致的”[1]。经济学家弗里德曼是持这种观点的另一位代表学者。在他的《资本主义与自由》和《企业的社会责任是增加其利润》等经世著述中，他一方面对本来意义上的企业社会责任大加挞伐，将其斥为“一种极具颠覆性的学说”，另一方面又指出，“在自由经济中，企业有且仅有一个社会责任……那就是要使用其资源并从事经营活动以增加利润”。[2]

（2）内涵式定义

这部分学者通过概念内涵的抽象来界定企业社会责任，往往从企业与社会的关系入手，认为企业在经营决策中需要认真考虑企业行为对社会的影响，肩负增进社会利益的义务和职责。鲍恩最早提出了对企业社会责任的概念。他认为企业社会责任就是“商人有义务按照社会所期望的目标和价值观来制定政策、进行决策”。[3] 哈罗德·孔茨（Harold Koontz）和海因茨·韦里克（Heinz Weihrich）认为“企业社会责任就是应该认真地考虑企业的一举一动对社会的影响”[4]。加雷恩·琼斯（Gareth Jones）等认为企业社会责任是指“管理者在做出培育、保护、提高、促进利益相关者乃至全社会福利的决定时，所肩负的义务和职责”[5]。科克（P. Kok）等人将企业社会责任定义为一种义务，即“企业应该以一种有利于社会的方式使用它的资源，站在作为社会的一个成员的立场，尽可能地考虑社会及增进社会福利”[6]。

---

① P. F. Druker, *The Practice of Management* (New York: Harper & Row, 1954), pp. 458 - 460. 转引自〔日〕金泽良雄《当代经济法》，刘瑞复译，辽宁人民出版社，1988，第105页。

② Milton Friedman, *Capitalism and Freedom* (Chicago: Chicago University Press, 1962), p. 133; “The Social Responsibility of Business is to Increase Its Profits,” *New York Times Magazine* 9 (1970): 32 - 33.

③ H. R. Bowen, *Social Responsibilities of the Businessman* (New York: Harper&Row, 1953), p. 3.

④ 〔美〕哈罗德·孔茨、海因茨·韦里克：《管理学》，马春光译，经济科学出版社，2004，第43页。

⑤ 〔美〕Gareth Jones, Jennifer George, Charles W. L. Hill:《当代管理学》，人民邮电出版社，2003，第105页。

⑥ P. Kok, T. V. D. Weile, R. Mckenna & A. Brown, “A Corporate Social Responsibility Audit Within a Quality Management Framework,” *Journal of Business Ethics* 4 (2001): 285 - 297.

（3）外延式定义[①]

与内涵式定义不同，一些学者或机构通过外延的扩展来定义企业社会责任，将其具体化为企业对社会负责的一系列行为或任务。美国经济发展委员会的定义是其中的典型代表，在1971年6月发表的《商业企业的社会责任》报告中，美国经济发展委员会列举了58种旨在促进社会进步的行为，并要求公司付诸实施。这些行为涉及十个方面的内容，即：①经济增长与效率；②教育；③用工与培训；④公民权与机会均等；⑤城市改建与开发；⑥污染防治；⑦资源保护与再生；⑧文化与艺术；⑨医疗服务；⑩对政府的支持。[②] 报告将企业社会责任的履行视为企业长期生存和发展的手段，指出："作为一种具有永续性的机构，大型公司正在寻求诸如生存、发展等长期目标，并且这些长期目标已受到社会公众的认可和接受。一度被视为并非唯一但也占有绝对优势地位的利润目标，现在则更倾向于被看成一种实现更宏大的企业目标的手段和强劲的推动力。因此，现代经理们随时放弃短期盈利以换取公司的实质性改善，有助于公司长期的、有利可图的发展。"[③] 这种概括主要关注企业责任的社会方面而非经济方面，已经不同于传统的将利润最大化作为企业目标的观点。然而通过将企业经济责任纳入企业社会责任而建立一种企业对包括股东在内的所有利益相关者负责的企业社会责任框架，实际上已经成为一个泛企业社会责任概念。

（4）在"企业责任"概念下把握"企业社会责任"的内涵

以詹姆斯·布鲁默（James J. Brummer）为代表，持这种观点的学者往往在"企业责任"概念之下，通过对比各类企业责任来揭示企业社会责任的内涵。在这里，企业责任被划分为四种，即企业经济责任、企业

---

① 本书在外延式定义之后列举了其他两种定义方式，侧重于其定义方法的逻辑关系，但从实质上说，后面几种定义方法都属于外延式定义。

② "Social Responsibilities of Business Corporations," *A Statement on National Policy by the Research and Policy Committee of the Committee for Economic Development* 6（1971）：36－40. 转引自卢代富《企业社会责任的经济学与法学分析》，法律出版社，2002，第71页。

③ "Social Responsibilities of Business Corporations," *A Statement on National Policy by the Research and Policy Committee of the Committee for Economic Development* 6（1971）：36－40. 转引自卢代富《企业社会责任的经济学与法学分析》，法律出版社，2002，第87页。

法律责任、企业道德责任和企业社会责任。企业经济责任是企业所负有的谋求股东利润最大化的责任，企业法律责任是法律所明定的企业义务。企业社会责任与企业经济责任不同在于，后者关注的主要是与企业有着最直接利害关系的股东；而前者强调的是更为广泛的社会公众的利益和愿望。企业社会责任与企业法律责任的区别在于，前者并不一定如后者那样直接规定于法律之中。企业道德责任必须立足企业（及其领导者）对企业行为的实际效果与风险的充分理解能力上。企业道德责任与企业社会责任的差别在于，企业社会责任在很大程度上是基于某个集团或社会公众的期望而形成的，此等期望可能与社会的道德观点有着惊人的一致，但又并非总是如此。[①] 因此，他认为企业社会责任是企业传统和固有的责任，企业要服务的利益不仅包括股东利益，还包括更广泛领域的社会利益。这些界定使得本来就纷繁复杂的企业社会责任更加难以定义，四种企业相关责任之间的逻辑关系也显得较为混乱。

（5）以企业社会责任涵盖各种企业责任的概念模型

持这种观点的学者认为企业社会责任是社会寄希望于企业履行的义务，社会不仅要求企业完成其经济使命，而且期望企业能够遵纪守法、恪守道德、践行公益。在对企业社会责任做出总括定义之后，学者们更多地致力于社会责任的操作层面，着重讨论企业社会责任的外延结构及其逻辑关系，并形成了企业社会责任概念的利益相关者理论模型、三重底线理论模型和金字塔模型。

弗里曼（R. E. Freeman）提出了利益相关者的广义概念，“一个组织里的利益相关者是可以一想到组织目标的实现或受其实现影响的群体或个人”，并从所有权、经济依赖和社会利益三个角度对利益相关者进行分类。[②] 克拉克森对利益相关者做了两类划分：一是根据利益相关者在企业经营过程中是否自愿向企业提供物质和非物质资本，区分为自愿利益相关者和非自愿利益相关者；二是根据与企业关联程度，区分为首要

① J. J. Brummer, *Corporate Responsibility and Legitimacy* (New York: Greenwood Press, 1991), pp. 19 - 30.

② R. E. Freeman, *Strategic Management: A Stakeholder Thinking* (Helsinki, Finland: LSR Publication Inc., 1984), p. 31.

利益相关者和次要利益相关者。[①] 为克服上述定性方式的模糊性，罗纳德·米切尔（Ronald K. Mitchell）根据合法性、权力性和紧急性三个维度将利益相关者区分为三种类型：确定的利益相关者（三个维度同时为"是"，如股东、员工、顾客等）、预期的利益相关者（任意两个维度同时为"是"，如政府）和潜在的利益相关者（仅在一个维度为"是"，如环境保护团体）。

三重底线概念最初由英国学者约翰·埃尔金顿（John Elkington）提出，三重底线理论框架包括三个部分：社会底线、环境底线和财务底线，分别与民众、星球和利润相对应。其中，财务底线并不完全等同于传统的"盈利"，而是要综合考虑各利益相关者的收支平衡。因此，三重底线理论"并非传统的盈利底线加上企业的社会影响和环境考虑，而是从整个社会的层面来考虑企业运营所造成的影响"[②]。由此，企业社会责任可以分为经济责任、环境责任和社会责任三个部分。

金字塔模型由美国学者卡罗尔（Archie B. Carroll）创立。卡罗尔提出，企业社会责任是企业的经济责任、法律责任、道德责任和可自主决定履行与否的责任（即慈善责任）的总称[③]，"只有力争营利、遵守法度、重视伦理并乐善好施的企业，方可称为真正对社会负责的企业"[④]。1991 年，卡罗尔对上述定义进行修正，并提出了企业社会责任概念的金字塔模型。[⑤] 在他看来，企业社会责任所包含的四个层面的责任有着不同的位阶，首先是经济责任，企业的生存发展和利润创造是最基本的责任；其次是法律责任，是遵守法律和经济运行规则的责任，是"规范化的道德"；再次是道德责任，即尊重其他利益相关者权利的责任，包括

---

① M. Clarkson, "A Stakeholder Framework for Analyzing and Evaluating Corporate Social Performance," *Academy of Management Review* 20（1995）：106.

② 华东政法大学政治学研究院、上海交通大学企业法务研究中心：《2015 中国企业社会责任指数年度报告：自我、行业、社区与国家：企业社会责任的层次推进》。

③ A. B. Carroll, "A Three-Dimensional Conceptual Model of Social Performance," *Academy of Management Review* 4（1979）：497 – 505.

④ A. B. Carroll, "Corporate Social Responsibility Evolution of a Definitional Construct," *Business & Society* 38（1999）：268 – 295.

⑤ A. B. Carroll, "The Pyramid of Corporate Social Responsibility: Toward the Moral Management of Organizational Stakeholders," *Business Horizons* 34（1991）：39 – 48.

职工、股东、社区或其他权利人对企业的期待与规范；最后是慈善责任，即企业开展有利于社会的慈善活动的责任。这种观点中包含了企业社会责任的有关内容，一定程度上揭示了其内涵的不同层次和范围，成为西方学者对于企业社会责任的经典定义。但经济责任与社会责任、道德责任与慈善责任界限的模糊性使其在操作层面遭遇困境。

2. 我国学者关于企业社会责任的界定

(1) 袁家方在《企业社会责任》中的定义

企业社会责任是企业在争取自身的生存与发展的同时，面对社会需要和各种社会问题，为维护国家、社会和人类的根本利益，必须承担的义务。所谓的责任，属于广义的社会学范畴，而不是法律或法学意义上对违法行为所追究的行为人的法律责任。①

(2) 刘俊海在《公司的社会责任》中的定义

所谓公司社会责任，是指公司不能仅仅以最大限度地为股东们营利或赚钱作为自己的唯一存在目的，而应当最大限度地增进股东利益之外的其他所有社会利益。这种社会利益包括员工利益、消费者利益、债权人利益、中小竞争者利益、当地社区利益、环境利益、社会弱者利益及整个社会公共利益等内容，既包括自然人的人权，尤其是《经济、社会和文化权利国家公约》中规定的社会、经济、文化权利，也包括自然人之外的法人和非法人组织的权利和利益。②

(3) 刘连煜在《公司治理和公司社会责任》中的定义

公司社会责任者，乃指营利性的公司，与其决策机关确认某一事项为社会上多数人所希望后，该营利性公司便应放弃营利之意图，俾符合多数人对该公司之期望。③

(4) 卢代富在《企业社会责任的经济学与法学分析》中的定义

所谓企业社会责任，乃指企业在谋求股东利润最大化之外所负有的维护和增进社会利益的义务。④

① 袁家方主编《企业社会责任》，海洋出版社，1990，第5页。

② 刘俊海：《公司的社会责任》，法律出版社，1999，第6~8页。

③ 刘连煜：《公司治理和公司社会责任》，中国政法大学出版社，2001，第66页。

④ 卢代富：《企业社会责任的经济学与法学分析》，法律出版社，2002，第96~97页。

（5）科研机构提出的社会责任理论框架

中国社会科学院经济学部企业社会责任研究中心于 2009 年发布了《中国企业社会责任报告编制指南（CASS-CSR 1.0）》，在传统的“三重底线”和利益相关者理论的基础上，构建了一个“以责任管理为核心、以市场责任为基石，以社会责任和环境责任为两翼的‘四位一体’模型。”[①] 这一模型突出了责任管理的重要性，打破了国际通行的经济责任、社会责任和环境责任的初始划分，将客户责任、股东责任和伙伴责任重新组合为市场责任，以社会责任涵盖政府责任、员工责任和社区责任，充分考虑行业性质对企业社会责任的影响，结构更加平衡，各部分边界清晰，易于识别和操作。目前，指南已经更新至 China-CSR4.0，成为企业社会责任的中国本土标准，进一步提升指南的国际性、包容性和引领性。[②] 此外，华东政法大学政治学研究院和上海交通大学企业法务研究中心联合提出了企业社会责任的四层次理论，即：自我责任、行业责任、社区责任、国家责任，这四个层次层层递进，充分考虑到不同发展阶段企业履责的差异性，可以作为我们理解企业社会责任的一个重要参考框架。[③]

3. 对当前企业社会责任定义的辨析

上文中，认为企业唯一的社会责任就是通过合法手段获得最大化利润的观点，实际上是以亚当·斯密式的视角对“企业社会责任”一语所做的注解，与古典自由经济思想一脉相承。这一观点虽然在形式上讨论企业社会责任，但从根本上对企业社会责任持拒绝和否认态度。

在使用内涵式定义时，学者们更多关注的是企业社会责任的构成要件，尽管这些构成要件对“企业社会责任”本质属性的揭示有着直接的

---

① 《企业社会责任报告编写指南 1.0》，企业社会责任研究中心网站，http://www.cass－csr.org/index.php?option＝com_content&module＝28&sortid＝32&artid＝439，最后访问日期：2016 年 1 月 1 日。

② 关于指南 4.0 的介绍，参见《中国企业社会责任报告指南　开启 4.0 时代》，新华网，http://news.xinhuanet.com/gongyi/2016－09/13/c_129278837.htm，最后访问日期：2016 年 9 月 13 日。

③ 华东政法大学政治学研究院、上海交通大学企业法务研究中心：《2015 中国企业社会责任指数年度报告：自我、行业、社区与国家：企业社会责任的层次推进》。

意义，但其概念因模糊、不可识别等问题经常遭受质疑和诟病。

外延式定义有助于为企业提供行动上的指导，但也存在适应性较弱的缺陷。由于企业社会责任概念是变化着的，社会对企业的期望随时间和环境的变化会不断改变，因此，仅仅列举企业社会责任的范围，并不能提供合适的企业社会责任定义。对于企业社会责任内部结构的概念模型是将企业社会责任引入实践的重要尝试。尽管布鲁默和卡罗尔等人在对相关概念的比较中，未能对于各种概念之间的界限做出清晰的划分，学界对具体界定方式仍然存在分歧，但以更加具有可操作性的识别方式判断利益相关者已经是学界共识。

国内学者对于企业社会责任的定义基本延续了国外的研究路径，袁家方、刘连煜重视企业在发展过程中对社会问题的应对和对社会利益的保护，卢代富将经济责任排除在社会责任之外，刘俊海则采取企业社会责任涵盖多层次企业责任的方式进行研究。中国社会科学院企业社会责任研究中心、华东政法大学政治学研究院和上海交通大学企业法务研究中心提出的操作层面的概念框架，为本书研究提供重要参考。

尽管众多学者对“企业社会责任”的界定做出了努力，但仍有学者认为“企业社会责任”一词并没有被很好地定义。反对的观点主要包括，认为企业社会责任是“含糊和不明了”的概念①，它“缺乏理论综合和实证证实”②，容易受主观价值判断影响③。从国内外学者对企业社会责任概念的定义中可以发现，企业社会责任理念作为经济和社会发展到一定阶段的客观要求已得到了广泛的认同，但就其概念而言，还远没有达到统一的地步。从内涵和外延着手的两种界定方法都有各自的缺陷，单一方法并不能很好揭示企业社会责任的应有之义。

---

① L. E. Prseton, J. E. Post, *Privite and Public Policy*: *The Principle of Public Responsibility* (Englewood Cliffs, N. J. : Prentice Hall, 1975).

② R. J. De Fillpi, “Conceptual Framework and Strategies for Corporate Social Involvement Research,” in L. E. Preston (ed.), *Research in Corporate Social Performance and Policy*, (JAI Press, Greenwich Connecticut, 1982, No. 4).

③ K. E. Aupperle, A. B. Carroll and J. D. Hatfield, “Investment Development and Application in Corporate Social Responsibility,” *Academy of Management Proceeding* 8 (1983): 369 - 373.

4. 本书对企业社会责任的定义

企业社会责任的概念是不断变化发展的，在不同的国家、不同的历史时期有不同的内涵，且“依社会寄予企业的新的期望而于实际中进行不断调试”[①]。因此，理论界至今仍没有形成统一的定义。本书关于企业社会责任的定义，拟包含以下三个子问题。

(1)“企业”和“责任”的特定内涵

什么是企业？现代企业理论对企业这一概念并未形成完全统一的认识。弗里德曼认为企业是以谋取股东利益最大化为目标的法人（或公司），德鲁克则认为企业是以自身生存与发展为目标的集团。科斯在其名著《企业的性质》中将企业定位为一种交易费用最节省的产权制度安排。在英美等国，企业社会责任主要是针对作为企业的公司，特别是大型股份有限公司规模不断膨胀以及由此所产生的道德风险等现实状况而形成的，故企业社会责任在这些国家经常被具体化为公司社会责任。[②]

《辞海》给企业所下的定义是：企业是从事商品和劳务的生产经营，独立核算的经济组织，包括工业企业、农业企业、商业企业等类型。[③]据此，我国学者对企业的定义达成了初步共识，即：企业是依法设立，从事生产、流通或服务等经济活动，独立核算、自负盈亏、独立承担民事责任的法人。

本书所要讨论的企业社会责任中的企业特指营利性企业，具体化为各种商事企业。至于非营利性企业，它们的基本使命和最高宗旨就是提高社会公益，其承担社会责任是不言自明的。在具体的行文中，将选择几种典型的企业类别进行讨论，包括：国有企业、跨国公司、民营企业（包括中小型企业）。

本书中一直使用“责任”这个概念。责任在英文中对应的是“Re-

① Franklin Strier, “The Business Manager's Dilemma—— Ⅰ. Defining Social Responsibility,” *Journal of Enterprise Management* 2 (1979): 7-8.

② 将企业从社会中独立出来，还是把企业看成社会的有机组成部分，可能是问题的症结。这正像对契约的理解，17、18世纪将契约理解为平等主体间的一次性交易，20世纪以后逐渐转变为关系型的。既然企业与社会之间是关系型契约，就不能仅仅从一个企业赢利的角度，而必须看它对社会的作用和责任。

③ 夏征农、陈至立主编《辞海》（第六版缩印本），上海辞书出版社，2010，第1471页。

sponsibility”，包含两层意思：一是一种尽责的品质与状态，多对应道德、法律与精神上的尽责；二是一种具体负担的状态。由此，我们将责任理解为：责任是有胜任能力的主体在社会生活中应承受的义务，以及对自己选择的不良行为所承担的后果。从企业层面认识责任，不仅要了解规制企业行为的相关法律，而且要结合“道德”来理解。道德通常指用来明辨是非的规则或原则；道德感是企业应具备的基本品质，是企业承担社会责任的基础。但是，企业在法律和经济上承担相应的责任和义务后，还应承担对社会有利的长期目标与义务，这就是企业社会责任的完整内容。由此，责任已经包含了一般意义上的企业道德，企业责任比道德范畴更大，责任感是基于道德感之上的一种自觉、积极行动的过程。

参照上文卡罗尔对企业社会责任的分类，我们不难发现：经济责任、法律责任、道德责任、慈善责任存在范围交叉的现象，难以清晰界定，不妨将这四种责任归纳为两个层次的社会责任。第一层次是初级层次的企业社会责任，也就是法定范围以内的社会责任，包括经济责任和法律责任。第二层次是高级层次的企业社会责任，就是法定范围以外的社会责任，包括道德责任和慈善责任。初级层次体现的是企业社会责任的他律层次，是企业社会责任的基础层次，反映了社会对企业的基本要求；高级层次的企业社会责任体现的是企业社会责任的自律层次，是企业社会责任的核心层次，反映的是社会对企业的期望。也就是说，企业社会责任包括法律责任和道德责任两个方面。其中法律责任是法定的且以国家强制力保障实施的义务，这种义务在法律中不仅有具体的内容和履行上的要求，而且对于拒不履行或怠于行使的行为也有否定性的法律评价和相应的法律救济，因此它实际上是对企业的“硬约束”。而道德责任更多的是道德义务，是未经法定化、由企业自愿履行、以国家强制力以外的力量作为其履行保障的义务。道德义务被定义为“召唤”，即号召人们以一种对社会负责的方式发挥自己的潜力，充分施展自己的创造才能①，因此它是对企业的一种“软约束”。所以，本书所说的企业社会责任包括

① 〔美〕博登海默：《法理学：法律哲学与法律方法》，邓正来译，中国政法大学出版社，1999，第371页。

企业的法律义务和道德义务，是正式的制度安排和非制度安排的统一体。

首先，在社会发展的不同时期，企业的道德责任和法律责任具体内容会发生变化。这是因为，企业行为对社会影响作用的性质、范围和程度会因社会形态的不同而发生变化，社会对企业的期望也必然随之发生变化。过去可以接受的道德标准，可能会随着社会经济的发展而成为一种偏差和误导，甚至需要因此承担法律责任。这种“流动性”决定了在具体的历史时期讨论企业社会责任的内涵，必然会出现法律责任和道德责任的重合。例如19世纪中期，一个普遍的商业惯例就是通过低于成本销售来排挤竞争者，等到竞争者被排挤出市场后，再大幅度提高售价。到了19世纪末20世纪初，这种行为被视为违反道德的行为，各国也纷纷通过立法确认其为不法行为。①

其次，一项具体的企业社会责任往往包括了企业的法律责任和道德责任两个方面的内容。道德责任与法律责任之间其实“只有一种遥远而直接的关系”②。例如，环境保护是企业的一项具体的社会责任。一方面，企业按照环境保护法规定的标准预防和治理环境污染，这是企业的法律义务，必须履行，否则将承担相应的法律责任。另一方面，企业依照比环境保护法的要求更为严格的标准预防和治理环境污染，这就是企业的道德义务，如果企业做不到，将会受到社会公众的谴责。

由此得出结论，所谓企业社会责任是企业在追求利润的前提下所应担负的法律义务和道德义务的总和，是正式的制度安排和非制度安排的统一体。在相当程度上，企业社会责任是一种道义责任，其界定标准更受所在国家的法律、文化、社会发展状况的影响，并随着社会的发展而不断变化。然而，企业作为在社会中生存和运作的经济实体，除了资本和机器这些客观的物质载体外，更多的是作为一种社会现象而存在，首先反映在与它直接相关的员工以及他们的家庭和企业的关系上；其次企业的经营状况、管理模式和战略也直接影响到其所在地的社会发展、政

① 〔美〕博尔曼（Herbert M. Bohlman）、邓达斯（Mary Jane Bundas）：《商法：企业的法律、道德和国际环境》，张丹、林莺、李勇、陈婉婷译，清华大学出版社，2004，第41页。

② 〔美〕博登海默：《法理学：法律哲学与法律方法》，邓正来译，中国政法大学出版社，1999，第392页。

策措施、法律治理以及生活方式和心理状态。企业与社会的这种紧密联系又是企业社会责任法律化的前提。

（2）企业社会责任的范围

在明确了企业社会责任的基本内涵之后，我们还需要确定企业社会责任的外延。由于企业社会责任本身是随着社会经济生活的发展而不断变化的，表现出一种变动性，因此，企业社会责任的外延也无统一的界定。一般而言，企业社会责任包括以下几项非周延内容[①]。

①股东

在市场经济条件下，企业与股东的关系事实上是企业与投资者的关系，这是企业内部关系中最主要的内容。古典经济学理论认为，企业主要是为股东利益服务的，它的首要职责是股东利益的最大化。随着市场经济的发展、人们生活水平的提高，投资的方式越来越多元化。人们投资的方式由原来的单一货币投资转向股票、债券、基金和保险——投资股票直接成为企业股东，投资各种债券、基金和保险成为间接的股东。在现代社会，股东的队伍越来越大，遍布社会的各个职业和领域，企业与股东的关系渐渐演变为企业与社会的关系，企业对股东的责任也具有了社会性。但是，企业对股东的责任和一般的社会责任不同，它通过以下特有的方式发挥作用。

第一，企业对股东最基本的责任是对法律所规定的股东权利的尊重。法律的规定是每一个企业必须遵循的行为底线。企业违背了法律的规定，侵犯了股东的权益，就是对股东严重的不负责任。

第二，企业要对股东的资金安全和收益负主要责任。投资人把资本托付给企业，希望获得丰厚的回报，企业不得拿股东的资金或技术去做违法的、不道德的事情，企业所从事的任何投资必须以能给股东带来利润为基本前提。

第三，企业有义务向股东提供真实的经营和投资方面的信息，企业

① 本书对企业社会责任外延的理解参照西方学术界利益相关者理论以及我国政府部门的相关文件。中国证监会和国家经贸委在2002年1月7日发布了《上市公司治理准则》，在第六章中用六个条款专门规定了“利益相关者”，将公司利益相关者的范围界定为：债权人、职工、消费者、供应商、社区等。

向股东提供信息的渠道主要有财务报表、社会责任报告等。由此投资人可以了解到企业的经营品种、经营业绩、市盈率、资产收益率、资产负债率等情况。公司必须保证公布的信息是真实的、可靠的，任何瞒报、谎报企业信息，欺骗股东的行为都是不道德的，企业对此要负道德和法律双重责任。

②员工

企业与员工之间最基本的关系是建立在劳动合同基础上的经济关系，除此之外还有一定的法律关系和道德关系。经济关系就是劳动和雇佣关系；法律关系是对经济关系的法律规定；道德关系是在肯定经济和法律关系的前提下，揭示企业与员工之间相互尊重和相互信任的关系。另外，企业对员工的自我发展和完善也负有一定的责任。企业对员工的社会责任需要做到以下几点。

第一，为员工提供安全和健康的工作环境是企业的首要责任。员工为企业工作是为了获得报酬维持自己的生存和发展，但是，企业不应以为员工提供工作为由而忽视对员工的生命和健康的保障。很多工作对员工的身体健康有伤害，如化工、采矿和深海作业，对于工作本身固有的伤害，企业必须严格执行劳动保护的有关规定。另外，工作环境的安排也必须符合健康标准，工人不得在阴暗潮湿的环境下长期作业，工作间要通风透气等，这些都是安全健康的工作环境的基本标准。

第二，企业要为员工提供平等的就业、晋升和接受培训的机会。企业为员工提供平等的就业机会，在职业选择上要反对各种各样的歧视。企业要为不同性别、年龄、民族、肤色和信仰的员工提供平等的职业晋升机会，不得人为限制。在接受培训方面，企业要为员工创造良好的条件，使员工在为企业工作的同时有机会实现自我发展和完善。

第三，企业为员工提供民主参与企业管理的渠道，为员工提供自我管理企业的机会。员工在企业中虽然处于劳动者、被管理者的地位，但是劳动者一样有参与企业管理的权利，对企业的重大经营决策、企业的未来发展等重大问题有发表意见和建议的权利。

③连锁供应系统中的利害关系人：消费者、债权人、供应商等

连锁供应系统是指一个产品从创造到重新利用、再加工，直到最终

的处置阶段以及在这整个过程中对所有资源的管理。连锁供应系统包括商品和服务的供应，所以企业不但要依赖供应商，而且要依赖客户。就像安全问题对于员工的重要性一样，客户的安全也是企业必须关心的问题。客户，主要是消费者，是企业产品的接受者和使用者，其生活水平的高低决定了企业所提供产品的品种、质量、价格等。消费者的分散性、求偿能力的局限性以及现代科技的发达所导致的产品缺陷的隐蔽性，使得消费者在客观上处于一种社会弱势的地位。鉴于此，企业社会责任的倡导者们都将企业对消费者的责任视为企业社会责任的一项重要内容，提醒企业充分尊重消费者的权益和要求。

我们注意到，近年来的各种媒体报道中，精神赔偿案件与日俱增。精神赔偿案件反映的是消费者与商家之间利益上的冲突与认识上的分歧。成熟的市场经济社会又被称为消费者社会或消费者主权社会，消费者权益保护的状况是衡量一个国家文明程度和法治化进程的试金石。但就我国目前的状况而言，与财大气粗的商家相比，消费者基本处于弱势地位。为了保护消费者权益，无论是生产商还是销售商，他们应当“向消费者提供质优价廉的商品和服务、真实全面及时的消费信息”①。

④社区

企业与其所在的社区有着密不可分的联系，企业给社区经济带来繁荣，但也使社区成为污染等由企业行为所导致的危害的最大或最直接的受害者。这意味着企业应对其所在的社区承担某些特殊的责任。近年来，西方国家也将此类责任列为企业社会责任的基本内容之一，要求企业积极参与并资助社会公益事业和公共工程项目建设，协调好自身与社区内各方面的关系。

⑤环境

进入 20 世纪以来，工业化、机械化的飞速发展对生态环境造成了严重破坏。环境的污染、土壤的沙化、奇缺物种的减少，引起了世界各国的关心、重视，环境保护已经成为人类面临的迫切而严峻的问题。企业在环境污染中扮演了主要角色，因而，企业在防治环境污染方面有着不

① 刘俊海：《如何面对消费者受伤的精神》，《法律与生活》2000 年第 3 期。

可推卸的责任。

（3）本书的几点说明

①企业社会责任还是公司社会责任？

这涉及对本书的核心词汇 Corporate Social Responsibility 的翻译问题。笔者认为，企业是公司的上位概念，在成熟的市场经济下，公司这种企业形态更为普遍，规模和影响力也更大。但在中国，公司制还在建立中，作为公司的企业还只是一部分，并不能因此否定其他企业如合伙企业、独资企业的社会责任。企业社会责任的含义，不仅指公司制企业或跨国公司的社会责任，而且指所有企业的社会责任。在中国的具体境况下，使用“公司的社会责任”概念，容易被“误会为这一社会责任制只是针对公司制企业或跨国公司而言的”[①]。企业社会责任的承担并不以企业能力为依据，只是不同能力的企业承担不同层次的社会责任[②]，这一点在下文会有详细论述。

②责任还是义务？

“责任”和“义务”是紧密联系又相互区分的两个概念，从法理学的角度来看，义务是第一性的，而责任是具有特殊意义的义务，通常是指违反了义务而引起新的义务，是第二性的。在不同的语言环境里，关于“责任”一词的解释也不尽相同。在西方宗教伦理中责任用于接受或拒绝上帝的召唤。“人行善就是指他是充当上帝召唤而负责任的人……就我们回答上帝对我们的启示而言，我们的行为是自由的……因此人的善总是在于责任”。[③] 在中西方语境中，“责任”的含义都相当模糊且有歧义，因而导致了对企业社会责任内涵的理解出现纷争。在现代汉语中，“责任”一词有三个相互联系的基本语义：分内应做的事；特定的人对特定的事项负有积极的助长义务；因没有做好分内之事或没有履

① 常凯：《论企业社会责任的法律性质》，《上海师范大学学报》（哲学社会科学版）2006 年第 5 期。

② 虽然道德责任和法律责任是相互融合、不断渗透的，但是它们的行使也是有先有后的。我们不能希冀一个处于生存初期的企业去做慈善，随着企业不同发展阶段的演进，企业社会责任的范围会逐步扩大。

③ 〔美〕卡尔·莱切姆：《技术哲学概论》，殷登祥等译，科学技术出版社，1999，第 72～93 页。

行助长义务而应承担的不利后果或强制性义务。前两种责任被称为“积极责任”，后一种责任被称为“消极责任”。[①] 社会对企业的要求不仅仅局限于违反义务要承担法律上的否定性后果，更重要的是要求其做好分内之事和增强对社会利益的积极促进作用。按照法学意义上的解释，“责任”一词包含两方面的语义：一是关系责任，二是方式责任。前者指一方主体基于他方主体的某种关系而负有的责任，这种责任实际上就是义务；后者为负有关系责任（即义务）的主体不履行其关系责任所应承担的否定性后果。

考察企业社会责任的本义，是企业基于与利益相关者的某种联系而应主动承担的某种作为或者不作为的责任，其实质更接近于义务。正如刘俊海在其著作《公司的社会责任》一书中指出，将公司社会责任表述为公司社会义务的概念更严谨些。但因企业社会责任的提法已约定俗成，本书也不作更改。

行文至此，也许有人会问，既然企业社会责任可以细分为法律责任和道德责任，那么对于法律责任可以由劳动法、环境保护法、产品质量法、消费者权益保护法、税法等相关法律或专门立法来明确它的具体内容，而对于道德责任则属于企业“自由裁量”的范围，这些内容也是很多企业在过去的经营中所一直关注的。何必又要创造出企业社会责任这一看似新鲜的用语来探讨一个新瓶旧酒的话题呢？

本书认为，企业社会责任与传统的企业遵守法律、热心公益等行为是有区别的，并非毫无新意。首先，企业社会责任的用语里凝结了通过“法令遵守、产品伦理、消费者满意度提升、环境对策、职工培育的强化、社区贡献”等一系列行动来提升企业竞争力的思想。上述这些行为，虽然之前也零散地存在于一些企业的实践中，但大多是作为企业的经营成本存在的。而企业社会责任不仅意味着通过政府、非政府组织、消费者、员工等对企业的监督而促进企业承担更多的社会责任，也意味着企业可以抓住上述团体对自身行为监督的机会，提升其社会评价，从

---

① 张文显主编《马克思主义法理学——理论、方法和前沿》，高等教育出版社，2003，第375页。

而在消费者购买选择和员工就业选择时占据优势。如此而言，对于企业来说，是否承担社会责任已成为影响其业绩，以至于影响其生存与发展的重要因素。谁更好地践行社会责任，谁就可能在竞争中领先一步，这种从过去单纯以经济价值到现在综合了社会价值、人类价值来评价一个企业优劣的变化，不可不谓是一种社会的进步。其次，企业社会责任并非法律义务与道德义务的简单相加。企业社会责任中的法律义务在具有惩戒可能性的同时，也具有积极的倡导作用。企业应遵守法律规定的各种标准，如产品质量标准、排污标准、用工标准等，并应力争制定并执行高于相应强制标准的标准。法律力求企业将外在的强制性规定内化为企业行为准则，以减少社会利益受损的可能性。正如上文所说，企业社会责任是个动态概念，是道德义务和法律义务不断融合、互相渗透的过程。

第二章

获益与回馈：企业社会责任理念与民族地区发展

对企业社会责任的理论阐释应当基于企业行为和企业本质的一般认识。借助制度经济学代表人物康芒斯的理论，人类经济活动分为生产活动和交易活动，而对企业行为或企业本质的认识也应从两个方面展开：一是从企业中人与物的关系角度，企业将一系列分散资源集结在一起，利用资源的协同效应和组织专业化生产向市场提供产品和服务，本质上表现为一种生产单位，具有生产属性；二是从企业中人与人的关系角度，企业在生产过程中，对企业内外各要素所有者进行协调，用企业权威替代市场价格机制，本质上表现为不同于市场的契约形式，具有交易属性。而企业作为一种“兼具生产与交易双重本质属性的契约网络集合”[①]，企业行为缘起于建立企业的自然人的逐利动机，在其基础上基于一定的物质和人员的联系而建立起相应的公司架构。由此，企业行为一开始表现为营利行为，实现利润最大化是企业的根本宗旨。与此同时，作为在一个国家政治体制和政治制度的整体框架下活动的个体，企业需要遵守国家的治理体系与治理秩序。在更广泛的意义上，企业要融入社会，与社会互动，源自企业内在动力的行为表现应当是其社会行为。因此，企业行为兼具经济性、政治性与社会性。本书将从经济学、政治学和社会学全方位审视企业行为及其社会责任，以期得到更为全面的认识。

---

① 杜晶：《企业本质理论及其演进逻辑研究》，《经济学家》2006 年第 1 期。

由于企业存在的普遍性和对企业行为规制的综合性，各个学科对企业社会责任理论基础和价值理念均有独具特色的解读方式。本书结合对企业行为的经济学、政治学和社会学的一般解释，试图从企业社会责任理念与多民族国家民族关系调适的宏观视角，解读民族国家时代企业责任行为对国家治理和社会治理可能产生的影响，最终将研究视角立足于民族地区，试图解析民族地区企业社会责任的理论缘由。

第一节　企业社会责任理念与多民族国家民族关系调适

一　民族国家时代的企业发展与地区发展

马克思主义经典作家以欧洲大陆现代国家的形成过程为样本阐述了现代主权国家的形成机制，认为，“日益明显日益自觉地建立民族国家的趋向，成为中世纪进步的最重要杠杆之一”[①]。作为“欧洲占统治地位的正常政治组织”，民族国家成为“建立各民族协调的国际合作的必要先决条件”[②]。从民族利益与国家利益趋同的角度看，民族国家“无疑是保证资本主义发展的最好的条件”，其对于整个西欧，甚至整个世界都是“资本主义时期典型的正常的国家形式”[③]，其作为“资本主义发展中的一个必经阶段”，以及“资本主义的一定阶段上发展生产力所必须的基础”[④]，被理论建构为“世界历史经验中的通例”。[⑤]

西欧是最早建立资本主义生产秩序和现代国家制度的区域，也是民族国家建构模型的最早实践者。资产阶级革命和民族国家的建立，对欧洲传统帝制形成了猛烈的冲击。在资本的推动下西欧新兴强国重新瓜分世界的强烈冲动和帝国范围内日益激烈的民族解放运动是摧毁欧洲传统帝国的两大重要因素。20 世纪初的第一次世界大战和俄国十月革命瓦解

---

① 《马克思恩格斯文集》（第 4 卷），人民出版社，2009，第 219 页。
② 《马克思恩格斯全集》（第 21 卷），人民出版社，1965，第 463 页。
③ 《列宁全集》（第 25 卷），人民出版社，1988，第 227 ~ 228 页。
④ 《列宁全集》（第 26 卷），人民出版社，1988，第 34 页。
⑤ 《列宁全集》（第 24 卷），人民出版社，1990，第 288 页。

了欧洲的帝国体制，建立了第一个社会主义多民族国家苏联，并在中、东欧地区形成了一批民族国家。这些国家建立在列强瓜分统治的领土上，民族国家体制的建立没有给他们带来独立自主的发展空间，却因为套用“一族一国”的建国模式而陷入了种族、民族、宗教交织的混乱局面。据统计，第一次世界大战后的中、东欧地区，“有 1680 多万人成为脱离民族母体而置于其他民族为主体的国家统治之下的少数民族”[①]。与此同时，从欧洲扩展至亚非拉美地区的民族解放运动也几乎无一例外地奉行了国家的单一民族化原则。第二次世界大战后，世界各国尽管存在意识形态、种族和民族构成等多重差别，但都自觉声称为“民族国家”。我们承认民族国家是一种现代法律存在，但无法忽视其首先作为一种政治单元和地方性文明形态，一个法律拟制的地缘性文化与政治实体，经由资本的全球化运作、军事殖民扩张以及制度和文化的全世界推广，而逐渐成为一种“普遍主义的法权建构和形式主义的法制安排”[②] 的历史过程。至此，民族国家成为现代主权国家的同义词，即是“遵循主权独立、领土完整、国民整合等基本准则，通过国家的力量（包括统一的公民身份、国语或国家通用语言、教育体制、经济生活，乃至国旗、国徽、国歌、国家博物馆等标志、象征等）来实现国民凝聚和民族认同的现代国家”[③]。

20 世纪末期以来，随着冷战的结束，世界范围的政治对抗逐渐被经济合作所取代，世界局势总体趋向缓和，和平与发展成为时代的主题。在新科技革命的推动下，跨国经济的增长以及共同的发展问题促使世界各国深入地交流、沟通与合作，全球化进程骤然加快。作为一种集经济、政治、文化于一体的综合现象与过程，全球化既是世界快速发展的新引擎，又是“一体化与分裂化”“单一化与多样化”“集中化与分散化”“国际化与本土化”并存的矛盾体，[④] 其对世界经济与政治的影响存在诸多不确定性。全球化不仅以亚当·斯密式的资本主义将世界裹挟进全球

---

① 参见蒋孟引《第一次世界大战》，上海人民出版社，1979，第 147 页。

② 许章润：《现代中国的国家理性》，法律出版社，2011，序言，第 2 页。

③ 郝时远：《中国共产党怎样解决民族问题》，江西人民出版社，2011，第 6～7 页。

④ 俞可平：《论全球化与国家主权》，《马克思主义与现实》2004 年第 1 期。

体系，而且使人类政治过程的重心由统治走向治理，并越来越多地关注于全球治理与人类可持续发展的关联性。全球化时代的全球治理使得任何一个国家和地区都不能完全脱离外部世界而独立存在，任何社会公共问题的解决都借由全球性的经济、政治与文化联系而为世界所关注。

当今世界仍处于民族国家时代，每个国家即便是成分复杂的多民族国家，都对国民具有一种天然的“族性规约”[①]，进行着以同质化为目标的民族建设与国家建构。民族问题作为社会总问题的一部分，既与民族现象产生以来的全人类历史相伴相生，对民族问题的认识和解决又受制于所处的时代背景、社会制度和社会环境。当前，我国处于社会主义初级阶段，认识中国的一切问题，包括民族问题都要基于社会主义初级阶段这一基本国情。社会主义初级阶段是不发达的社会主义，我国少数民族和民族地区又处于经济社会发展的“初级阶段的更低层次”，因此，发展问题仍是现阶段我国民族问题的主要根源和表现。[②]

少数民族和民族地区的发展问题不仅表现在区域间的经济社会发展差距，而且突出地体现在资源开发过程中的利益冲突。资源富集是民族地区的天然优势，但在资源开发中围绕着价格、税费、补偿等问题又形成了中央与地方、外来企业与地方、东西部不同地域、当地民众与企业及政府之间等不同的利益环节。在多重的利益博弈格局中，作为资源所在地的民族自治地方及其当地民众明显处于弱势地位，不仅没有在资源开发中得到应有的利益份额、回馈与补偿，而且其传统文化承受着基于发展需要和资源开发引致的严重冲击。企业发展造成资源所在地的环境污染、生态恶化，更是引发了当地社会的普遍焦虑。[③] 基于均衡利益分配的诉求导致的矛盾冲突产生于民族地区及其当地少数民族与外来企业之间，民族地区及当地民众往往凭借维护民族权益这一道德高点和法制高点来争取自身利益，境内外敌对势力和别有用心人士也通过这些问题来向国家施压。由此，民族地区的区域发展和企业发展不仅具有经济效应，还有很深的政治效应和社会效应。民族问题的核心是民族的生存和

① 王希恩：《全球化与国家的民族属性》，《民族研究》2002 年第 5 期。

② 王希恩主编《当代中国民族问题解析》，民族出版社，2002，第 3 页。

③ 王希恩：《民族问题：必须破解的难题》，《同舟共进》2015 年第 1 期。

发展，民族关系的核心是民族在其生存和发展过程中与其他民族的关系。当各民族被市场经济和现代化的潮流冲挤、裹挟到一起的时候，同一民族成员间的认同感会加强，不同民族之间的文化差异和利益冲突也会凸显，如果民族问题处理不好，必然会影响民族关系，影响国家的安全与稳定。

二 民族地区发展的资源优势与特殊困难

2014 年中央民族工作会议对我国多民族的基本国情进行深入解读，进一步明确民族地区是我国的资源富集区、水系源头区、生态屏障区、文化特色区、边疆地区、贫困地区。这六个区域定位，前四个着眼于民族地区的资源富集与文化特色等发展优势，后两个着眼于民族地区的区位特点和发展困难。这是我国民族工作的“家底”和基本国情，是我们做好民族工作的基础和前置条件。据 2010 年第六次全国人口普查数据，少数民族总人口占全国总人口的比重为 8.49%。民族自治地方占全国国土总面积的 64%，仅以民族八省区为例，新疆国土面积占全国国土总面积的 1/6 以上，仅新疆若羌县的面积就相当于江苏、浙江两省国土面积的总和，西藏和内蒙古各约占 1/8，新疆、西藏、内蒙古与青海四省的国土面积占全国国土面积的近 50%。[①] 在全国 2.2 万公里长的陆路边境线中有 1.9 公里属于民族自治地方，“有 30 多个少数民族与境外同一民族相邻而居”，135 个边境县中“民族自治地方占 109 个”。[②]

在自然资源方面，民族地区森林资源蓄积量占全国总量的 47%，草原面积占全国的 75%；能源资源方面，民族地区的水力资源蕴藏量占全国总量的 66%，石油基础储量占全国的 20.5%，天然气基础储量占全国的 41%，煤炭基础储量占全国的 36%；矿产资源方面，民族地区的铬矿基础储量占全国的 73.8%，铅矿、锌矿、铝土矿的基础储量都超过全国总储量的一半；我国盐湖资源的 90% 以上都集中在民族地区，其中以青

① 笔者根据《中华人民共和国行政区划简册 2013》（中华人民共和国民政部编，中国地图出版社，2013）相关数据计算所得。

② 《中国有 30 多个少数民族与境外同一民族相邻而居》，国家民委网站，http://www.seac.gov.cn/art/2007/5/9/art_800_73592.html，最后访问日期：2016 年 8 月 1 日。

海省的盐湖资源最为丰富，钾盐储量占全国的 97%。[①] 在民族文化方面，各民族都有悠久的历史、丰富的文化和独具特色的风俗习惯，这些独特的资源为民族文化旅游产业发展奠定重要基础。

民族自治地方基本属于中国经济地理意义上的西部地区，在经济社会、文化教育和生活水平等各方面与东南沿海地区，甚至中部地区存在着显著的发展差距。这些发展差距，有些是由自然和历史的原因造成的。在新中国成立以前，许多民族地区的发展程度就远低于全国平均水平，许多少数民族及其聚居地依然处于封建领主制、奴隶制甚至氏族社会，一些民族还停留在刀耕火种、结绳记事的原始生产力水平。新中国成立后，尤其是改革开放的推进，为民族地区发展提供了好的前景，但由于起步晚、基数小、竞争力弱、发展水平低等方面的原因，民族地区的发展进步明显小于沿海发达地区，发展差距再度扩大。2012 年，民族地区全面建成小康社会经济发展方面的实现程度为 66.2%，比全国落后 3 年、比东部地区落后 6 年、比中部地区落后 2 年、比西部地区落后 1 年。当前，民族八省区的生产总值加起来仅相当于广东一个省，民族地区人均生产总值只有全国平均水平的 78%。民族地区贫困现象较为普遍，占全国国土面积 64% 的民族地区与贫困地区的分布存在很大程度的重合现象，全国 14 个集中连片特困地区有 11 个在民族地区，片区内共有 680 个县，其中 351 个属于民族地区，占比为 51.6%，其中 155 个属于主体功能区限制或禁止开发县。尚有 650 万农村贫困人口由于生活的地区缺乏基本生存条件，需要异地扶贫搬迁。[②]

除了发展差距总量在扩大，发展质量的差距也在加大。根据 2015 年发布的《中国省域经济综合竞争力发展报告（2013～2014）》蓝皮书，在全国 31 个省、区、市中，新疆、广西、贵州、宁夏、云南、青海、西藏经济综合竞争力排名靠后，分别位于第 24、25、26、27、28、29、31 位。从全国区域间经济综合竞争力的综合测算和分差来看，2013 年全国

① 国家民族事务委员会编《中央民族工作会议精神学习辅导读本》，民族出版社，2015，第 20～21 页。

② 《全国建设小康社会，民族地区是短板，是重点，也是难点》，国家民族事务委员会编《中央民族工作会议精神学习辅导读本》，民族出版社，2015，第 137 页。

四大区域经济综合竞争力的评价分值依次为：东部地区 49.1 分、中部地区 36.9 分、西部地区 32.2 分、东北地区 37.9 分，比差为 1:0.75:0.66:0.77。与 2012 年相比，西部地区与东部的差距扩大了 0.38 分，表明西部地区竞争力有所下降。[①] 企业社会责任的基本理念在于企业作为在一定政治、经济、社会条件下的经济实体，必然受到其所在环境的约束，选择在民族地区从事资源开发、文化旅游等企业行为，就应当积极参与边疆民族地区的反贫困行动和其他社会问题的解决，进而在缩小民族地区与发达地区发展差距和提高发展质量方面做出更大的贡献。

三 民族地区企业发展与民族团结进步

发展权作为个人、民族和国家积极、自由、有意义地参与政治、经济、社会和文化的发展并公平享有发展所带来的利益的权利，其在国际社会的承认和实现程度呈现递进态势。20 世纪 60 年代以来，广大殖民地国家为争取政治、经济、文化和社会的全面发展进行了不懈的努力。1986 年，联合国大会第 41/128 号决议通过了《发展权利宣言》，对发展权的主体、内涵、地位、保障方式和实现路径进行了全面的阐释，明确"发展权是一项不可剥夺的人权，由于这种权利，每个人、民族和国家都有权参与、促进并享受经济、社会、文化和政治发展，在这种发展过程中，所有人权和基本自由都能获得充分实现"。[②] 1993 年 6 月 25 日世界人权大会通过的《维也纳宣言和行动纲领》、2000 年 9 月 8 日联合国大会通过的《联合国千年宣言》以及 2015 年《2030 年可持续发展议程》都重申了发展权是一项不可剥夺的人权。发展权既是各国人民的集体人权，也是每个人、每个民族的一项重要权利，往往被置于人权发展战略的首要位置。当前，我国正处在社会主义初级阶段，民族问题突出地体现在少数民族和民族地区迫切要求加快发展与自我发展能力不足之间的

---

① 《〈中国省域经济综合竞争力发展报告（2013～2014）〉蓝皮书发布》，求是网，http://www.qstheory.cn/qsgdzx/2015-03/02/c_1114491225.htm，最后访问日期：2016 年 8 月 2 日。

② 《联合国发展权利宣言》第一条第一款，联合国官网，http://www.un.org/documents/ga/res/41/a41r128.htm，最后访问日期：2016 年 1 月 1 日。

矛盾，这一矛盾是“我国现阶段社会基本矛盾在民族关系方面的集中体现”[①]。

党和国家一贯重视少数民族和民族地区发展问题，并始终将民族团结与民族地区发展摆在同等重要的地位。新中国成立以来，党和国家采取一系列举措消除历史遗留的民族隔阂和歧视，并从民族地区多种经济社会形态并存的实际情况出发，采取不同的步骤和方式，因地制宜地开展民主改革和社会主义改造，实现了“中华民族发展史上最广泛最深刻的社会变革”[②]。新中国成立初期，国家采取一系列措施解决历史遗留的民族问题，如 1952 年全面开展对哈萨克人的团结和安置工作，为他们划定居住和放牧地区，结束了他们多年来逃亡的历史，并帮助他们于 1954 年建立了甘肃省阿克塞哈萨克族自治县，通过大力发展生产和各项事业，改善和密切了哈萨克族与周边民族的关系。在党和政府的大力支持下，鄂伦春族实现了定居，苦聪人出林落户，一些地区苗族、瑶族下山分田定居，并通过对一些历史遗留的边界、草场纠纷进行妥善解决，有效地改善了民族关系，促进了民族团结，为社会主义民族关系的建立奠定扎实基础。

1956 年 9 月召开的中国共产党第八次全国代表大会正确地分析了当时的形势，对社会主义改造基本完成以后国内的主要矛盾做出了科学的判断，认为国内的矛盾已经不再是工人阶级和资产阶级的矛盾，而是“人民对于建立先进的工业国的要求同落后的农业国的现实之间的矛盾”，是“人民对于经济文化迅速发展的需要同当前经济文化不能满足人民需要的状况之间的矛盾”，并进一步指出了这一矛盾的实质，即“先进的社会主义制度同落后的社会生产力之间的矛盾”，由此确定了“集中力量发展社会主义生产力，实现国家工业化，满足人民的经济文

① 中国社会科学院民族学与人类学研究所课题组：《改革开放以来中国民族工作和少数民族事业》，中国社会科学院社会政法学部编《改革开放 繁荣发展——中国社会发展和依法治国的实践与探索》，社会科学文献出版社，2016。

② 国家民族事务委员会研究室编《正确的道路 光辉的实践——新中国民族工作 60 年》，民族出版社，2009，第 66 ~68 页。

化需要”的发展任务。[①] 中共八大高度重视社会主义建设中的民族问题，刘少奇在八大政治报告中指出，“各少数民族要发展成为现代民族，除开要进行社会改革以外，最根本的关键是要在他们的地区发展现代工业”，“这是全国各民族人民的共同利益和根本利益”。[②] 同时，为了满足少数民族的特殊需要，中央各部门和各省、自治区政府应当根据“客观上可能”和“经济上合理”的原则在少数民族地区逐步举办一些地方工业。这些地方工业，无论是属于中央国营还是地方工业，都必须注意“帮助少数民族形成自己的工人阶级，培养自己的科学技术干部和企业管理干部”。[③] 为落实党的八大会议精神，中共中央统战部拟定了《一九五六年到一九六七年全国民族工作规划大纲（草案）》，提出：“为了全面地完满地实现过渡时期在民族问题方面的任务，中国共产党人和人民政府必须进一步领导和帮助各少数民族进行社会主义建设，发展政治、经济、文化事业，根据各民族不同的情况，大力发展农业和牧业生产，有计划、有重点地进行工业建设；逐步提高人民物质文化生活水平。”[④] 尽管后来由于“左”的错误倾向的影响，“八大”确定的一系列正确方针并未得到贯彻执行，但这一规划大纲被认为是“当时民族地区工作重点从民主改革和社会主义改造转移到以经济文化建设为重点的一个重要标志”[⑤]。

经过十年“文革”之后，党的十一届三中全会揭开了思想解放和改革开放的序幕，走上了恢复和改善我国民族关系的正确道路。以 1979 年全国边防工作会议和 1980 年中共中央批转《西藏工作座谈会纪要》为

---

① 《中国共产党第八次全国代表大会关于政治报告的决议》，“中国共产党历次全国代表大会数据库”，中国共产党新闻网，http://cpc.people.com.cn/GB/64162/64168/64560/65452/4442002.html，最后访问日期：2016 年 1 月 1 日。

② 《刘少奇作政治报告》，“中国共产党历次全国代表大会数据库”，中国共产党新闻网，http://cpc.people.com.cn/GB/64162/64168/64560/65452/4526565.html，最后访问日期：2016 年 1 月 1 日。

③ 《刘少奇作政治报告》，“中国共产党历次全国代表大会数据库”，中国共产党新闻网，http://cpc.people.com.cn/GB/64162/64168/64560/65452/4526565.html，最后访问日期：2016 年 1 月 1 日。

④ 黄光学：《当代中国的民族工作》（上），当代中国出版社，1993，第 121 ~ 123 页。

⑤ 黄光学：《当代中国的民族工作》（上），当代中国出版社，1993，第 122 页。

标志，中国共产党彻底否认了“民族问题的实质是阶级问题”的错误言论，明确社会主义时期民族关系的性质是各族劳动人民之间的关系，提出要不断巩固和发展平等、团结、互助的新型民族关系，从而实现了民族工作指导思想上的拨乱反正。我国社会主义民族关系的性质和内容得到了1982年宪法的最终确认，同年召开的党的十二大进一步将“民族平等、民族团结和各民族共同繁荣”作为“关系到国家命运的重大问题”[①]，从全局和战略高度阐明了民族团结的极端重要性，以及民族团结与民族发展（各民族共同繁荣）的密切关联，为民族地区发展提供了正确的行动指南。1992年，江泽民在中央民族工作会议上指出：“民族问题既包括民族自身的发展，又包括民族之间，民族与阶级、国家等方面的关系”，[②] 这一阐述将发展引入民族问题概念，丰富了民族问题的内涵，进一步明确了“当前中国民族团结问题的根本，归根结底，首先是发展问题”，并认为“增强民族团结的核心问题，就是要积极创造条件，千方百计加快少数民族和民族地区经济社会发展，促进各民族的共同繁荣”。[③] 这些认识将民族团结与民族地区发展紧密结合，使得少数民族和民族地区迎来了深化改革、扩大开放、加快发展的历史机遇。1992年，国家沿边开放战略的实施，将民族地区推到了对外开放的最前沿；1994年，国家实施“八七”扶贫攻坚计划，将少数民族贫困地区列为扶贫主战场；1999年西部大开发战略的实施将加快少数民族和民族地区发展摆在了更加突出的地位。

新世纪是我国改革发展的关键时期，党和国家确立了“共同团结奋斗、共同繁荣发展”的民族工作主题，这一主题牢牢把握团结与发展的民族工作主线，深刻阐述了维护民族团结与加快民族地区发展的辩证关

① 胡耀邦：《全面开创社会主义现代化建设的新局面——在中国共产党第十二次全国代表大会上的报告》，《十一届三中全会以来历次党代会、中央全会报告　公报　决议　决定》（上），中国方正出版社，2008，第149页。

② 江泽民：《加强各民族大团结，为建设有中国特色的社会主义携手前进》，《十三大以来重要文献选编》（下），中国共产党新闻网，http://cpc.people.com.cn/GB/64184/64186/66684/4494153.html，最后访问日期：2016年1月3日。

③ 国家民族事务委员会研究室编著《正确的道路　光辉的实践——新中国民族工作60年》，民族出版社，2009，第70页。

系，并将两者有机统一起来，在全面建设小康社会的历史进程中不断开创民族团结进步事业的新局面。近年来，国家出台加快新疆、西藏、宁夏、青海、广西、云南等省区经济社会发展的专门文件，进一步促进了少数民族和民族地区跨越式发展。

新中国成立以来，支持少数民族和民族地区发展始终是国家的一项基本方针。改革开放以来，我国的少数民族和民族地区经济社会发展既有以西部大开发为依托的全面支持民族地区发展的宏观战略支撑，也有针对特困少数民族、人口较少民族和边疆少数民族的特别扶持政策。国家的一系列政策和措施既宏观指导，也重点突破，全方位地保障着各区域少数民族的发展权利。这其中就包括在民族地区实施的一系列经济政策及成立的各种经济组织。企业作为民族地区的重要经济组织，既是民族地区的建设者，也是落实民族政策的重要主体。随着企业规模的扩大和企业运营范围的逐渐延伸，企业社会责任建设也日益广泛地深入民族地区和少数民族社区的日常生活，成为调整民族关系、促进民族团结的重要力量。

第二节　企业社会责任的经济学分析

对企业本质、企业行为以及在此基础上的企业行为外部性的认识构成了企业社会责任的宏观和微观经济学基础。囿于文章的论述主题以及笔者的知识储备，本书无意也无力对企业社会责任的经济学基础进行全面阐释。但企业作为一种经济实体，首先借由经济行为而展开其政治行为与社会行为，对企业社会责任的经济学基础的框架与轮廓的描述有助于我们认识企业社会责任的合理性及可行性。

一　企业社会责任思想的提出及发展

如果对企业的社会责任理念与思想不加时空限定，关于企业的社会功能和作用的讨论可以上溯至古希腊时期。当时的社会推崇社区利益而压制商业逐利，商人迫于社区压力而采取社会性的行为。历史进入中世纪，教会认为逐利行为是违反基督教精神实质的，因此质疑商业行为的合理性，认为经济活动应当只为服务公共利益而存在，商人应恪尽职守，服务于行业公会的成员以及社区福利。当时大部分的行业工会通过成立失业基金等方式来帮助穷人、支持当地艺术家以及建造医院和孤儿院等方式来资助社区发展。在重商时代，工业发展成为经济成功的重要标准，卡尔文主义强调利润最大化，鼓励企业家的自利行为，认为商人和工业家是上帝选择的人，那些有能力为社区提供公共服务的商人能够获得成立公司的特权，拥有独立的法人地位和有限的责任；反之，不做慈善贡献的商人往往会遭到处罚。但是，仔细推敲我们会发现，古希腊、中世纪以及重商时代的社会责任更多地侧重于商人的个人行为，企业尚未作为社会经济活动的主要组织形式，并未拥有独立的虚拟法律人格。因此，企业行为、企业社会表现以及由此衍生的社会责任概念与经济的工业化过程和现代公司的出现紧密相连。我们所讨论的企业社会责任主要是指现代企业的社会责任。

根据美国企业史学家艾尔弗雷德·D. 钱德勒（Alfred Dupont Chandler Jr.）的定义，现代企业（公司）具有两个特征：其一，它拥有不同的经营部门；其二，它受层级分明的受薪管理者管理。[①] 而上述两个特征是在世界的工业化进程和现代大型企业的出现等因素推动下实现的。大型企业所有权与经营权的分离催生了职业代理人及管理者资本主义，一些学者开始反思自由经济思想及与之相伴相生的利润最大化原则，并在此基础上提出了现代企业社会责任观念。1916 年，克拉克（John Maurice Clark）最早提出了企业的经济责任和社会责任思想，“大家对于社会责任的概念已经相当熟悉，不需要到了 1916 年还来重新讨论，但是迄今，大家并没有认识到社会责任中有很大一部分是企业的责任……因为商人和学者依然被日渐消失的自由经济的阴影笼罩着”，他强调，以“有责任感的经济原则”替代“利润最大化原则”，“并将其深植于我们的商业伦理之中”。[②]

① Alfred D. Chandler Jr., *The Visible Hand: The Managerial Revolution in American Business* (Cambridge: Belknap Press of Harvard University, 1977), p. 1.

② J. Maurice Clark, “The Changing Basis of Economic Responsibility,” *Journal of Political Economy* 24 (1916): 229.

企业社会责任的提出，一方面基于对现代社会企业作用的反思，另一方面基于对管理者权力的限制，从理论基础、表现形式和实践层面都呈现出完全不同的发展轨迹。因此，企业社会责任思想有两个不同的渊源，一个是对自由经济思想在现实条件下遭遇困境的反思产生的管理者阶层及管理者资本主义，进而对利润最大化原则提出质疑；另一个是在缺乏对称信息和有效监督情况下对管理者权力膨胀的担心，并从利益相关者视角提出企业社会责任的关注点。这是一个问题的两个方面，而由此导致法律界和经济学界两场著名的讨论，这两场讨论旷日持久，充分地呈现了观点的交锋，对于我们理解企业社会责任具有重要的启示意义。

1. 伯利与多德关于管理者受托责任的讨论

双方的讨论建立在这样一个逻辑起点，即：在所有权与经营权分离的现代企业中，管理者在行使经营决策权时要负有一定的责任。但双方争论的焦点在于这种责任的对象和范围，即：管理者仅对股东负责，还是要对公司中所有利益要求人负责。从表面看，这场开始于 20 世纪 30 年代的讨论是在法律层面上讨论管理者的受托责任。实际上，他们讨论的本质是现代企业及其管理者在社会中的作用以及企业应对谁承担社会责任的问题。

伯利认为，管理者只是企业股东的受托人，股东利益应当总是居于其他对企业有要求权的利益相关者之上，“所有赋予企业或企业管理者的权力”，“在任何时候都必须只用于全体股东的利益”，“当行使权力会损害股东利益时，就应该限制这种权力”。[①]

多德则提出了更宽泛的受托原则，认为“企业在创造利润的同时也有服务社会的功能”，正是基于这种原因，法律允许和鼓励企业的经济活动。他进而指出：“我们的法律传统更倾向于将企业看作由信托人管理的机构，这些信托人首先是机构的信托人而不是机构成员的信托人。”[②]

---

① Adolf A. Berle, “Corporate Powers as Powers in Trust,” *Harvard Business Review* 44 (1931): 1049.

② E. Merrick Dodd, “For Whom Are Corporate Managers Trustees?” *Harvard Business Review* 45 (1932): 1147 - 1148.

伯利同意多德提出的企业应当负有社会责任的观点，认为企业的管理者更像工业社会里的君王和大臣而不是执行者和商人，这“可以为企业社会责任提供理由”。但他同时也对管理者在追求广泛社会目标过程中可能存在的权力膨胀表示担忧，认为在“一套清晰合理的对其他人的责任机制”建立之前，仍应强调管理者对股东的责任。[①] 这里我们可以看出，伯利并不反对管理者应对股东之外的利益要求者承担社会责任，他甚至在早几年就对利益相关者的范围进行了探索，将其范围界定为债权人、管理者、顾客、员工以及社区等。实际上，就在伯利回应多德时，他与米恩斯合著的《现代公司与私有财产》即将出版，这本书里接受了多德的宽泛的信托原则，认为现代企业不再是一个私人经营单位，而已经成为一个机构，所有权与经营权的分离意味着“消极的股东已经放弃了要求企业只为他们的利益而经营的权力”，社会可以要求企业服务于整体社会利益，管理者在经营中“平衡社会不同团体的各种要求，并根据公共政策而不是私人贪婪的原则给每个团体分配公司收入的一部分”。[②]

有趣的是，学者的反思和转向往往是相互影响的。1942 年，多德在梳理了过去十年政府干预经济的各项活动，以及由于工会和消费者团体的努力，通过一系列保护劳动者和消费者利益的法律之后，认为，宽泛的受托原则“涉及的法律上的困难是很明显的”，“过去十年所发生的事情削弱了那种将大公司看作伯利先生所称的‘工业政府’的观点，我们应该接受这种事实，并试图去想办法让监管者接受对被监管者的责任。国家应该要求政治政府而不是由管理者代表的工业政府来领导”。[③] 在多德看来，既然这些利益团体已经加强了它们相对于公司的法律地位，社会责任可以借由法律保护来实现，那么公司就不需要再承担相应的社会责任。

---

① Adolf A. Berle, “For Whom Corporate Managers are Trustees: A Note,” *Harvard Business Review* 45 (1932): 1049.

② Adolf A. Berle, and Cardiner C. Means, *The Modern Corporation and Private Property* (New York: Macmillan Co., 1932), pp. 355 – 356.

③ E. Merrick Dodd, “Book Review: Bureaucracy and Trusteeship in Large Corporations,” *University of Chicago Law Review* 9 (1942): 546.

1954 年，伯利在《20 世纪的资本主义革命》一书中总结了这场源自 30 年代的讨论，承认“这场争论以赞同多德的观点结束（至少到目前为止）”，同时，他再次强调企业社会责任的重要性，认为企业不仅是经济组织，更是社会组织。[①] 但是，关于企业社会责任的争论并没有结束，而是持续走向深入。

2. 伯利与曼尼关于现代企业作用的争论

1962 年，曼尼（Henry G. Manne）撰文驳斥了伯利关于现代公司要承担社会责任的观点，认为，“管理效率并不意味着管理者具有承担社会责任的能力”，“让一个生意人完全介入捐赠活动中并取代市场的作用是一种很糟糕的决策机制”。[②] 他不反对管理者个人要做一个有社会责任感的公民，但他认为，如果将社会责任提到企业社会责任的高度，将会给企业带来根本性扭转，并会造成垄断和政府管制的增加，最终威胁到自由经济的基础。

面对曼尼的挑战，伯利在 1962 年同一期《哥伦比亚法学评论》上发文回应，认为古典的自由市场理论已经不再适用于现代企业，在少数几百家公司主导整个经济，三四家大公司就能控制一个行业，而且大量的股票分散在消极股东手中的现实情况下，“自由市场理论已经失去了完全竞争的市场条件”，“全世界不是受到全国性的经济计划的影响，就是受到针对某些行业的特定计划的控制”。[③]

伯利与曼尼的争论与伯利与多德的讨论存在本质区别。伯利和多德的讨论有着共同的逻辑起点，都认为企业是一种社会组织，利润最大化不是公司的唯一目标，是在承认企业社会责任的前提下对企业管理者责任的厘清。曼尼则认为公司是一种经济组织，强调其社会责任会危及自由市场，因此旗帜鲜明地反对企业社会责任。曼尼的思想直接来源于自由经济思想，是传统经济学对企业社会责任质疑的一部分，下文将有详

① Adolf A. Berle, *The 20th Century Capitalist Revolution* (New York: Harcourt, Brace and Company, 1954), p. 169.

② Henry G. Manne, "The 'Higher Criticism' of the Modern Corporate," *Columbia Law Review* 3 (1962): 406.

③ Adolf A. Berle, "Modern Functions of the Corporate System," *Columbia Law Review* 62 (1962): 442.

细论述。

二　传统经济学对企业本质的认识及其对企业社会责任的质疑

我们知道，企业社会责任研究可界分为区别显著的两个部分：其一是关注于企业社会责任概念的界定与完善的规范性理论研究；其二是集中于探讨社会责任与企业财务绩效之间的关系的经验性实证研究。但这两方面的研究无一例外地受到传统经济学的强烈质疑，对于这些质疑的厘清引导着企业社会责任的理念和行动走向深入。

古典经济学和新古典经济学（两者往往又被称为传统经济学或主流经济学）以利润最大化作为组织体经济行为的根本宗旨，认为企业在追逐利润最大化的过程中可以自然达到全社会利益的普遍增进。亚当·斯密在《国富论》中充分阐释了这种思想。在他看来，每个人“受着一只看不见的手的指导”，“不断努力为他自己所能支配的资本找到最有利的用途”，他考虑或追求的是自己的利益，但他对自身利益的追逐“自然会或者毋宁说必然会引导他选定最有利于社会的用途”，这种行为选择“往往能使他比在真正出于本意的情况下更有效地促进社会的利益”。[①]根据这一思想，完全竞争条件下的市场环境是资源的最佳配置方式，除此之外，任何对利润最大化的偏离都会危及企业的生存，因此否认企业在赚取利润之外需要承担社会责任。马克思对此解释道，这一经济学假设只有在“私人利益本身已经是社会所决定的利益，而且只有在社会所创造的条件下并使用社会所提供的手段，才能达到”，这里的私人利益是与特定社会的条件和手段的再生产相联系的，虽然是私人利益，但“它的内容以及实现的形式和手段则是由不以任何人为转移的社会条件决定的”。[②] 这种解释对传统经济学的当下运用具有重要的现实意义。

企业社会责任概念自提出之日起，就一直面对着传统经济学的质疑与批判。米尔顿·弗里德曼（Milton Friedman）是企业社会责任思想的批判者中最有代表性和影响力的一位学者，他虽然没有像曼尼那样直接

① Adam Smith, *The Wealth of Nation* (London: Cannan ed, 1930), pp. 421 - 422.

② 《马克思恩格斯全集》（第46卷上），人民出版社，1979，第102~103页。

参与相关争论，但在他的诸多著述中多次论及企业社会责任问题，且无一例外地坚持批判立场。在他的传世之作《资本主义与自由》一书中设“垄断和社会责任”专章讨论这一问题，他认为企业社会责任思想是“根本上有颠覆性的学说”，彻底动摇了自由社会的根基，他明确对认为公司的管理者和工会的领导人在满足他们的股东或成员的利益之外还要承担社会责任的观点提出批评，认为这种观点从根本上错误地认识了自由经济的特点和性质，“在自由经济中，企业有且仅有一个社会责任——只要它处在游戏规则中，也就是处在开放、自由和没有欺诈的竞争中，那就是要使用其资源并从事经营活动以增加利润”。[①] 1988 年弗里德曼在接受《商业与社会评论》的采访被问到对企业社会责任的态度时，仍毫不含糊地回答：“确实有实实在在的社会责任，那就是在遵守法律和适当的道德标准的前提下，尽可能地挣更多的钱。……因为这样会更好地服务消费者。”[②] 弗里德曼于 1976 年获得诺贝尔经济学奖，被认为是现代货币经济学的代表人物，同时也是一位坚定的自由主义者，他关于企业社会责任的抨击归根结底就是认为这一思想对自由经济的颠覆。而传统经济学对自由经济的推崇从来没有改变过。另一位诺奖得主哈耶克（Friedrich A. Von Hayek）更将企业“社会责任”和“社会义务”之类的用语归入“被毒化的语言”而加以驳斥，认为对利润最大化目标的任何偏离都将危及企业的生存，并使董事获得无休止追求社会目标的难以控制的权力。[③] 法经济学家波斯纳也指出，在竞争市场中，长期为了利润之外的任何其他目标而经营将导致企业萎缩，企业承担社会责任将会增加消费者的成本，并最终有可能被逐出市场。[④]

20 世纪 60 年代曼尼与伯利的争论并未达成共识，到了 70 年代，为

---

① Milton Friedman, *Capitalism and Freedom* [Chicago: University of Chicago Press, 2002 (1962)], p. 133.

② Willa Johnson, "Freeman and Philanthropy: An Interview with Milton Friedan," *Business and Society Review* 71 (1989): 14.

③ 〔英〕F. A. 哈耶克：《致命的自负》，冯克利、胡晋华译，中国社会科学出版社，2000，第 132～133 页。

④ 〔美〕理查德·A. 波斯纳：《法律的经济分析》（下），蒋兆康译，中国大百科全书出版社，1997，第 544～547 页。

了捍卫自由经济，曼尼继续向企业社会责任发难。他认为企业社会责任缺乏可行性、合理性、道德性和实践性[①]，而支持企业社会责任的只有政府官员、左派学者和商人自己，他从自由经济立场出发，对企业社会责任的可行性和有效性表示怀疑。在可行性方面，他更多地从控制权市场的角度来否定企业社会责任，认为“企业社会责任支出越多，成功收购这家公司的代价就越低”，在有效性方面，企业社会责任支出在很大程度上是公司管理者为了满足自己成为“企业政治家”的成就感或是为了消解外界要求企业做善事的压力，而这种做法本身很难增进社会福利。他由此得出结论，“企业社会责任只有在放弃自由市场，主张更多政府干预的情况下才可能实现”，而这样做显然是“得不偿失的”。[②]

自20世纪30年代起，自由经济思想和企业的所有权及控制权属于股东的观念开始受到质疑。凯恩斯（Keynes）在《自由经济的终结》一书中对自由经济思想提出批评，认为自由经济是一套不依照事实，而是基于一系列的假设将问题简单化的“漂亮和简单”的理论，“从经济学原理中推出的开明的自利总是按照公众的利益来行事是不正确的。况且，自利行为并不总是开明的，个人为增进各自利益独自行事常常是非常无知或无力的”，因此，“我们越来越怀疑，这只无形的手是否可以带领我们进入天堂”。[③] 这一观点在管理学界同样有诸多支持者，他们对自由经济思想和主流经济学观点提出针锋相对的质疑。美国管理学家安德鲁斯被誉为“社会良心的维护者”和“社会问题的解决者”，他认为“利润最大化是公司的第二位目标，公司的第一位目标是保证自身的生产”，而决定企业生产的除了股东还有其他利益相关者。[④] 彼得·F. 德鲁克认为，“企业是社会的一种器官”，因此，企业的目的在“企业自身之外”

① Henry G. Manne, “The Social Responsibility of Regulated Utilities,” *Wisconsin Law Review* 4 (1972): 998 - 1001.

② Henry G. Manne, Henry C. Wallich, “The Modern Corporation and Social Responsibility,” *Wisconsin Law Review* 4 (1972): 998 - 1001.

③ John Maynard Keynes, *The End of Laissez Faire* (London: L. &Virginia Woolf, 1927), pp. 32、38、39.

④ 〔美〕斯蒂芬·P. 罗宾斯：《管理学》，黄卫伟等译，中国人民大学出版社，1997，第96页。

“在社会之中”。①

综上所述，在各个学科的互动和交锋过程中，企业社会责任获得了经济学、管理学等学科的肯定，正在作为一种理念和行动影响着更广泛的人群。

三 民族地区企业社会责任建设的经济意义

回顾学者们关于企业社会责任的争论，我们发现，作为从事生产经营活动的基本经济单元，企业的社会责任行为是与其经营活动密切相关的，是随着企业行为外部性的扩张而产生的必然要求。传统经济学与企业社会责任思想对于企业在社会中的根本作用以及企业要服务公众这一问题上并无分歧，两者在终极目标上具有一致性。双方争论的焦点在于实现这一终极目标的手段。传统经济学认为，充分的市场条件和完全的竞争环境是资源配置的最有效方式，他们倡导理性经济人的自利行为，认为市场可以将个体的自利转化为社会整体福利的提升。但是，自由经济并不等于经济的自由放任，“看不见的手”要在一种“社会秩序”下才能发挥作用，这种秩序包括公正的法律框架、完全平等条件下的自由竞争和市场参与者之间的诚实协作等。企业社会责任的倡导者和支持者们立足于经济发展的现实状况，认为大型企业的出现实现了对行业和产业的垄断，破坏了自由经济赖以发挥作用的完全竞争机制，市场这一“看不见的手”已经失灵，试图借助企业逐利过程来谋求社会和公众利益已不现实，因此要倡导政府干预、企业责任与社会公众推动等多方面的治理机制。

无论理论争锋如何激烈，现实经济生活总是在以自身逻辑向前推进。以企业社会责任思想及其运动的发端地美国为例，18 世纪末和 19 世纪初源于纺织业、盛于钢铁制造业的工业化进程大大刺激了生产的深度和广度，使得以纺织业为代表的生产企业从手工作坊向大规模生产的工厂转变，而铁路的迅速扩张使得大批量生产和分配成为可能。铁路由此成

---

① 〔美〕彼得·F. 德鲁克：《管理——任务、责任、实践》，孙耀君等译，中国社会科学出版社，1987，第 81～82 页。

为美国最早出现的现代工商企业。由于铁路建设需要大规模的资金投入，因此，出现了建立股份制公司、通过发行股票获得大量资本的大型公司，也导致了所有权的分散。大型公司内外部事务的协调、控制和维护促使了所有者和经营者的分离，于是铁路行业包含了不同的经营单位，且由各层级受薪经理人员进行管理。这就使得铁路公司成为美国最早具备钱德勒所定义的现代大公司两大特征的企业。这些企业通过横向合并与纵向联合，形成了种类众多的综合性企业，并最终实现了美国工业及整个经济的现代转变。[①] 因此，20 世纪前后的企业革命颠覆了自由经济赖以存在的完全竞争条件，它创造出一种前所未有的经济力量，这一经济力量包括市场力量，但比市场力量更大，会在资源使用、产品安全、环境污染、工作条件、工资支付以及价格变化等各个方面对社会生活产生影响。

我国民族地区企业的发展，也是借由公共基础设施建设和完善而进驻少数民族聚居地区的，但与发达国家和国内其他地区有所不同的是，民族地区企业的发展更多地受到国家发展战略的影响。铁路、公路、电网、移动通信等基础设施建设及其沿线、关联产业等关系国计民生的行业大都由中央企业负责。在西部大开发、“兴边富民行动”以及“一带一路”的发展战略背景下，国有企业尤其是中央企业作为我国全面建设小康社会的重要力量，在维护民族团结和社会稳定中具有重要作用。大量的民营企业，虽然规模和产业贡献远远不及国有企业，但其生产经营活动与民族地区居民生产生活密切相关，大量吸纳着周边社区的少数民族职工，与周边社区产生着广泛而频繁的联系。因此，在民族地区企业社会责任建设中，既要强调国有企业在维护民族团结和社会稳定过程中的关键作用，也要重视民营企业在能力范围内协调民族关系、促进各民族共同进步的基础作用。

---

① Alfred D. Jr. Chandler, *The Visible Hand* (Cambridge: Belknap Press of Harvard University, 1977), p. 286.

第三节 企业社会责任的政治学分析

企业在一定政治体制或国家制度中的地位和作用，主要通过企业和政府的关系来体现。企业制度作为最基本的国家经济制度之一，反映着企业活动过程中各种生产要素（人、财、物、技术、信息等）和企业要素（产、供、销、产权、外部性行为、情感需要等）的配置和交换关系的本质，是国家政治制度建设的重要基础。同时，国家政治制度的改革与进步，也对企业制度的变迁甚至重构产生反作用。在一定的时空环境下，国家政治、法律制度和社会道德规范，都对企业制度产生强烈影响，并促使现实的企业社会责任规范的形成。

现代企业的产生基于在经济、政治和社会力量联合推动下的制度和法律变革，本节对企业社会责任的政治学分析试图从企业权力、国家制度、企业治理等角度阐释企业责任行为的合理性。借用拉斯韦尔对“政治”一词所做的解释，政治不仅包含了“亚里士多德和韦伯称之为政治的每项事物”，而且从本质上是研究“权力的形成和分享”的，只要有权力关系或冲突情境，就有政治。[①] 因此，对企业社会责任的政治分析也从企业权力学说展开。

一 从企业家“权威”到企业权力

现代企业作为一系列私有契约的结合体，是在特殊历史背景下的特别权力关系的产物。马克思在《资本论》中关于企业行为的分析对我们的研究具有较强的方法论意义。尽管他对企业的产生、发展、演变的论述是在资本主义所有制框架内展开的，其对于资本主义时期企业的所有制关系和生产力发展之间辩证关系的阐释一以贯之，将企业的起源、本质及演进过程看作社会生产力和生产关系相互作用的结果，看作技术、协作、劳动力、资本、竞争和利润等基本经济条件变化的必然反映，实

① 〔美〕罗伯特·A. 达尔：《现代政治分析》，王沪宁、陈峰译，上海译文出版社，1987，第170页。

现了“企业理论研究的出发点和重点由市场向企业生产过程的转变”①。马克思强调企业的层级结构和身兼资本家的企业家“权威”的作用，认为，劳动力的买卖双方在流通领域表现为一种平等关系，可一旦进入企业生产领域，双方角色和地位就会发生显著变化，“在生产场所不能缺少资本家的命令，就像在战场上不能缺少指挥官的命令一样”②。在马克思看来，企业生产是在企业家“权威”的管理、监督和协调下进行的，企业的产生使企业内部分工取代了社会分工，企业由此成为市场价格机制的替代物，并用劳动力的买卖即生产要素市场替代产品市场。

马克思的政治经济学理论体系对于国内外制度经济学家、经济体制学家都产生着不同程度的影响，但他并未对所有权关系和产权制度等具体制度安排进行深入研究。这方面，西方制度经济学的研究产生了诸多有价值的理论观点。科斯从“权威关系”角度解释企业的产生，他将交易成本概念引入经济学分析，并指出企业和市场在经济交往中的不同作用，认为市场以非人格化的价格机制来实现资源合理运用，而企业则通过权威关系来完成，“两者之间的选择依赖于市场定价的成本与企业内官僚组织的成本之间的平衡关系”③。在科斯看来，权威关系能大量减少需分散定价的交易数目，这是企业得以出现的重要原因。④

现代企业的社会责任最初以企业家责任的形式显现，从实际的经济运作来看，企业家的责任意识要比 20 世纪 30 年代才开始从经济学上验证社会责任的合理性并试图将其纳入公司治理结构中的理论要领先得多。现代企业及企业家对社会责任的态度是随着企业自身性质和结构以及企业的外部技术、经济和社会环境的变化而逐渐调整的。企业权力及企业影响力的扩张有一个演进过程。18～19 世纪最早的企业形式，除了艺术和职业行会外，是由英国君主授予皇家特许权而设立的特许企业。为了远离英国殖民者的影响，美国在独立后建立了州特许制度来取代皇家特许制度，并授予各个州立法机构颁布企业特许经营权的权力。在特许企

① 杜晶：《企业本质理论及其演进逻辑研究》，《经济学家》2006 年第 1 期。

② 马克思：《资本论》（第 1 卷），人民出版社，2004，第 374～384 页。

③ 张军、王祺：《权威、企业绩效与国有企业改革》，《中国社会科学》2004 年第 5 期。

④ Roland H. Coase, “The Nature of the Firm,” *Econommica* (1937): 368－405.

业建立的条款和条件中，详细地规定着一个企业的经营范围、有效期限以及对公共利益需要履行的义务。在19世纪的美国，为了保障特许条款的实施，一些州定期检查区域内企业履行公共义务的情况，如果一个企业没有遵守特许条款中的具体要求，则州立法机构有权取消对该企业的特许经营权。在密西西比州、俄亥俄州和宾夕法尼亚州的一些银行由于“严重违反特许规定导致他们有可能破产或严重资产负债”而被取消特许权，在马萨诸塞州和纽约州，一些收费公路企业由于“未能保养好公路”而被取消特许权。[①]

19世纪颁布的一系列法律裁决使得企业逐渐从州特许经营权和企业管理法规的限制中解放出来，进而产生了第一批免受政府干扰且拥有私有资产权的企业。到19世纪末，与企业相关的限制几乎全部取消，企业因此具有独立的法律人格，成为虚拟的法人和人造的法律实体。随着现代企业法人资格的获得，授予企业财产所有权的新体制成为企业股东经济回报最大化的主要动力，企业权利获得充分保护的同时，也存在企业以社会繁荣和经济增长的名义放纵其成本外部化的风险。企业社会责任，“曾经作为法人人格的不可分割的一部分，现在变成了一项自愿的社会活动，一个受市场和竞争因素影响而做出的战略选择”[②]。影响企业的社会责任行为的动因也由企业家“权威”转向企业权利。

当社会的创造性功能集中到一个小群体手中时，就导致我们所说的“权力”，这是一种在某些活动中可以诱导或者要求其他人行动的能力。[③]经济领域权力的集中，类似于“中世纪教会宗教权力的集中以及国家政治权力的集中”。1932年，伯利和米恩斯在《现代公司与私有财产》一书中对这一趋势进行分析，并预言，“在未来，也许能看到，现今以公司为代表的经济组织，不仅仅可以与国家平起平坐，甚至可能会取代国

① C. Deber，*Corporation Nation*（New York：St. Martin's Griffin，1998），p. 124.

② 〔澳〕苏哈布拉塔·博比·班纳吉（Subhabrata Boddy Banerjee）：《企业社会责任：经典观点与理念的冲突》，柳学永、叶素贞译，经济管理出版社，2013，第6页。

③ Adolf A. Berle，*The 20th Century Capitalist Revolution*（New York：Harcourt，Brace and Company，1954），p. 32.

家，成为最重要的社会组织形式”[①]。事实上，权力本身有被滥用的风险，19世纪的大型企业拥有着巨大的经济和政治权力，而某些企业在政治战略中采取欺骗手段，收买法官和立法者，通过可疑的金融交易稀释股权，滥用资金甚至严重违反法律，由企业行为导致的腐败问题已经甚为严重。佩罗（Perrow）针对腐败问题导致的巨大社会成本，如社会资源的浪费、由于逃避环境健康和安全法律导致社区居民与员工的健康和生命受到威胁，以及负外部效应的增加等问题，指出：“腐败意味着所得利益没有回报给大力支持铁路的政府，也没有返还给很多私人投资者，而是落到了一小撮管理者和金融家腰包里。这导致了权力和财富的集中。”[②]

根据权力与责任对应的观点，组织的权力应当受到公共利益的约束，随着经济组织力量的增加以及权力的集中，对权力的责任要求也更加明确。戴维斯由此提出“权力—责任模型”和责任的铁律，认为“公司的社会责任来自他所拥有的社会权力，责任就是权力的对等物”，“在一个秩序良好的社会中，法律的要求是，决策权力的所在就是责任的所在”。因此，在责任铁律的约束下，企业制度不是孤立存在的，社会责任将个人的视角扩大到整个社会制度，那些不能按照社会认为负责任的态度去行使权力的人必将失去权力。[③]

二　影响企业责任行为的制度因素与制度背景

国内外学者都认可企业（家）权威以及由此衍生的企业权力对于企业效率的正向作用，认为企业权威在各相关利益集团“讨价还价”博弈中的“分配与再分配过程”是“企业改革的微观逻辑线”。[④]现代制度理论超越了企业的理性经济人假设的局限，提供了基于制度变迁和制度选

---

① Adolf A. Berle, and Cardiner C. Means, *The Modern Corporation and Private Property* (New York: Macmillan Co., 1932), pp. 309 - 313.

② C. Perrow, *Organizing America: Wealth, Power and the Origins of Corporate Capitalism* (Princeton, N. J.: Princeton University Press, 2002), pp. 143 - 144.

③ Keith Davis, "Understanding the Social Responsibility Puzzle: What Does the Businessman Owe to Society?" *Business Horizon* Winter (1967): 45 - 50.

④ 张军、王祺：《权威、企业绩效与国有企业改革》，《中国社会科学》2004年第5期。

择的解释方法，认为企业行为“不仅是利益驱动的经济过程，也是情景依赖、路径依赖的社会过程”[①]。企业社会责任是市场经济条件下利益相关者对企业逐利行为进行正式或非正式约束的一种制度选择，责任履行情况取决于利益相关者能否建立起一套关于企业道德、伦理、声誉、信任互助机制的行为规则和制度体系，引导企业通过权衡社会资本的边际收益和社会责任的边际成本来优化公司治理机制，从而实现资源投入和产出的最优状态。

在一个健全社会中，拥有权力的组织必须获得合法性，以确保组织之外的人认同权力的存在和实施的正当性，而“合法性就是责任，一个拥有权力的组织必须对权力拥有者之外的意见承担责任”[②]。因此，组织的社会责任行为为其实质性权力提供正当性基础，或者说两者互为因果。爱泼斯坦对美国企业社会责任思想的制度背景进行了深入的解读，他认为，与欧洲国家以传统的非企业型社会团体占据社会领导地位不同，在美国，企业从一开始就在国家生活中扮演了重要的领导角色，以至于人们认为“美国的事情就是企业”（The business of America is business）这样的表述不一定准确，但却反映出企业在美国国家社会生活中的重要作用。美国长期倚重私有经济，以至于在其他国家通常由国有企业完成的许多基本经济职能，如基础交通、通信、军工以及原材料的开采和加工等，在美国均由私有经济组织来完成。因此，企业和社会形成了高度依存的关系，社会给了美国企业及其领导者诸多机会，也对他们寄予厚望，一旦这些期望得不到满足就会感到失望，甚至有被欺骗的感觉。美国公众普遍且根深蒂固地认为企业管理者职业概念的重要组成部分就是对公众的责任，职业经理人有责任“全面审视其行动对所涉及的个人或团体的影响，有责任认识到其决策对更为无形的‘公共利益’的影响”[③]。这

① 薛琼、肖海林：《制度环境、组织资源与中小企业社会责任——基于北京市中小企业的经验数据》，《山西财经大学学报》2016 年第 10 期。

② James Willard Hurst, *The Legitimacy of the Business Corporation in the Law of the United States, 1780 - 1970* (Charlottesville: University of Virginia Press, 1970), p. 58.

③ Edwin Epstein, and Dow Votaw, *Rationality, Legitimacy, Responsibility: Search for New Directions in Business and Society* (California: Goodyear Publishing Company, Inc. Santa Monica, 1978), pp. 101 - 102.

些论述得到了一系列社会运动的验证。企业社会责任运动最初以工人运动的方式展开，18～20世纪的工人运动以维护劳动者权益为宗旨，将工资、就业保障、组织工会的权力、社会保险、职业安全、集体谈判作为斗争的主要目标。从20世纪中叶起，自然资源和环境保护运动将社会责任运动推上了一个新的台阶。①

在企业权力与政府权力、社会权力的互动、博弈过程中，不同的政体对企业社会责任的范围、形式和程度会产生显著不同的要求。我们试着从现代社会基本政治法律制度的角度，来理解政治与企业社会责任的“天然”关系。从本质上讲，现代社会基本的政治法律制度是限制政府公权力和保护公民私权利的产物。现代企业制度作为基本经济制度的重要组成部分，产生于工业革命以及欧洲资产阶级独立走上政治舞台之后，发展完善于现代社会基本政治法律制度逐渐形成和完善的历史背景下，必然与之发生广泛的互动。参照社会契约理论对公权力来源的分析，我们可以推断：在现代政治法律制度产生之前，企业竞争是无序的，企业可以采取一切追逐经济利益的手段，也可以采取一切惩处侵害自身安全或利益的行为。企业选择服从现代政治法律制度，意味着它放弃某些权利，或者将一部分“自然权利”让渡给政府，或者让渡给社会，以保证市场中的有序竞争。② 企业让渡给政府的权力，即表现为企业的法律责任；而以政府信任为基础让渡给社会的权力，即表现为企业的社会责任。事实上，不同的社会政治制度环境下，企业让渡给政府与社会的权力是不相同的，“权力被作为一种交换资源，在企业与政府和社会之间进行配置”③。

罗伯特·达尔对于社会弱势群体将社会权利扩大到社会保障、福利、教育、劳动保护方面的基本需求时政府的回应态度做了深入分析，认为威权政体更多地依靠国家强制手段强迫企业承担更多的社会责任，而多头政体下企业权力向政府和社会的回归必须依据法定的程序。政府在回应弱势群体诉求过程中，合法地取得了更多的企业被迫让渡的权力——

① 参见卢代富《企业社会责任的经济学与法学分析》，法律出版社，2002，第160～167页。

② 〔英〕洛克：《政府论》（下篇），石应天等译，天津人民出版社，1998，第281页。

③ 李立清、李燕凌：《企业社会责任研究》，人民出版社，2005，第66页。

对企业社会责任进行规制的公共权力。[①] 达尔教授有关弱势群体与政体稳定性、发展性的关系，以及企业在履行社会责任方面“制造”或“消除”社会不平等的讨论对于我们研究在发展中处于发展弱势地位的民族地区企业发展问题具有重要的启示作用。

三 政策与制度是影响民族地区企业社会责任建设的重要因素

企业生存于一定的政治体制和社会环境之中，以一定的政治权力架构和经济关系体系为依托进行生产经营活动。企业必须让渡一部分权力给政府或社会，从而换取企业在有序竞争的市场中生存，在复杂的社会矛盾冲突中实现最佳发展目标。作为现代社会结构中一个重要的社会角色，企业必须承担相应的社会责任。

对于进驻民族地区的企业而言，其对投资环境的选择除了基本的物质条件外，更看重的是政府的政策和服务等软环境。国家对民族地区采取的一系列经济、财政、金融、税收等倾斜政策不仅使企业获得巨大的利润空间，也使企业及其负责人获得了相应的政治权力和政治身份。大型龙头企业负责人往往被选为各级人大代表、政协委员而实现广泛的参政议政，有的通过担任当地政府经济部门领导职务或受聘兼任政府决策咨询委员等方式直接参与政府决策。这其中，既有企业通过合法渠道和手段将企业诉求上升为区域经济政策，也有企业拉拢腐蚀地方官员，使政府公务人员成为企业违规经营活动的“保护伞”，公权私用、公权乱用的现象不可避免。于是，企业政治行为已经影响到公权力配置，影响到政企关系、企业利益与国家利益关系、效率与公平关系、企业与所在民族社区的关系等。处理这些关系不仅需要经济思维，更需要政治思维；不仅需要政策激励，更需要制度规范。

第四节 企业社会责任的社会学分析

从企业社会责任思想的发展历程来看，早期的研究关注于企业责任

① 〔美〕罗伯特·达尔：《多头政体——参与和反对》，谭君久、刘惠荣译，商务印书馆，2003，第100～116页。

行为的经济学缘由和政治学研判，主要解决企业为什么要承担社会责任，以及在怎样的内外部政治条件下承担社会责任的问题。随着日益广泛的消费者运动和环境保护行动等由个别关注向普遍参与的社会责任运动转变，人们的关注点不仅仅局限在企业社会责任的概念阐释与合法性问题，而更加广泛地集中在关注特定社会情境下的企业如何满足社会需求和社会预期、应对社会压力并进行社会问题管理等问题。与此同时，形式多样的社会利益团体就诸如民权运动、枪支管制、种族歧视、老龄化等特定议题不时向企业发难，迫使人们不得不深入思考企业与社会之间的关系问题。

与企业行为对社会问题的影响相适应，企业社会责任的社会学分析使企业社会责任研究从最初的概念辨析逐渐转向关乎企业生存的实质性问题，从最初的经济生产、政治运作转向诸如教育、环境等的经济发展质量提高的根本性问题。本书关于企业社会责任的社会学分析试图呈现企业社会责任思想从“企业社会回应”向“企业社会表现”的递进，其间伴随着利益相关者理论思想对企业社会责任的补充和完善，最终以“企业公民”理论统摄之前的所有理论框架，提供了企业社会作用的规范思考，并通过全球企业公民的扩展，使得原有企业社会责任突破地域和文化的界限，在全球化时代为企业社会责任行为提供新的理念与行动指引。

一 从企业社会回应到企业社会表现

随着社会责任理念的深入人心，企业界和学术界逐渐达成这样一种共识：企业社会责任理念是企业社会化过程中的最初一步，它必须伴随着有效的社会行动。这种社会行动旨在建立一个更加有效的社会，并且认为这一目标的达成需要通过一系列理念、过程和功能来实现，即：基于对企业回应社会问题和社会需求的技术手段和有效性的思考，从社会责任理念与概念的辨析，发展到企业社会决策过程，继而在内外部因素的推动下实施社会责任行为。

阿克曼（Ackerman）和鲍尔（Bauer）被认为是最早提出企业社会回应概念的学者。他们将企业社会回应看作一个管理过程，认为通过这个过程可以“将企业社会责任的表面语言转化为富有意义的行动”[①]。阿克曼谈到企业面临的社会困境时，认为，一方面，组织创新可以让企业更好地管理多元化的产品以及适应技术、经济和竞争的变化，从而更好地回应社会所关心的问题；另一方面，将一系列社会需求纳入企业的产品设计和市场管理又会降低企业提供产品和服务的效率。因此，企业对社会需求的回应需要经过相互联系的三个阶段，第一阶段是认识阶段，这一阶段企业的高层管理人员认识到社会需求的重要性，开始讨论、参与和支持相关的活动，最终对企业政策进行调整；第二阶段为组织阶段，即企业委派专人负责系统收集信息，评估社会需求，并制定清晰的政策；第三阶段为参与阶段，这一阶段企业系统中的每一个环节都被调动起来参与回应社区需求的活动，对此有明确的认知、计量标准和奖惩制度，形成制度化的运作方式。阿克曼和鲍尔在《企业社会回应》一书中对企业社会回应与企业社会责任进行了比较，他们认为，企业社会责任所假设的是企业应承担的义务，讨论的是企业的动机而不是结果，是应然而不是实然状态。而对社会需求的回应更侧重于企业社会回应行为的过程和标准，能够更好地反映社会问题与经济行为之间的密切联系。在阿克曼和鲍尔看来，企业社会回应包括五个因素，其一，企业社会回应是一种公司战略，企业社会决策应由企业战略思想所引导，要将社会需求与企业战略相结合，合理地承担责任；其二，企业社会回应是一个管理过程，即阿克曼所说的对社会需求的认识、组织和参与过程，这里表述为认识、应对和制度化过程；其三，企业社会回应是一种创新性的业绩表现衡量方法，即在编制企业资产负债表、披露进行企业社会信息的基础上进行社会责任审计；其四，企业社会回应是应对不同时期公众预期变化的新型技术和管理技能；其五，企业社会回应是一种制度化的决策方式。[②] 由此，企业社会回应被视为一种将社会需求与企业战略相结合的管理过程和制度化决策机制，在这一过程中，企业要运用专业知识与特

① Robert W. Ackerman, “How Companies Respond to Social Demands,” *Harvard Business Review* 51 (1973): 98.

② Robert W. Ackerman, and Raymond A. Bauer, *Corporate Social Responsiveness: The Modern Dilemma* (Reston: Reston Publishing Company, Inc., 1976), p. 39.

殊技能实现与社会的沟通，通过对社会问题进行界定和分析，确定最终的企业政策并落实到企业行动中。

自企业社会责任概念出现以来，由于其概念的模糊和理论体系的欠缺而招致诸多诟病，作为其最大质疑者的传统经济学有着由概念界定、理论演进、逻辑架构等构成的完整理论架构，相比之下，企业社会责任思想则更接近于现实经济生活本身，强调其实践的合法性与可行性。至于其理论建构，直到 20 世纪 70 年代以后，才发展出相应的理论模型，如利益相关者理论、社会回应理论与企业公民理论等。与企业社会责任研究相对应，企业社会回应往往被认为是企业与社会领域研究的第二个阶段。弗雷德里克（Frederick）是这一观点的代表性人物。他将企业社会回应定义为“企业回应社会压力的能力”，认为企业社会回应包括两个互不相同但相互联系的层面：一个是组织上的微观层面，“意味着管理企业与各类社会团体之间的能力”；另一个是制度上的宏观层面，指代对企业社会回应的制度安排和程序设计。[①] 弗雷德里克同样对企业社会责任与企业社会回应进行区分，认为后者着重强调企业与社会之间的关系，从企业回应社会环境的实践角度来替代困扰企业社会责任的抽象难懂的原则。与企业社会责任相比，企业社会回应作为一种完满的理论构造和一种研究企业在社会中作用的方法，更加切实可行、更显智慧、理论上更能站得住脚以及理念上更充分。因此，弗雷德里克将企业社会责任简称为 CSR1，将企业社会回应简称为 CSR2。他认为，从 CSR1 到 CSR2 是从理念和伦理概念向行为导向概念的转变，这一转变使得相关研究更符合企业和职业管理者的实践轨道。弗雷德里克认为，在企业社会责任概念下，公众对企业社会表现的预期已经从经济、技术、科学和组织等企业的现实层面转向道德等情绪化方面，造成企业沉重的社会责任负担，而企业社会回应褪去企业的道德热度，使各种注意力从道德立场转向企业作为一个社会回应主体的切实可行的行动上。他强调要注意制约企业社会回应的内外部因素，“企业社会回应的观点集中将这些制约

① Willian C. Frederick, “Form CSR1 to CSR2,” *Business and Society* 33 (1994): 153 - 154.

因素作为需要解决的问题而不是作为需要争论的原则”。[①]

塞西（Sethi）将企业社会行为分为企业社会义务、社会责任和社会回应三个阶段，并将企业社会回应区分为防守型、反应型和预防型三种类型。塞西认为，与企业社会责任相关的企业社会行为本质上是说明性的，是企业当前社会行为的结果，而与企业社会回应相关的社会行为本质上应该是预计性的和预防性的。在企业社会责任阶段，企业被动接受市场和法律规定的责任，尽力维持现有物质和社会环境，只着眼于解决当前问题，向没有争议的团体捐款；而在社会回应阶段，企业必须在公众关心的问题上有明确的立场，有制度化的伦理规范，能够向其他利益群体解释其行为，能够采取预防性适应方法，评估和消除企业行为的负外部性，事前预计社会变化并调整企业内部结构来应对这些变化，能够且愿意与其他外部利益群体沟通、公开信息、接受社会评价，并向那些日益重要但需求尚未得到满足的争议性群体提供捐赠。在塞西看来，企业社会回应“并非指企业应该如何回应社会压力，而是指它们在一个动态社会系统里的长期作用是什么”[②]。因此，他将企业社会责任看作第二阶段，而将企业社会回应看作第三阶段。塞西强调了环境评估在企业社会回应中的重要性，认为企业必须对其生存的物质、经济、社会和政治环境进行分析，积极应对社会问题并做出有效应对。

与上述观点略有不同，卡罗尔、沃蒂克和科克伦（Wartick & Cochran）、爱泼斯坦以及伍德等人将企业社会回应视为与社会责任各有侧重，但同等重要的概念。卡罗尔将企业社会回应视为企业在社会领域里管理性反映的一个行动阶段，是一个包括从不回应到预防性回应的连续统一体，这一连续统一体与企业对社会需求的管理过程有关，与企业道德和伦理内涵关系不大。[③] 沃蒂克和科克伦认为企业社会责任与社会回应不可以相互替代，社会回应受社会规范指引，而社会责任则为其确定基本

① Willian C. Frederick, “Form CSR1 to CSR2,” *Business and Society* 33 (1994): 160.

② S. Prakash Sethi, “A Conceptual Framework for Environmental Analysis of Social Issues and Evaluation of Business Response Patterns,” *Academy of Management Review* 4 (1979): 66.

③ K. E. Aupperle, A. B. Carroll, and J. D. Hatfield, “An Empirical Examination of the Relationship Between Corporate Social Responsibility and Profitability,” *Academy of Management Journal* 28 (1985): 503.

伦理，用社会回应理论替代企业社会责任可能会弱化对企业伦理的重视。社会回应本身是一种反应，是短期或中期的决策，而社会责任却是长期的决策，社会回应本身并不意味着企业履行了社会责任，它重视的是过程管理，而社会责任注重的是最终结果。因此，企业社会回应其实是为企业履行社会责任提供方法。[①] 爱泼斯坦将企业社会回应与企业伦理和企业社会责任视为企业社会表现的三大类概念，认为企业伦理同时具有企业社会责任的结果性和企业社会回应的过程性，这三个概念的主要部分应该用"企业社会政策过程"这一概念加以概括。企业社会政策过程的核心是将企业伦理、企业社会责任和企业社会回应等方面的主要因素加以制度化，从而使实践中的企业行为变得更富有企业伦理、更具有社会责任和更能做出社会回应。[②] 伍德认为企业社会回应包括环境评估、相关利益者管理和问题管理三个方面，集中于"内部的管理过程和外部的环境管理技术"，可以作为企业社会表现模型的"第二条腿"。[③]

必须指出的是，企业社会回应理论虽然在理论架构和实践维度比企业社会责任更进一步，但其在企业社会责任的道德因素与社会回应的管理因素之间并没有找出合适的结合与规范方式，因此，迫切需要一个"能够把 CSR1 所隐含的道德维度和 CSR2 所隐含的管理维度结合起来并予以澄清"[④] 的概念，于是企业社会表现理论应运而生。

沃蒂克和科克伦将企业社会表现定义为"反映了企业社会责任准则、社会回应过程和用于解决社会问题的政策之间的相互根本作用"。这一概念将企业与社会领域的三大主导方向融合在一起，即"主要与社

---

① Steven L. Wartick, and Philip L. Cochran, "The Evolution of the Corporate Social performance Model," *Academy of Management Review* 10 (1985): 765.

② Edwin M. Epstein, "The Corporate Social Policy Process: Beyond Business Ethics, Corporate Social Responsibility, and Corporate Social Responsiveness," *California Management Review* 29 (1987): 106.

③ Donna J. Wood, "Toward Improving Corporate Social Performance," *Business Horizons*, July-August (1991): 68.

④ William C. Frederick, "Towards CSR3: Why Ethical Analysis is Indispensable and unavoidable in Corporate Affairs," *California Management Review* 28 (1986): 157.

会责任准则相关的理念（哲学）导向、主要与社会回应过程相关的制度导向以及主要与社会问题管理政策相关的组织导向”，通过对社会责任、社会回应和社会问题的综合，企业社会表现为“全面分析企业与社会提供了一个极具价值的框架”。[①] 卡罗尔的三维概念模型成为企业社会表现研究领域的经典之作。卡罗尔认为，企业社会责任、社会问题管理和企业社会回应共同构成企业社会表现的三维空间。[②] 在卡罗尔的三维概念模型里，第一维度的企业社会责任被区分为经济责任、法律责任、伦理责任和自愿责任，并被赋予不同的权重；第二维度的社会问题管理指代与企业责任相联系的社会问题和主要领域；第三维度的企业社会回应主要解决企业回应社会的方法或战略问题。卡罗尔的三维概念模型的影响力一直持续至今，现存企业社会责任概念的内涵和外延的解读大多是在此基础上的阐释和完善。关于企业社会表现的论述还有很多，除了理论阐释之外，企业社会表现的实证检验也受到学者们持续的关注，围绕企业社会表现与企业财务业绩关系的实证检验产生了大量的成果，本书不再一一赘述。

二 企业公民：企业与社会关系的本质解读

在介绍企业公民理论之前，不得不提到利益相关者理论。这一理论为企业社会责任提供坚实的理论基础，是考量企业与社会关系的不可忽视的理论架构。利益相关者理论产生于20世纪80年代，这一概念的出现及其相关理论的迅速发展，形成了庞大的理论体系，本书仅从利益相关者理论与企业社会责任相互结合的角度讨论两者的关系。斯坦福研究所被认为是最早提出利益相关者定义的机构，他们认为利益相关者是“那些如果没有他们的支持企业组织将不复存在的群体”[③]。此后，据学

① Steven L. Wartick, and Philip L. Cochran, “The Evolution of the Corporate Social performance Model,” *Academy of Management Review* 10 (1985): 758 – 768.

② Archie B. Carroll, “A Three – Dimensional Conceptual Modal of Corporate Performance,” *Academy of Management Review* 4 (1979): 497 – 505.

③ R. E. Freeman, *Strategic Management: A Stakeholder Thinking*, (Helsinki, Finland: LSR Publication Inc., 1984), p. 31.

者统计，截至1997年，关于利益相关者的定义已近30种[①]，迄今对于这一概念尚未达成统一的认识。为了研究方便，学者们将利益相关者概念区分为广义和狭义两种。广义上讲，利益相关者是指“可以影响到组织目标的实现或受其实现影响的群体或个人”，他们“在企业里有利益或索取权”，并被界定为包括供应商、客户、员工、股东、当地社区等群体。[②] 这一定义将利益相关者的范围扩大到实际上可以包括任何人在内，因此难以精确定量，这也是任何广义概念的通病。狭义概念的出现要早于广义概念，斯坦福研究所的概念即属于典型的狭义概念，他们往往针对利益相关者的某一个关键特征，突出强调利益相关者与企业核心经济利益相关的那部分利益。但如何判断哪些是属于利益相关者的关键特征，也是需要企业进行识别的技术性问题。

企业社会责任思想和利益相关者理论本来有着各自的研究领域和侧重，前者重点讨论企业对社会的责任，后者着重探讨企业与社会各利益群体的关系，企业社会责任是从整个社会角度考虑企业行为对社会的影响，而利益相关者理论更多地从企业的角度看待企业与其利益相关者之间的关系。20世纪90年代以来，两大理论出现从概念到实证检验的全面结合，“利益相关者理论为企业社会责任研究提供了理论依据”，“企业社会责任研究又为利益相关者提供了实证检验的方法”。[③] 利益相关者理论由此成为评估企业社会责任最密切相关的理论框架。

进入19世纪末，企业公民逐渐成为解释企业社会责任的有力依据。企业公民的实质是公民和公民权的概念。“公民”这一概念来源于古希腊城邦制国家中的“市民”，用来指代居住在城邦中的自由民，而将奴隶和异邦人排除在外。公民的政治权利是获得公民资格的政治条件，但公民权利并非以个体利益实现为目的，其宗旨是城邦共同体的共同幸福或至善。柏拉图和亚里士多德将参与国家生活视为在道德上比义务和权

---

① R. K. Mitchell, B. R. Agle, and D. J. Wood, “Toward a Theory of Stakeholder Identification and Salience: Define the Principle of Who and What Really Counts,” *Academy of Management Review* 22 (1997): 856.

② R. E. Freeman, *Strategic Management: A Stakeholder Thinking* (Helsinki, Finland: LSR Publication Inc., 1984), p. 46.

③ 沈洪涛、沈艺峰：《公司社会责任思想起源与演变》，上海人民出版社，2007，第190页。

利都更为重要的观念，并认为公民身份或公民资格是对共同生活的一种分享。[①] 洛克认为公民身份来源于对于“生命、自由和财产”的天赋权利或自然权利，是政府人权保护的最高价值。[②] 在工业社会中，对公民及其权利的认识植根于民主意识和自由传统，公民权被视为个人权利，而且是有义务相伴随的权利。马歇尔提出了公民权利的分类方法，认为民主社会的公民权由社会权、民权和统治权组成，社会权是让个人拥有参与社会的自由权利，包括教育、科学、文化、卫生等方面；民权是避免第三方（一般指政府）滥用权力实施干预的权利，包括拥有财产、自由表达和市场参与等方面。民权和社会权都是个体在社会中的被动权利，而政治权利不仅包括对个人私有领域的保护，还赋予个人积极参与社会的权利，包括“表决权、担任公职的权利以及其他参与公共领域组织过程”的权利，权利的内涵和范围及其实现方式会随着不同的社会环境而存在差异。[③]

与企业社会责任的其他理论的发展路径不同，企业公民概念首先在企业实践中被广泛推崇，并得到政府的有力推动，进而引起学者广泛的研究兴趣，学界对其外延的认识也在逐渐拓展。早期关注企业公民的学者在企业社会责任的概念框架内对其进行解释，认为企业公民的核心就是企业对社区的介入，“实际上，长期以来，通过经济和非经济的贡献来改进社区福利的好‘公民’，一直被看作有社会责任感的企业行为的典范”，“社区参与，特别是在经济上支持或采用类似的方式支持公共或非营利机构，通常被看作衡量企业好公民的一个重要标准”。[④] 这种认识实际上是从社区参与的角度理解企业公民，体现了原有社会责任理论框架中的企业与社区关系层面。随后，企业公民的外延被扩展到除企业与

---

① 〔美〕乔治·萨拜因：《政治学说史》（上卷），〔美〕托马斯·索尔森修订、邓正来译，世纪出版集团、上海人民出版社，2008，第165页。

② 〔美〕E. 博登海默：《法理学——法律哲学与法律方法》，邓正来译，中国政法大学出版社，1999，第51~52页。

③ 转引自沈洪涛、沈艺峰《公司社会责任思想起源与演变》，上海人民出版社，2007，第218~219页。

④ Edwin M. Epstein, “Business Ethnics, Corporate Good Citizenship and the Corporate Social Policy Progress: A View from the United States,” *Journal of Business Ethnics* 8 (1989): 586-591.

社区关系以外，还包括企业对其他重要利益相关者的回应。如卡罗尔从四个层面阐释企业公民概念，即经济面、法律面、道德面、慈善面，这实际上是其社会回应、社会表现理论的延伸。随着研究的深入，企业公民的含义更加丰富，直接涉及企业与社会关系的本质。瓦洛（Valor）对比了企业社会责任与企业公民的概念，认为企业公民是一个比企业社会责任更为积极的理念，企业公民通过在企业社会表现框架内将企业社会责任与利益相关者管理结合在一起，克服企业社会责任在运作和实施上的困难。因此，企业公民是对企业社会关系的重新界定，它借助公民意识和公民资格等概念明晰其含义，强调企业和个人公民一样拥有权利和义务。有趣的是，传统经济学并不反对企业公民的观点。瓦洛认为，这一方面由于企业公民概念淡化了企业社会责任的道德要求，因此不再被看作对新古典信条的威胁；另一方面，进入 20 世纪 90 年代之后，企业管理层已经充分认识到了“社会参与”的重要性。①

21 世纪世界经济的显著特征是全球化，其直接影响是诸多社会经济活动超出国家权力和影响的范围，进而导致跨国企业影响的全球扩散以及社会问题的全球治理，企业公民概念也从一国范围扩展到了全世界。对跨国企业的要求由此突破了单个国家的法律和制度界限，而要求其面对不同国家的社会规范、道德规范与法律规范，从而提供了企业在更广泛的社会中如何发挥作用的规范思考。

三　民族地区企业社会责任建设的社会背景

为了克服企业社会责任思想在概念上的模糊性和规范性的欠缺，使之具有实践上的可行性，理论界进行了一系列的尝试，提出了企业社会回应、企业社会表现、利益相关者、企业公民等诸多理论阐释方法。企业社会回应“提供了可以执行企业社会责任原则的行动维度”②，一度成为与企业社会责任并驾齐驱的概念，这一理论从环境评估和过程管理方

① Valor Carmen, “Corporate Social Responsibility and Corporate Citizenship: Towards Corporate Accountability,” *Business and Society Review* 110 (2005): 191 - 212.

② Donna J. Wood, “Toward Improving Corporate Social Performance,” *Business Horizons*, July-August (1991): 391.

面成功地将企业社会责任的抽象概念转变为具体的企业行动，但最终“‘决定性’地偏离了企业与社会研究的规范性基础”，其在规范性问题上并没有比企业社会责任更进一步。正如弗雷德里克总结的那样，“经历了成果丰富的十年，尽管企业社会回应理论得到第二代先驱的千锤百炼，但就企业运作的规范性而言，企业与社会领域还是处在十年前刚刚开始的那个时候”。此外，社会回应理论强调企业应对社会变化的实用性方法，包括社会预测、社会审计、社会问题管理、在企业长期决策中结合社会因素以及增加企业对公共政策的参与度等内容，但这些方法只是注重企业的反应过程管理，对企业的道德和伦理方面无暇顾及，并未能清晰界定企业的权利与义务，结果可能“将 CSR2 引导到或许它从来都没想过的方向上去”。[①]

随后，学者们致力于将企业社会责任发展为一个多重维度的定义，并通过企业社会表现模型将狭义的企业社会责任、企业社会回应和企业社会问题管理等融合为一个广义而多向度的企业社会责任概念。企业社会表现理论不仅关注企业行为的道德维度和管理维度，而且通过具有可操作性的理论模型与企业经济绩效直接关联，企业社会表现理论由此具有实践特性。学者们还通过扎实的实证调查对身处不同行业的企业社会目标进行界分，成为企业社会表现研究的重要方面。虽然说企业社会表现较好地解决了企业社会责任的单一向度问题，但其“社会”概念的宽泛性仍导致其概念具有模糊性。利益相关者理论较好地解决了这一问题，这一理论将“社会”具体化为利益相关者，因此将企业需要面对的社会问题细化为利益相关者问题。在企业社会表现模型与利益相关者理论全面结合的背景下，学者们逐渐达成了共识，即：要针对每一个主要的利益相关者群体考虑社会责任问题，由此，困扰已久的“企业应该为谁承担责任”的理论探索落实到利益相关者的界定和识别等具体企业实践上。

企业公民理论是唯一获得传统经济学、企业界与政府共同认可的理

① William C. Frederick, “Towards CSR3: Why Ethical Analysis is Indispensable and unavoidable in Corporate Affairs,” *California Management Review* 28 (1986): 131.

念。“责任程度与自由程度（或者说权利与义务）的一致性，是公民这一法律概念的核心理念”，也是企业公民概念能够获得理论界、实务界和学界一致认同的主要原因，这一源自社区参与的概念得以扩展到企业社会回应、社会表现，并逐渐向全球企业公民过渡。[①] 企业公民将利益相关者理论付诸行动，从而将企业与社会领域中的两大主流思想——利益相关者理论和企业社会责任思想融合在一起。这一理论触及了企业与社会关系的本质，较好地廓清了企业的权利与义务边界，同时顺应了全球化的趋势，使得原有的企业社会责任思想突破地域和文化界限，在全球化时代为企业提供一种达至善治的新指引。

就民族地区企业发展来说，其责任行为同样需要从道德约束、社会回应与社会表现等层面来考察，其中，企业公民的权利义务要求具有特殊的意义。因为，民族地区企业的权利和义务界定，已深深地嵌入民族区域自治这一基本政治制度和基本法的宏观制度背景下，广泛深入地参与到民族地区社会治理中，并在国家一系列经略西部的战略推动下，更加顺应时代的要求，树立企业公民意识，尤其是在新的“一带一路”的外向型发展战略的推动下，逐渐从企业公民拓展到全球企业公民，从企业与社会关系本质的层面考量企业应当承担的社会责任。

---

① 霍季春：《从“企业社会责任”到“企业公民”》，《理论与现代化》2007 年第 1 期。

第 三 章

改革与转型：民族地区企业社会责任的历史变迁

主体的意志自由、行为自由是包括企业在内的广泛个体获得独立的主体地位，得以承担社会责任的前提和基础条件。企业社会责任的变迁过程，是企业获得主体地位、行为自由和责任能力的历史过程。马克思主义经典作家系统地描述了人类自由的演变过程，认为人的全面而自由的发展是个体逐渐脱离人的依赖性与物的依赖关系而独立的过程。不同历史时期对人的自由与责任范围有着不同的界定，作为经济活动主体的企业也由此获得了与自由程度相适应的责任主体地位和责任承担能力。民族问题是社会总问题的一部分，在人类社会和中国改革与转型的整体进程中，民族地区经济社会发展面临着不同的社会环境，也受到各个时期国家战略的影响，从而呈现出阶段性特征。从某一个具体时段来看，民族地区经济社会发展及在其发展框架下的企业发展具有特殊性，但对于人类社会发展的漫长时空范围而言，民族地区企业发展更具有共同性，就是在特定历史时期界定的自由与责任的范围内寻求自身作用的发挥。

第一节 自由与责任的一般关系

在马克思主义者看来，“如果不谈论所谓自由意志、人的责任能力、必然和自由的关系等问题，就不能很好地议论道德和法的问题”[①]。因

① 《马克思恩格斯选集》（第3卷），人民出版社，2012，第490页。

此，马克思主义自由观用唯物论和辩证法的科学方法讨论自由与必然、自由与责任的关系，并将其纳入社会历史发展的具体情境中考察，对我们研究企业社会责任的历史变迁具有重要的启示意义。

一　马克思主义对人类自由的演变过程的描述

人的全面而自由的发展是马克思主义为寻求人类自身解放而提出的重要命题。自由问题与人类的生存发展、与人类所处的经济社会环境和制度安排有着直接和密切的联系。马克思主义是关于人类彻底解放的科学学说，对于人的自由问题的关注贯穿于马克思主义形成和发展的全过程，他们将自由和有意识的劳动作为人类的本质特征[①]，并将“反对资本主义社会的剥削和压迫、争取无产阶级和广大劳动人民的自由解放作为无产阶级革命的一个主要目标，把建立一个自由人的联合体作为未来社会的理想，把个人自由而全面的发展作为共产主义社会的一个基本原则”[②]。尽管马克思主义没有专门研究自由问题的著作，但对于人类自由和人类解放的关注一以贯之，对自由问题的阐释体现在《1844 年经济学哲学手稿》《德意志意识形态》《共产党宣言》《反杜林论》《资本论》等一系列著作中。

马克思认为，共产主义不仅是对私有财产的积极扬弃，而且要通过这种扬弃恢复劳动的本质，从而达到人的本质的回归。马克思将人的本质视为“自由的有意识的活动”[③]，认为人与动物的区别在于人能使自己的生命活动变成自己意志的和意识的对象，人能通过“自由的有意识的活动”来实现自我生存和发展，从而“以一种全面的方式，也就是说，作为一个完整的人，占有自己的全面的本质”。[④] 人类本质是自由的有意识的活动，人类通过自主劳动改造自然的同时，也改造了自己。但在 1845 年，马克思又提出，“人的本质并不是单个人所固有的抽象物，在

① 马克思在《1844 年经济学哲学手稿》中指出，“一个种的整体特性、种的类特性就在于生命活动的性质，而自由的有意识的活动恰恰就是人的类特性。”《马克思恩格斯选集》（第 1 卷），人民出版社，2012，第 56 页。

② 吴巨平：《论马克思恩格斯的自由观》，《马克思主义研究》2006 年第 11 期。

③ 《马克思恩格斯选集》（第 1 卷），人民出版社，2012，第 56 页。

④ 《马克思恩格斯全集》（第 42 卷），人民出版社，1979，第 123 页。

其现实性上，它是一切社会关系的总和”。[①] 这就将抽象的人性过渡到现实的人。

在马克思看来，人的存在是具体的、历史的，人总是在自己所处的历史时代和社会关系中获得人的本质属性，培育自己的独立人格。在不同的历史时期，社会关系的性质和存在形式的不一致赋予了人在不同时期的社会本质，也因此培育了适应各个历史时期的个体人格。马克思通过对人类社会发展历史的总体观察，从人的依赖关系演变为线索，揭示了人类的个体人格的形成与发展规律，并阐述了自由与道德（责任）的辩证关系。马克思指出，古代社会以“人的依赖关系”为基本特征，它表现为“人的限制即个人受他人限制的那种规定性”；近现代商品经济社会是“物的依赖性”占统治地位的社会，这种社会按照商品法则使得人在抽象、形式的意义上获得独立性并享有更多的自由，而人所受的限制表现为“物的限制即个人受不以他为转移并独立存在的关系的限制”；未来社会则要求实现“自由的个性”，即“建立在个人全面发展和他们共同的社会生产能力成为他们的社会财富这一基础之上的自由个性”。[②] 这种从“人的依赖关系”到“物的依赖性”再到“自由个性”的过程，就是人类不断获得解放的过程。

恩格斯将意志自由定义为“借助于对事物的认识来作出决定的能力”，进而认为，“人对一定问题的判断越是自由，这个判断的内容所具有的必然性就越大”。据此，他得出结论，“自由就在于根据对自然界的必然性的认识来支配我们自己和外部自然”，“因此它必然是历史发展的产物”。[③] 恩格斯进一步分析了人类演进历史与追求自由的过程，最初的、从动物界分离出来的人，在一切本质方面是和动物本身一样不自由的；但是“文化上的每一个进步，都是迈向自由的一步”，借助于生产力的发展，人类实现了这样一种社会状态，“在这里不再有任何阶级差别，不再有任何对个人生活资料的忧虑，并且第一次能够谈到真正的人的自由，谈到那种同已被认识的自然规律和谐一致的生活”，不断从必

---

① 《马克思恩格斯文集》（第 1 卷），人民出版社，2009，第 501 页。

② 《马克思恩格斯全集》（第 46 卷上），人民出版社，1979，第 104、110 页。

③ 《马克思恩格斯选集》（第 3 卷），人民出版社，2012，第 492 页。

然王国向自由王国飞跃。[①]

马克思恩格斯都谈到人类从不自由向自由过渡的过程中需要观照历史的维度，同时他们也关注到自由的相对性与有限性，这一点从他们对自由与必然、自由与限制的讨论中可以看得很清楚。自由与必然的关系是人类认识史上的经典话题，马克思恩格斯高度肯定了由斯宾诺莎提出并经黑格尔系统论述的“自由是对必然的认识”的命题，认为必然性在没有被认识之前，是一种盲目的、自发的、异己的力量，人们要认识和掌握必然性，方能使必然性从支配人们的外在自然力量转换为人们活动的内在依据，并在此基础上从事自由而有意识的活动。同时，人作为在具体历史情境下生存的社会存在物，其追求自由的范围不限于思想领域，而涉及他的生存发展所及的广阔的自然界和整个人类社会。这就需要人类在认识客观必然性的基础上，根据自身需要的内在尺度，形成目的和动机，主动地去认识世界、改造世界，使客观必然性以最适合人类需要的方式发挥作用，这才是自由的完整意义。毛泽东在总结自由理论发展的历史时指出，由必然王国向自由王国的过渡“必须经过认识与改造两个过程”，“欧洲的旧哲学家，已经懂得‘自由是必然的认识’这个真理。马克思的贡献，不是否认这个真理，而是在承认这个真理之后补充了它的不足，加上了根据对必然性的认识而‘改造世界’这个真理。‘自由是必然的认识’——这是旧哲学家的命题。‘自由是必然的认识和世界的改造’——这是马克思主义的命题”。[②] 因此，在马克思恩格斯看来，自由不仅是认识问题，更是实践问题。

马克思恩格斯认为，自由和限制是对立统一、相反相成的辩证关系，人们的自由总是受到一定历史条件的限制。马克思恩格斯指出“人们每次都不是在他们关于人的理想所决定和所容许的范围之内，而是在现有的生产力所决定和所允许的范围之内取得自由的”。[③] 马克思恩格斯将对自由的限制归纳为积极的限制和消极的限制两种，前者是自由的条件，后者是自由的桎梏。马克思借用普鲁士状况表明，普鲁士“现行的法律

① 《马克思恩格斯选集》（第3卷），人民出版社，2012，第492页。

② 《毛泽东文集》（第2卷），人民出版社，1993，第343～344页。

③ 《马克思恩格斯全集》（第3卷），人民出版社，1956，第507页。

恰好是专制独裁的法律"[①]，这是一种消极的限制，是用"取消自由的办法来'规定'被允诺的自由"[②]。但是，自由应当受到法律的严格限制，这是任何制度完善的国家的通识。真正的法律应当以自由为基础，是对自由的确认和保证，但同时也为自由设定了边界。马克思以出版自由为例阐述了自由与限制的关系，"出版法是真正的法律，因为它反映自由的肯定存在"，相反，"应当认为没有关于出版的立法就是从法律自由领域中取消出版自由，因为法律上所承认的自由在一个国家中是以法律形式存在的"，"法律是肯定的、明确的、普遍的规范，在这些规范中自由的存在具有普遍的、理论的、不取决于个别人的任性的性质。法典就是人民自由的圣经"。[③]

人类在"人的依赖关系"的束缚下走过了漫长的历史时期，经过了原始社会、奴隶社会、封建社会三种社会形态，直到资产阶级革命和工业革命的到来才打破了这样的依赖关系。在以"人的依赖关系"为主要特征的社会关系中，"无论个人还是社会，都不能想象会有自由而充分的发展，因为这样的发展是同（个人和社会之间的）原始关系相矛盾的"。[④] 资产阶级革命彻底打破了这种人身依附关系，并直接导致了以人的独立性为特征的个人主义和个体本位的产生，为人类自身解放做出了积极的贡献。但资本主义对商品和货币的盲目追崇使得人们从"人的依赖关系"陷入"物的依赖性"，人性在获得解放的同时又被"物化"所扭曲。在金钱和物质至上观念的驱使下，经济主体的道德感和责任感缺失的现象比比皆是。于是，马克思设想了一个"自由人联合体"[⑤] 的社会，即共产主义社会。真正的人的自由，人的自由个性的发展只有在这样一个社会中才能实现。

值得注意的是，从 20 世纪中期开始，全世界已经对传统社会发展观进行全面反思，这似乎昭示着人类社会正在朝着马克思主义经典作家所

---

① 《马克思恩格斯全集》（第 12 卷），人民出版社，1962，第 655 页。

② 《马克思恩格斯全集》（第 7 卷），人民出版社，1959，第 588 页。

③ 《马克思恩格斯全集》（第 1 卷），人民出版社，1960，第 71 页。

④ 《马克思恩格斯全集》（第 46 卷上），人民出版社，1979，第 485 页。

⑤ 《资本论》（第 1 卷），人民出版社，2004，第 96 页。

设想的方向发展。以联合国《人类发展报告》的发布为标志，全世界在树立新的社会发展观上逐渐达成共识："社会发展应当以提高人们的生活质量作为目标，衡量社会发展的指标体系应该立足于人的全面发展。"[①] 自 1990 年第一次报告以来，每年人类发展报告都有不同的主题，但核心概念是"作为发展目标的人及其参与发展过程的能力"，"这些报告将经济增长看成一种手段，一种有利于实现人类各种目标的非常重要的手段，但其本身并不是目标"。[②]中国共产党十六届三中全会提出的"坚持以人为本，树立全面、协调、可持续的发展观，促进经济社会和人的全面发展"（即科学发展观）的重要战略思想正是以马克思主义关于人的全面自由发展理论为基础性来源，在国际社会发展的基本经验和新发展论的影响下提出的，是我们党坚持、发展科学社会主义理论和社会主义本质理论及模式的重要成果。[③]

二　近代自由观念的变迁：从"个人本位"向"社会本位"的过渡

在资产阶级革命和工业革命打破"人的依赖关系"之前，无论是原始社会、奴隶社会还是封建社会，独立的个人实际上是不存在的，每个人都依附于一个特定的群体中，这是一个"由'人的依赖关系'"的特点所形成的"以'群体'为本位的历史时期"。[④] 主体性观念是近代历史和近代哲学发展的必然产物。这里的"主体"是指"有别于客体、与客体相分离并具有确定和独立存在意义的实体"，而在主客二元分立的前提下，个体本位和个人主义被视为"一切道德和价值观念的基础和出发点"。[⑤] 工业化和科学技术的发展增强了人类改造自然的能力，转变了人

① 邹顺康：《依赖关系的演变与道德人格的发展——马克思"人的全面而自由发展"思想的思维路径》，《社会科学研究》2015 年第 5 期。

② 海燕：《联合国人类发展报告（1999）》，《国外社会科学》2001 年第 1 期。

③ 参见颜鹏飞、戚义明《论中国特色科学发展观的思想来源》，《湖北经济学院学报》2004 年第 6 期。

④ 邹顺康：《依赖关系的演变与道德人格的发展——马克思"人的全面而自由发展"思想的思维路径》，《社会科学研究》2015 年第 5 期。

⑤ 刘放桐：《西方哲学近现代转型与道德和价值观的变更——对个体本位和个人主义的超越》，《天津社会科学》1998 年第 4 期。

类与自然的隶属关系，使得人在与自然的关系上逐渐成为主体。而商品经济的平等、自由本性淡化了自然经济时期人的血缘联系和政治服从关系，促成了个体的分化，使人日益独立、自主。主体性强调作为主体的人的独立人格，并在此基础上产生了“个体本位”观念。

从历史发展的客观趋势来看，自由资本主义时期倡导的个人本位原则是对“人的依赖性关系”的必然超越。随着文艺复兴、宗教改革和资产阶级革命的胜利，作为文化启蒙和资产阶级革命胜利成果的人本主义和个人主义精神在资本主义世界获得了普遍的信仰。[①] 总体而言，个人本位论者认为个人利益是社会利益的前提与基础，个人效益与社会效益是一致的，个人效益最大限度的实现即可增进社会整体效益，从而促进社会整体效益的最大化。与资本主义自由竞争经济相适应，社会环境和法律制度也以保护个人自由和私人权利为核心要义：第一，法律以创设和保障私权为宗旨；第二，任何私权均受法律的平等而有效的保护；第三，私人财产所有权神圣是私权的核心。因此，个人本位、自由放任的观念统领经济生活。在这种理念的影响下，所有权自由而无限制的观念备受推崇，“所有权绝对”的观念渐次发展成为资产阶级民法体系的三大原则之一。具体到企业运作方面，个人本位理念意味着企业的出资人——股东利益至上，企业作为私权上的经济个体拥有自主地追求经济利益而不受外在干预的权利。个人本位思想在资本主义发展初期发挥了巨大的作用，它促使资本主义经济的飞速发展和资本的迅速集聚，但这种思想极易导致企业为实现股东利益最大化而忽视社会责任的承担。

随着个人本位在自由资本主义时期的极度膨胀，企业行为在资本家逐利动机最大化的推动下必然产生“外部不经济”和“市场失灵”现象。直至19世纪末，随着社会化大生产的日益发达，市场主体的联系更加密切，市场竞争成为以经济集团为核心的多层次、全方位的竞争，竞争后果也极易引起连锁反应。这种社会经济结构的变化导致了市场主体后果的社会化，即在现代自由竞争市场经济中，主体的经济关系或行为后果不仅影响经济关系的参与者双方，而且可能危及第三方的利益，甚

① 参见李国海《论现代经济法产生的法哲学基础》，《法商研究》1997年第6期。

至影响社会公共秩序及公共利益，个体利益与整体利益的冲突更加难以弥合。个人利益与社会利益的竞合突出地表现在：自然环境遭受严重破坏、社会问题日益突出；社会弱势群体的生存环境日益恶化，而僵化的法律人格平等不能给弱势地位者以特殊而必要的保障；垄断性的大公司利用自身的优势对消费者或员工利益的随意侵犯；等等。而个人本位本身对垄断无能为力。在这样的社会背景下，人们不得不对社会现实进行深刻的反思，并首先在法哲学领域实现了观念变革。19 世纪末 20 世纪初，以个人权利本位为核心的自然法学的影响力逐渐式微，社会法学及其核心理念——社会权利本位观随之兴起。

社会本位是指在对经济关系的调整中立足于社会整体，以社会公共利益和大多数人的意志和利益为重的法本位思想。自由经济时代的意思自治原则是实现利益的最佳法律武器，时至垄断时代，经济环境发生了剧烈的变化，意思自治原则并不当然是社会公平、效益和交易安全的平衡器，经济实力与经济地位的不平等成为普遍现象，自由竞争也不再是资源配置的万能调节器。于是，客观上需要对经济生活进行国家干预，自由经济由此转变为社会干预或国家宏观调控下的市场经济。大量的强制性合同的产生，保护消费者权益立法的兴起，对合同解释由探究当事人真实意思原则转向有利于债务人、有利于合同有效成立、有利于社会公正的原则，这意味着经济生活领域社会本位的回归。①

早在自由经济时代，边沁就将政府职责与社会幸福相联系，认为“政府的职责就是通过避苦求乐来增进社会的幸福”，并将“最大多数人的最大幸福”作为“判断是非的标准”。② 这种“社会本位”思想是抽象的、宽泛的。资本主义发展到垄断阶段以后，社会法学派强调社会、社会连带（合作）、社会整体利益。在权利和义务的关系上，相当一部分法学家强调义务，倾向于社会本位。③ 其中，利益法学以强调法官应注意平衡各种相互冲突的利益为其理论基础，认为必须将法律规范视为

① 谢燕秋、宋夏：《社会本位主义——合同法的现代精神》，《吉首大学学报》1999 年第 1 期。

② 〔美〕博登海默：《法理学：法律哲学与法律方法》，邓正来译，中国政法大学出版社，1999，第 106 页。

③ 参见谷春德《西方法律思想史》，中国人民大学出版社，2000，第 258 页。

价值判断标准，相互冲突的社会群体中的一方利益应当优先于另一方利益，或者该冲突双方的利益都应当服从第三方的利益或整个社会的利益。[①] 这在某种程度上已经论及社会本位的精髓——社会整体利益优先论。美国社会法学的创始人庞德将利益分为个人利益、公共利益和社会利益三类，分别指代从个人生活、政治生活、社会生活提出的主张、要求和愿望。他强调，在三类利益中社会利益是最重要的利益，并指出对利益进行分类是为了有效地保护社会利益。庞德的社会法学思想确立了与个人本位相对的社会本位法律价值理念，由此而产生的社会法学自20世纪30年代以来几乎成为美国法庭上的官方学说。[②] 目的法学派的创始人耶林也认为，法律的目的就是社会公益，社会利益是法律的创造者，是法律的唯一根源，所有的法律都是以社会利益为目的而产生的。而美国20世纪初期现实主义法学家卡多佐则认为，法律的最终起因是社会福利。[③] 他们的法律思想都极大地丰富了社会本位的理念。

显然，社会本位的法学价值理念对企业社会责任的形成和发展具有十分重要的意义。它坚持社会利益的重要性，强调社会连带与社会合作，同时又不把社会本位推向极致，而是将个人利益与社会利益的平衡、协调发展作为法律的终极关怀。这些思想同企业社会责任理念有着极大的契合度。

三 两种不同的企业自由与责任观

不同的企业自由与责任观念实际上反映了学者和企业管理实践者们对企业社会责任所持的态度差异，一般而言，传统经济学观念从“经济人”的假定出发反对企业承担社会责任，企业社会责任观念则从“社会人”的假定出发对企业社会责任持赞成态度。

（一）基于“经济人”假定的传统经济学观念

被誉为“经济学鼻祖”和“自由企业守护神”的亚当·斯密早在17世纪就论及企业的自由和责任问题。他认为，社会的每一个主体都是从

① 参见张文显《二十世纪西方法哲学思潮研究》，法律出版社，1996，第144页。

② 参见张忠利《论庞德的社会学法学思想》，《吉林大学社会科学学报》2000年第6期。

③ 参见郭利芳《公司社会责任若干问题研究》，山东大学法学专业硕士学位论文，2006，第25页。

利己主义出发来从事各种经济活动，只有允许和鼓励个体最大限度地追求利润和财富并通过市场和竞争这只“看不见的手”的支配，自动地调节各种主体之间的利害关系，才能达到最大的社会福利。[①] 这一观点被诸多企业理论研究者和经营者所尊崇，用来证明追求利润最大化是企业唯一的经营目标，从而反对企业社会责任观念。他们的理由大致可以概括为四个方面[②]：第一，营利性是企业传统的、固有的本质，企业管理层无权擅自将企业的资金用于社会；第二，企业本身无力承担大量的社会责任；第三，参与社会目标会冲淡企业的主要目标；第四，企业社会责任的权利主体、义务对象、实施范围的不明确致使企业社会责任流于一种宣传口号。

还有的学者虽不直接拒绝企业的“社会责任”概念，却将企业的社会责任仅仅理解为最大限度地增加利润，“在自由社会中，企业有且仅有一种社会责任，那就是遵守职业规则，在拒绝诡计和欺诈的前提下，充分利用其资源从事公开的、自由的竞争以增加其利润”。[③] 这种将企业社会责任与企业利润最大化目标等同的观点，实际上是将社会责任作为一种工具理性。[④] 仅仅将企业承担社会责任的范围局限在追逐利润，或把企业承担社会责任作为一种赢利或营销工具，体现了功利主义色彩。上述观点隐含着古典经济学的一个基本理论假定，即认为企业利益和社会利益并无矛盾，企业追求利润最大化必然符合社会利益；反之，企业承担社会责任必然损害企业利润。这种观点实际上将企业与社会相分离，将企业的经济责任与社会责任摆在了对立的位置上。

（二）基于“社会人”假定的企业社会责任观念

企业社会责任观念是对传统经济学的纠偏式改造，使之适应现代社

① 〔英〕亚当·斯密：《国民财富的性质和原因的研究》（下），郭大力、王亚南译，商务印书馆，1974，第252页。

② 参见袁鹏等《关于“企业社会责任”争论的焦点问题》，《南京航空航天大学学报》（社会科学版）2006年第6期。

③ Milton Friedman, “The Social Responsibility of Business is to Increase Its Profits,” *Ethical Theory and Business* (1988): 11.

④ 刘春友：《对企业社会责任的价值理性追求及其伦理内涵》，《重庆社会科学》2002年第1期。

会的形势和需要。其核心理念在于：企业的责任不仅仅是使利润最大化，而且还要保护和增加社会财富。这是基于企业作为“社会人”而非“经济人”的假设和利他主义的考虑，认为企业是社会的一个组成部分，有责任为社会财富的最大化做出自己的贡献。企业社会责任观念主要有以下几种理论支撑[①]，即：利益相关者理论、社会契约理论、企业公民理论。

在利益相关者理论看来，企业的发展前景有赖于管理层对公众不断变化的期望的满足程度，即依赖于企业管理层对利益相关者的利益要求的回应质量。托马斯·唐纳森（Thomas Donaldson）和托马斯·邓菲（Thomas W. Dunfee）提出了综合社会契约理论，他们认为企业是利益相关者显性契约和隐性契约的载体，因此企业必须对利益相关者的利益要求做出反应。[②] 企业公民理论认为企业作为社会公民是权利与义务的结合体，企业在承担社会责任和实施捐赠行为的同时，也应享有宣传形象、表彰其美誉度等方面的权利。因此，实施企业社会责任的驱动力既有价值理性和道德追求的推动，也有通过社会投资来开发市场、赢得赞誉的商业动机。“企业公民”很好地概括了企业参与社会的动机和策略，“将重塑环境的道德冲动和利益驱动转化为理性规范的企业行动，是企业社会行动的一个理论指南和行动参考”。[③] 从上述思想理论观点来看，利益相关者理论和社会契约理论将履行社会责任视为实现经济责任的必要手段和一种社会投资行为，认为企业在利润最大化目标下考虑社会效益，可以实现经济责任与社会责任的共赢。企业公民理论则将社会责任视为企业社会公民应尽的义务，是获得相应权利的前提和保障，体现了企业更高的道德追求。

（三）对两种自由观的评析：从股东和利益相关者在公司治理中的地位谈起

1. 股东在公司中的地位

随着人们对企业本质认识的逐步深化，以及对企业承担社会责任必

① 本书第二章关于企业社会责任的社会学分析中详细叙述了这些理论基础，这里不再详述。

② T. Donaldson and T. W. Dunfee, “Integrative Social Contracts Theory: A Communitarian Conception of Economic Ethics,” *Economics and Philosophy* 11 (1995): 85 – 112.

③ 袁鹏等：《关于“企业社会责任”争论的焦点问题》，《南京航空航天大学学报》（社会科学版）2006 年第 6 期。

要性的广泛认知，而且由于全球竞争的结果，各国的公司法越来越表现为股东导向的公司法的收敛。虽然股东在公司的地位因时因地而有所不同，但任何公司法都不会否认股东是公司“最主要”的所有者，员工或债权人等利益相关者在公司治理中的地位永远不会凌驾于股东之上。虽然过去的一百年间公司治理结构经历了由单一的股东导向模式，转向管理者导向、劳方导向、国家导向等多种替代模式的尝试，但这些替代模式并未获得普遍的胜利，历史最终回归到了股东导向模式。[①] 第二次世界大战后西方国家普遍经历了从主张“缩减股东权利、扩大经营者权利”到提倡“重视外部股东和市场参与企业治理，强调股东对经理监督和控制”治理模式的理念变革过程。[②]

股东在公司中的地位可以通过观察股东会在公司治理中的权力而得到反映。我们知道，无论在英美，还是德日，他们的股东会均有权任免公司的管理层，他们之间的差别只是利益相关者参与公司治理的程度不同而已。中国的公司法明确规定股东会是公司的权力机构，并赋予股东会重大事项的决策权。[③] 这表明，对企业社会责任或利益相关者学说的肯定并不改变公司法中的股东首位特征。

股东本位理念在公司法中之所以不会从根本上被动摇，这是因为以“资本雇佣劳动”的方式组建公司的模式和股权滞后于债权获得保障的制度框架迄今没有发生任何根本性的变化。[④] 在这种模式下，投资者对公司所享有的权利是按照其投入公司的物质资本（包括智力成果）来计算的，股权成了投资者对物质资本所享有的所有权的自然延伸。在公司创设的过程中以及公司成立之后，公司员工和债权人都不参与公司权利

① 耶鲁大学亨利·汉斯曼教授是当代美国企业和企业法研究的领军人物，他于2001年5月25日在中国政法大学进行的名为《公司法的终结》的演讲中介绍了其在公司法领域的研究成果，其中提到了股东导向及其曾经存在过的替代性模式（管理者导向、劳方导向、国家导向）等公司模式的选择和变迁过程。

② 田春生：《“内部人控制”与利益集团——中国与俄罗斯公司治理结构的一个实证分析》，《经济社会体制比较》2002年第5期。

③ 《中华人民共和国公司法》（2005年10月27日第十届全国人大常委会第十八次会议修订）第三十七、三十八条。

④ 邓辉：《论公司法中的国家强制》，中国政法大学出版社，2004，第10页。

的初始设定，股东在公司法中的本位地位不会被颠覆，当然这并不排除员工和债权人在公司成立后通过与股东的谈判而参与公司治理过程。

2. 利益相关者在公司中的地位

对于公司首先或至少应当以股东利益为目的这一点而言，一般不会存在争议，人们的分歧在于公司是否应当仅仅以股东利益为目的。公司在现代社会经济生活中有着举足轻重的地位，财力雄厚的大型公司甚至拥有不可低估的政治影响力。公司作为一种社会存在，集结着众多的社会关系，也承载着诸多的社会利益，任何一个公司都不可能只为纯粹的股东利益服务，公司不能在完全无视环保、质量、安全要求的情况下为股东谋取利益，不能向社会提供禁止流通的产品，有义务为员工提供符合要求的劳动条件和劳动报酬，等等。可以说，当公司的行为受制于各种社会责任的要求时，纯粹的股东利益就已经不存在了。

但是，承认公司的社会责任并不是将股东利益和其他利益相关者利益置于非此即彼的关系。事实上，股东利益与其他利益相关者利益是相辅相成的，两者共同构成公司长远利益的完整内容。首先，股东利益最大化与公司的社会责任并不矛盾。公司的社会责任仅仅表明股东利益最大化本身应该在特定的环境中加以考虑，包括考虑各种制度约束和道德考量。也就是说，最大化的股东利益是公司承担相应社会责任之下的股东利益。其次，股东本身也属于利益相关者范围。一方面，股东的资金投入是公司得以成立的前提，所以公司首先应满足股东的利益。另一方面，公司的社会责任主要是指那些已经制度化了的社会责任，或者说是指那些主要以法律形式表现出来的社会责任，即公司所应承担的社会责任是明确的、具体的社会责任。而与其他利益相关者的利益相比，股东利益是具体、确定的。因此，在一般情况下，股东利益是优先于其他利益相关者的利益实现的，承认公司的社会责任并不会危及股东利益。再次，即便当公司的行为促进了利益相关者的利益时，我们仍然不能说其他利益相关者利益重于股东利益。对于公司来说，股东利益是其基本宗旨，在为股东谋利的同时顾及其他利益相关者则是出于公司长远发展的考虑。最后，公司正常经营时须以股东利益为行为目的和动机，单指股东利益最大化的过程中同时需要考虑利益相关者的“法定”利益，在这种情况下，股东利益与利益相关者利益实际上是同时实现的。

公司是营利性组织，股东创设公司的目的是利己而非利他，股东不仅要出资设立公司，而且要承担公司经营的最终风险，其对公司享有剩余索取权也属顺理成章，因此，公司在存续期间以股东利益为皈依应是不言自明之理。当然，股东借助公司形式谋求利益或公司为股东谋取利益时，不得侵犯利益相关者的利益，这与所有权亦需承载社会责任类似，实际上是权利的社会属性的体现，并不能因此否定股东在公司中的本位——所有者地位。

股东本位与利益相关者参与公司治理并不矛盾。一方面强调公司不存在于独立于股东利益之外的其他利益，另一方面强调公司对股东利益的计算必须将利益相关者利益纳入考虑。而如何将利益相关者的利益纳入考虑，利益相关者的利益是否需要以及如何在公司治理结构中得到体现之类的问题属于公司治理实施层面的范畴，它是由许多因素决定的，如资本结构、法律和习俗、要素的供求关系、资产的专用性和流动性、风险态度等①，这些因素不仅与公司的具体情境相关，而且与社会的政治经济环境相关。② 然而，利益相关者在公司的治理结构中享有一席之地，也并不意味着公司的目的发生了转向——公司具有为股东和利益相关者谋取利益的双重目的。实际上，公司治理可以定义为这样一套工具或机制，它们可以被股东用以影响管理者以实现股东价值最大化，可以被固定索取者，如银行和员工，用以控制股权代理成本。③ 也就是说，

① 刘汉民：《所有制、制度环境与公司治理效率》，《经济研究》2002 年第 6 期。

② 利益相关者在公司治理结构中的地位问题纯粹依靠股东与利益相关者之间的私人谈判来解决是不现实的。比如说，员工应该在多大程度上分享公司发展的利益，这个问题的答案，与其说取决于股东或公司与员工之间的私人谈判，不如说取决于社会范围内劳资双方的政治谈判。举例来说，1880～1955 年，美国公司的赢利增长了 250%，而工人的平均工资在此期间却下降了，出现了股东获利而工人却不能随着经济增长获利的现象。这种现象的出现，显然非工人所乐意接受，然而亦非个别性的劳资谈判所能改观。现在人们已经开始日益关切这种发展趋势所导致的社会财富分配不公的现象，并且忧虑它可能打破社会的团结，以及引发政治层面的强烈反弹。Jeffrey N. Gordon, "Employees, Pensions and the New Economic Order," *Columbia Law Review* 97 (1997): 1519－1566.

③ 〔美〕斯道延·坦尼夫等：《中国的公司治理与企业改革——建立现代市场制度》，张军扩等译，中国财政经济出版社，2002，第 7 页。

利益相关者在公司治理结构中的作用是防范股权被滥用，即防范股东侵蚀利益相关者的利益。进而言之，即便让利益相关者在公司治理结构中占有一席之地，它也不具有激励公司管理层为利益相关者的利益服务的能力。因此，股东本位并不排除利益相关者在某些情况下参与公司治理。

第二节　不同历史时期的企业社会责任

企业是在一定社会形态下从事生产经营的行为主体，不同社会形态的经济结构与制度结构影响着企业的行为模式和责任承担方式。正如马克思所说，“物质生活的生产方式制约着整个社会生活、政治生活和精神生活的过程”[①]，特定社会的经济结构决定着法律和政治的上层建筑，并与一定的社会意识形态相适应，也对企业行为规制产生着重要影响。马克思多次进行过社会形态依次更迭的论述，他强调，每个民族的社会形态从低级向高级发展的规律是相同的，但具体的演进道路和模式是千差万别的。[②] 不同的社会形态对企业行为规制的范围和程度均有所区别。在“起初完全是自然发生的”以“人的依赖关系”为主要特征的社会形态下，“人的生产能力只是在狭窄的范围内和孤立的地点上发展着”。这样的社会形态经过了原始社会、奴隶社会和封建社会三个阶段，转向了“以物的依赖性为基础的人的独立性”的第二大社会形态，在这种形态下，“普遍的社会物质变换，全面的关系，多方面的需求以及全面的能力的体系”才得以建立。[③] 其中实施的计划经济与市场经济体制分别规约着不同范围的企业行为准则。在全球化背景下，企业社会责任行为有着不同的特征与场域。

---

① 马克思：《〈政治经济学批判〉序言》，中共中央组织部、中共中央宣传部、中共中央编译局编《马列主义经典著作选编》，党建读物出版社，2011，第55页。

② 庞卓恒：《马克思社会形态理论的四次论说及历史哲学意义》，《中国社会科学》2011年第1期。

③ 关于社会形态和社会阶段的论述，参见《马克思恩格斯全集》（第46卷上），人民出版社，1979，第104、110页。

一　传统社会的商人社会责任

如果将企业责任理解为一般意义上的“遵法度、重伦理、行公益”，则企业社会责任理念可以追溯至古代社会的商人社会责任。孕育于古代社会[①]并在当今社会仍作为商业伦理思潮不断发展的商人社会责任观念，与企业社会责任观念存在某处程度上的自然接续关系，并为当代企业社会责任观提供思想渊源。

在古代社会，尤其是在人类社会发展的早期，农业是决定性的生产部门，农民在自给自足的小农经济环境下保持尽可能的稳定性。而商业牟利活动被视为对农耕社会的威胁而严令禁止，商人在社会结构中长期处于被压制状态。

1. 中国传统商人社会责任观

中国传统经济社会以农业为本，农业直接关系到国家的兴衰存亡，商业的不稳定性和商人的流动性大等特点，与强调耕战、加强中央集权的思想发生冲突，对自给自足小农经济构成经常性威胁，也威胁着专制主义中央集权政府公共职能的行使。在春秋战国时期，法家强调抑商的言论随着法家代表人物政治活动而付诸实践，重农抑商思想应时而生。

“本”“末”概念是中国经济思想史的一对特定范畴，“本末观”用来形容对农工商业及其相关关系的基本看法。其中，“本”泛指农业，“末”泛指工商业。中国素有“士农工商”四民说，四民中，商人居于末位，其地位可见一斑。早在西周时期，农业经济政策就已经成为各项经济政策的基础，后来历代统治者都将农业置于理政之首。但在当时，统治者并不鄙视工商业，因为当时的工商业几乎是清一色官营，处于统治者的直接控制下并为最高统治者服务，因此那时尚未出现贬斥商业和商人的观点，而是注重“通商、宽农、利器”（《国语·晋语》）。《管子》一书首次提出“本”“末”之分，将种植业称为“本事”，而将奢侈品生产等统称为“末产”，认为“上不好本事，则末产不禁；末产不

① 史学界所谓“古代”，在世界范围内是指上古时期的原始社会、奴隶社会和中古时期的封建社会，在中国历史上是包括1840年鸦片战争之前的这三个社会形态不同的历史时期。参见朱英《关于对比研究古代中西方抑商问题的一点意见》，《世界历史》1989年第4期。

禁，则民缓于时事而轻地利”。[①]

商鞅首次提出重农抑商的主张并将其作为基本经济政策付诸实施。商鞅认识到，“商贾之可以富家也、技艺之足以糊口也。民见此……便且利也，则必避农”[②]。因此，要确保农业在国民经济中的地位，必须严防其他行业尤其是工商业对农业的侵蚀，最大限度地排除其对农业生产的干扰。正是基于这种认识，商鞅变法中对工商业采取了严苛的限制措施。为了防止商人获取“淫利”，必须“重关市之赋”，加重市场利润的捐税，“贵酒肉之价，重其租，令十倍其朴”[③]，令其无利可图；同时，还主张增加商人的徭役，按照商人家的人口数量向他们摊派徭役。韩非子对“抑末”的外延进行了扩充解释，将“末”扩展到工商业乃至整个非农产业，而且把工商业视为危害社会稳定的“五蠹”之一，认为“夫明王治国之政，使其商工游食之民少而名卑，以寡去本务而趋末作”。[④]秦汉两朝商人被禁止做官，而且还受到种种人格侮辱，汉承秦制，对商人更为苛刻，《史记·平准书》记载：“（汉初）天下已平，高祖乃令贾人不得衣丝乘车，重租税，以困辱之。”其中，“困”“辱”二字准确概括了汉代的抑商政策。自汉以降，历代王朝通过“官营禁榷”“重征商税”“改变币制”等手段对商人实行经济打击，通过“直接视经商为犯罪，实施人身制裁”“商贾及其子孙不得宦为吏”“从服饰方面进行贬斥”等方法实行政治打击，重农抑商政策成为中国古代经济发展的基本纲领。[⑤]

中国古代商人社会地位低下，除了受到重农抑商思想的影响外，还受到主流价值观和商业伦理的影响。在我国传统社会占统治地位的儒家思想在价值观上主张“重义轻利”。针对先秦时期礼崩乐坏的混乱局面，孔子提出构筑有序的经济秩序来促进经济发展的主张。在他看来，对利

① 《管子·权修》。

② 《商君书·农战》。

③ 《商君书·垦令》。

④ 《韩非子·五蠹》。

⑤ 参见范忠信等《论中国古代法中“重农抑商”传统的成因》，《中国人民大学学报》1996年第5期。

的追求符合人的本性，“富而可求也，虽执鞭之士，吾亦为之”。[①] 但是这种逐利行为如果危及整个经济和社会秩序时，就应该用道德规范加以限制，因为稳定的社会秩序更有利于经济的增长。他提出用“义”这个道德规则来约束社会中互动的人们之间所可能出现的机会主义，这就是要求人们在交往中要重义轻利。战国时期的思想家也提出了用“义”促进社会秩序生成的主张。孟子指出：“义者，人之正路也。”[②] 随着西汉对儒家思想的尊崇，儒家之“义”也成为传统中国社会中的主流价值观。在这种文化观念下，形成了个人对共同体内与其他人之间关系的主观理解，并激励着人们在这个制度框架内行动。因此，在有限理性的前提下，社会博弈中的人们就以“利以义制”作为终极活动规则。

在上述经济社会环境下，我国传统社会商人为了争取社会的认可，得到儒家思想的认同，发展出了特有的社会责任观——儒商思想。[③] 晋商是明代中叶到近代中国最具实力和影响力的一支商帮，也是儒商思想的代表和实践者。纵观晋商的发展史，其经营地域之广，代表人物之多，拥有财富之巨都是前所未有的。2006 年央视热播的电视剧《乔家大院》，通过商人乔致庸开创票号的过程，昭示了诚信是晋商成功的根本，对于我国今天建设社会主义市场经济条件下的信用体系，规范市场经济行为，仍然有着重要的借鉴价值和现实意义。“诚信为本，纵横欧亚九千里；以义制利，称雄商场五百年”，是对晋商发展历程的精辟概括。在整个晋商经营活动中，经营商号、票号，历来看重“财自道生，利缘义取”，讲道义，重诚信，诚招天下客，义纳八方财，一纸信誉货通天下，汇兑天下，始终把诚信作为经商的道德准则。[④] 这种诚信为先的儒商品格、

① 《论语·述而》。

② 《孟子·离娄上》。

③ 李承宗：《“儒商思想”及其现代意义》，《黔东南民族师范高等专科学校学报》2002 年第 5 期。该文将儒商思想的基本内容概括为如下五个方面：第一，“经世济民”的商业理想；第二，“以人为本”的经营观念；第三，“义”和“信”为根的经营道德；第四，敬业乐群的职业精神；第五，“和为贵”“变则通”的经营态度和方法。这些内容可以看作中国传统商人社会责任观的精髓。

④ 参见王利军《晋商诚信文化与现代信用体系建设》，《中共山西省委党校省直分校学报》2006 年第 Z1 期。

道德规范在晋商发展的辉煌过程中，成功地把诚实守信的伦理道德原则与社会生产经营观念上升为保证经济运行的商业规范，是晋商的一大历史性贡献。

我国传统社会商人社会责任观中包含着许多有价值的东西，对于当前我国企业社会责任理论和实践有着积极的借鉴意义。企业应该树立“经世济民”的目标，而不是唯利是图；企业应该以人为本，而不是将人物化为工具和手段。从企业长远的发展来看，“义”“信”“和”是企业行动的基本准则，不能见利忘义和背信弃义。

2. 西方传统商人社会责任观

大量研究发现，重农抑商思想并非中国古代所独有，而是一种在所有前资本主义的传统农业社会中曾经普遍存在的经济现象。[①] 古代西方虽然没有“本”“末”的概念，但古希腊罗马的重农抑商思想也曾对后世产生过重要的影响。马克思曾指出，“在古代人（希腊人和罗马人）那里，工业已被认为是有害的职业（是释放的奴隶、被保护民和外地人干的事情）。”[②] 古希腊罗马工商业者的社会地位低下体现在当时思想家的诸多论著中。柏拉图在《理想国》一书中提出了城邦的经济起源说以及由此引出的社会分工理论。他认为，城邦起源于个人的不能自足而产生的彼此之间的相互需要，由于人的需要是多方面的，因此，唯有社会分工和产品交换才能使公民的需求得到满足。[③] 他提出，农工商业都是一个城邦所不可缺少的，虽然农业的地位重于工商业，但并不否认工商业存在的必要性，仅对工商业中的奢侈品的生产和流通持怀疑和排斥的态度。[④]《法律篇》是对《理想国》所订立的原则的实践性展开，其中明确指出：拥有土地是获得公民权的前提，公民依其土地的多寡分为四个等级，并参与执掌政权；工、商只能算作贱业，由非公民经营；手工业者和商人不得参政。[⑤]

---

① 李大庆：《1980 年以来中国古代重农抑商问题研究综述》，《中国史研究动态》2000 年第 3 期。

② 《马克思恩格斯全集》（第 46 卷上），人民出版社，1979，第 495 页。

③ 〔古希腊〕柏拉图：《理想国》，郭斌和、张竹明译，商务印书馆，1986，第 58 页。

④ 王大庆：《古希腊人的“本”、“末”观平议》，《中国农史》2004 年第 1 期。

⑤ 启良：《古代中西方抑商问题的比较研究》，《世界历史》1988 年第 3 期。

亚里士多德在《政治学》一书中，系统地论述了重农抑商思想，他将重农抑商思想同城邦政治联系起来，认为农作是城邦的立国之本，而过于看重商业，必定引起道德败坏、公民内部的两极分化和公民数量的减少，最终给城邦带来危机。他指出，尽管人们的生活方式有很大的差异，但“人类中的大多数是在耕种土地，栽培植物，拿收获来作为给养”。其中，靠自己的劳力，不凭交换和零售（经商）以取得生活资料的生活方式可以概括为五种，即“游牧、农作、劫掠[①]、渔捞和狩猎”。在亚氏看来，这些生活方式是“人们凭借天赋的能力以觅取生活的必需品”，是合乎自然而正当的。除此之外，还有一种“获得金钱（货币）的技术”，是“人们凭借某些经验和技巧以觅取某种‘非必需品的’财富而已”，是“不合乎自然的”。[②] 由此可以看出，亚里士多德仅仅从“自然”与“不自然”的伦理角度对农工商业进行了评价，他并不否认从纯粹的农业生产到自足性质的商品交换，进而发展到营利性的零售商业和钱币的有息借贷的必然的历史过程。

在中世纪的西欧，商人这个特殊的社会群体依然处于社会边缘。由于商人的社会地位卑微，其角色被定位为为社区服务，强大的社区精神和政治压力迫使商人开展社会性活动。在强大的甚至凌驾于国家之上的教会势力影响下，营利性活动被视为违背基督教精神的洪水猛兽。西欧封建制度的基本社会分工为，一部分人祈祷，一部分人作战，第三部分人劳动以养活前两种人，这种社会模式不允许商人大规模地存在。商业被教会定位为只为社会公共利益而存在，商人必须绝对诚实，遵守商业伦理，关心社区福利。总之，中世纪教会为商人设定的社会责任是极为广泛的，教会的教义在中世纪文化中的渗透是如此之全面，以至于商人对自身存在的道德性都产生了怀疑。[③]

在中世纪晚期，随着文艺复兴运动的发展，重商主义逐渐兴起。这一阶段的西欧社会进入封建制度解体和资本主义生产关系萌芽时期，新

① 游牧民族不禁劫掠的风俗，在地中海上，直至亚里士多德时代仍遗留着以海盗为业的习惯。

② 〔古希腊〕亚里士多德：《政治学》，吴寿彭译，上海人民出版社，1983，第10、22~36页。

③ 卢代富：《企业社会责任的经济学和法学分析》，法律出版社，2002，第31~44页。

航路开辟和地理大发现扩大了世界市场，给商业带来极大便利，商业资本对于促进各国国内市场的统一和世界市场的形成起到了促进作用。与此同时，西欧一些国家建立起封建专制的中央集权国家，运用国家力量支持商业资本的发展。在追求商业资本增加、货币积累的潮流冲击下，西欧社会的经济形式和社会阶层发生了重大变化，旧式贵族成为真正的商人，他们完全抛弃了西欧封建社会经院哲学的教义和伦理规范，改变了商人的社会角色一律由教会定位的状况，开始依据商业资本家的经验来观察和说明社会经济现象。文艺复兴运动倡导人文主义，打破了中世纪宗教文化一统天下的局面，商人的个体性与集体性被置于同等重要的地位上，为个人在积累财富的同时促进社会公益提供了社会土壤。加尔文宗教改革和马丁·路德宗教改革反对教权至上，提倡在上帝面前教众人人平等，主张充分发挥上帝赋予人的才能，肯定资产阶级在创造财富、积累财富方面的贡献，并倡导商人在积累财富的同时要通过帮助弱者来积累善行，这些做法消解了古希腊以来社会对商人追逐财富的敌视，历时几千年的贬斥商业和商人的传统被代表资本原始积累时期商业资产阶级利益的经济思想和政策体系所代替。重商主义时期是企业大发展的时代，适应重商主义经济政策的推行对资金和商事主体规模的要求，国家以国库资金为企业提供资助以壮大企业实力；对于那些于公共利益有重要作用的企业，则赋予其公司地位，使其享有有限责任及独立法律人格的特权。此时，企业实际上成为主要服务于政府从国外获取利润的准公共企业。重商主义对商人社会责任观的发展产生了重要的影响，商人的地位也由此发生了根本变化，由原来的边缘阶层变为主导阶层。

根据马克思主义经典作家的论述，由社会分工导致的生产和交往的分离，进而促成了商人阶层的出现，商人的地位、作用及责任取决于“现有的交通工具的情况”，“政治关系所决定的沿途社会治安状况”以及“交往所及地区内相应的文化水平所决定的比较粗陋或比较发达的需求”。[1] 当然，在工业革命之前，真正意义上的具有主体地位的企业尚不存在或还未在社会经济生活中占据主导地位，所以人们并未关注企业社

① 《马克思恩格斯选集》（第1卷），人民出版社，2012，第187页。

会责任问题，社会责任的承担者依然是以个人为单位。商人不应该为了私利而损害社会利益，应当将社会公益放在首位，这一思想对后来的企业社会责任思想产生了重要而积极的影响。

二　计划经济时期国有企业“超负荷”的社会责任

计划经济是由国家统一计划调节国民经济运行的经济体制。传统观念将计划经济视为社会主义经济的基本特征，并认为用行政手段强制贯彻的指令性计划是实现计划经济的主要手段。早期的社会主义国家以及新中国成立初期，传统计划经济在集中全国人力、物力、财力推进国家工业化方面发挥过积极作用。但是，在高度集中的计划经济体制下，国家对企业统得过多，管得过死，企业实际上超负荷地承担了本应由政府和社会承担的责任，不仅限制了企业的自主性，也在很大程度上阻碍了生产力的发展。

1. 计划经济的理想图景与早期社会主义国家的误读

马克思主义经典作家曾对未来社会（包括社会主义社会和共产主义社会）的主要特征和实现途径进行了理论设想，将未来社会描绘为在社会化大生产基础上的由社会占有全部生产资料的社会形态。

“在一个集体的、以生产资料公有为基础的社会中，生产者不交换自己的产品；用在产品上的劳动，在这里也不表现为这些产品的价值，不表现为这些产品所具有的某种物的属性，因为这时，同资本主义社会相反，个人的劳动不再经过迂回曲折的道路，而是直接作为总劳动的组成部分存在着”。[①] 并且，“一旦社会占有了生产资料，商品生产就将被消除。……社会生产内部的无政府状态将为有计划的自觉的组织所代替”，[②] 联合起来的生产者将“按照共同的计划调节全国生产，从而控制全国生产，结束无时不在的无政府状态和周期性的动荡这样一些资本主义生产难以逃脱的劫难”[③]。据此，马克思恩格斯将未来社会设想为一个可以消除商品生产和商品交换，取消货币和市场，实现直接的产品交换

① 《马克思恩格斯选集》（第3卷），人民出版社，2012，第363页。
② 《马克思恩格斯选集》（第3卷），人民出版社，2012，第815页。
③ 《马克思恩格斯选集》（第3卷），人民出版社，2012，第103页。

和按需分配的“产品经济形态”，全社会的资源都直接按计划配置，把国家由一个高踞社会之上的机关变成完全服从于这个社会的机关，从而实现社会与国家的新的统一。这些论述构成了社会主义国家在经济体制改革前实行中央计划经济的主要理论依据，也描绘了计划经济下国家经济富强、人民生活富足的美好图景。

但是，这一社会的前提是社会化大生产条件下的生产力的高度发达与充分发展。显然，新成立的社会主义国家过高地估计了自身所处的社会阶段，以及受苏联“示范”效应的影响，许多社会主义国家在建国之初便大刀阔斧地取消了商品、货币，将原本属于社会的生产、分配、交换等经济职能交给国家行使①，结果却未能带动社会的极大发展。这是因为，当世界资本主义进入帝国主义阶段以后，社会主义革命并没有像马克思主义创始人所设想的那样首先在发达的资本主义国家取得胜利，而是在资本主义经济虽有一定发展但经济仍然落后、小农经济仍占优势的俄国继而在东方落后国家获得了成功。这些国家“刚刚从资本主义社会中产生出来”，“在各方面，在经济、道德和精神方面都还带着它脱胎出来的那个旧社会的痕迹”。② 因此，人与人之间还存在着事实上的不平等，劳动还存在差别，还是服从分工需要的谋生手段，个人消费品只能实行各尽所能、按劳分配。这些国家在完成社会主义革命的政治任务以后，随即面对的就是发展落后的社会生产力的经济任务，因此计划被作为社会经济活动的调节手段，并与国家职能和国家权力相结合，表现为有国家强制力保障实施的国家意志。

马克思所设想的“计划”，是在社会生产力高度发达和没有国家强制力存在的前提下的社会自觉意识，并非国家意志的产物。这种不顾社会发展阶段而将生产、分配、交换越来越多地集中于国家机器的做法，造成了政府直接管理和经营企业的局面。在高度集权的计划经济体制下，经济成为政治的附属品，生产者没有独立的经济人格，企业和政府之间因而形成了一种依附关系，企业完全听命于政府，调节经济的手段完全

① 据统计，先后有 14 个社会主义国家实行过计划经济体制。参见江春泽《计划与市场在世界范围内争论的历史背景》，《改革》1992 年第 2 期。

② 《马克思恩格斯选集》（第 3 卷），人民出版社，2012，第 363 页。

靠政府的计划和行政命令，资源配置都要依靠政府行政指令的调拨。于是，“等”“靠”“要”成了企业的法宝，结果不但摧毁了市场基础，也使企业失去了自主性，成为贯彻国家意志的经济组织。

2. 中国国有企业产生的历史逻辑

国有企业是指国家拥有、经营或控制的生产经营单位。在我国，国有企业即社会主义全民所有制企业，原均由国家直接经营，通称“国营企业”。经济体制改革中，为增强企业活力，实行所有权和经营权分离，国家不再直接经营企业，改称“国有企业”[①]。为了将市场经济体制下的国有企业和计划经济体制下的国有企业区别开来，本书将计划经济体制下的国有企业称为传统国有企业。

国有经济及国有企业的定位问题，首先应与国家经济发展的阶段相适应。[②] 在市场经济发展程度不同的国家里，政府参与和干预经济往往通过不同的制度安排来实现。在市场经济相对发达的国家，政府往往通过公共企业、特殊的法律规范以及管制政策等手段实现对经济的干预，是自由企业制度与国家干预经济的制度相结合的举措。在市场经济不发达尤其是经济转轨国家，为达到特定的施政目标，基于特殊的国际形势，往往会采取建立国有企业来促进资本密集型产业、高技术产业和战略性产业的发展，以加快本国的工业化进程。一般而言，作为“政府针对出现或可能出现的市场失效问题而代表公共利益所采取的诸多政策举措的一种”，国有企业往往更有效、实施成本更低。[③]

新中国成立初期，国有企业的建立是战时政策的延伸和国家战略目标的需要。首先，经济上百废待兴，多年战乱对社会经济破坏极大，选择以国有企业为主体，实行高度集中的计划经济体制与国有化，对于迅速实现全国资本和资源的集中利用，在较短时间内奠定工业经济基础，快速建立国民经济体系起到了巨大的推动作用。其次，国有企业的建立同新生国家政权的巩固密切相关。新中国成立之初，以美国

① 夏征农、陈至立主编《辞海》（第六版缩印本），上海辞书出版社，2010，第673页。

② 吕政：《在发展与稳定中继续深化国企改革》，《经济日报》2002年7月25日。

③ 参见黄速建、余菁《国有企业的性质、目标与社会责任》，《中国工业经济》2006年第2期。

为首的资本主义阵营对我们采取了政治孤立、经济封锁、军事包围的遏制政策，企图将新生政权扼杀在摇篮里。在当时极其严峻复杂的国内外政治环境下，国家只有尽快掌握并壮大国有经济实力，才能保证政治、经济局势的稳定。为此，需要实施高度集权、高度计划的经济体制，而计划实施的物质基础，就是国家直接控制和掌管企业，实行高度的国有化政策。

从早期传统国有企业的来源来看，大部分国有企业是在社会主义革命胜利后没收的官僚资本企业、逐步收回的英美垄断资本在中国的企业的基础上建立起来的，还有一小部分由革命根据地和解放区的公营经济转化而来。其中，由官僚资本企业转化而来的企业所占比重最大，“1949年全国解放前夕，官僚资本约占全国工业资本的三分之二和全部工矿、交通运输固定资产的80%”①，除台湾外，大陆的官僚资本企业全部收归国有。对于有关国计民生和带有垄断性的外资企业以及公用事业（约1000余家企业），我国政府有步骤、有区别地采取管制、征用、代管转让等方式，使其成为社会主义国营经济的一部分。在随后连续实行的每一个国民经济发展五年计划中，国家都投入大量的资金兴办国有企业，传统国有企业逐渐成为国民经济的主力。

中国人民推翻了压在头上的三座大山，建立起社会主义国家，标志着我国已经在政治解放的道路上迈出了最关键的一步，但政治解放的意义除了国家独立以外，还应包括政治改革与政治发展。社会主义制度的建立为公民开创了广阔的权利空间，但是由计划经济体制造就的不平衡权力结构在某种程度上妨碍着公民权利和自由从可能性向真实性的转变。在高度集权的计划经济体制下建立的传统国有企业，由国家任命厂长和经理，通过下达一系列指令性指标实行直接的计划管理，实际上成为国家的行政附属单位。

3. 传统国有企业社会责任的异化与弱化

在计划经济体制下，传统国有企业承担着诸多非经济责任，却削弱了作为经济组织的竞争力和创新能力，反而影响其经济责任的承担。

① 涂克明：《国营经济的建立及其在建国初期的巨大作用》，《中共党史研究》1995年第2期。

因此，一方面，企业超负荷地承担着政府的就业、职工子女教育、医疗及养老等社会职能；另一方面，高度集权下的企业低效和权力寻租导致企业大量亏损，这反映了传统国有企业在经济责任方面的明显弱化现象。

对于企业超负荷承担社会职能的现象，学界往往用“企业办社会”来形容。所谓的“企业办社会”是指在计划经济体制下，国家将企业看成一个行政单位，企业对每一个成员承担了本来应该由政府和社会承担的职能，是企业与政府职能错位、政府社会保障服务功能不健全的必然结果。①

“企业办社会”有其内在的逻辑机制。首先，从历史背景来看，“企业办社会”最先随着一些大企业的建设而悄然出现。由于当时国际形势的变化，出于对年轻共和国的保护，国家把一些关系国防大业的工业企业转向内地，建立起一大批“三线厂”。在这种大背景下，为企业职工生活需要所建立了学校、医院、托儿所和一些简易的社区活动场所，初步形成了“企业办社会”的格局。后来这些设施成了所有国有企业的标配，成为企业的一部分。其次，从产权来看，企业所有权属于国家。国有企业作为国家参与经济的一种制度安排，国家的目标导向会直接影响国有企业的行为模式。高度一元化的计划经济社会中，所有的生产性组织都是政府投资，工厂不是独立、自负盈亏的经济实体，而是一个基层的社会单位，是政府对社会实行管理和控制的单位。由于政企不分家，国有企业成了政府机构的附属物，许多本应由政府和专业社会机构提供的社会保障，由企业通过提供福利待遇的方式承担起来，使社会保障企业化，久而久之就形成了企业办社会的局面。据统计，国有企业所办的“小社会”在中国城镇中拥有的学校以及医院病床数一度占到全国的1/3。② 最后，传统计划经济体制限制了资源的有效配置。计划经济环境下，扭曲生产要素和产品价格的制度安排造成了整个经济的短缺现象，

① 董保华：《企业社会责任与企业办社会》，《上海师范大学学报》（哲学社科版）2006年第5期。

② 刘长喜：《利益相关者、社会契约与企业社会责任——一个新的分析框架及其应用》，复旦大学经济学专业博士学位论文，2005，第129～132页。

为了把短缺的资源配置到战略目标所青睐的重工业部门，就要有一个不同于市场机制的资源配置制度。资源不是通过市场价格机制进行配置，而是通过一系列指令性指标实现从上而下的计划管理，因此国有企业的绩效难以用利润等指标来衡量。作为企业的重要资源的劳动力在计划经济体制下不具有流动性。员工一旦进入一个企业（除非违法乱纪）基本上不存在退出的可能，企业与员工的这种永久固定性契约导致了员工对企业的严重依赖。企业也承担着满足员工生活所需的一切责任，从教育、住房到养老等。因此，“企业办社会”在本质上是社会的成本企业化，即将属于政府和社会应当承担的责任内部化了。

“企业办社会”在某种程度上来说是企业社会责任的异化，但两者具有本质的区别。企业社会责任的一个重要目标是纠正企业成本的社会化，即企业的成本不应由社会承担；而企业办社会是社会成本的企业化，企业承担了不应该承担的社会成本。

传统国有企业社会责任的异化并不意味着其社会责任履行得到位，相反，在经济责任方面，存在明显的弱化现象。究其原因，在国有企业委托经营的情况下，企业经理人员和职工的利益与国家利益会产生矛盾，进而导致国有资产和利润被企业内的个人侵蚀，这是改革开放以来我国经济学家借以分析我国国企改革的“委托—代理理论”偏离宏观战略目标而导致的“内部人控制问题”，与经理人员的短期化行为有关。而在宏观政策导致的价格扭曲和竞争消除的前提下，企业盈亏并不能反映其真实的经营水平。为了防止企业侵蚀国有资产和利润，国家在赋予企业经营自主权方面踌躇不前，因而形成了“生产资料由国家计划供应、产品由国家包销和调拨、财务统收统支”的企业经营制度。[①] 学者们将由“内部人控制”导致的企业大面积亏损现象归结为公司治理结构中的所有者缺位和剩余控制权以及剩余索取权不相匹配等原因[②]，下文试从制度层面做一些研究尝试。

---

① 林毅夫、蔡昉、李周：《国有企业改革的核心是创造竞争的环境》，《改革》1995 年第 3 期。

② 青木昌彦：《对内部人控制的控制：转轨经济中公司治理的若干问题》，《改革》1994 年第 4 期。

4. 中国传统国有企业制度的弊端

传统国有企业是在传统计划经济下为完成政治计划而设立的生产单位，企业并非自主地按照市场价格信号进行决策，而是由政府以外在力量出于特定战略或政策目标而干预企业决策，自上而下的指令性计划管理限制了市场、竞争等资源配置方式和建立在公司治理结构基础上的现代企业制度的发展，传统国有企业制度的弊端是影响其合理承担社会责任的重要原因。

（1）传统国有企业的主体地位并不明确

传统国有企业的法律地位是与它在社会经济生活中的地位相适应的。在计划经济体制下，政府对国营工业企业进行统管，不仅企业的生产规模、经营管理、收入分配和产品销售由政府直接决定，而且企业的盈亏、财产处理、收益分配、资金调拨都由政府来完成，企业没有独立的经营决策权。政企不分导致的企业职能错位，所有权与经营权混为一谈，使得国有企业不能成为独立法人实体，也不是具有权利和义务的民事法律主体。

国务院1955年颁布的《国营企业1954年超计划利润分成和使用办法》对于上一年度企业的超计划利润的分成和使用进行了具体规定，要求利润的“40%留归各主管企业部使用，60%解缴国家预算”，用于弥补1955年基本建设计划内已列项目资金的不足，弥补企业流动资金不足和技术组织措施以及新种类产品试制费的不足等方面。[①] 由此可见，国营企业自身对利润分成和使用毫无发言权。1978年11月25日，国务院批转《财政部关于国营企业试行企业基金的规定》，明确规定按照完成指令性计划的情况来确定计提企业基金的额度和比例，并要求企业基金主要用于置办职工集体福利设施和举办农副业，企业职能仍侧重于职工集体福利等社会职能。

1979年起，以国家扩大国营企业经营自主权为开端，渐进式的国企改革拉开序幕。1979年7月13日，国务院颁布实施《关于扩大国营工

① 《国营企业1954年超计划利润分成和使用办法》第一、二条，http://www.pkulaw.cn/fulltext_form.aspx?Db=chl&Gid=160741&keyword=&EncodingName=&Search_Mode=accurate，最后访问日期：2016年1月1日。

业企业经营管理自主权的若干规定》《关于国营企业实行利润留成的规定》《关于提高国营工业企业固定资产折旧率和改进折旧费使用办法的暂行规定》《关于开征国营工业企业固定资产税的暂行规定》《关于国营工业企业实行流动资金全额信贷的暂行规定》等行政法规，允许国营企业一定范围的生产经营自主权。此后，国务院、国家经委和国家计委等分别发布扩大国有企业经营自主权和企业利润分成试行办法等规范性法律文件。1984 年《国务院关于进一步扩大国营工业企业自主权的暂行规定》，列举了企业在生产、销售、产品价格、物质选购、资金使用、资产处置、机构设置、人事劳动管理、工资奖金、联合经营方面的十项自主权。上述行政法规和规范性文件确立了国有企业在完成国家计划的前提下享有相对的自主经营权，企业不再是完全附属于政府的从属机构。

在企业权利义务方面，1981 年 12 月，我国制定了第一部经济合同法，其中规定："国家根据需要向企业下达指令性计划的，有关企业之间应当依照有关法律、行政法规规定的企业的权利和义务签订合同。"① 这是国家法律关于企业权利义务的首次规定。1982 年宪法以国家根本法的形式明确国有企业在一定条件下依法享有经营管理的自主权。② 1981～1982 年，全面推行工业经济责任制，国家、政府与国有企业经济上的权利义务关系实行"利润留成，盈亏包干，以税代利，自负盈亏"③。1983 年开始实施企业"利改税"改革，将国营企业向国家上缴利润的方法，改为按国家规定的税种和税率向国家缴纳税金，其目的是让企业有一定的税后利润和自我发展能力，提高了企业生产的积极性。但这一改革用税收分配代替价格分配，并不符合市场规律。为纠正计划经济体制以及企业国有国营模式的弊端，1983 年国务院颁布实施的《国营工业企业暂行条例》明确了企业的法人地位和生产经营自主权。④ 然

① 《中华人民共和国经济合同法》第十一条。

② 1982 年《宪法》第十六条规定：国营企业在服从国家的统一领导和全面完成国家计划的前提下，在法律规定的范围内，有经营管理的自主权。

③ 刘发成：《改革开放以来国有企业法律主体地位的变化与因应》，《改革》2008 年第 9 期。

④ 《国营工业企业暂行条例》第八条规定：企业是法人，厂长是法人代表。企业对国家规定由它经营管理的国家财产依法行使占有、使用和处分的权利，自主地进行生产经营活动，承担国家规定的责任，并能独立地在法院起诉和应诉。

而在条例中，“企业在生产经营活动中实行党委集体领导、职工民主管理、厂长行政指挥的根本原则”“企业在生产行政上受直接隶属的主管单位领导”“企业必须执行地方人民政府发布的有关决议和命令”[①] 等行政指令性政策词语比比皆是，企业很难获得真正的自主权。

1984 年，中国共产党十二届三中全会通过《中共中央关于计划体制改革的决定》，提出计划经济是公有制基础上的有计划的商品经济，这就突破了将计划经济同商品经济对立起来的传统观念，并提出了国有企业所有权与经营权相分离的改革思路。1988 年《全民所有制工业企业法》才正式确立了国有企业的独立的主体地位和自主权。[②]

尽管在企业主体地位和经营管理自治权方面进行了一系列的制度尝试，但是在计划经济、有计划的商品经济时期，商品经济尚未得到充分的发展，国家与企业之间的权利分配格局仍有待于进一步理顺，企业的经营者角色和社会管理者角色很难明确界分，长期存在的政企不分使企业不能给自己一个准确定位，不能集中追求经济效益的目标，也就不能真正成为独立法人实体和市场竞争主体。

（2）国有企业治理结构并未建立

内部人控制问题是“企业经理人员或员工在事实上或者依法掌握了企业的控制权，并使他们的利益在公司的决策中得到比较充分的体现的现象”[③]。公司治理结构的设计就成为我国企业制度改革中有效防范和治理内部人控制问题的解决方案。在经济学家看来，企业治理结构是一套用以支配若干在公司中有重大利害关系的团体——投资者、经理人员、职工之间的关系，并从这种联盟中实现经济利益的制度安排。企业治理结构通常涉及三方面的内容：一是企业控制权的配置和行使；二是对董事会经理人员和工人的监控以及对他们工作绩效的评价；三是激励方案的设计和推行。[④]

---

① 参见《国营工业企业暂行条例》第三、五、七十一条。

② 参见《全民所有制工业企业法》第二条。

③ 张一驰：《试论国有企业改革中的内部人控制与公司治理结构》，《经济科学》1996 年第 6 期。

④ 钱颖一：《企业的治理结构改革和融资结构改革》，《经济研究》1995 年第 1 期。

在国有企业中，由于企业内所有者代表（如股东、债权人、主管部门）缺位，难以形成有效的动力和约束机制，企业的内部人员（如厂长、经理和工人）掌握了企业的实际控制权。政府远在企业之外行使所有者职能，管理着成千上万个国有企业，鞭长莫及。企业既缺乏来自所有者追求经济效益的强大动力，也缺乏来自所有者规避市场风险的有力监督，因此屡屡出现有损所有者权益的非正常行为。

在1992年党的十四大第一次确定我国社会主义市场经济体制的改革目标之前，我国国有企业改革经历了两大发展阶段，第一阶段从1979年党的十一届三中全会确定经济体制改革的方针到1984年党的十二届三中全会，以扩大企业自主权和增加利润留成为主要特征；第二阶段从1984年到1992年，以转换企业经营机制，实现所有权与经营权分离为主要特征。这些改革措施在加强企业活力的同时也将相当程度的资产使用权和收益处分权从政府转移给企业，特别是企业的经理人员。但是，政府牢牢掌握着控制权的另一个重要部分——人事任免权。因此，传统国有企业的治理结构可以概括为"行政干预下的内部人控制"[①]。由于内部人和外部所有者之间存在着信息的不对称，国家主管部门缺乏有效的监管，即使在实行政企分开的情况下，企业形式上实行厂长（经理）负责制，但厂长（经理）的身份是所有者还是经营者问题的含混不清，使得厂长（经理）往往看部门领导眼色行事，并不真正关切企业经济利益。在这种制度安排下，企业的命运在很大程度上取决于一个人（厂长/经理）的能力和水平，经营过程缺乏科学民主的决策机制，运作过程又缺乏有效的监督和风险制约机制，企业被内部人控制、国家所有者被架空的事例层出不穷。

同时，国有企业的优胜劣汰、自负盈亏、激励和约束机制还未真正建立起来，一些企业的非正常行为和短期行为时有发生，管理粗放、国有资产运营效率低下、国有企业缺乏竞争力，转换经营机制的任务仍十分艰巨。

（3）国有企业负担严重，发展后劲不足

过重的社会负担弱化了企业的经济责任。有学者统计，在2006年的

① 张春霖：《从融资角度分析国有企业的治理结构改革》，《改革》1995年第3期。

国有大中型工业企业中，70%以上是20世纪60年代以前建成的。在有些企业中，在职职工与离退休职工的比例高达1.2∶1，甚至是1∶1。[①] 这些人员的工资、福利和医疗费用等，已成为国有企业的沉重历史负担。另外，地方各级政府的各种社会性摊派名目繁多、屡禁不止，企业苦不堪言，严重影响了企业的活力和市场竞争力。这些负担从其产生的根源上看，多是国家出于宏观经济发展的考虑而进行的政策安排所造成的政策性负担。通常而言，这种政策性负担又被细分为两种[②]。一是战略性负担，即国家基于发展考虑优先发展重工业，这些重工业企业的生产决策都由国家制定，服务于整个发展战略，而不是在市场条件下依据比较优势自主做出的选择。重工业企业生产经营的这种强制性选择，使其承担起发展非优势产业的重任。二是社会性负担。传统国有企业承担了社会稳定、实现充分就业、员工社会保障等各种政策性负担，形成典型的“企业办社会”。

综上所述，我国的许多企业是在计划经济条件下成长发展起来的，一方面，负担着大量本应属于政府或社会的责任；另一方面，对它本应承担的社会责任却没有很好地履行，经济腐败与权力寻租相结合，导致侵吞资产、销售伪劣产品、损害职工利益、污染破坏环境等逃避社会责任的现象大量出现。

三　市场经济时期企业适度的社会责任

1. 关于计划与市场关系的认识及相关改革决策的变化轨迹

在总结中国革命和建设的经验教训的基础上，我国关于计划与市场关系的讨论及其对于改革决策的影响具体地体现在1978年以后的历次三中全会上。根据惯例，三中全会往往聚力改革与发展问题，对改革的指导思想进行定位，并对国家政治经济生活中的重大问题做出重要部署。十一届、十二届、十三届及十六届三中全会更是标志着中国经济体制改革的四个阶段，即改革启动阶段、改革展开阶段、构建社会主义市场经济体制框架的阶段与完善社会主义市场经济体制的阶段。

---

① 高圣平：《新公司法与国企改制》，中国工商出版社，2006，第10～13页。

② 林毅夫：《政策性负担是国企改革最大羁绊》，《财富智慧》2006年第3期。

1978 年 12 月党的十一届三中全会以后，我国根据计划和市场都只是手段，计划经济和市场经济可以结合的新认识，开始对传统计划经济体制进行改革，逐步缩小指令性计划，逐渐扩大指导性计划和市场调节的作用范围。1982 年党的十二大将“计划经济为主、市场调节为辅”正式确立为经济体制改革的指导思想。1984 年党的十二届三中全会提出有计划的商品经济理论，明确商品经济是社会主义经济不可逾越的阶段，计划经济与商品经济具有统一性。在这一指导思想的影响下，市场在经济社会发展中的作用被提及并日益得到重视。1987 年党的十三大提出社会主义商品经济理论，认为社会主义商品经济与资本主义商品经济的区别不在于市场与计划的多少，计划调节与市场调节应有机结合，作为经济体制改革的目标，提出了“国家调节市场，市场引导企业”的经济运行模式。1992 年 10 月，中共十四大确立以社会主义市场经济体制作为改革的目标模式。中共十四届三中全会通过的《中共中央关于建立社会主义市场经济体制若干问题的决定》，明确建立现代企业制度是国有企业改革的方向。企业中国有资产的所有权属于国家，企业拥有包括国家在内的出资者投资形成的全部法人财产权，企业按市场需求组织生产经营，成为依法自主经营、自负盈亏、自我发展、自我约束的法人实体和市场竞争主体。

党的十一届三中全会以来，我国在各个领域展开了广泛的改革，改革的基本趋势就是要扭转和改变权力过分集中的现象，建立新型的国家与社会关系。其中最主要的内容是通过建立社会主义市场经济体制，使国家职能和权力范围收缩，国家将能够由市场自我调节的事情交给市场，合理划分政府与市场的边界。国家权力行使的方式也应发生变化，从微观调控和直接调控转为宏观调控和间接调控，由直接管理国民经济和国民生活的每一个具体部门转为对社会事务的总体管理；从集中管理转为分权管理，由过去高度集权的管理方式转为采用权力转移和多种授权的方式进行调控等。

2. 产权制度的确立和主体地位的获得是企业履行社会责任的前提

企业制度是指以产权制度为基础和核心的企业组织和管理制度。现代企业制度是适应现代市场经济要求和现代社会化大生产需要的一种新型企业制度，是以产权制度为核心、以完善的法人制度为基础、以有限责任制度为保证、以公司企业为主要形态、以科学管理为手段的一系列规范和制约现代企业行为的法规或准则，具有“产权清晰、权责明确、政企分开、管理科学”等基本特征。[①]具体说来，构成现代企业制度的基本要素有以下几个方面。

一是企业法人地位的获得。建立现代企业制度首先必须确立企业的法人地位。各国公司法一般对企业法人地位的获得进行了程序性规定，企业要获得法人资格，必须具备一定的基本条件，如依法成立，有独立支配的财产、有自己独立的名称、场所和组织机构，能够独立享有民事权利、履行民事义务和承担民事责任等。

二是企业法人财产权的明确。产权清晰是现代企业制度的首要要求，其中包括明确的产权主体、清晰的产权边界和合格的产权行使能力等三个方面。财产所有权人不一定是具有最佳产权行使能力者，这一事实直接导致所有权与经营权的分离，也对选拔、激励和约束企业经理人的合理机制提出必然的要求。法人财产权是企业法人行为能力的基础，是确立企业法人地位的前提。企业法人财产由企业出资者向企业注入的资金与企业在经营中所形成的财产共同构成。法人财产依法一旦确立，出资者所有权就与法人财产权相互分离，出资人不能直接支配法人财产中本属于自己拥有的资本，不能抽回已投入的资本，只能在资本市场上进行转让。出资者所有权表现为对企业拥有的股权，出资者以股东身份依法享有资产收益、选择管理者、参与重大决策等权利，并以此影响企业行为，但不能直接干预企业的经营活动。出资者以自己的财产对企业经营承担责任。与此同时，企业法人则凭借其法人财产权而具有独立的行为能力，依法享有民事权利、承担民事责任，并保证企业法人财产的保值增值，维护股东的最终利益。

三是有限责任制度的确立。有限责任公司和股份有限公司的出资者仅以认缴的资本为限对企业承担有限责任。有限责任是指在有限责任公司和股份有限公司中，企业以全部的法人财产为限、出资人以其投入企

① 杨秋宝主编《中国企业发展与改革》，中共中央党校出版社，2006，第16～19页。

业的出资额为限，对企业债务承担有限责任。有限责任制度是出资者实行自我保护、减少风险的一种有效制度。

四是法人治理结构的健全。在现代企业制度下，由股东大会、董事会、经理层和监事会共同组成法人治理结构。其中股东会是公司的最高权力机构；董事会是公司的经营决策机构；总经理负责公司的日常经营管理活动；监事会是公司的监督机构。企业法人治理结构实质是由权力机构、决策机构、执行机构、监督机构构成的对企业法人财产进行有效管理的组织机构，它以法律和企业法人章程的形式，明确了上述各个机构之间的相互制衡关系，使所有者、经营者、生产者的行为受到约束，利益得到保障，积极性得到调动，从而实现各方利益的最大化。

“权力—责任关系是提出企业社会责任的基础”,[①] 企业从法律和市场中得到承认的实体地位使企业责任行为成为可能。市场经济“作为一种产品和服务的生产和销售完全由自由市场的自由价格机制所引导的经济体系”[②]，具有独立的企业制度、有效的市场竞争、规范的政府职能、良好的社会应用、健全的法治基础等特征。在市场经济环境下，企业获得了独立法人地位，股东的所有者权益与企业法人财产权边界明晰，企业在一系列完善的制度和法制体系下实行自主经营，既能实现股东利益的最大化，又能实现股东利益与社会利益的有机结合。

3. 市场经济条件下企业适度社会责任的具体表现

市场经济条件下，市场成为资源配置的基本方式，从而打破了企业与政府的行政隶属关系，形成了企业与政府的有效互动联系。企业不再依靠执行国家的指令性计划而发展生产，而是通过关注市场信号，捕捉商业信息，根据自身情况制定公司发展战略，将企业社会责任的履行作为战略要素和商机转化的契机。政府则通过对宏观经济形势的把握，从制度和政策层面为企业提供有序的竞争环境，主要通过法律和经济的手段来约束企业行为。这样，社会责任就不再是一种行政摊派，而成为企业在遵纪守法前提下的一种相对自由的选择。

---

① A. B. Carroll, “A Three-Dimensional Conceptual Model of Corporate Performance,” *Academy of Management Review* 4 (1979): 501.

② 参见百度百科“市场经济”词条。

在市场经济中，企业是从事生产、流通等经济活动，通过满足社会需要获取利益，实行自主经营、自负盈亏、自我发展、自我约束制度的法人实体和市场竞争主体，其作为生产商、纳税人、管理者及技术创新主体等，分别与政府、劳动者、消费者和广泛的社会发生着直接或间接的关系。作为国家基本职能的一部分，政府依法对社会生活诸领域进行管理，在市场经济条件下，政府的经济职能包括建立和维护市场经济秩序、矫正市场失灵、调节再分配，调节经济总量，以实现资源的优化配置和经济持续稳定的增长。作为宏观经济和微观经济的主体，企业和政府明确了自身行为的界限，尤其是政府将自己的行为限制在法律和经济的范围内，不能对企业经营活动非法干预。

由于市场的盲目性、滞后性，市场主体的行为是否规范，它们之间的竞争能否在市场秩序正常的经济环境中进行，很大程度上取决于法律制度的建立和健全。市场经济是法治经济，有关市场经济秩序的法律体系涉及市场经济主体的准入和退出、劳动者保护、环境保护、消费者保护等全方位的配套机制，为市场经济的有效运行打下了基础。法律既制止市场交易过程中一切企业和个人的非法经营与不正当竞争，又保护一切企业和个人的自主经营与合法权益。同时，政府对社会和经济的宏观调控同样要以法律作为依据，政府行为也应当以法律为准则。

在市场经济体制下，企业社会责任的适度性还体现在企业承担与其性质和规模相适应的社会责任。企业责任行为的范围和程度要根据不同所有制性质和不同类型企业，不同的社会生产环节和领域，不同产业产品特征而有所不同，并视不同历史时期的实际情况进行必要的调整和完善。

四　全球化背景下的企业社会责任

随着生产力的发展，“各民族的原始封闭状态由于日益完善的生产方式、交往以及因交往而自然形成的不同民族之间的分工消灭得越是彻底，历史也就越是成为世界历史”①。企业随着自身活动扩大为世界历史

① 《马克思恩格斯选集》（第1卷），人民出版社，2012，第168页。

性的活动，就日益受到扩大了的，归根结底表现为世界市场的力量的支配。企业也由此摆脱民族和地域的种种局限而与整个世界的生产发生实际联系，才能获得利用全球生产的能力。

1. 经济全球化与跨国企业生产守则的兴起

从某种意义上说，经济全球化是市场经济体系和规则在全球范围的普及。企业社会责任的理念和行动，也随着经济全球化的发展而逐渐深入人心，并成为跨国企业共同遵循的生产守则。

20 世纪 70 年代以来，企业社会责任理论体系逐渐完善，并从理念进一步走向实践，形成一项全球性的社会运动。作为全球化主要承载者和推动者的跨国公司以其强大的资本力量、遍及世界的生产网络和严密的组织体系，利用所在国的资源、人工成本和政策优势，在世界范围内进行加工、生产和销售，不仅对当地工人、社区和经济发展带来直接影响，甚至会间接影响到所在国的经济体制、社会构成、文化认同、立法实践，乃至政治制度。

受全球经济一体化的影响，传统的生产、管理和销售一体化的企业运行模式发生了根本变化，出现了一个企业或品牌的设计、生产及销售完全剥离的生产和经营模式，在这种模式中，品牌公司不再介入生产，而是通过承包、外包的方式由合作伙伴来负责生产，形成一种新的生产链。采用生产链的方式生产的行业最初以成衣加工、制鞋、玩具、电子产品等劳动密集型、低技能附加值产品为主，随后，越来越多的行业包括汽车和电脑制造也用生产链来取代传统的工业生产方式。生产链方式的出现，强化了拥有品牌的企业对市场和产品的控制权，为确保其利润最大化，品牌公司将精力集中在高利润、高附加值的品牌设计、市场开拓和产品销售上，而对于投资大、利润低、管理复杂的生产加工部分则通过订单的形式由制造商按照具体的加工条件、制造价格和交货时间来生产。跨国公司通过将生产线转移到生产成本低廉的发展中国家而建立了全球的生产网络，世界范围内的资源流动和全球化生产使跨国公司从低成本生产地区间的国际竞争中获得更大的利润。与此同时，这种生产方式使得企业与社会及其他利益群体之间的关系不再局限于企业所属的本国和本企业范围内，并呈现日益复杂化的态势。品牌公司不负责生产，因此对供货商工厂中的劳动标准、工作环境和条件、安全生产和环保状况以及产品生产地的就业、社会发展状况等不负直接责任，而在订单的驱动下，产品的生产地可以无限制地流动到生产成本最低的地方。创造利润、保证就业、遵守劳动标准和劳动条件成了供货商必须面对的问题。被媒体广泛披露的跨国公司商业丑闻以及转包体系中存在的“血汗工资”“血汗工厂”问题迫使人们对企业社会责任的对象和主体进行反思，欧美国家的消费者、非政府组织、工会组织、学生组织等首先发起对跨国公司的社会运动，这些社会运动与国际劳工运动、消费者运动、环保运动和女权运动联合起来，要求跨国公司在全球扩张和追求经济利益的同时，必须承担社会责任。在这种情势下，跨国公司生产守则（以下简称生产守则）应运而生。

生产守则通常以联合国《世界人权宣言》和国际劳工组织的“基础性条约”[①] 为蓝本，承诺承担社会责任、强调商业道德、遵守投资所在国的相关法律、维护劳工权益、改善劳动条件、保护生态环境，并要求跨国公司影响力所及范围内的企业[②]遵循同样的生产行为规范。从制定主体的角度来划分，生产守则可以分为由跨国公司自行制定的生产守则，由工业和贸易协会制定的生产守则和由多边机构制定的生产守则等三种类型。其中，由企业自行制定的生产守则又称为内部生产守则，后面两种则称为外部生产守则。

生产守则与道德标准和商业价值取向有关，是企业社会责任的一种操作形式，随着社会责任活动的深入，生产守则的形式也逐渐多元化。生产守则的最初形式是由跨国公司自行制定、解释、实施并检测其实施

① 国际劳工组织基础性条约包括以下内容：自由结社和保护组织工会的条约（1948，No. 87）；组织工会进行集体谈判的条约（1949，No. 98）；废止强制劳动的条约（1937，No. 29；1951，No. 105）；平等报酬条约（1951，No. 100）；（雇用和职业中的）无歧视条约（1958，No. 111）；禁用童工的条约（1973，No. 138；1999，No. 182）。参见 http://www.ilo.org/global/standards/information - resources - and - publications/news/WCMS_538322/lang - en/index.htm，最后访问日期：2016 年 2 月 1 日。

② 目前的跨国公司生产守则主要产生于作为发包商参与全球性生产体系的欧美跨国公司，这些跨国公司的实际影响力扩及其原料及中间产品的供应商（supplier）、承包商（contractor）及转包商（subcontractor）等。

效果的“自律性规则”[①]，但它们很容易因为缺乏外部的独立监督而沦为跨国公司的公关工具。由工业和贸易协会制定的旨在规范某一行业或某一群体的企业商业行为的准则和标准，往往与该行业的性质与特点密切相关，内容上更具针对性，并且开始引入由协会进行的外部性监督。由包括跨国公司、工会组织、消费者组织、非政府组织、人权组织在内的多边机构制定的生产守则，内容上有更为详尽细致的规定，引入了独立认证和工人及第三方表达意见的机制，建立了改善违反守则规定公司状况的补救机制。在全球性的企业社会责任运动的压力下，以跨国公司“自我约束”为特征的“内部”生产守则与以“社会约束”为特征的“外部”生产守则出现了兼容与合流的趋势。[②] 经济合作发展组织在2000年的统计资料表明：截至2000年，全球共有246个以生产安全、职业健康、环境保护和员工权益保障等为主要内容的企业社会责任生产守则，其中118个由跨国公司制定，92个由行业和贸易协会制定，32个由多边机构和非政府组织制定，另外4个由国际政府组织制定。从内容来看，有37个生产守则涉及纺织和成衣工业。[③]

2. 全球化条件下企业社会责任的推动力量

全球化背景下，多方面因素影响着企业社会责任的实施效果，如政府的引导和规制作用、非政府组织的推动作用、消费者的监督作用以及企业的自律精神等，但是政府对企业社会责任的管制作用无疑是最主要的方面。由于企业承担社会责任必然会有效地分担政府的部分公共职责，减轻政府的压力和负担，越来越多的政府机构对于企业社会责任及其生产守则给予了高度的关注，将其视为一种低成本、高效益的提升本国可持续发展战略的手段，并且作为国家竞争战略和政府核心竞争力的重要组成部分。鉴于企业社会责任具有低成本高效益的优势，各国政府在不断地引导、规范和管制企业社会责任的发展方向和层次。

① 余晓敏：《经济全球化与跨国公司的生产守则》，潭深、刘开明主编《跨国公司的社会责任与中国社会》，社会科学文献出版社，2003，第157页。

② 伍金平：《跨国公司生产守则及其在中国的实践》，湘潭大学法学院国际经济法专业硕士学位论文，2006，第5页。

③ 陈俊：《不同类型的跨国公司生产守则比较分析》，中国人民大学劳动人事学院劳动经济学专业硕士学位论文，2005，第2页。

（1）政府对企业社会责任的推动

政府对于企业社会责任的发展起着主导性的作用，这种作用是社会、企业自身以及非政府组织、公众（消费者）无法代替的。从某种程度上说，企业是否愿意履行社会责任以及能在多大程度上践行其社会责任，主要取决于政府对企业社会责任的引导和规制力度。如果说企业社会责任的兴起源于自下而上的社会推动，那么政府对企业的管制则是自上而下从宏观的角度规范企业的社会责任行为。在市场经济条件下，企业的运行主要依靠市场的调节，市场在优化资源配置方面占有优势，但是市场本身存在缺陷，需要政府合理地干预和规范，政府的调节可以部分弥补市场缺陷，保障社会经济持续发展。[①] 政府对企业的引导和规制在某些情形下直接表现为对企业社会责任的引导和规制。具体来说主要有以下几个方面。

第一，政府根据市场运行规律给予企业相应的自主权。传统的计划经济体制下，企业职能呈现多元化态势。无所不在的“企业办社会”模式，使企业无暇顾及其本应承担的社会责任，理应由政府和社会承担的公共职能如职工子女教育、医疗、养老等却成为企业的额外负担。因此，政府要结合时代背景客观看待企业社会责任的有限性和特殊性。

第二，健全相关的法律、法规体系，使政府管制手段法制化、规范化、制度化。既要通过法制手段将政府管制行为纳入法制化轨道，避免政府的不合理干预，同时也要借助严格的制度约束企业履行必要的社会责任，杜绝企业逃避应尽的社会责任。

第三，政府在引导或规范企业社会责任的同时，还要进行适当的管制。这种管制不仅要确保企业承担合理的社会责任，还要着眼于维护整个社会的公共利益，目的是依靠政府的公共权力来形成有序的市场环境，确保企业社会责任沿着正确的方向发展。

20 世纪 90 年代以来，由于消费者和非政府组织的压力，各国政府纷纷出台相应的措施来对企业社会责任进行规制。企业社会责任是美国公共政策的重要组成部分，美国参议院成立了专门的企业会计规则委员

① 乔耀章：《政府理论》，苏州大学出版社，2000，第 219 页。

会，对不履行企业社会责任的企业实施严厉的制裁。1995 年，美国政府经与商界、劳工和其他非政府组织协商后推出了五个简短的“模范商业原则”，与“全球最佳商业实践计划”配套实施，为公司提供了一个信息交换场所，协助公司制定体现这些原则的个体行为准则，并鼓励商业伙伴、供应商和转包商采取类似行动。[①] 美国和越南于 2003 年 5 月签署纺织品协议，该协议规定越南政府有义务鼓励企业社会责任守则在该国实施，作为回报美国将向越南开放纺织品市场。[②] 在欧洲，在欧盟的倡导下，一些政府致力于研究如何使政策和商业结合起来以改善全球的社会和环境标准。欧盟于 2000 年推出里斯本战略，将企业社会责任政策作为实施里斯本战略的重要工具，并于 2001 年发布欧盟企业社会责任绿皮书，第一次从政府的角度提出要大力发展企业社会责任政策，以促进欧洲经济发展和产业转型。法国是欧洲国家中最重视企业社会责任的，早在 1977 年，法国出台的《社会报告法》就与企业社会责任有关，要求拥有 300 名员工以上的公司发布社会报告，内容主要是报告员工和社会政策。在促进企业社会责任投资方面，法国有相关的立法和公共机构来保障实施。在社会责任信息披露方面，法国是第一个在法律上要求上市公司进行社会责任信息披露的国家。2001 年颁布的《新经济规制法》是法国公司法的重要变革，主要体现在企业社会责任信息披露和环境保护两个方面。[③] 英国政府也采取了大量的主动政策来推进企业履行社会职能，同时调整政府在经济、贸易、外国援助、投资、养老和其他公共政策方面的社会责任。2000 年 3 月英国政府专门任命了本国的企业社会责任部部长，成为第一个任命企业社会责任部部长的政府。2002 年英国政府建立了公司责任指数体系，以使企业能够明了在多大的范围内以及在管理社区活动、环境保护、销售市场和工作场所等四个关键领域如何把战略转变成负责任的行为。[④] 在加拿大，政府也为促进企业承担社会责

① 程多生：《企业社会责任是中国企业面临的新课题》，《中国企业报》2004 年 9 月 24 日。

② World Bank Institute&World Bank Group, *Public Policy for Corporate Social Responsibility* 7 (2003): 7 – 25.

③ 关于法国企业社会责任政策的叙述，主要引自肖丽萍《法国企业社会责任政策的起源、发展和实践》，《南昌大学学报》（人文社会科学版）2015 年第 1 期。

④ 刘桂山：《英国：政府鼓励，企业自律》，《参考消息》2004 年 7 月 29 日（特刊）。

任制定了广泛的公共政策，并在 2002 年的一项报告中提出了 25 项推动全球和国内企业承担社会责任的特别政策建议。

因此，政府的引导和规制是确保企业履行社会责任最有效的手段。当然，我们在强调政府作用的同时，还应该把握好规制的尺度和时机，否则就会出现适得其反的效果，“一个真正自由的市场应该处在缺乏规则与过分管制之间的某个适当尺度”。①

（2）国际社会对企业社会责任的倡导

国际组织普遍关注企业社会责任，并积极倡导企业履责行为。1976 年经济合作发展组织制定了《跨国公司行为准则》，这是迄今为止唯一由各国政府签署并承诺执行的多边、综合性的跨国公司行为准则。2000 年该准则重新修订，首次提出了保护人权、反对行贿和保护环境等内容，更加强调签署国在促进和执行准则方面的责任。1977 年国际劳工组织、各国政府以及企业三方通过了《关于跨国公司和社会政策原则三方宣言》，从而制定了国际劳工标准的基本框架。联合国环境与发展大会积极推动了有关环境原则的建立。1992 年，各国政府签署了《里约宣言》，为确定与环境责任和管理有关的原则提供了基础。1997 年，《京都议定书》签署，这是各国政府在建立国际目标和标准方面所采取的重大步骤。联合国于 2000 年启动全球契约计划，号召企业遵守在人权、劳工标准、环境及反腐败等方面的十项基本原则，共同减少全球化的负面影响。世界经济合作与发展组织、国际标准化组织、国际劳工组织、国际雇主组织、欧盟等，都提出了各自的企业社会责任倡议。随着社会责任理念和行为的持续影响，诸多国际组织对社会责任标准和信息披露等提出明确的指导意见。有研究指出，当前国际范围内社会责任标准可划分为五类②，其中：第一类为专门针对劳动保护的标准，以国际劳工标准和 SA8000 为代表；第二类为国际标准化组织发布的环境和产品质量标准，以 ISO9000 和 ISO14000 为代表；第三类为评价与审计标准，以英国社会

① 转引自戴玉琴《论全球化背景下的企业社会责任》，苏州大学政治学专业博士学位论文，2006。

② 参见黎友焕、魏升民《企业社会责任评价标准：从 SA8000 到 ISO26000》，《学习与探索》2012 年第 11 期。

和伦理责任研究所发布的 AA1000 为代表；第四类为企业社会责任综合标准，包括多米尼社会责任投资指数、道琼斯可持续发展指数、全球契约指数、全球报告倡议等；第五类为 ISO26000，该标准虽然同样由国际标准化组织发布，但与之前的单一或专项标准不同，这一标准将社会责任的范围从企业扩展到包括政府机构在内的所有社会组织，是对世界范围内现有的倡议、标准、指南和国际条约等工具的整合尝试，使得社会责任行为融入组织的管理体系当中，有助于社会责任管理的规范化。这一系列举措使企业履行社会责任由个体行为逐渐成为世界趋势，企业借由社会责任管理和社会责任行为更多地参与社会治理，成为全球治理的重要力量。

3. 中国企业的国际化与社会责任承担

当企业经营活动与国际经济发生某种联系时，企业就开始了国际化进程。国际化形式既包括资金、技术、人才等生产要素的国际化，也包括商品和服务的中间产品和最终产品的交换，还包括各种海外生产经营活动。国际化是个双向过程，包括内向国际化和外向国际化两个方面，两者分别代表两种完全反向的国际化进路，前者以“引进来”的方式参与国际资源转换和国际经济循环，后者则是以“走出去”的方式参与国际竞争和国际经济循环。① 一般来说，尤其是对于发展中国家而言，“内向国际化往往是一个国家、一个产业和企业外向国际化的必要阶段和条件”②。

中国企业的国际化与我国经济发展水平密切相关，在国家发展战略和经贸政策的支持下渐次展开。中国企业国际化战略重点经历了进出口贸易、与国外企业合资合作经营、对外直接投资的转变过程。改革开放以前，中国走的是内源型追赶、封闭式追赶的道路，自力更生、自给自足地建立了较为完整的国民经济体系。在与外资合作经营方面，虽然在 20 世纪 50 年代曾与苏联、波兰、杰克等国家建立了一系列的合资合作

① 参见朱玉杰、赵兰洋《内向与外向：企业国际化的联系机制及其启示》，《国际经济合作》2006 年第 7 期。

② 鲁桐：《企业的国际化——兼评中国企业的海外经营》，《世界经济与政治》1998 年第 11 期。

企业。[①] 但随着苏联单方面撕毁协议、撤走专家后，中国被迫采取了封闭的发展战略。在对外直接投资方面，除对第三世界国家采取的经济援助外，几乎没有企业对外投资。况且，此时的跨国投资和经济援助都是政府推动的结果，不是真正意义上的企业国际化经营。1978 年以来，中国企业开始探索国际化发展道路。由于缺乏专业的市场知识和跨国经营的经验，早期跨国经营以对外贸易为主。20 世纪 90 年代以来，中国延续多年的国际收支经常项目顺差和不断增加的外汇储备，为中国企业深化国际化经营提供现实条件。此时的国际化战略转为以与国外企业合资合作经营为重点，这一阶段也成为新中国成立以来利用外资金额增长最快的时期。与国外企业的合资合作经营迅速弥补了改革开放初期大规模经济建设导致的资金短缺需求，并逐渐向以市场换技术，再到参与国际分工、优化资源配置的战略目标演进过程。加入 WTO 以后，中国企业面临的国际环境发生了根本性的变化，过去诸多的贸易保护和投资限制措施无以为继，中国也逐渐实现了其外向型国际化战略的转变，对外直接投资成为中国企业国际化战略的重点。

根据历史经验，企业的大规模对外直接投资一般发生在该国的工业化后期。更有学者指出具体的量化标准："一个国家的人均年收入一旦达到 2000 美元，从国际经验来讲，产业机构就应该进行调整，把一些生产能力过剩的企业移至海外，以更低的成本获得更多的利润。"[②] 2005 年，中国已经完成了工业化的主要任务，进入了"工业化中期的后半阶段"[③]，2006 年，我国人均 GDP 首次超过了 2000 美元[④]。这意味着我国"已经从农业经济大国转变为工业经济大国，中国经济现代化进程进入了以实现由工业经济大国向工业经济强国的转变、推进工业现代化进程

① 陈佳贵、黄群慧、钟宏武：《中国地区工业化进程的综合评价和特征分析》，《经济研究》2006 年第 6 期。

② 参见国际贸易经济合作研究院联合课题组《谁审批谁监管 谁投资谁负责——我国企业"走出去"战略管理政策分析及改革思路》，《国际贸易》2002 年第 7 期。

③ 中国社会科学院经济学部课题组：《中国进入工业化中期后半阶段——1995 - 2005 年中国工业化水平评价与分析》，《中国社会科学院院报》2007 年 9 月 27 日第 2 版。

④ 丁飞：《人均 GDP 达到 2000 美元意味什么》，《联合早报》2007 年 4 月 11 日第 3 版。

为核心的新阶段”。[①] 在这样的宏观背景下，一方面，一些在国内具有垄断地位的国有企业为了保证自己的海外原材料供应，而在海外投资审理了资源型控制的企业。另一方面，中国制造业到海外投资成为其转移过剩产能的重要出路。中资海外并购占整个中国企业跨国业务的70%～80%，2014年更是达到了90%以上。2015年，中资海外并购规模达1115亿美元，共实现海外并购632起。其中，从行业来看，排名前三位的分别为：石油、天然气、矿产等资源型企业占39.1%，金融占11.2%、基础设施占7.7%，其余为汽车交通业、科学技术行业和房地产行业等。从企业性质来看，民营企业占总投资的69%，改变了以往由国有企业主导的现象。[②]

改革开放以来我国经济的快速发展很大程度上得益于对外贸易的增长，尤其是加入WTO后，国际贸易对整个GDP的贡献越来越大，但是中国面临的贸易摩擦形势严峻，也成为遭遇国际反倾销、专利起诉、绿色壁垒等处罚和制裁最多的国家。这一现象除了政治因素和意识形态斗争的考量外，中国企业发展的高能耗和低责任状态也是不容否认的因素。我国在很长时间内沿袭了新中国成立初期的重工业发展模式和劳动密集型、资源粗放型经营模式，这使得中国成为世界上最大的制造业国家的同时，也成为世界上自然资产损耗最严重的国家。据统计，中国每增加单位GDP的废水排放量比发达国家高4倍，单位工业产值产生的固体废弃物比发达国家高十多倍。中国单位GDP的能耗是日本的7倍、美国的6倍，甚至是印度的2.8倍。[③] 这不仅使得环境污染、生态破坏和资源短缺成为中国经济与社会发展的巨大威胁，也使得中国在国际制造业的产业链上处于中低水平。2003年，沃尔玛在中国将72家雇用童工的供货工厂列入永久性禁入名单，他们还在全球每周进行超过300多次的工厂检查，以保证供货商的操作符合联合国和相关国家制定的标准。2005

---

① 陈佳贵、黄群慧：《工业发展、国情变化与经济现代化战略——中国成为工业大国的国情分析》，《中国社会科学》2005年第4期。

② 关于中资海外并购2015年数据，参见杨壮《中国企业国际化的机遇分析与挑战应对》，《财经界》2016年第10期。

③ 杜丁：《研究报告称我国单位GDP能耗是日本7倍　美国6倍》，《新京报》2012年9月4日。

年，美国著名制衣公司GAP发布《社会责任报告》声明：其设在墨西哥、中国、俄罗斯以及印度的工厂，其中有136个合同工厂存在着雇用童工、剥削工人以及每周工作时间超过80小时的情况，GAP将与这些公司永久性终止合作。[①] 中国的许多企业长期缺乏履行社会责任的意识，导致企业竞争力严重不足，而国际化进程将这一问题暴露并放大。在企业国际化中，社会责任竞争力在企业竞争力结构中的地位将越来越重要。中国企业要想加入国际工业生产体系，就必须适应跨国企业生产守则关于社会责任的标准和要求，主动承担社会责任。

第三节　民族地区经济社会发展中的企业社会责任

作为民族问题的核心与关键，民族地区经济社会发展问题始终是国家发展战略的重要组成部分。民族地区经济发展战略以及各项经济政策有着特定的演进和发展规律，并与国内经济形势相适应，呈现出阶段性的特征。民族地区企业社会责任建设与该地区的企业发展同步，并随着企业规模和企业行为影响的扩大而逐渐为社会所关注。

一　民族地区经济社会发展的宏观历史背景

1. 我国少数民族和民族地区经济社会发展处于“初级阶段的更低层次”[②]

民族问题伴随着民族产生以来的全部人类历史，但它的产生、发展和解决无不受制于其所处的时代背景、社会制度和具体环境。[③] 十一届

① 参见马峰《履行社会责任：中国企业国际化的必由之路》，《中华新闻报》2007年2月2日第F03版。

② 党的十五大报告系统阐述了社会主义初级阶段理论，1997年西藏自治区党委常务副书记热地同志在传达会议精神时指出：我国处于社会主义初级阶段，西藏处于社会主义初级阶段的低层次。随后，有学者先后结合和针对“社会主义初级阶段低层次”这一提法的理论依据与表现形式进行了研究。如张兆田《浅谈“社会主义初级阶段低层次”的理论依据》，《西藏研究》1998年第2期；李晓南：《关于低层次社会主义初级阶段的云南及其发展》，《创造》1998年第2期；等等。

③ 王希恩主编《当代中国民族问题解析》，民族出版社，2002，第2页。

三中全会以来，中国共产党正确分析国情，做出我国仍处于社会主义初级阶段的科学论断。社会主义初级阶段作为我国的基本国情，是我们认识和处理中国的一切问题，包括民族问题的基本现实依据。

初级阶段的社会主义是不发达的社会主义，这种不发达既体现在经济社会整体发展水平，也体现在由社会发展阶段所制约的民族发展程度。我国民族地区的整体发展水平不高，在整个社会主义初级阶段都处在民族意识不断增强，不断追求自身发展繁荣，民族之间的交往日益增多的状态。民族关系也在这样的历史背景下得以构建，“各民族之间的相互关系取决于每一个民族的生产力、分工和内部交往的发展程度。……不仅一个民族与其他民族的关系，而且这个民族本身的整个内部结构也取决于自己的生产以及自己内部和外部的交往的发展程度。一个民族的生产力发展的水平，最明显地表现于该民族分工的发展程度”。[①] 因此，在1999年中央民族工作会议将“加强民族团结、促进各民族共同发展和共同繁荣”作为“整个社会主义初级阶段民族工作的行动纲领”是十分恰当的。[②]

在社会主义条件下初级阶段要经历一个相当长的历史时期，才能使我国逐渐摆脱不发达状态，基本实现社会主义现代化。这其中，既涉及从农业国家向工业化国家的转变，也涉及由自然经济半自然经济占很大比重，逐步向经济市场化程度较高的历史阶段的转变。同时要实现贫困人口占很大比重、人民生活处于较低水平、地区经济文化很不平衡向各族人民共同富裕，逐步缩小地区差距的转变。[③]

中国整体社会发展状况和发展阶段是我们处理和解决民族问题的宏观历史背景，但民族地区经济社会发展更要着眼于其特有的生产力发展水平和所处的社会阶段。在旧中国，民族地区存在着各种落后的经济社会制度，严重束缚着社会生产力的发展，是少数民族经济社会发展长期

① 《马克思恩格斯选集》（第 1 卷），人民出版社，2012，第 147 页。

② 江泽民：《在中央民族工作会议暨国务院第三次全国民族团结进步表彰大会上的讲话》，《民族团结》1999 年第 10 期。

③ 关于社会主义初级阶段的特征和任务，参见江泽民《高举邓小平理论伟大旗帜，把建设有中国特色社会主义事业全面推向二十一世纪》，人民网，http://cpc.people.com.cn/GB/64162/64168/64568/65445/4526287.html，最后访问日期：2016 年 2 月 1 日。

停滞落后的社会根源。新中国成立之初，民族地区多种社会形态和社会制度并存。据统计，全国3570万少数民族大体处于四种社会形态[①]。其一，社会结构和汉族地区相同或相近的约3000万人[②]，主要是回、壮、维吾尔、满、朝鲜、布依、白、土家等民族以及蒙古、苗等民族的大部分。其中，2000万人（包括600多万散居民族在内）中封建地主经济占统治地位；1000万人刚刚摆脱封建领主制，处于地主经济不发达的阶段。其二，依然保留着封建农奴制度的约400万人，主要包括藏、傣、哈尼等民族，分布在西藏、四川、青海、甘肃和云南的迪庆、西双版纳、德宏地区。其三，保留着奴隶制的约100万人，主要发布在川滇交界的大小凉山的彝族（其他彝族地区已进入封建社会）。其四，仍然处在原始公社制度末期的约70万人，主要是滇西山区的独龙、怒、傈僳、景颇、佤、布朗，内蒙古东部的鄂伦春、鄂温克。

如果说国家从整体上处于社会主义初级阶段的话，由于民族地区经济社会状况呈现出“社会发育程度低、地区发展不平衡程度高，生产力发展水平低、自然半自然经济比重高，劳动者科学文化素质低、文盲半文盲比重高，人民生活总体水平低、贫困人口比重高，物质技术基础低、地区发展不平衡程度高”等“五低五高”的特点[③]，其社会主义初级阶段的特征更典型、更突出。少数民族和民族地区发展阶段处于“初级阶段的更低层次”，这是民族地区经济社会发展的现实基础。

2. 民族地区发展与国家整体发展战略转型

由于我国少数民族和民族地区在经济社会发展方面处于“初级阶段的更低层次”，而且各民族和地区之间发展很不平衡，发展差距既是地

---

① 参见国家民族事务委员会研究室编著《正确的道路 光辉的实践——新中国民族工作60年》，民族出版社，2009，第36～38页。

② 这是20世纪50年代的判断。后来有学者研究指出，在具体操作中将处于封建社会末期和刚迈进封建社会的民族划在一起，会导致与汉族发展水平相同或相近的少数民族人数增多，而他们之间的实际差别相当大，因此，当时对少数民族社会形态的认识有拔高的现象。参见国家民族事务委员会政研室、国家民族事务委员会经济司编著《民族工作四十年》，民族出版社，1989，第5页。

③ 参见王毅《初级阶段低层次与县域经济的发展》，《创造》1998年第8期；向翔：《初级阶段低层次与云南民族文化建设》，《思想战线》1998年第9期。

区发展的差距，也是民族发展的差距。发展问题将是我国社会主义初级阶段民族问题的主要根源和表现，集中精力发展民族地区社会生产力，提高少数民族和民族地区自我发展能力，是解决民族问题的主要途径。

党和国家高度重视民族问题，将加快少数民族和民族地区发展始终摆在民族工作的突出位置，将实现各民族共同团结奋斗、共同繁荣发展作为中国特色社会主义建设的主要组成部分。周恩来曾专门谈到民族繁荣和社会改革的问题，他指出："建设社会主义工业化的国家，是任何民族都不能例外的。我们不能设想，只有汉族地区工业化高度发展，让西藏长期落后下去，让维吾尔自治区长期落后下去，让内蒙古牧区长期落后下去，这样就不是社会主义国家了。我们社会主义国家，是要所有的兄弟民族地区、区域自治的地区都现代化。全国的现代化一定要全面地发展起来。我们有这样一个气概，这是我们这个民族大家庭真正平等友爱的气概。"① 这段论述将各民族共同繁荣发展视为社会主义的本质要求和我国民族政策的根本目的。

国家重视民族地区发展问题，但不同的历史时期采取了不同的发展战略。新中国成立初期，我国从第一个五年计划期间便开始推行重工业优先发展战略，力图从突破资金稀缺对经济增长的制约入手，较快地克服经济结构中因重工业薄弱对增长与发展的制约作用，迅速建成比较完整的中国工业经济体系。在此期间，诸多建设项目落户民族地区，为这一地区工业体系的建立奠定基础。在主要依靠政府的计划手段实现资源配置的情况下，虽然可以通过行政手段调控产品和要素的相对价格，降低重工业发展成本，实现资源优先流向重工业部门，中国的重工业发展确实领先于其他部门。但由于经济增长建立在非常小的基数上，各产业间分布极不均衡，以及受到"扭曲产品和要素价格的宏观政策环境、高度集中的资源计划配置制度和毫无独立自主权的微观经营机制"等因素的制约，过重的产业结构压抑了经济增长速度，降低了农业劳动力的转移速度，造成了城市化水平的低下，导致人民生活水平改善甚微，国民

① 周恩来：《关于我国民族政策的几个问题》，国家民族事务委员会编《中国共产党关于民族问题的基本观点和政策（干部读本）》，民族出版社，2002，第253～254页。

经济结构内向性进一步提高。[①] 对民族地区而言，这一时期的重工业优先发展战略虽然为其奠定了初步的工业基础，但由于超越其社会发展阶段，工业化的建立并没有能够带来民族地区经济社会的整体发展。而且，由于工业集中在大中城市，既不需要周围地区的产业结构互补，也没有带动相关产业的发展，少数民族游离于民族地区工业化的发展之外。

中国共产党十一届三中全会以后，党和国家的工作重心逐渐转移到以经济建设为中心的社会主义现代化建设轨道上来。但是，对于幅员辽阔、人口众多的中国来说，以经济建设为中心的发展不可能在全国范围同步展开，国家也不可能扶持所有的地方全面推动大规模的经济建设，因此以部分地区率先发展，为增强国家能力积累财富，为带动其他地区发展创造环境和提供经验，是立足于社会主义初级阶段实际的科学决策。1988 年邓小平同志提出改革开放的“两个大局”问题，即：“沿海地区要加快对外开放，使这个有两亿人口的广大地带较快地先发展起来，从而带动内地更好地发展，这是一个事关全局的问题。内地要顾全这个大局。反过来，发展到一定的时候，又要求沿海地区拿出更多力量来帮助内地发展，这也是个大局。那时沿海地区也要服从这个大局。”[②] 在实施“两个大局”的差序或梯度发展中，在对东部地区有利于解决生产力和对外开放的资金投入和政策投入的激励下，东南沿海地区实现了高速的增长。至此，东部地区和中西部民族地区发展的历史性差距，在国家宏观发展战略的影响下呈现出扩大的态势。

随着国家经济实力的总体增强，从 20 世纪 90 年代开始，党和国家逐步加大了对经济地理意义上的西部地区，主要是民族地区的扶持力度。1992 年，邓小平在视察南方时的谈话中结合沿海地区的发展情况，在论述社会主义根本目的是实现共同富裕的讲话中，针对东西部发展差距问题，指出：“可以想象，在本世纪末达到小康水平的时候，就要突出地提出和解决这个问题。”[③] 这一设想在世纪之交付诸实施。在 1999 年中央民族工作会议上，江泽民指出：“加快中西部地区的发展特别是实施

① 林毅夫、蔡昉、李周：《对赶超战略的反思》，《战略与管理》1994 年第 6 期。

② 《邓小平文选》（第 3 卷），人民出版社，1993，第 277～278 页。

③ 《邓小平文选》（第 3 卷），人民出版社，1993，第 374 页。

西部大开发战略，条件已经具备。实施西部大开发是我国下个世纪发展的一项重大战略任务。”[①] 2000 年实施西部大开发战略以来，国家把支持少数民族和民族地区发展作为西部大开发的首要任务。为了让少数民族和民族地区在西部大开发中得到切实的利益，国家采取一系列政策措施，包括优先在民族地区安排资源开发和深加工项目、对输出自然资源的民族自治地方给予一定的利益补偿、引导和鼓励经济较为发达地区的企业到民族地区投资、加大对民族地区的财政投入和金融支持等，支持民族地区发展经济。这些举措不仅明确写入法律法规，而且有国家战略规划保障实施。[②] 西部大开发致力于使西部地区“基础设施和生态环境建设取得突破性进展，科技教育、特色经济、优势产业有较大发展，改革开放出现新局面，人民生活进一步改善”[③]。纳入西部大开发战略的 12 个省、自治区、直辖市，占全国面积的 71.4%，全国 55 个少数民族有 50 个集中分布在西部，这一区域内的少数民族人口占全国少数民族总人口的 75% 左右。[④] 因此，从某种意义上说，实施西部大开发战略，就是要加快少数民族和民族地区的发展。截至 2008 年，全国的“5 个自治区、30 个自治州、120 个自治县全部纳入西部大开发范围或操作后享受西部大开发的有关优惠政策”[⑤]，民族地区固定资产投资累计达到 77899 亿元，其中“2008 年达 18453 亿元，比 1999 年增长了 6.8 倍”[⑥]。

西部地区既包括内陆地区，也包括边境地区。全国 2.2 万公里边境线，有 1.9 万公里在民族自治地方，136 个边境县中有 107 个是民族自治

① 江泽民：《在中央民族工作会议暨国务院第三次全国民族团结进步表彰大会上的讲话》，《民族团结》1999 年第 10 期。

② 《中华人民共和国民族区域自治法》《国务院实施〈中华人民共和国民族区域自治法〉若干规定》详细规定了民族自治地方的自治权及其具体落实的基本要求，下文在对企业行为的法律规制中会详细介绍。为保证每个阶段的西部开发完成阶段任务，国务院先后批复《“十五”西部开发总体规划》《西部大开发“十一五规划”》《西部大开发“十二五规划”》《西部大开发“十三五规划”》。

③ 参见《“十五”西部开发总体规划》。

④ 《西部大开发》，《中国民族》2008 年第 11 期。

⑤ 《中国的民族政策与各民族共同繁荣发展》，中国政府网，http://www.gov.cn/zwgk/2009-09/27/content_1427930.htm，最后访问日期：2016 年 3 月 1 日。

⑥ 《国家民族事务委员会：西部民族地区固定资产投资高速增长》，《经济日报》2009 年 11 月 2 日第 2 版。

县，其国土面积占边境总面积的92%，边境地区总人口2050万中，少数民族人口占51%，有30多个民族与国外同一民族毗邻而居。[①] 作为实施西部大开发战略的配套工程，兴边富民行动旨在振兴边境、富裕边民，而边境地区的多民族构成现状也使得兴边富民行动成为促进少数民族和民族地区发展的重要举措。目前，兴边富民行动已覆盖我国136个陆地边境县（旗、市、市辖区）、新疆生产建设兵团的58个边境团场[②]和海南省的6个民族自治县[③]。主要内容有三个方面：一是加大基础设施建设；二是大力培育县城经济增长机制和增强自我发展能力；三是努力提高人民生活水平。截至2014年，中央财政在少数民族发展资金中专门设立兴边富民补助，累计安排资金83亿元；2011年"十二五"规划实施以来，中央财政累计下达边境地区转移支付277.5亿元，国家发展改革委新增设立了兴边富民中央预算内投资专项，累计安排资金33亿元。[④]

在实施西部开发的进程中，国家的扶贫重点、兴边富民等专项规划的知识，都构成了西部大开发政策的组合效应，其中，与兴边富民同时启动的《扶持人口较少民族发展规划（2005－2010年）》也是这种政策组合的重要支撑。随着国家综合实力的增强，人口较少民族的范围也在逐步加大[⑤]，政策覆盖面和支持力度不断增加。当前，人口较少民族指全国总人口在30万人以下的民族，全国有28个，总人口为169.5万人。由于历史、地理等方面的原因，这28个民族发育程度比较低，面临着突出的贫困问题和发展问题。为集中力量帮助人口较少民族实现跨越式发展，实现2020年全国各民族全面建成小康社会的总目标，国家在加强基

① 郝时远：《中国特色解决民族问题之路》，中国社会科学出版社，2016，第195页。

② 《国务院办公厅关于印发兴边富民行动规划（2011－2015年）的通知》，《中华人民共和国国务院公报》2011年第18期。

③ 2011年，国务院将海南省6个民族自治县纳入国家兴边富民行动政策扶持范围，海南成为全国唯一以海域边境县享受此政策的省份。参见熊中华《十部委派员赴琼调研兴边富民行动》，《中国民族报》2015年1月6日第2版。

④ 《我国开展兴边富民行动成效显著》，新华网，http://news.xinhuanet.com/world/2014－09/23/c_1112597704.htm，最后访问日期：2016年3月1日。

⑤ 从《扶持人口较少民族发展规划（2005－2010年）》到《扶持人口较少民族发展规划（2011－2015年）》，人口较少民族范围从人口在10万人以下的22个少数民族，总人口为63万人扩大为人口在30万人以下的28个少数民族，政策惠及169.5万人。

础设施建设、发展特色优势产业、促进基本公共服务均等化、发展文化事业和文化产业、加强人力资源开发、建设和谐家园等方面加大对人口较少民族聚居区的资金投入力度、金融服务力度、对口帮扶力度、人才队伍建设力度和已有政策法规落实力度。[①]

随着西部大开发战略的实施和民族自治地方发展步伐的加快，越来越多的企业进入民族自治地方。企业是国民经济的重要支柱，是全面建设小康社会和构建和谐社会的重要力量，是执政党执政的重要基础，企业的持续健康发展直接关系我国经济社会的又好又快发展。企业履行社会责任的能力和水平事关企业核心竞争力的提升和经济社会的可持续发展，企业在民族自治地方对自身社会责任的遵守与切实履行，对兴边富民行动和少数民族发展的支持，对民族区域自治制度的完善，民族平等、团结、互助、和谐关系的建立产生着重要作用。

3. “一带一路”战略下民族地区面临新的发展机遇

在国家整体发展战略中把握民族地区的战略地位和发展定位，是我国社会主义革命和建设的重要规律。毛泽东将汉族和少数民族关系作为探索中国社会主义建设道路的“十大关系”之一，他辩证地讨论了中国的多民族国情，“我国少数民族人数少，占的地方大。论人口，汉族占百分之九十四……土地是少数民族多，占百分之五十到六十”，因此，中国的地大物博、人口众多实际上是“汉族‘人口众多’，少数民族‘地大物博’”[②]。毛泽东对民族地区的资源优势、战略地位和历史贡献都进行过深入的分析，他指出，“少数民族在政治上、经济上、国防上，都对整个国家、整个中华民族有很大的帮助”，“中国没有少数民族是不行的。中国有几十种民族。少数民族居住的地方比汉族居住的地方面积要宽，那里蕴藏着各种物质财富。我们国民经济没有少数民族的经济是不行的。”[③] 毛泽东将“少数民族的经济”作为“国民经济”不可或缺

① 参见《扶持人口较少民族发展规划（2011－2015年）》，国家民委网站，http://www.seac.gov.cn/art/2011/7/1/art_149_129390.html，最后访问日期：2016年3月1日。

② 《毛泽东选集》（第5卷），人民出版社，1977，第277～279页。

③ 毛泽东：《反对大汉族主义》《再次反对大汉族主义》，国家民族事务委员会政策研究室编《中国共产党主要领导人论民族问题》，民族出版社，1994，第113～115页。

的组成部分，来理解“地大物博”，这里立足于统一的多民族国家的正确结论。[①]

2014 年中央民族工作会议对我国多民族的基本国情进行了深入解读，进一步明确民族地区是我国的资源富集区、水系源头区、生态屏障区、文化特色区、边疆地区、贫困地区。其中，前三项都是对民族地区资源环境状况的概括。民族地区地域辽阔，占全国国土面积的 64%；自然资源方面，民族地区森林资源蓄积量占全国总量的 47%，草原面积占全国的 75%；能源资源方面，民族地区的水利资源蕴藏量占全国总量的 66%，石油基础储量占全国的 20.5%，天然气基础储量占全国的 41%，煤炭基础储量占全国的 36%；矿产资源方面，民族地区的铬矿基础储量占全国的 73.8%，铅矿、锌矿、铝土矿的基础储量都超过全国总储量的一半；全国盐湖资源的 90% 以上集中在民族地区，其中以青海省的盐湖资源最为丰富，钾盐储量占全国的 97%。民族地区地处大江大河的源头和气候的上游，长江、黄河等大江大河，澜沧江、怒江、雅鲁藏布江等国际河流均发源于民族地区，民族地区是国家重要的生态屏障。[②] 民族地区的资源状况是国家发展、中华民族伟大复兴的宝贵财富，是缩小地区发展差异，加快西部民族地区发展的优势条件。

2013 年 9 月和 10 月，习近平在访问中亚和东南亚国家时，相继提出了共同建设“丝绸之路经济带”和“21 世纪海上丝绸之路”（以下简称“一带一路”）的倡议，这是中国构建全方位对外开放新格局，深度融入世界经济体系的重大战略举措。“一带一路”贯穿欧亚非大陆，连接活跃的东亚经济圈和发达的欧洲经济圈，陆路建设依托国际大通道，以重点经贸产业园区为合作平台，打造亚欧大陆桥、中国—蒙古—俄罗斯、中国—中亚—西亚、中国—中南半岛等国际经济合作走廊；海上以重点港口为节点，共同建设畅通高效的运输大通道。[③] 这一系统工程一改以

① 郝时远：《中国特色解决民族问题之路》，中国社会科学出版社，2016，第 239 页。

② 国家民族事务委员会编《中央民族工作会议精神学习辅导读本》，民族出版社，2015，第 20～21 页。

③ 参见《推动共建丝绸之路经济带和 21 世纪海上丝绸之路的愿景与行动》，中华人民共和国商务部网站，http://zhs.mofcom.gov.cn/article/xxfb/201503/20150300926644.shtml，最后访问日期：2016 年 4 月 1 日。

往对外开放中的“东快西慢、海强陆弱”的总体格局，将民族地区从对外开放的大后方推到了最前沿，也将引起民族地区发展定位的深刻变化，极大地促进民族地区开放型经济的发展。

民族地区与丝绸之路有着很深的历史渊源和地缘联系，是“一带一路”“互联互通”的重要节点和关键枢纽。我国2.2万公里陆地边界线中近1.9万公里在民族地区，138个边境县（区、市）中109个在民族地区。已有或规划中的中国和巴基斯坦、孟加拉国、缅甸、老挝、柬埔寨、蒙古国、塔吉克斯坦等邻国的铁路、公路互联互通项目，基本都从民族地区跨出国门。因此，民族地区在国家战略转型发展过程中具备了新的区位优势，由对外开放的“大后方、边陲、末梢”成为“最前沿、重要节点和关键枢纽”[①]。“一带一路”建设的重点在于“通”，即政策沟通、设施联通、贸易畅通、资金融通、民心相通。其中，设施、贸易、资金相通为民族地区优化产业结构和推进新型城镇化带来新的机遇；民心相通则发挥30多个跨界民族与境外同一民族的历史文化渊源相似、语言文字相通、宗教信仰和风俗习惯相近的优势，奠定边疆民族地区对外开放中的社会根基；我国的民族政策最根本的立足点是缩小差距和尊重差异，前者解决经济社会生活中的平等问题，后者解决中华民族内部的民族团结问题。政策沟通旨在促成多层次政府间宏观政策沟通交流机制，包罗万象的民族政策也将在不同的国际比较中得到坚持和完善。

二 民族地区的企业发展与企业社会责任建设

（一）民族地区现代企业建设的起步阶段（1949～1957年）

新中国成立后，国家对西部地区，尤其是少数民族聚居地区的经济社会发展高度重视，首先通过民主改革和建立民族自治地方，进而通过民族区域自治制度的全面推行，初步奠定了民族自治地方各民族合作发展的区域经济条件。绝大多数少数民族，越过资本主义及其以前的各阶

① 王正伟：《民族地区要在服务“一带一路”战略大局中大有作为》，《求是》2015年第14期。

级社会的通常发展历程，从封建制度（有的是农奴制）、奴隶制度，甚至原始公社制末期，直接走上了社会主义道路，实现了“跨越式发展”。国家对民族地区给予了人力、物力、财力等方面的支持，通过制定各项经济政策，扶持民族自治地方经济社会文化等各项建设事业。

新中国成立初期，我国的工业分布格局是“全部轻工业和重工业，都有约百分之七十在沿海，只有百分之三十在内地”[①]，存在严重的区域发展不均衡现象。针对这种现象，毛泽东从“平衡工业发展的布局”和“利于备战”等角度出发，指出，“内地工业必须大力发展”，同时要处理好“利用和发展沿海的工业老底子”和“发展和支持内地工业”的关系。[②] 自此，国家开始将工业重点投向西部。仅在三年经济恢复期（1949～1952 年）就进行了三项公路建设计划，即“康藏公路工程、海榆中线公路工程和青藏公路工程”[③]，这些基础设施建设均与民族地区密切相关。与此同时，中央和有关地方政府重视扶持少数民族恢复和发展农牧业生产，发展交通运输和商品贸易，并在有条件的地方着手建立工业企业。

经过三年的经济恢复期，自 1953 年开始的第一个国民经济和社会发展五年计划（以下简称“一五计划”）期间，虽然大多数民族聚居地区处于民主改革和建立民族自治地方的阶段，但是由于计划中公路修建的重点在边疆少数民族地区，并为民族自治地方量身打造了集农业、牧业、贸易、交通于一体的发展目标，因此，在国家工业基地和交通路网总体布局中，民族地区的工业基地建设、铁路和公路等基础设施建设取得了突出的进展。当时国家新建的 8 条铁路干线中有 5 条建在民族地区或直接与民族地区相联结，包括贯通甘肃和新疆的兰新铁路、包头—银川—兰州的包兰铁路、内蒙古集宁—二连浩特铁路、广西黎塘—广东湛江，以及连接西北和西南的宝鸡—成都铁路。[④] 这一时期，工业投资的重点主要集中在“作为原料与燃料产区”的内地地区，并“适当照顾了民族

① 《毛泽东选集》（第 5 卷），人民出版社，1977，第 269～270 页。

② 《毛泽东选集》（第 5 卷），人民出版社，1977，第 270～271 页。

③ 何珉：《修筑海榆、青藏公路》，《交通建设与管理》2010 年第 1 期。

④ 参见黄光学主编《当代中国的民族工作》（上），当代中国出版社，1993，第 120 页。

地区的经济发展”。[①] 这些措施产生了明显的效果，除了交通基础设施等大型企业外，截至 1957 年，民族自治地方的工业总产值同比增长了 62.9%，一批中小企业相继建立，少数民族人口的职业构成也发生了巨大的变化，工业从业人员由 1949 年的 4.6 万人，增长到 1957 年的 82 万人。[②] 从工业布局来看，除了国家选定的工矿企业外，还在少数民族中心区域或人口集中分布地区，建立为人民生活所需要与发展生产密切相关的地方工业，并特别对民族地区小水电建设实行资金扶持。一五计划期间苏联援建的 156 个大型建设项目中有 40 个在民族地区，如内蒙古包头钢铁基地、包头两座大型机械制造厂、宁夏青铜峡水电站、新疆克拉玛依油田、云南个旧锡业公司等，并配套建设了一批能源和交通项目。[③] 这些大型企业的建成随着资源的开发大量进驻民族地区，结束了民族地区没有现代化工业的历史，是民族地区现代企业发展的开端。

这一时期，民族地区逐渐建立起了“资源导向为主”的工业产业体系[④]，国家在财政、税收和民族贸易方面给予民族地区以特殊政策，不仅给予民族地区财政有一定范围内的自主权，还发放生产补助费、卫生补助费、社会救济费以及无息贷款等补助专款；对从事农牧业及工商业的企业分别采取轻税或减免税政策。[⑤] 对民族贸易企业实行“暂不上缴利润”，民族贸易企业的资金来源，确定“80% 由国家投资，不计利息，20% 由银行贷款解决”的支持力度。[⑥] 这些经济政策虽然有些是直接赋予民族地区的，但作为民族地区经济主体的企业也是政策的当然受益者。只是此时的企业发展尚属起步阶段，而且绝大多数企业由国家出资设立，存在“企业办社会”的现象，但现代企业制度远未建立，企业社会责任

① 陈锋：《试析建国后经济建设的战略布局》，《毛泽东思想研究》1997 年第 3 期。

② 参见黄光学主编《当代中国的民族工作》（上），当代中国出版社，1993，第 121 页。

③ 《第七讲 帮助少数民族和民族地区发展经济》，《新中国民族工作十讲》，国家民族事务委员会网站，http://www.seac.gov.cn/art/2007/3/14/art_1822_25768.html，最后访问日期：2016 年 8 月 1 日。

④ 温军：《中国少数民族经济政策的演变与启示》，《贵州民族研究》2001 年第 2 期。

⑤ 红梅：《中国少数民族经济政策 50 年》，《广西民族研究》2000 年第 2 期。

⑥ 《民族贸易“三项照顾政策”及民族贸易县》，中国民族宗教网，http://www.mzb.com.cn/html/report/15386-1.htm，最后访问日期：2016 年 8 月 1 日。

以及与之相关的责任管理和责任行为并未成为常态的经济运作。

（二）民族地区现代企业建设的曲折发展阶段（1958～1976年）

这一时期，反“右”运动扩大化、经济“大跃进”与人民公社化运动，给民族地区生产力造成极大的破坏，使得少数民族广大农牧民的生活水平显著下降，给民族团结带来了严重的后果。1960年提出的国民经济调整对于压缩民族自治地方基本建设、关并没有原料基地、缺乏资金和技术条件、纯搞无米之炊的企业起到了一定的扭转作用。仅以广西壮族自治区为例，经过1961～1962年的调整压缩，全区共削减工业企业2100个，其中大多数是公社办的企业，而压缩的重点是重工业企业。[①]

但是随之而来的“文革”十年动乱等政治运动，使得原本弱不禁风的民族地区经济发展与企业发展遭受了摧毁性的冲击。20世纪60年代中后期，根据国际形势的变化，从战备的角度进行了“三线建设”，陆续建立了一批铁路和公路干线，这些建设的重点区域仍然集中在西南、西北地区，如成昆铁路、枝柳铁路、湘黔铁路和滇藏公路。交通干线的迅速发展，打破了民族地区历史上的封闭状态，密切了民族地区与其他地区的政治、经济、文化联系，打开了加快改变民族地区经济社会落后面貌的物质通道。在此期间，东部地区大量厂矿企业内迁，在西部地区初步形成了一批大型的现代工业企业。

通过规模浩大的“三线建设”，民族地区迅速地建立了现代化工业体系，“在1964年至1980年，贯穿三个五年计划的16年中，国家在属于三线地区的13个省和自治区的中西部投入了2052.68亿元”，“建起了1100多个大中型工矿企业、科研单位和大专院校”。[②] 这一时期在民族地区出现了门类较多的工业项目，中、小型工业企业，如钢铁工业、机械工业和轻纺工业，也得到了较快的发展。20世纪70年代末，国家对民族地区实现税收减免和优惠税率的照顾政策，对边境县和自治县乡镇企业免除工商所得税5年；对民族八省区基建企业在扣除营业外支出和提取企业基金后，按降低成本额三七分成；对实行民族贸易三照顾地区的

① 黄光学主编《当代中国的民族工作》（上），当代中国出版社，1993，第135页。

② 秦伟：《三线建设：西部工业摇篮》，《装备制造》2009年第9期。

供销社免征所得税，并对民族贸易三照顾地区民族用品手工业企业所得税实行定期减税。[①]

但是，由于这些企业的建立并未考虑三线地区的实际情况与发展特征，非但难以和当地少数民族经济发展建立有机的发展关系，更没有给民族地区经济发展带来切实可观的利益，却由于投资大、浪费多、效益差而加重了民族地区的经济负担，严重损害着当地少数民族的切身利益。因此，在这一阶段，现代企业的建立与发展多属于出于战备目的的非常态发展，并未发挥对现代企业制度与企业社会责任建设的带动效应。

（三）民族地区企业建设的发展完善阶段

1978 年党的十一届三中全会掀开了以经济建设为中心的改革开放的序幕，在民族政策的全面恢复和贯彻落实中，支援和帮助民族地区经济发展进入了新的阶段。1977 年国家设立边境建设事业补助费，1979 年提出东部相对发达省市“对口支援”西部民族地区的政策，1980 年国家设立支援经济不发达地区发展资金，1980～1988 年，中央财政对民族八省区实行年递增 10% 的定额补助制度，1990 年设立少数民族贫困地区温饱基金，1992 年设立少数民族发展资金，用于民族地区基础设施及企业技术改造，1994 年将中央与自治区在矿产资源补偿费方面的分成比例由5∶5 调整为 4∶6，扩大作为资源所在地的自治区在资源开发中的收益比重，等等。[②] 这些政策是中央通过特殊扶持政策增强民族地区财政自给率，提高民族地区自我发展能力的重要举措。

与此同时，国家发展战略正酝酿着重大转型，1999 年召开的第二次中央民族工作会议以“加快少数民族和民族地区经济发展和社会进步”为主题，提出了西部大开发战略。[③] 为实现加快基础设施建设、加强生态环境保护、巩固农业基础地位、调整工业结构、发展特色旅游业、发展科技教育和文化卫生事业的综合目标，国家出台了四项政策措施，即

---

① 红梅：《中国少数民族经济政策 50 年》，《广西民族研究》2000 年第 2 期。

② 郝时远：《中国特色解决民族问题之路》，中国社会科学出版社，2016，第 186～190 页。

③ 江泽民：《在中央民族工作会议暨国务院第三次全国民族团结进步表彰大会上的讲话》，《民族团结》1999 年第 10 期。

增加资金投入、改善投资环境、扩大对内对外开放、吸引人才和发展科技教育。这些政策中包含着诸多优先安排建设项目、加大金融信贷支持、实施简政放权和税收优惠、实行土地和矿产资源开发利用的优惠措施、调节价格和收费机制等的政策举措[①]，对于进入民族地区的企业是巨大的政策利好。与西部大开发相配套的“兴边富民”与“扶持人口较少民族发展”等专项规划构成了西部大开发政策的组合效应，提高了民族地区经济社会发展质量，改善了民生，发展了特色优质产业，边疆民族地区开发开放程度不断提高。西部大开发战略实施以来，国家在民族地区安排了西气东输、西电东送、青海 30 万吨钾肥工程等一批重大工程项目，促使民族地区若干重要工业生产基地的形成。

从上文对民族地区企业发展及其社会责任建设的过程可以发现，企业的发展与民族地区的整体发展密切相关，与国家发展战略紧密相连。企业的发展离不开国家在财政、税收、资源开发、民族贸易等方面的政策优惠和特别措施，得益于资源开发的整个过程，因此其责任行为也与所在地的民族关系调整、民族团结巩固以及边疆稳定与国家安全分不开。企业在民族地区资源开发中获益良多，也应当为民族地区发展贡献更大的力量，获益与回馈贯穿于民族地区企业发展的全过程，在资源开发、民族团结与国家安全的宏观背景下，企业发展与地区发展紧密共生。

第四节　改革与转型背景下企业社会责任的边界

企业是社会责任的主体，企业管理者是社会责任的实施者。这样的认同经历了漫长的时代变迁，从早期的商人为寻求合法性而进行的捐赠，以及重商主义下国家将商人作为积累财产的工具，其中，企业不是独立存在的，经商只是国之末业，商人也处于社会底层。在工业革命的物质推动和启蒙运动的思想开化过程中，产权制度和公司治理结构的建立，使得企业获得了主体地位和自主经营的权利。社会主义市场经济体制的建立实现了社会主义与市场经济的结合，在制度上确立了现代企业的独

① 参见郝时远《中国特色解决民族问题之路》，中国社会科学出版社，2016，第 190 ~ 195 页。

立产权和市场经济主体地位，这为企业自主经营、自负盈亏提供了制度保障。这一体制机制的变化实现了所有权与经营权的分离，企业以自己的财产（而不是企业家的财产）承担法律责任和道德责任，企业经营者应当履行代理人（经理人）的职责，将企业利益与利益相关者利益统筹考虑。

1. 明确企业社会责任与政府社会职能的边界

倡导和强化企业社会责任不是要用企业社会责任代替政府社会职能，也不是要混淆二者。企业社会责任和政府社会职能应当有相对确定的边界，同时，这个边界又是动态发展的，与经济社会的发展状况密切相关。

我国宪法对政府社会职能进行了明确的规定。其中，第十四条规定：国家通过提高劳动者的积极性和技术水平，推广先进的科学技术，完善经济管理体制和企业经营管理制度，实行各种形式的社会主义责任制，改进劳动组织，以不断提高劳动生产率和经济效益，发展社会生产力。国家合理安排积累和消费，兼顾国家集体和个人利益，逐步改善人民的物质生活和文化生活。国家建立健全同经济发展水平相适应的社会保障制度。第十九条至第二十二条规定了国家发展社会主义的教育事业、科学事业、医疗卫生事业、文学艺术事业的职能。第二十六条规定：国家保护和改善生活环境和生态环境，防治污染和其他公害。以上规定明确地宣示了国家（政府）应该承担的社会职能。由于我国经济发展水平、民众观念以及配套制度的限制，国家职能在很大程度上发挥得还不完全，但宪法对国家履行社会职能的要求是客观存在的，国家无疑是社会职能的法定履行主体。

虽说国家具有履行社会职能的法定职责，但政府很难对社会生活的方方面面及时做出反应，所推行的诸如社会保障、福利制度、环境治理等履行社会职能的举措也未必准确到位并适应社会生活中各个环节的需求。就我国目前的经济发展水平来看，政府履行的社会责任仅能满足社会生活的基本要求。随着社会经济的发展，企业规模的扩大，企业作为营利性的经济实体，其运行涉及了市场经济的多个领域，其在社会经济生活中所起的作用日益增大，所以企业承担一定的社会责任是发展的必然结果。简言之，企业必须要承担一定的社会责任，但不会承担“无限的”社会责任，企业承担社会责任是“有限度”的。同时，国家和社会在要求企业履行社会责任时还要注重其权利、义务的对等性，不能滥用社会责任侵犯企业合法权益。目前，企业的社会责任应仅限于对企业的利益相关者的责任，包括员工、债权人、消费者和所在社区等。而社会保障、文化教育、公共物品等方面公共服务的提供，主要是政府的社会职能范畴。

没有任何一个企业可以解决所有的社会问题，企业只能在一定的限度和范围内承担它应当和能够承担的社会责任。这涉及社会责任的限度问题。由于企业本身的性质、能力以及行业的不同，企业社会责任在内容、形式、范围等方面也应有所区别。国有企业和民营企业所承担的社会责任应有所不同，公用企业和一般企业的社会责任也应不同，大型上市公司和中小企业所能承担的社会责任更是要有所区别。有学者将企业社会责任归纳为三个限度。① 一是使命限度，任何一个企业的首要责任都是执行其职能、完成其使命、实现其关键领域的各项目标。如果做不到这一点，它就不可能做其他任何事情。二是能力限度，任何一个企业都必须获得承担它自己造成的影响所需要的能力，但在那些不是由它自己造成的影响产生的社会责任的领域，其责任的承担要受其自身能力的限制。因此，企业应承担自己力所能及的社会责任。三是职权限度，权力和责任历来就是密不可分的，任何人要求职权就意味着承担责任，而承担责任就要有相应的职权。因此承担社会责任就必须有一定的职权作保证。如果企业没有某项职权，它就无法承担与此相适应的社会责任。因此，对于那些因企业自身活动而对社会产生影响的责任，企业必须设法承担；对于那些因社会机能失调而产生的社会问题的责任，应由政府来承担。

总之，企业履行社会责任要与企业自身的发展程度和承受能力相适应。对于企业来说，其首要的社会责任就是怎样为社会创造好的产品或服务。目前，我国的很多企业为社会提供好的产品与服务的责任还没有

---

① 梁喜书、张洁：《构建和谐社会与企业社会责任》，《石油大学学报》（社会科学版）2005年第3期。

完全履行好，还处在力争在激烈的竞争中站稳脚的阶段。对有些中小企业来说，本来市场竞争力较弱，如果让他们去为社会事业多做贡献的话，事实上不太可能。然而，如果企业已经经营到一定阶段，能够在市场中稳步发展，就应该要求企业考虑到自己的责任，以优秀的表现来改善自己的形象，提升自己的地位，自觉履行法律上和道德上的社会责任。此外，目前我国还处在社会主义初级阶段，经济水平还相对落后，在全国范围内推广企业社会责任运动时，必须与我国社会主义初级阶段的国情结合起来，认识到处于不同发展阶段的企业在实施社会责任管理时具有的特殊性和阶段性。

企业承担社会责任的程度和范围，还取决于体制因素。我国企业社会责任发展前景在很大程度上取决于政府的改革方向。在计划经济条件下，企业社会责任与政府经济与社会职能具有同构性，企业与政府职能边界模糊。在中国社会以“大政府、小社会”模式运转时，企业不具备承担社会责任的能力与地位。市场化改革条件下“小政府、大社会”运行模式的转变，企业必然要承担与之性质、能力、规模相适应的社会责任。

2. 明确政府在推进企业社会责任中的职责

为了防止政府及其部门滥用企业社会责任，必须明确政府在企业社会责任中的职责，以法律规范政府的权力范围，使政府及其部门和工作人员依法行政，避免行政权力对企业的过度干预。

政府负有对企业社会责任的监管职责，是企业社会责任监督的重要主体。也就是说，对企业履行社会责任进行监管是政府的职责，政府不作为或监管不到位要承担一定的法律责任。然而，政府的监管必须依法进行，只有以法律明确政府在推进企业社会责任中的职责，规范政府的权力范围、界限以及行使权力的程序，才能使政府及其部门和工作人员依法行政，避免行政权力对企业的过度干预，避免政府及其部门滥用社会责任名义对企业实行变相摊派。

根据我国目前企业社会责任的发展趋势，政府在推进企业社会责任建设方面的职责主要体现在以下几个方面。

第一，推进企业社会责任法制化，完善配套法律法规，将企业社会责任纳入制度化、规范化的管理体系中，为企业履行社会责任提供良好的法律和政策环境。强化企业社会责任主要是强化企业的守法行为，使企业在生产经营的过程中严格遵守劳动法、生产安全法、产品质量法、反不正当竞争法、环境保护法等法律法规，在遵守国家各项法律的前提下创造利润，为社会做贡献。

第二，建立企业社会责任评价体系。欧美国家对企业的评价往往从经济、社会和环境三个方面进行，经济指标仅仅被认为是企业最基本的评价指标。关于企业社会责任的评价多种多样，如道琼斯可持续发展指数、多米尼道德指数，《商业道德》《财富》等杂志都将企业社会责任纳入评价体系。许多跨国公司也都将企业社会责任作为一个制度化、规范化的管理体系，有明确的计划、有专门负责的部门、有一定的经费保障、有可操作的规范化的管理程序。在我国，对企业的评价多停留在经济指标上，这样的评价体系不仅不利于落实科学发展观，也不能适应经济全球化的趋势和要求。因此，建立企业社会责任评价体系，是政府当前一项较为紧迫的职责。

第三，加强对企业社会责任的宣传、培训和指导。首先，要对地方政府管理部门的工作人员和企业经营者、管理者进行企业社会责任培训，让他们理解企业社会责任对企业发展和地方经济发展的重要意义，帮助企业树立社会责任的理念。其次，要帮助企业建立企业社会责任的管理体系，使企业社会责任管理制度化、规范化，尽快与国际接轨。最后，要加大对企业社会责任的宣传，让全社会都来关注企业社会责任，参与到推动企业社会责任的运动中来，营造推进企业社会责任的社会氛围。

第四，加强对企业社会责任的监督，加大执法力度。企业社会责任的一些内容在我国《公司法》《劳动法》《环境法》等法律法规中已有规定，有些内容甚至比国外流行的社会责任标准还要严格。如何将法律规定落到实处是落实企业社会责任的重要环节。因此应大力加强执法力度，真正做到有法可依、有法必依、执法必严、违法必究。不仅要追究违法企业的相关责任，也要追究相关执法部门执法不力或不作为的责任。对在社会责任方面表现良好的企业，要定期做出评估，建立表彰机制，从而引导企业转变观念，朝着积极履行社会责任的方向发展。与此同时地方政府要依照科学发展观的要求转变政绩观，不能一味单纯追求经济指标的增长，默认甚至“保护”那些不履行社会责任的违法背德企业。[①]

总之，尽管我们倡导企业社会责任，但不能从一个极端走到另一个极端。企业、政府甚至社会公众都存在滥用社会责任的可能。由于中国目前在社会推动和市场运作方面都存在欠缺和不足，政府在推进企业社会责任方面仍然发挥着主导的作用。加之传统上中国是一个崇拜行政权力的国家，我国的企业又刚刚从计划经济中解放出来，许多国企迄今为止还没有完全摆脱“企业办社会”的传统思路，防止政府对企业社会责任的滥用很有必要。因此，必须明确政府在推进企业社会责任中的职责，以法律规范政府的权力的范围、限度和程序，使政府及其部门和工作人员依法行政，避免行政权力对企业的过度干预，防止以企业社会责任为名干涉或限制企业经营自主权，防止回到计划经济“企业办社会”的老路上去。

3. 民族地区政府与企业社会职能（责任）的边界

民族地区政府与企业的社会职能或责任边界是社会政策领域的一个根本问题。“除了把这两种研究并列（政府责任和企业责任），以其他任何形式把他们结合起来的企业，在逻辑上似乎都是不可能的”[②]。

在普遍强调地区竞争力的当下，各经济主体实际上已将本地区作为一个完整意义上的经济制度制定者和执行者。当人们被区分以各个相互独立的地方经济体存在于国民经济和世界经济体系时，各个国家和地区发展经济的目的都着眼于本国或本地区的独立与强大。而处于不同发展阶段的各地区之间具有各自不同的利益诉求。关于政府职能与作用，理论界更多关注的是政府管制、政府干预和宏观调控的内涵，而对于政府直接参与微观经济活动，通过政府日常的购买行为、公共产品的公开招标、政府的投融资行为、重大经济活动的规划与设计，与中央政府在区域经济和资源配置方面的谈判、特色产业的标准制定等与企业的联动行

① 参见卞爱琴《论落实科学发展观与企业社会责任运动》，《桂海论丛》2004 年第 6 期；赵琼：《关于企业社会责任的对话》，北京大军经济观察研究中心，www. dajun. com. cn，最后访问日期：2007 年 12 月 26 日。

② 〔印度〕阿玛蒂亚·森：《伦理学与经济学》，商务印书馆，2001，第 17 页。

为并没有引起更多的关注。

民族地区的欠发达特性使其遭遇了发达地区经济和技术优势的空前压力，面临着异常艰巨的维护地区经济利益的任务。由于自然历史原因以及国家发展战略的偏移，民族地区曾长期位于国家发展大局的外围，尽管三线建设时期，以及后来的西部大开发政策的实施，都将民族地区纳入全国乃至地区性战略规划中，但由于“地方政府的纯粹行政事务性运行基础”以及经济制度规划和运作能力的欠缺，使得发达地区利益集团和自由竞争经济理论主导下的地区政策输入带有一定的盲目性。[①] 而当地社会中大多数民族经济成分始终游离于政府决策过程之外，同时由于体制内诉求表达渠道和机制的匮乏，使得民族社会缺乏完整意义上的企业与经济组织。目前，在推进政府与企业社会责任的社会基础缺乏的情况下，政府的引导和推进具有主导作用。同时，企业发展与社会环境密切相关，企业应当在建设社会主义和谐社会，巩固与发展社会主义新型民族关系中发挥积极作用。

① 阿青：《西部民族地区政府与企业社会责任的经济伦理学思考》，《青海民族研究》2006 年第 1 期。

第 四 章

法律与道德：民族地区企业社会责任的约束机制

第一节 法律与道德的一般关系

一 作为社会控制方式的法律与道德

任何社会作为一个整体都必须具有一定的规则和秩序，不管是在人们的日常生活中自发形成的，还是人们自觉创造的，这种规则和秩序是“一种生产方式的社会固定的形式”，“是它相对地摆脱了单纯偶然性和单纯任意性的形式”。[①] 人们往往用“社会控制”的概念来表示把个人及其集体的行为纳入一定社会规则和秩序范围内的过程，认为它是实现社会秩序、维持社会正常运行的必需手段，是使人们接受社会价值、原则或规范的整个过程。[②] 而社会规范（规则）是这一过程的静态表现。

法律与道德都是社会重要的行为规范，两者关系既是反映应然与实然的重大法哲学理论问题，也是关乎社会控制模式选择的重大实践问题。

1. 当代西方法律与道德关系的解读分歧与理论困境

法律与道德的关系在法哲学层面上就是实然法和应然法的关系。在

---

① 马克思：《资本论》（第 3 卷），人民出版社，2004，第 896 ~ 897 页。

② I. Robertson, Sociology（Worth Publishers, INC. 1983）, p. 633; D. Black（ed.）, *Towards A General Theory of Social Control*（Academic Press, INC. 1984）, p. 5. 转引自朱景文《现代西方法社会学》，法律出版社，1994，第 171 页。

当代西方法哲学中，法律与道德的关系主要包括五个方面的内容：①法律与道德的区别和联系；②法律和道德有无逻辑上或概念上的必然联系；③道德的法律强制；④对法律的道德批评和与此相连的法律的道德义务；⑤如何处理法律与道德的矛盾和冲突。[①]

法律与道德之间在逻辑上的必然联系是两者关系的关键和核心，当代西方自然法学派和分析实证主义法学派对此持不同观点。富勒、德沃金等自然法学家认为，法律与道德具有不可分割的必然联系，主张法律必须以道德为基础并与道德要求相一致。法律的道德性问题是富勒观点的核心，他提出了两对讨论范畴：义务的道德和愿望的道德，法律的外在道德和内在道德。义务的道德是我们应当遵守的道德，愿望的道德是我们应当追求的道德，前者类似于道德义务，而后者类似于道德理想。其中，义务的道德和法律最接近，可以帮助法律决定某一行为是否应在法律中加以禁止。一般而言，义务的道德所谴责的行为就是法律所禁止或应当禁止的行为。两者的不同在于，法律在禁止这些行为时要依照行为本身的严重程度和危害大小而界定合法与违法、罪与非罪的判断。向往的道德同法律没有必然联系，但它同法律目的的实现有关联。哈特、凯尔森等分析实证主义法学家承认相当多的法律规则体现着道德，或者是由道德规范转化而来的，但认为法律与道德这种事实上的联系并不具有必然性，在逻辑上和概念上法律与道德没有必然的联系。对于这一理论问题的引申则是关于恶法是不是法，或者说法是否必须符合道德（即必须是良法）。

具体说来，自然法学派的必然联系说有助于为法律提供必要的价值基础和准则，但由于他们认为道德在法律制定、解释及法官确定法律标准时都起着重要乃至决定性作用[②]，并将法在实质上归于道德，就会导致法成为道德附庸而失去自身的独立品质和至上权威。分析实证主义法学家使法从道德的束缚中解脱出来，试图对法律进行精确描述和适用，有其积极意义。但其否认法律与道德在本质上的联系，从而得出恶法亦

① 朱景文主编《法理学教学参考书》，中国人民大学出版社，2004，第263页。

② 〔英〕戴维·M. 沃克编《牛津法律大辞典》，北京社会与科技发展研究所译，光明日报出版社，1988，第521页。

法的结论，必然削弱法律的伦理价值基础，最终将法的效力归于纯粹的规则，法律制度由此沦为机械的规则体系。这不仅会使法律失去活力和基础，而且可能会沦为专权的工具。

对于西方法理学界关于法律与道德关系陷入困境的解释，传统观点认为，原因在于他们没有也不可能站在马克思主义立场上，而是把法与道德放在超阶级、超历史的资产阶级世界观和方法论框架中去研究和分析。有的学者提出了法律与道德关系的多维视角，认为西方法哲学争论的各方未能看到两者关系在“价值层面、规范层面、秩序层面等的多维系统性”①，而从各自视角出发对法律现象进行描述。自然法学家从价值层面出发，论及法律的目的及法律的道德基础，认为法律是最低限度的道德。而分析实证主义法学家更多地从规范和秩序层面出发，论及法律的实际效力及排除法律概念中的道德因素，认为“法律的存在是一回事，它的优缺点是另一回事”②。由于各自侧重于不同的层面，两种观点并未形成实质上的交锋，而是站在不同的立场上论证着相同的善良初衷，即如何使法律免于专权的威胁。第二次世界大战后，面对西德法院对纳粹统治时期犯罪行为处理问题上的两种观点虽针锋相对，但出现了某种程度的靠拢，并得出了否定纳粹法律的一致结论。哈特对此宣称：任何实证主义者都“不能否认法律之稳定性部分地有赖于与道德的一致性”，从而主张法律应反映最低限度内容的自然法，但不应把法律的无效性与法律的道德性相混淆，以免造成“他们由于缺乏考虑对社会的代价而匆忙作出法律是无效的因而不应得到遵守的判断”。③

2. 法律与道德关系的一般阐释与多维视角

法律与道德作为两种最基本的社会控制方式，两者之间既相互区别，又相互依存、相互交叉、相互影响。法律作为国家颁布的行为规范，是从国家立场出发对人们行为的评价，包含着立法者关于正义与非正义、合理与不合理、善与恶的价值判断和价值取向，道德是法律的基础和源

① 马长山：《法治社会中法与道德关系及其实践把握》，《法学研究》1997 年第 1 期。

② 〔英〕奥斯丁：《法理学的范围》，转引自〔英〕哈特《法律的概念》，张文显等译，中国大百科全书出版社，1996，第 202 页。

③ 〔英〕哈特：《法律的概念》，张文显等译，中国大百科全书出版社，1996，第 199、206 页。

泉。从历史唯物论看来，法律和道德都是由一定的物质生活条件决定的，人们自觉地或不自觉地，归根到底总是从他们进行生产和交换的经济关系中，获得自己的伦理观念和法制基础。

法律与道德的联系和区别体现在以下几个方面。

（1）法律与道德的作用方式既相互联系又彼此区别

法律与道德是社会的重要行为规范。在人类社会发展的早期，调整人们相互关系的习惯、宗教教义、自然禁忌以及具有强制力的道德信条等行为规范之间，没有多少区别。因此，作为特定的社会共同体日常生活中的行为准则，法律和道德有着共同的起源。

在社会规范系统中，法律与道德是“两个并列存在的对立的统一”[①]。就其性质来说，法律属于制度形态的上层建筑，道德属于意识形态的上层建筑，两者相辅相成，共同反作用于特定的经济基础。但道德与法律的作用方式存在明显区别。马克思指出“道德的基础是人类精神的自律”[②]。这一论断不仅深刻地概括了道德的本质特征，而且表明了道德与法律的根本区别，两者属于不同的社会规范体系。法律体现的是国家意志的他律，它由国家机关根据占社会主导地位的阶级意志而采用规范形式制定，并依靠法庭、警察、监狱等国家强制力来保证施行。法制是上述法律规范体系及有关的立法、执法、守法、法律监督等一系列制度的集合。而道德体现的是人类精神的自律，它包括人类关于善与恶、美与丑、公正与偏私、正义与非正义等观念形态，以及与这些观念相对应的伦理规范。道德的规范作用来自社会舆论、内心信念和传统习惯等精神力量，一般依靠于社会成员的自觉实践。

（2）法律与道德的调控范围既交叉重叠又各有侧重

从道德和法律的调整对象来看，两者都对人们的行为进行评价，对社会关系进行调整。一般来说，凡是法律所禁止和制裁的行为，也是道德所禁止和谴责的行为；凡是法律所要求和允许的行为，也是道德所鼓励和倡导的行为。同时，许多道德观念也在法律中得到体现，有些道德

---

① 吴汉东：《法律的道德化与道德的法律化——关于法制建设和道德建设协调发展的哲学思考》，《法商研究》1998 年第 2 期。

② 《马克思恩格斯全集》（第 1 卷），人民出版社，2002，第 119 页。

问题可以诉诸法律。不过，从规范作用来看，法律与道德对人们行为的要求各有侧重。前者一般只能规定最起码的行为要求，是人们行为的底线，而后者可以解决人们精神生活和社会行为中更高层次的问题，是人们行为的理想状态。

（3）法律与道德的社会功能既相互区别又互为补充

在社会规范体系中，法律与道德是两种不同属性的行为规范，在调整社会关系方面两者手段不一，功能相互补充。道德主要是依靠舆论督促、内心修养和习惯驱使等方式对人们行为进行规范和引导，在社会治理和家庭生活中影响深远。但道德也有局限性，它对严重危害他人或社会利益的行为只能谴责而不能制裁。法律明文规定了合法与非法的界限，并以国家强制力为后盾，既有引导、推动作用，更有惩戒、防范作用。由于法律的强制性，它所设定的标准不同于道德倡导的“圣人”标准，因此对虽“缺德”而不违法的行为往往无法发挥作用。在现代社会中，法律的他律约束作用与道德的自律教化作用只有相互补充和密切配合，才能达到依法治国与以德治国相结合的良好效果。

本书借用多维视角的框架，从价值层面、规范层面、秩序层面等方面对法律与道德关系进行简要总结。从价值层面来看，法律应服从道德评判和伦理价值取向。人们选择法律作为主要的社会控制手段，不仅仅因为它以国家强制力作为后盾，而且因为法律这种普遍有效的理性规则，表达、传递、推行着能够为主流社会所认同和接受的一定价值原则和要求。人是一种经济性和伦理性存在，前者使人类生活立足于必要的物质基础之上，后者则为人类生活提供必要的文化根基，法律必然要反映经济关系和伦理价值，“任何社会都是一种道德秩序，它必须证明它的分配原则是合理的；它必须证明自由和强制的兼而并用，对于推行和实施它的分配原则来说是必要的，是天经地义的”①。从规范层面来看，国家与社会的二元结构使法律与道德成为并行互补的不同规则，日益发展为国家法与社会法两大分支体系，前者是一种外生性、他律性规范，后者

① 〔美〕丹尼尔·贝尔：《资本主义文化矛盾》，赵一凡等译，生活·读书·新知三联书店，1989，第309页。

是一种内生性、自律性规范。从秩序层面看，由于法律形成的是一种外生性的国家强制秩序，这一秩序不能再建立在前资本主义社会的宗教神谕和武力征服基础上，而必须立足于合理性、合法性认同和自愿服从基础上，即法治国家的秩序“必须来自人民自身——自觉自愿地遵守从心底拥护的、大家共同分享的道德价值观念的要求和约束”[①]。

3. 道德法律化的必要性、可能性及其实施限度

基于对道德与法律的共性及内在联系的认识，在对道德法律化与法律道德化的讨论中，尽管有学者担心道德的无限度法律化会失去道德范畴的独立意义，进而影响法律价值目标的实现[②]，但是学者们对道德在一定条件下必须与法律相结合，以法律作为保障机制的现状已达成基本共识。

学者们以法律和道德的共性为基础，以两者之间相互渗透、相互影响和相辅相成的关系为基本框架论证了道德法律化的可能性，归纳起来大致有如下观点。其一，道德和法律都含有义务规范，义务是道德法律化的中介和桥梁。其二，道德和法律都具有普遍适用性。“道德可加以普遍化的特征内在地要求把人人能够做得到的道德法律化，以法律的普遍有效性引导、规范、推动、保障和约束道德的制度文明化，并反过来通过社会主体行为透视其道德状态是否文明。”[③] 其三，道德和法律都是社会责任的象征，“社会有责任利用权力来保护社会的‘共同善恶的观念’”[④]。其四，“道德和法律在价值取向和调控目标的一致性决定了道德法律化的可能性”[⑤]。法律不仅是规则体系和制度的客观组合，而且包容了人类在认识和改造主客观世界过程中对自身生活目标和价值理想的历史记忆，蕴含着对社会公正和正义的法律精神。从一定程度上说，一个国家的法制是否完善和健全，主要取决于道德规则被纳入法律规则的数量。[⑥]

---

① 〔美〕巴尔：《三种不同竞争的价值观念体系》，力文译，《现代外国哲学社会科学文摘》1993 年第 9 期。

② 马长山：《法治社会中法与道德关系及其实践把握》，《法学研究》1997 年第 1 期。

③ 范进学：《论道德法律化与法律道德化》，《法学评论》1998 年第 2 期。

④ 王云骏：《浅议道德规范法规化》，《江西社会科学》1997 年第 1 期。

⑤ 刘云林：《道德法律化的学理基础及其限度》，《南京师大学报》（社会科学版）2001 年第 6 期。

⑥ 王一多：《道德建设的基本途径》，《哲学研究》1997 年第 1 期。

由于道德规范的弱权威性与弱规范性，其对于失德行为的威慑与惩戒力度不够，因此有必要实现道德的法律化。在传统熟人社会中，道德约束的作用显著。但在当前人口流动空前加速的形势下，社会充斥着多主体、多角度的复杂利益关系，道德仅靠自身力量往往难以实现规范人们行为、调整社会关系的功能和目标。因此，有必要将无形的道德意识转化为以国家强制力为后盾的法律规则。在我国实施全面依法治国方略的新形势下，受激烈社会变革和急剧社会转型的影响，法制变革与道德观念的更新都在发生，但其发展程度和速率却呈现出明显的差异。法制变革可以由国家运用政权力量和社会资源，根据规划和计划加速推进，但道德观念更新的教化过程是渐进的，新的道德思想成为社会普遍共识，需要较长时间的努力。通过立法手段可以推动特定道德规范的普及，进而推进法律目标的实现。从这种意义上看，法律可以看作社会主义道德建设的推进器。在全面依法治国的整体框架下，法治建设不仅要求为最基本的道德标准提供法制保障，而且立法活动的道德指引、执法主体的道德能力、守法心态的道德制约都是推进法治建设的重要因素。

一般来说，一个国家道德法律化的程度和范围，主要取决于该国的治理传统、法律体系和伦理体系的健全和完善情况，国民素质的高低、民族传统及历史文化传统、风俗习惯等因素，归根结底取决于经济基础和通过经济基础反映出来的生产力发展水平。那些被视为社会交往的基本而必要的道德正当原则，在所有社会中都被赋予了具有强大力量的强制性质，通过将这些道德原则转化为法律规则增强它们的约束力是现代国家立法的重要途径。法律发展的历史揭示着这样一个明显的趋势，即通过建立有组织的社会制裁手段来确保人们服从符合基本道德要求的行为规范。为了防止道德的泛化，人们往往将道德法律化的范围限于立法领域，并且指向维持社会秩序所必需的基本道德标准。[①] 立法者将一定

① 复兴自然法学家富勒在《法律的道德性》一书中首次阐述了与法律有关的两种道德，即义务的道德和愿望的道德。义务的道德是有秩序的社会生活的一种基本要求，愿望的道德是人们对理想的追求，是人类生活的最高目标。其中，义务的道德表现为一种否定形式，如“不应该做某事”，其与法律最为接近，是切实可行的行为规范，也为道德法律化设定了边界。参见吕世伦主编《现代西方法学流派》（上卷），中国大百科全书出版社，2000，第62~74页。

的道德理念和道德规范借助于立法程序以国家意志的形式表现出来，实现道德观念的规范化与制度化。

那些在法律权利与义务范围之外的道德准则，仅具有较弱的强制力。任何可被用来维护法律权利的强制执行制度均无力适用于纯粹道德要求，给予人们在纯粹道德问题上的自律程度要大于强制性的法律规范所允许的自由意志的范围。法律与道德的双向流动是人类法律发展史上的重要组成部分，每个时代都会将该社会至关重要的道德准则法律化，道德规范因而不断地上升为法律规范；同时，随着社会的发展，每个时代都会根据自身的状况将某些不再具有根本的重要性或者不再经常横遭践踏的行为规则由法律转化为道德，从而使许多行为规范逐渐退出法律领域。这种双向流动在今后相当长的时期里仍将构成人类法律发展的基本格局。在 21 世纪的中国，随着市场经济飞速发展、社会的行业化和专门化程度迅速提高，市场经济特定的道德要求和各个行业的职业道德不仅会全面发育出来，而且日益具有根本的重要性。因此，市场伦理、职业伦理以及其他社会公德的法律化将是未来中国的法制主题之一。[①]

二　市场经济中的法律与道德准则

1. 法治是市场经济的内在要求

市场经济是商品生产发展到一定阶段的产物，随着资本主义的兴起和发展，市场经济逐步取代自然经济成为近现代社会的基本经济体制。作为市场在资源配置中起基础性甚至决定性作用的经济运行方式，经济的市场化要求社会的法治化。法律作为社会的基本行为规范，在自然经济、计划经济等经济社会形态下也存在，但大体上只有“在商品交换和市场经济条件下，才形成了具有法治特征的法律制度”[②]。

改革开放以来，我国面临着不断深入的经济体制改革与机制调整，从“国家在社会主义公有制基础上实行计划经济”过渡到“以计划经济为主，市场调节为辅”，从“社会主义商品经济”发展到“社会主义市

① 关于法律与道德双向流动的讨论，参见胡旭晟《法的道德历程——法律史的伦理解释（论纲）》，法律出版社，2006，第 187～189 页。

② 卫兴华：《法治是市场经济的内在要求》，《人民日报》2015 年 1 月 12 日第 7 版。

场经济”。与体制变化相适应的是原有体制下合法与非法、罪与非罪的界限模糊化，这些问题是“社会相对稳定时期形成的调整社会关系的法律手段与变动着的社会环境之间矛盾的反映”[①]。随着市场化改革的推进，人们越来越深刻地认识到社会主义市场经济与法律之间的内在联系。自1992年我国提出建立社会主义市场经济体制以来，在建立和完善社会主义市场经济体制的过程中，“市场经济是法治经济”的理念日益深入人心。这一论断一方面意味着市场经济的发展必须依靠高质量、高效率的法律调整，必须将法的至上性、权威性原则贯彻到市场关系中去，才能保障市场经济的健康发展。这里的“必须”，既表明市场自身结构的内在需要，也表明其内在局限性，即必须借助法律来实现自我完善；另一方面法律所具有的固有功能和调整能力使之能够满足市场经济的需要。[②]

具体来说，法治对市场经济发展的积极作用主要表现在以下几个方面。

（1）法律促进市场经济秩序的形成与发展

不同的经济体制意味着不同的经济秩序类型。市场经济所表征的是一种稳定的、自由的、竞争的自发秩序。市场经济要求有平等、发达的商品交换关系，而基于商品交换过程的复杂性，不可能靠事无巨细的全面计划的理性设计或外在行政强制来维持这种复杂系统工程的正常运转，而必须靠市场机制的调节。市场秩序是主体自由、自愿交换的条件又是其结果，逐步建立秩序的过程内在地形成了对规则的需求。因此，“市场中的规则、交换、秩序是三位一体的”，[③] 法律保障市场有序、安全、公正、高效地运行，保护市场中的自由竞争并为其创造良好的法治环境，通过建立国际贸易规则，打破各种形式的地区封锁、部门分割和非关税壁垒，为企业的国际化运作奠定基础，并通过完善的法律机制抑制经济全球化所带来的负面影响。

（2）法律保护市场主体的地位、行为及权益

市场主体是市场经济有效运行的微观基础。企业是市场主体结构中

① 王晨光等：《社会主义市场经济与法制经济》，《中外法学》1993年第2期。

② 孙国华、朱景文主编《法理学》，中国人民大学出版社，1999，第130～138页。

③ 孙国华、朱景文主编《法理学》，中国人民大学出版社，1999，第131页。

的决定性要素。根据公司法及其相关法律，市场主体主要包括国有企业、集体企业、个体企业、私营企业、外资企业以及各种混合型企业。

法律确认和保护各类市场主体的平等地位。市场化改革的关键一步就是使各类市场主体都能受到法律的一体保护，可以在法律框架内实行自主经营，可以借助法律来实现自己的合法权益。法律在此领域的积极作用体现在：①促进国有企业的公司制改革，明确企业的产权，明确国家和企业的权利与责任，实现所有权与经营权的分离，使国有企业成为自主经营、自负盈亏的主体；②确认非公有制企业的法律地位，使之能够平等地参与市场竞争；③淡化企业的所有制色彩，以现代企业制度来规范企业行为，使各类主体都能在市场中发挥领域的积极作用。

法律规范各类市场主体的各种行为。主要涉及以下内容：①赋予企业独立经营的权利，如生产经营决策权、产品销售权、内部机构设置权、劳动人事权、产品定价权、拒绝摊派权等；②规范企业的内部行为和公司治理结构，促进企业的科学管理；③监督和抑制市场主体的失范行为，如违约行为、侵权行为、不正当竞争行为、垄断行为、经济犯罪行为等；④规范政府管理经济的职能，实现政企分开，即将国家作为国有资产所有者的职能从国家行政管理职能和宏观经济调控职能中抽离出来，制止政府对企业行为的不当行政管理措施。

法律保障市场主体的多元化利益。主要体现在：①针对市场行为导致的各种后果，提供多种救济方式，包括诉讼和非诉讼纠纷解决机制的设置；②在多元化甚至相互冲突的利益之间做出合理选择，以促进市场的稳定运行；③建立防范和制裁机制，减少由于多元利益冲突而带来的负面影响。

（3）法律推动国家宏观调控方式的规范化

法律是国家进行市场经济宏观调控的基本手段之一。在市场经济中，每一个生产者和经营者都是独立的“自主经营、自负盈亏”的利益主体。利益是推动市场发育的动力，利益的冲突常常会使市场主体在局部利益的驱使下冲破市场正常规则的约束，损害社会甚至国家的利益，使市场“失范”、“失灵”或“失效”。为了规范市场的失范行为，需要国家进行适度干预。在市场经济条件下，由于生产者和经营者被直接推向了市场，不再是政府的附属物，因此，国家干预的方式，不能依靠行政手段直接插手具体生产经营活动，而应当主要依靠法律划定所有市场参与者的活动边界，将市场主体的经济活动纳入法治的轨道。市场经济法治建设的历史经验一再证明，由于法律具有可预测性、规范性、连续性、稳定性、普遍性和国家强制性等重要特征，可以极大地减少人们的主观随意性，约束主体的“失范”行为。

法律促进国家宏观调控手段规范化的作用主要体现在以下几个方面。①促进政府经济管理职能的转变，由计划经济条件下的直接干预转变为间接调控，由以行政手段为主转变为以经济和法律手段为主。②为经济手段作用的充分发挥提供法律保障。经济手段包括经济政策体系和经济杠杆体系两部分，前者如财政政策、货币政策、产业政策和收入分配政策等，后者如价格、税收、信贷、汇率等。制定经济政策和运行经济杠杆都应被纳入法治轨道，方能促进宏观调控的规范化。③促进调控体制改革的深化和渐进式改革方式的完善，减少改革的代价和风险。通过运用法律思维和法律手段解决金融、财政、计划等宏观经济领域出现的问题，如调整经济结构、抑制通货膨胀、调节收入分配、协调地区和部门利益以及局部与整体利益的冲突等。在渐进式改革进程中，要更多依靠法律来出台和实施具体的改革措施，最大限度地克服政策的不稳定性，促进改革、发展和稳定相协调。

2. 道德是市场经济的重要支撑

“每一种经济体制都有自己的道德基础，或至少有自己的道德含义。”[①]纵观近代世界经济史，市场经济从原始的、不发达的市场经济发展到发达的或现代的市场经济，与任何其他社会形态一样，有着自己内在的一套道德准则。相对于社会制度而言，这套道德准则具有一定的独立性。

现代市场经济条件下，依靠市场和价格来实现资源分配，经济利润作为生产和投资决策中的指导力量居支配地位，社会的产品、劳动、知识、资源和产权都实现了商品化，商品交换高度发达。市场交换一般遵

① 〔美〕R. T. 诺兰：《伦理学与现实生活》，姚新中等译，华夏出版社，1988，第324页。

循等价交换和自愿交换两个基本原则。等价交换原则是指交换双方的商品价值量等量交换、等价补偿。自愿交换原则是指市场价格在生产者、消费者、生产要素所有者等各方的自主意愿之下通过协商形成，任何商品交换和权利的让渡与转移，都不能出于交换各方的非自愿和被胁迫。这两个原则要求经济行为主体必须把追求自身利益的愿望与交换相对方的利益结合起来，在关心自己的回报的同时，还应该使他人的支出也得到相应的回报。现代市场经济已完成由卖方市场向买方市场的转变，人们可以自愿、自由地选择进行市场交换的对象，消费者自觉、自主的消费意识已经逐渐形成。要想通过市场为自身谋取更大的利益，必须更加努力地满足他人的需要。因此，现代市场经济是以利己与利人相结合的互惠互利主义为道德基础的。权利平等、自由竞争、公平交易、诚实守信、遵纪守法便构成了维系市场经济有序运行的基本道德观念。

自由主义经济学家将市场经济视为最有效率的制度，但是，再伟大的制度也有局限。古典经济学所理解的市场经济，实际上是一种非道德化的中性制度：只要一个人在市场中合法赢利并且依法纳税，那么就不仅增进了自己的利益，也增进了全社会的利益。这种市场经济的观念，来源于以法国为核心的欧洲启蒙主义的理性思潮：追求快乐和私利，是一个人最基本的本能。一个理性的制度，是要把这种对个人快乐和私利的追求，自动转化为对社会也有好处的行为。而这些都依靠市场机制来进行自然调节，市场有其天然的合理性，一切都由“看不见的手”来实现自然调节，看得见的道德信条似乎没有运用空间。但这只是对启蒙主义最狭隘的理解，那种创造一个理性的制度，使追求私利的人能够自动造福于全社会的理想，在现实中不仅行不通，甚至成为20世纪专制主义的思想根源。

随着市场经济的深入发展，道德力量对市场运行的支撑作用越来越多地被提及和实践。我们回溯到自由市场的本源，会发现市场经济是在盎格鲁－撒克逊的启蒙主义传统中成长的。这种启蒙主义的核心便是道德。英国著名政治经济学家亚当·斯密就是这一传统的核心人物之一。亚当·斯密不仅是位经济学家，更是位道德学家，除了《国富论》外，他的另一部重要著作是《道德情操论》。在1759年出版的《道德情操论》中，他认为支配人类行为的动机有自爱、同情、追求自由的欲望、正义感、劳动习惯和交换倾向。“自爱”即关心和追求自身利益的愿望，“同情”即关心公共利益的“利他心”。这是人类行为两个最基本的动机，它们是相伴而生的。虽然人在本能上是自利的，总是在“自爱心”的引导下去关心和追求自己的个人利益，从而妨碍“同情心”的发挥。但是，自利与利他又是可以统一的。斯密认为，人类的各种动机之间存在一种相互制约并趋于自然平衡的关系。交换倾向是重要的、不可或缺的，是使人类最基本的动机（即自利和利他）对立统一的中间环节。因此，他之所以倡导自由放任的市场经济，一个基本的预期就是个人有强烈的道德关怀和约束，会利用自己的自由追求社会公益，所以才无须国家干预。他明确批评那种“人人为己”的自由竞争，并认为是放纵和有害的。[①]

美国的历史也多少证明了亚当·斯密的判断。众所周知，美国拥有最自由放任的市场经济，也有着极为发达的慈善事业。美国在 19 世纪末和 20 世纪末出现了两次创造财富的高峰，也同时出现了两次慈善事业发展的高峰。前一次的代表是卡耐基和洛克菲勒，后一次的代表是巴菲特和盖茨。巴菲特[②]曾指出，市场本身无法解决穷人的问题，解决穷人的问题必须依靠市场经济中的赢家的道德自觉。美国自由放任的市场经济之所以能够维持，其中很重要的原因就在于这些市场经济中最大的赢家，能够主动根据自己的道德情操重新分配财富。如果他们不自行重新分配

① 关于亚当·斯密的《道德情操论》，参见陈岳堂、郭建国《经济行为的伦理审视——从“经济人”谈起》，湖南师范大学出版社，2004，第 90 页；陈根法：《德性论》，上海人民出版社，2004，第 131 ~ 139 页；王莹、景枫：《经济学家的道德追问——亚当·斯密伦理思想研究》，人民出版社，2001，第 217 ~ 220 页。

② 被称为“股神”的巴菲特是美国有史以来最伟大的投资家之一，他依靠股票、外汇市场的投资成为世界上数一数二的富翁。2006 年 6 月 25 日巴菲特宣布，他将捐出总价达到 370 亿美元的私人财富投向慈善事业。这笔巨额善款将分别注入全球首富（当时的全球首富，根据 2008 年 3 月 6 日《福布斯》杂志发布的全球富豪榜，巴菲特由于所持股票大涨，身家增至 620 亿美元，问鼎全球首富，墨西哥电信大亨斯利姆以 600 亿美元位居第二，连续 13 年蝉联首富桂冠的微软主席盖茨退居第三）、微软董事长比尔·盖茨创立的慈善基金会以及巴菲特家族的基金会，巴菲特捐出的 370 亿美元是美国迄今为止出现的最大一笔私人慈善捐赠，这也占到了巴菲特财产的大约 60%。

财富，而是通过财产继承创造一个世袭的经济贵族，那么老百姓就可能通过选票要求政府重新分配财富。

李克强总理在2016年十二届全国人大四次会议闭幕后的答记者问中指出，“市场经济是法治经济，也应该是道德经济”①，认为当前市场中存在的坑蒙拐骗、假冒伪劣、诚信缺失等现象要从文化方面找原因。“发展文化可以培育道德的力量”，我们建设的现代化是既要创造丰富的物质财富，也要通过文化建设和道德培育向人民提供丰富的精神产品，“用文明和道德的力量来赢得世界的尊重”。② 这段发言为在全社会加强道德建设奠定了扎实的基调。在改革开放以来的商业浪潮冲击下，物质文明的极大丰富改善着人们的生活环境，也影响着人们的传统道德理念。我们的社会生活也会面临世俗主义、实利主义和享乐主义的威胁，道德危机、伦理滑坡、诚信缺失等问题日益引起人们的广泛关注。商业欺诈、假冒伪劣等问题的存在，既损害了消费者的利益，更对市场经济体系的正常运行造成了干扰。这其中既存在市场监管不力、社会信用管理不完善等方面的原因，也需要从道德建设缺失或弱化等方面寻找原因。

道德是由经济基础所决定并为经济基础服务的社会意识形态。人们总是从他们进行生产和交换的经济关系中汲取自己的道德观念，“一切以往的道德论归根到底都是当时的社会经济状况的产物”③。当前，我们道德生活的变化，从根本上讲也是由经济关系的变化所致。市场经济体制的建立和不断完善，无疑是我国当前经济体制中的最大变化。因此，我们道德建设的一个重要内容就是“对市场经济的伦理适应”，这是“由经济与道德之间的根本关系所决定的”。④

---

① 关于市场经济与道德建设关系的集中论述，几乎与“市场经济是法治经济”的观点同步展开，“市场经济既是法治经济，也是道德经济”的观点早在20世纪90年代就已明确提出，总理在这里的借用是对市场经济中道德建设的重视和重申。关于“市场经济既是法治经济，也是道德经济”的具体论述，参见《经济学家苏于轼认为——市场经济既是法治经济，也是道德经济》，《领导决策信息》1998年第44期。

② 《两会授权发布：在十二届全国人大四次会议记者会上李克强总理答中外记者问》，新华网，http://news.xinhuanet.com/politics/2016lh/2016-03/17/c_128805588_2.htm，最后访问日期：2016年5月1日。

③ 《马克思恩格斯选集》（第3卷），人民出版社，2012，第470~471页。

④ 袁贵仁、吴向东：《道德建设：对市场经济的适应和超越》，《哲学研究》1997年第6期。

第二节 对企业社会责任的法律规制与道德约束

企业社会责任不仅是道德呼吁和良知约束，更具有深刻的法律内涵和规则要求，是法律与道德的集中反映。

一 对企业社会责任的法律规制

尽管学界对企业社会责任的性质和作用仍未达成共识，世界各国加强企业社会责任立法的趋势却日益明显。20 世纪 80 年代以后，对企业社会责任进行立法规制的呼声高涨，一些西方发达市场经济国家纷纷出台涉及企业社会责任问题的立法，或在已有立法中增加有关企业社会责任的内容。2006 年以来，我国制定越来越多的法律条文和公共政策以对企业社会责任进行规制。2014 年 10 月，党的十八届四中全会通过《中共中央关于全面推进依法治国若干重大问题的决定》，明确提出："国家保护企业以法人财产权依法自主经营、自负盈亏，企业有权拒绝任何组织和个人无法律依据的要求。加强企业社会责任立法。"① 这标志着社会责任推进将进入全面法治化轨道，硬约束将成为推动企业社会责任的重要力量。

1. 立法规制企业社会责任的必要性与可行性

如果将商人社会责任与企业社会责任相区别，则中国企业社会责任的发展可以追溯到计划经济时代国有企业的"企业办社会"，当时国有企业履责的范围是狭窄的，主要针对政府和员工，但履责的领域是泛化的，几乎要为员工承担"从摇篮到坟墓"的无限责任。因此，我国计划经济时代，不存在独立的企业利益，也没有严格意义上的企业社会责任概念。改革开放后，企业成为自主经营、自负盈亏的经济主体，企业以及股东的权利受到充分的尊重和保护。但在这一过程中，企业应否承担社会责任、如何承担社会责任的问题却一直未引起足够的重视。改革开放三十多年来，我国在经济发展取得巨大成就的同时，也付出了巨大的

① 《中共中央关于全面推进依法治国若干重大问题的决定》，《求是》2014 年第 21 期。

社会成本，企业单纯的赢利追求已经导致大量社会问题的产生，企业社会责任现状令人担忧。不少企业以经济利益为首要追求，在环境与资源生态保护、员工劳动权益、安全生产等方面的投入极低，许多国家强制性规定沦为一纸空文，更谈不上自觉履行道德意义上的社会责任。企业忽视社会责任的严重后果已逐渐显现，强化企业社会责任意识，倡导企业社会责任已显得非常必要。

然而，许多人将企业社会责任看作一种纯粹的道德义务，将企业履行社会责任的推动力主要归结为企业及其经营者的道德良心，认为只要企业家具备了基本的道德责任感，企业忽视社会责任的现状就会得到改善。实际上，企业及企业家的“社会良知”与市场机制的完善以及社会评价体系的健全密切相关。在市场机制和法律环境不健全、价值取向多元、善恶标准模糊的社会条件下，为了追求利润最大化，企业经营者极有可能罔顾法律和道德底线。当然我们并不否认道德崇高的企业家的存在，但企业社会责任建设不能仅靠企业家的社会良知，而必须寄希望于一种基于法律权威之上的正式制度安排，因为人类的道德要求和动机从根本上来讲并非来自道德本身的魅力，而是源于经济关系和物质利益。当各种利益诉求充分暴露、相互冲突时，个体的道德理性和道德意志往往难以抵御利益的诱惑，特别是在经济转型时期，更需要社会以制度化的形式提供一种“激励—约束”机制。从这个意义上讲，企业社会责任不仅是一个道德问题，更是一个法律问题。

企业社会责任的立法过程，是不断将道德要求法律化的过程。作为基本的社会规范，法律和道德在功能与价值方面具有同一性，法律的道德基础和道德的法律强制是一个问题的两个方面。历史和现实都表明，失去伦理追求的法律和没有道德基础的守法，都不可能带来真正意义上的法律秩序和社会公正。如果不道德的经济行为具有积极的利润回报，那么企业在利益最大化驱动下极易滑向不道德的一边，并带来负面的示范效应，诱导企业在市场行为中抛弃责任和良知。尤其是在社会转型时期，传统道德已经分化，新型道德体系尚未形成，导致社会道德氛围淡薄、道德情感淡漠和行为非道德化。单纯的道德规范由于缺乏权威性和有效的外部强制，已不能为企业提供明确的行为模式，难以适应转型期的社会调整要求。利益冲突的凸显使得人们对平等和公正的经济制度安排的要求日益迫切，需要构建一套蕴含内在伦理追求的企业社会责任法律制度体系。通过符合企业社会责任伦理要求的制度安排，即“法律中的道德”，产生不道德的经济行为不能获利并受到惩罚的客观效果，将企业的逐利行为纳入自愿守法的轨道；通过将最低限度的企业社会责任道德要求具体化为明示的法律规范，即通过明确的、“法律化的道德”引导和规制企业行为，促使企业履行社会责任。[①] 只有将道德要求具体化为明示的为社会公众所必须遵守的规范，才能有效地钳制不道德的经济行为。

2. 企业社会责任立法的域外经验

从世界范围来看，对企业行为的法律规制，通过立法和司法促使企业实现安全生产、保护环境、维护消费者和劳动者权益等法制实践均有着比企业社会责任理论和思想更为悠久的历史。然而，伴随着20世纪以来企业社会责任的理论之争而出现的以企业社会责任为导向的法律变革运动，不仅使得企业社会责任在传统的环境法、自然资源法、消费者权益保护法、劳动法等经济立法或社会立法的基础上获得了新的法律根基，而且为企业社会责任的落实提供了强有力的法律保障。

（1）美国的企业社会责任立法

美国是企业社会责任理念的发源地，企业社会责任生产守则运动、利益相关者条款入法运动也最鲜明地体现在美国的法律实践中。美国企业社会责任法治建设的重点在于为企业社会责任提供法律依据，并由此进一步延伸到企业治理结构、企业管理者地位和责任等方面的法律改革命题。[②]

一般认为，1890年《保护贸易和商业不受非法限制与垄断危害的法案》（又称《谢尔曼法》）的出台是国家立法对企业行为进行干预的开

① 王玲：《法制伦理是强化和落实企业社会责任的重要途径——兼评新〈公司法〉第5条》，《求索》2006年第2期。

② 经过百余年的立法实践，美国的企业社会责任法治建设以利益相关者理论为核心逐渐构建出一个包含公司法、劳工保护、环境保护、慈善、税收、消费者保护、产品质量、竞争法等内容的庞大的立法体系，为使得讨论更为集中，本节仅对旨在确立企业社会责任的立法和司法过程做一个简要回顾，广泛的环境、劳工、消费者保护等专项立法不在本节讨论之列。

端，这一法案要求企业在逐利过程中将社会公共利益纳入考量。[①] 随后，一系列公司捐赠判例的出现，使得企业社会责任逐渐得到了法院的认可。虽然在不同的历史时期，甚至是同一历史时期的不同制定法和判例法中，对企业社会责任的处理原则和方式都有着明显的差异乃至对立，但是随着司法实践逐渐摒弃了“越权原则”的适用，公司董事捐赠行为逐渐向“直接利益原则”过渡，最后各州公司立法中直接依据“经营判断规则”来裁量企业捐赠行为的合法性。[②] 因此，公司捐赠合法化“逐渐扩大了企业社会责任的立法空间”[③]。与此同时，20 世纪 30 年代经济危机所造成的劳资关系紧张，使得“司法中企业社会责任获得支持的理由增加，企业社会责任的法律根基比以往任何时候还要牢固”[④]，“许多能够改善公司和雇员劳动关系的社会责任行为都将获得法院判例的认可”[⑤]。

20 世纪 30 年代以来，与理论界的激烈争论相呼应，鼓励或许可企业社会责任的制定法迅速增加。在公司所得税立法方面，1921 年《税法》规定实施慈善捐赠的个人纳税人可扣减所得税，但这一优惠并未同时赋予作为纳税者的公司，以防止公司经营者为所谓崇高的目标而慷股

---

① 《谢尔曼法》是美国国会制定的第一部反垄断法，也是美国历史上第一个授权联邦政府控制、干预经济的法案。

② 在早期的慈善捐赠判例法中，一项未经企业组织章程授权实施的企业社会责任行动试图获得法律的支持，必须证实该企业社会责任行动于事实上不是基于利他主义考虑，而是出于对企业产生直接经济效益的合理预期而实施。此时的判决遵循严格意义上的“越权原则”，即法院对企业行为妥当性的审查和判断，一律以企业组织章程中的目的条款的文字记载为基准。在“越权原则”的解释被放宽，“直接利益原则”和“经营判断规则”被引入司法后，企业社会责任的生成环境日益宽松。“直接利益原则”是指，如果企业社会责任行动作为增加企业收益的手段而实施，并且有理由相信由此产生的利益对于企业而言是“直接的”，该行动就将被视为企业章程授权的营业行为的组成部分而得到认可。企业社会责任行动作为企业组织章程所赋予的企业权力的外在表现而实现合法化。“经营判断规则”是美国法院的一项关于董事注意义务及忠实义务的判例法规则。根据这一规则，当公司董事在做出经营决策时熟悉情况、怀有善意，并真诚地相信所采取的行动符合公司的最佳利益，法院将尊重董事们的经营判断。参见卢代富《企业社会责任的经济学与法学分析》，法律出版社，2002，第 224 ~ 230 页。

③ 吴阳：《企业社会责任的法制化——基于企业社会责任立法体系的研究》，华中师范大学硕士学位论文，2013，第 13 页。

④ 参见卢代富《企业社会责任的经济学与法学分析》，法律出版社，2002，第 230 页。

⑤ 高岚君、吴凤君：《全球化视野下的企业社会责任法律研究》，法律出版社，2011，第 148 页。

东之慨。但随后制定的《财政部规章》（*Treasury Regulation*）将慈善捐赠作为《国内税收法典》（*the Internal Revenue Code*）中规定的“正常和必要的”营业支出而准予扣减所得税，但要求捐赠是为了实现与公司营业有关的目标且向社会公共机构做出。1936 年，与司法界对企业社会责任的逐渐接受相呼应，国会修改《国内税收法典》，明确规定公司慈善、科学、教育等方面的捐赠可准予扣除所得税，扣减额最高可达公司应税收入的 5%。这就为企业社会责任的落实加上了经济利益方面的法律激励机制。①

针对恶意收购行为导致的股东获益而利益相关者严重受损的情况，1983 年，宾夕法尼亚州率先修改《公司法》，允许公司经营者对比股东更广泛的利益相关者负责，从而为其拒绝恶意收购提供法律依据，由此拉开了大规模修改公司法的浪潮。至 20 世纪 90 年代末，已有 29 个州在公司法中明确规定“其他利益相关者条款”。这些立法在企业社会责任运动史上具有里程碑意义。

（2）德国的企业社会责任立法

欧洲国家的企业社会责任从理论研究到立法实践都不如美国那么成效显著，但从其法律典籍中不难发现与促进企业社会责任生成和发展有关的规定。与美国重在确立企业公益行为的保障和激励机制有所不同，欧洲国家（英国除外）企业社会责任立法的主要方向是建立有利于企业履行社会责任的公司治理结构，职工参与制度的建立是较为普遍的努力方向。德国企业社会责任立法在欧洲国家立法中具有典型性，德国立法体系具有大陆法系的鲜明特征，我国法律制度又有沿袭德国法的传统；而且德国的职工参与制度是欧盟作为可供选用的样板模式，基于以上两方面的原因，德国立法实践对我国企业社会责任立法推进具有借鉴意义。

德国奉行社会市场经济②，“在保留市场经济和自由竞争内核的同时，还注重实现社会发展目标，因而立法中包含了很多企业社会责任的

① 参见卢代富《企业社会责任的经济学与法学分析》，法律出版社，2002，第 230 ~ 231 页。

② 又称“政府引导型市场经济”，主要特点是：自由竞争与政府控制并存、经济杠杆与政府引导并用、经济增长与社会福利并重。

要求”[①]。德国在企业社会责任理论资源方面的贡献乏善可陈，但却是较早在立法中贯彻企业社会责任观念的国家。1919 年《魏玛宪法》规定：“所有权为义务，其使用应同时为公共福利之役务。”[②] 这被认为是有关所有权限制的最早立法，企业社会责任的出现与所有权限制观念有着直接的关联，《魏玛宪法》这一规定为企业社会责任的落实提供法律原则和依据。在其指导下，1937 年《股份公司法》明确规定：董事必须追求股东的利益、公司员工的利益和公共利益。

在德国立法中影响最大的当数职工参与公司治理制度，这形成了市场经济国家唯一规定劳资双方等额或接近等额参与企业建构的立法体例。[③] 早在 1891 年德国在立法实践中就确立了企业组建工人委员会作为行使员工参与权的机构，并逐渐扩大这一规定的适用范围。1920 年，德国在总结职工参与经验的基础上颁布《企业参决委员会法》，该法成为调整企业员工参与的专门法，此时的员工参与仅限于社会参与领域。1922 年《有关派遣企业参决委员会成员作为公司监事会代表法》的颁布，为企业员工参与公司组织并行使经济参与决定权打开了大门。经过纳粹统治阶段的反复后，1947 年，英占区的钢铁工业首先引入“冶矿业参与决定制度”，确立了“同等代表制”，规定钢铁工业的员工代表与股东代表在公司监事会中处于同等地位，享有同等的权利，承担同等的义务。联邦德国建立后，1951 年颁布《冶矿业参决法》，将 1947 年确立的“同等代表制”推广至整个联邦共和国领域的钢铁工业和采矿业。1976 年，通过《参与决定法》，将这一制度扩大适用至其他经济部门。[④] 至此，在德国形成了有关员工参与公司决策的完备的法律规范体系。

---

① 进入 21 世纪后，瑞典、法国、丹麦、葡萄牙和比利时先后修改了和公共投资基金有关的法律，要求投资者在投资决策过程中和在编制年度报告时必须充分考虑并披露对社会和环境的影响。参见盛斌等《公司社会责任、跨国企业与东道国政府的作用——来自中国地方案例的证据》，《南开学报》（哲学社会科学版）2009 年第 5 期。

② 参见百度百科“魏玛宪法”词条。

③ 高岚君、吴凤君：《全球化视野下的企业社会责任法律研究》，法律出版社，2011，第 153 页。

④ 关于德国立法中员工参与制度的发展历程，参见范健、张萱《德国法中雇员参与公司决策制度比较研究》，《外国法译评》1996 年第 3 期。

(3) 日本的企业社会责任立法

日本与我国同属于儒家文化圈，在企业文化上有共通之处，两国的公司法律制度具有一定程度上的相似性，考察日本的企业社会责任立法对我国具有参考价值。

第二次世界大战后，与日本经济腾飞相伴而生的公害病和消费者权益损害对社会的影响极大。日本于1967年以来颁布的《公害对策基本法》《绿色购买法》《回收利用法》《工商业行为指导准则》《公共利益披露法》《消费者基本法》《消费者合同法》等法律有效地遏制了公害病的蔓延，对保护环境和消费者权益起到了很好的促进作用。20世纪70年代日本《节能法》的出台和《工会法》的连续修改也有诸多条款关涉企业行为与企业责任。[①] 日本在国情基础上确立了公司治理层面的主银行制与交叉持股现象，加之日本《商法典》规定的“公司债管理公司制度”“公司债债权人会议制度”[②]，使得日本在债权人保护与员工持股方面保持了较大的竞争优势。

(4) 比较与结论

通过对三个代表性国家的企业社会责任立法的梳理，我们发现，尽管各国的企业社会责任立法路径和重点有所不同，但仍有共通之处。首先，法律是企业社会责任从理念走向实践的重要推动力量。各国从不同层面将利益相关者引入公司立法，并有较为完善的法律制度去规范和协调企业社会责任的各个方面。各国重视公司立法在整个企业社会责任立法体系中的主导作用，并依据企业社会责任的具体要求对公司法制进行相应的改革。其次，企业社会责任的落实必须有多方主体和多方机制的协调与配合。各国都认同企业的赢利需求和社会利益的协调发展，并在此基础上通过“软法”和“硬法”，以激励和强制手段共同促使企业践行社会责任。在企业社会责任实施方面，各国重视多方主体的配合，既强调政府在推进企业社会责任立法和司法实践中的主导地位，又重视消费者、员工、环境等利益相关者的意见。在实施机制方面，不仅注重立

① 高云飞：《企业社会责任背景下的中日工会法比较研究》，《长沙理工大学学报》（社会科学版）2011年第5期。

② 《日本公司法现代化的发展动向》，于敏译，社会科学文献出版社，2004，第52页。

法、司法、法律研究机制并用，而且注重在企业责任的保护与激励机制和体现社会责任精神的公司治理机制方面的改进。最后，在企业社会责任立法内容上，各国在共性之外分别结合自身国情实际，存在深刻的特殊性。

3. 我国有关企业社会责任的立法实践

与欧美国家由社会运动引致企业社会责任立法的路径不同，我国的企业社会责任立法理论与实践基础都较为薄弱，但传统的“义利之辩”和儒商文化的浸润为企业社会责任立法提供丰厚的社会土壤，跨国公司生产守则和国际组织的强力推行也使得企业社会责任立法成为顺应国际潮流的必然选项。我国向来重视对企业行为及其责任的立法规制，据统计，新中国成立以来，我国一共出台了 101 件与企业社会责任有关的法律和行政法规，其中宪法类 1 件、民商法类 16 件、行政法类 26 件、经济法类 35 件、社会法类 19 件、刑法类 4 件。[①]

我国并无统一的企业社会责任立法，现行立法对企业社会责任的规定散见于企业法（包括公司法在内）、产品质量法、消费者权益保护法、自然资源法、环境保护法、劳动法、社会保障法、税法、公益事业捐赠法、慈善法等诸多法律法规中。内容集中体现在以下几个方面。

（1）关于企业社会责任的总体规定

2005 年 10 月 27 日第十届全国人民代表大会常务委员会第十八次会议修订通过并于 2006 年 1 月 1 日起施行的《公司法》（以下简称 2006 年《公司法》）第五条对企业社会责任做出原则性规定，即：公司从事经营活动，必须遵守法律、行政法规，遵守社会公德、商业道德，诚实守信，接受政府和社会公众的监督，承担社会责任。这是我国首次在法律中明确界定公司的社会责任主体地位，意味着对传统企业角色或目标定位的突破，也是对我国企业的法律责任和道德责任进行的宣示性规定，在我国企业社会责任法治化建设中具有里程碑意义。2006 年 10 月，党的十六届六中全会通过的《中共中央关于构建社会主义和谐社会若干重大问

① 参见章辉美、李绍元《中国企业社会责任的理论与实践》，《北京师范大学学报》（社会科学版）2009 年第 5 期。

题的决定》明确提出要“增强公民、企业、各种组织的社会责任”[①]，共同促进和谐社会创建活动。上述两个事件从法律和党的纲领层面确认企业社会责任，社会责任作为转型期内我国推进可持续发展事业的重要抓手和实现路径得到社会各界的广泛认可。

（2）关于企业对员工责任的规定

企业对员工的责任在我国立法中主要体现在两个方面：一是员工参与企业经营管理的规定；二是员工劳动保护的规定。我国现行企业法是伴随着经济体制改革的深化而逐步制定的，迄今为止，已先后颁布了《中外合资经营企业法》（1979 年制定，1990 年修改），《外资企业法》（1986 年制定，2000 年修改），《全民所有制工业企业法》（1988 年制定），《中外合作经营企业法》（1988 年制定，2000 年修改），《城镇集体所有制企业条例》（1991 年制定，2011 年修改），《公司法》（1993 年制定，1999 年、2004 年两次修正，2005 年修订，2013 年第三次修正），《乡镇企业法》（1996 年制定），《合伙企业法》（1997 年制定，2006 年修订），《个人独资企业法》（1999 年制定）等法律法规。从总体上看，这些企业法律法规对员工参与企业经营管理的规定和员工劳动保护的规定较为零散，分布在许多条款之中。

职工参与企业经营管理在其他国家，尤其是德国、荷兰等欧洲国家向来被视为维护职工合法权益以及企业对职工承担社会责任的一种重要方式。在我国，职工尤其是国有企业的职工参与企业经营管理较为普遍，并为现行企业法所肯定。现行有效的企业法中，除《合伙企业法》外，《全民所有制工业企业法》第五十一条规定：职工代表大会是企业实行民主管理的基本形式，是职工行使民主管理权力的机构。第五十三条规定：企业通过职工代表大会和其他形式实行民主管理。《城镇集体所有制企业条例》将职工（代表）大会规定为企业的权力机构。个人独资企业法和三部外商投资企业法均规定企业通过工会等形式实行民主管理。

2006 年《公司法》不仅将工会和职工代表大会等民主管理方式列入

① 《中共中央关于构建社会主义和谐社会若干重大问题的决定》，《人民日报》2006 年 10 月 19 日第 1 版。

总则，而且在分则中设计了一套充分强化公司社会责任的职工参与制度，进一步完善了职工董事制度与职工监事制度。就职工董事制度而言，第四十五条第二款和第六十八条要求两个以上的国有企业或者两个以上的其他国有投资主体投资设立的有限责任公司以及国有独资公司的董事会成员中应当有公司职工代表；第四十五条第二款和第一百零九条第二款规定其他有限责任公司和股份有限公司董事会成员中可以有公司职工代表。就职工监事制度而言，第五十二条第二款、第七十一条和第一百一十八条要求监事会应当包括股东代表和适当比例的公司职工代表，其中职工代表的比例不得低于1/3，这些规定有助于扭转一些公司中职工监事比例过低的现象。

劳动保护与职工参与一样，是维护职工合法权益的一项重要措施，也是企业对职工应尽的一项社会责任。我国现行法律、法规对此做了明文规定，除了《劳动法》这部关于劳动保护的基本法律外，另如《全民所有制工业企业法》第四十一条，《城镇集体所有制企业条例》第二十二条，以及2006年《公司法》第十七条等均要求企业执行国家有关劳动保护的规定，建立必要的规章制度和劳动安全卫生设施，保护职工的安全和健康。①

关于企业对员工的社会责任，除《劳动法》之外，还有《劳动力市场管理规定》《禁止使用童工规定》《妇女权益保障法》《女职工保护规定》《职业病防治法》《最低工资规定》《工资支付暂行规定》《国务院关于职工工作时间的规定》《安全生产法》《职业教育法》《社会保险费征缴暂行条例》等一系列规范性法律文件。这些法律文件明确规定了我国职工的平等就业权、休息休假权、接受培训权，规定了企业必须给职工提供安全的生产环境、符合法律规定的最低工资，以及全面的社会保

① 2008年1月1日起，25部国家级法律法规付诸实施。在这批新法规中，《劳动合同法》与《就业促进法》直接关系到广大劳动者最关心、最直接、最现实的利益问题，而为众多基层民众所期待。其中，《劳动合同法》在保护用人单位合法权益的同时，更侧重于维护处于弱势地位的劳动者的合法权益，以实现用人单位与劳动者之间力量与利益的平衡，促进劳动关系的和谐稳定。《就业促进法》强调了政府在促进就业中的责任与义务，强调公平就业与禁止就业歧视。这两部法律的实施，为我国劳动者提供了更全面的保护，从而使得劳动者权益受保护程度更进一步。

险等。[①]

（3）关于企业对消费者责任的规定

企业对消费者的责任主要体现为保证产品和服务的质量。为了切实保护消费者权益，督促企业履行对消费者的社会责任，我国制定了《消费者权益保护法》，不论是对消费者权利的规定（第七条至十五条），还是对经营者义务的规定（第十六条至二十六条），都是为了落实企业对消费者的社会责任。另外，《产品质量法》和《反不正当竞争法》也规定了企业的相应义务，直接或间接地保护消费者权益。无疑，正是上述一系列的法律确立了企业对消费者的责任，促使企业提高产品和服务的质量和意识，使其能更好地保护消费者的人身、财产安全，维护交易公平和促进消费者福利。[②]

（4）关于企业对债权人责任的规定

作为企业社会责任的重要内容，企业对债权人的责任主要由《合同法》《担保法》等法律法规来完成，核心是企业必须切实履行依法订立的合同，确保交易安全。《合同法》的个别条款也为企业实施公益性捐赠提供了依据和支持。如第一百八十六条、一百八十八条规定：赠与人在赠与财产转移之前可以撤销赠与，但具有救灾、扶贫等社会公益、道德义务性质的赠与合同，不适用此项规定；具有救灾、扶贫等社会公益、道德义务性质的赠与合同，赠与人不交付赠与财产，受赠人可以要求交付。《合同法》的这些规定弥补了当时企业的某些公益性捐赠法律调整的空缺，有助于企业社会责任的落实。

当然，作为经济法主体的企业（公司）法也对债权人利益给予极大的关注，2006年《公司法》第一条开宗明义，将保护债权人的合法权益规定为公司立法宗旨之一；第七十七条、一百七十四条、一百七十六条对公司合并或分立中的债权人保护问题做出了内容和程序规定；第一百七十八条、一百八十四条对公司减资和清算中的债权人保护程序做出了

① 参见环境与发展研究所主编《企业社会责任在中国》，经济科学出版社，2004，第5～95页。

② 于新循：《我国企业社会责任及其立法初探》，《贵州大学学报》（社会科学版）2001年第5期。

规定。此外，《破产法》还为债权人在企业破产特殊情况下的利益保护提供了途径。①

（5）关于环境保护与资源合理利用的规定

随着经济的快速增长，环境保护与资源合理利用问题日益突出，生态失衡、资源枯竭正在威胁着人类的生存。这一问题对我国而言尤为重要。

我国制定了《环境保护法》，对企业设立和生产过程中的环保问题做了详尽的规定。此外，《全民所有制工业企业法》（第四十一条）、《城镇集体所有制企业条例》（第二十二条）、《私营企业暂行条例》（第四十五条）等企业法律法规也做了相应规定，要求企业落实环境保护措施，做到文明生产，尽到环境保护的社会责任。

关于企业对环境保护的责任，我国还有《清洁生产促进法》《节约能源法》《大气污染防治法》《水污染防治法》《排放污染物申报登记管理规定》《海洋环境保护法》等一系列法律法规。这些法律法规不仅规定了企业的守法义务，而且规定了企业违反相应法律法规应承担的法律责任。

（6）税法对企业履行社会责任的激励机制

由于企业的社会责任是法律与道德相结合的复合性义务，在实际操作中，企业法律责任的履行有着相对确定的衡量标准，道德责任的履行往往通过相应的利益激励机制来实现。

为了鼓励企业履行高于法定义务的社会责任，同时兼顾企业利益、股东利益和社会利益，我国现行税法对公益性、救济性捐赠实行扣减所得税制度。按照《企业所得税暂行条例》《企业所得税暂行条例实施细则》的规定，在计算企业应税所得额时，纳税人用于公益性、救济性的捐赠，在年度应税所得额3%以内的部分，准予扣除。另外，企业利用

① 《破产法》已于2006年8月27日第十届全国人民代表大会常务委员会第二十三次会议通过，并于2007年6月1日起正式实施。该法强化债权人保护，重视债权人自治。第三十一、三十二条规定了破产撤销制度；第三十三条规定的破产无效制度以及第四十条规定的破产抵销制度等规定都有益于债权人利益的实现。第六十一、六十八条分别规定了债权人会议和债权人委员会的职权，为实现债权人自治提供了有力保障。

废水、废气、废渣等废弃物品为主要原料进行生产，安排下岗职工就业等可享受减征或免征企业所得税。以上规定对于企业社会责任的落实，无疑具有重要的作用。[①]

除上述有关企业社会责任的法律规定外，我国法律中还有关于精神文明建设和遵守职业道德的规定，关于股份公司股份发行的“三公”原则[②]的规定，以及《社会保障法》《公益事业捐赠法》等法律法规中与企业社会责任内容有关的相关规定，它们共同构成了我国现行法律体系中有关企业社会责任的主要内容。当然，总体而言，我国企业社会责任法治化程度还不高，现有立法对企业社会责任的规定仍存在许多“盲区”，如《合伙企业法》除第六十一条第一款规定合伙企业财产在支付清算费用后，应当清偿所欠的职工工资和劳动保险费用外，没有任何有关企业应承担社会责任或者员工权益保护的条款。《个人独资企业法》除第二十九条第一款要求个人独资企业解散的，财产应当清偿所欠职工工资和社会保险费用，第六条规定个人独资企业职工依法建立工会，工会依法开展活动外，也没有其他有关企业社会责任问题的规定。此外，企业合理利用资源以及劳工保护、环境保护方面的立法也远远不够。许多劳工保护方面的国际公约我国还没有参加。我国需要加强关于企业社会责任的立法工作。

二　对企业行为的道德约束

1. 企业守法并不等于善尽社会责任

法律作为工具有其局限性，在企业社会责任问题上表现尤为明显。因为企业社会责任在很大程度上仍归属于道德义务范畴，法律只能在最低限度内对其做出强制性规范，而在道德范围内的社会责任，法律规范是无法发挥其强制作用的。但面对道德意义上的社会责任，法律并非无所作为，它可以通过任意性规范引导企业树立企业公民意识。

在对“企业社会责任”的概念外延的认知上学界存在不同的观点，

① 任慧：《从税法角度看公司的社会责任》，《北方工业大学学报》2005 年第 6 期。

② 即“公开、公平、公正”原则。

有观点认为，企业法律责任中已经包括最低限度的道德责任，公司经营过程中产生的问题，多是不遵守法律的结果。如果严格遵守法律，忠实履行契约，公司经营所带来的环境污染、剥削劳工及侵害消费者权益等问题，都会迎刃而解，公司的社会责任也会圆满履行。这种观点认为经营者的义务就是守法，它否认了公司道德责任存在的必要性。Robert Clark 将这种理论称为温和理想主义（Modest Idealism）。[①]

那么，守法是否能够善尽社会责任？要回答这一问题，需要结合社会制度环境对企业经营实践的影响来考察。

第一，法律不完备的问题。在法律规定不尽完善、不够严密的情形下，如劳动法过度向经营者倾斜，消除环境污染的标准太低，保护消费者的规定漏洞百出，即使法律能够贯彻执行，守法也不等于善尽社会责任。在国际竞争的环境下，如果本国维持公平竞争的法制不健全，跨国企业更可能运用不正常的竞争手段，将相对弱势的本地产业挤出市场，进而损害消费者的利益。

第二，执法不严密的问题。如果执法松散，违法行为被处罚的可能性很低，许多企业可能选择不遵守法律，以增加企业的利润，致使守法

① Clark 教授将学者关于企业角色的讨论，总结为五种论点。第一，二元论（Dualism）：主张政府和企业分属公私领域，有着不同的功能。政府负责公共政策的制定与执行，企业经营者应以追求股东最大利益为目标。但依法律及契约规定，企业应对员工、顾客、供应商、债权人及社会大众、自然环境与政府机构等负有法定或约定的责任。第二，一元论（Monism）："追求股东利益"和"增进公共福利"表面上相互矛盾，其实不然。企业从事慈善捐款、雇用弱势群体或在边远地区设厂等，可提升企业的社会形象，长期而言，可改善社会环境，让企业在更好的环境下营运。一元论和二元论均以追求股东利益为立论基础；不同的是，一元论强调公益活动对企业的长期利益，并认为二元论追求企业有形的短期利益，容易使公众对企业产生疑虑，不利于企业的长远发展。第三，温和理想主义（Modest Idealism）：主张经营者的义务就是守法。如果守法内化为企业伦理的一部分，使执法成本降低，企业交易成本下降，社会福祉便会随之提升。第四，高度理想主义（High Idealism）：主张经营者不应以谋求股东最大利益为目标，而应以提升社会整体利益为宗旨。此点与二元论明显不同。高度理想主义者认为，经营者应考虑企业经营对员工及社区造成的影响，企业的义务不能仅限于守法和执行政策，而应以实际行动拒绝从事对社会不利的营业行为。高度理想主义也有跟传统理论相容的部分。第五，实用主义（Pragmatism）：政府应善用营利公司以执行公共政策，企业也应在营利的基础上提供社会服务。服务的范围从传统的承包公共工程，到社区重建、兴办医院、教育儿童、为弱势群体提供培训机会等。参见 Robert Clark，*Corporate Law*（Boston：Little，Brown&Co.，1986），pp. 687 – 688。

的人经营成本相对提高，不守法的人却因此而获利，使每个企业在守法或违法的选择上陷入两难；甚至可能会逐渐诱引更多的人不再守法，产生逆向淘汰的现象。因此，“守法等于善尽社会责任”的说法在现实中只是一种假设，社会责任不能因此而实现。

第三，契约不公平的问题。一方面，有关地方政府在招商引资过程中，会给予企业很多在用地、减税、用工等方面的优惠政策和条件，企业与企业之间可能存在契约不公平的问题；另一方面，企业凭其强势的市场地位，与劳动者等利益相关者签订契约，内容未必公平，比如企业和员工签订劳动合同时都是格式条款，没有考虑在民族地区的特殊性。在此种情形下，履行契约的结果可能和社会责任背道而驰。

因此，对于企业经营产生的社会问题，在法律完备、执法严密的情形下，法律责任的承担就意味着社会责任的履行，两者差别不大。但在法律不健全或执法松散的情形下，企业伦理成为关键的因素，企业法律责任与道德责任的作用出现差异。对于并非由企业营运造成的问题，如果一方执意为实现股东利益最大化而经营，另一方坚持顾及社会利益，则二者差距更大。当然，如果经营者都有健全的企业伦理观念，关注社会利益，善用企业资源，共同改善社会环境，两种责任也可能殊途同归。

就现实情况而言，各国法律繁简不一，执法宽严有别，在全球化的浪潮下，企业经营者如果以追求股东最大的利益为己任，并以没有违法记录为底线，可能会利用当地法律的疏漏或执法的松散，污染环境、剥削劳工、欺诈消费者。此外，许多社会问题，并非由企业经营直接造成，企业虽然有能力协助处理，但因为没有法律义务，宁可袖手旁观，坐视问题恶化。因此，在遵纪守法的情况下，人们预期的社会责任也未必能够实现。综上，所谓“守法就是善尽社会责任”的说法在现实中遭遇困境，不利于企业社会责任的健康发展。

2. 企业道德责任的必要性及其实现机制

企业社会责任是特定的经济社会条件对企业的客观要求，包括道德责任和法律责任两个必不可少的组成部分，具体来讲，是企业在承担法律责任的基础上对利益相关者和社会自愿承担的道德责任。在市场经济环境下，企业法律责任只能确立一个行为底线和基本规则，在底线之上，规则之外，就需要依靠道德的力量。在这个意义上，社会责任主要通过倡导、促进的方式推进企业履行责任，在使市场资源优化配置的同时，实现公平和正义的合理配置。

市场具有优化资源配置的作用，法律具有分配正义的功能，社会责任正好处在法治与德治的交汇点上，企业社会责任建设必须将道德手段与法律手段相结合。2014 年党的十八届四中全会在全面依法治国的背景下提出“加强企业社会责任立法”，将企业社会责任建设提到一个新的高度。当前，通过立法手段缓解我国经济发展过程中存在的高污染、高能耗等不可持续的因素，通过强化社会责任解决社会发展过程中公平、公正得不到保障的现象，通过立法统一社会对企业社会责任的认识，避免企业履责过程中的随意性、碎片化现象，这些已经成为全面深化改革与全面依法治国的迫切需要。同时，加强社会责任立法也符合社会责任发展的软约束与硬约束相结合的规律和趋势。[①]

企业的法律责任可以通过加强立法、严格执法来保障实施，企业道德责任的实现机制则有所不同。上文在谈到法律与道德的关系时已经明确，人类的道德准则可以分为义务的道德和愿望的道德两个层面，分别对应我们应当遵守的道德义务和应当追求的道德理想。道德义务是人们在社会生活中必须遵守的基本行为准则，其与法律规则最为接近，是法律的道德基础，往往通过立法过程转换为法律责任。除此之外，更多的企业道德理想都属于道德约束的范畴。当经济迅猛发展，导致环境和生态不堪重负时，公众期待企业能够切实实行节能减排；当企业的存在和发展对一个地方的人文环境造成负面影响时，公众期待企业为恢复当地的人文传统提供经济支持；当地方或民族遭遇自然灾害或疫病困扰时，公众期待企业能够提供廉价的药品以及无偿或低价的医疗服务；当众多跨国公司享有在华投资的土地、劳工、税收、外汇等方面的优惠而获利的同时，公众期待它们为社区和社会福利做出更大的贡献。企业作为一个经济组织、社会公民和社区成员而承担起诸多责任，而调控这些角色

---

① 参见郭军《企业社会责任立法要遵循法治与德治相辅相成》，《WTO 经济导刊》2015 年第 3 期。

责任的，除了法律的强制性要求外，更多的是道德的鼓励和约束。这些道德约束以社会运动、行业惯例、普遍的道德要求等非正式制度形式存在，并由企业的自我认知、同情心、责任感、自愿行为、社会舆论、NGO 和公众行为的压力等保障实现。

对企业的道德要求与其发展阶段密切相关。在企业发展的初期，社会对它的要求更多地与法律义务相重合。随着企业的壮大，其对当地社会的影响逐渐加大，公众对企业会有更高的期待，国家和地方政府也通过税收等手段激励、引导企业在守法经营之外承担更多的社会责任，此时，企业社会责任更多地与道德义务相重合。因此，“在强调企业社会责任以法律责任为关键的同时，要以道德引导作为企业社会责任的主体和主导”[①]。这才是企业社会责任建设的价值所在。我国的社会发展处于社会主义初级阶段，企业社会责任建设也处于初级阶段。现阶段需要提倡的道德层面的责任，可能会发展成为下一阶段的必要任务而纳入法条约束。当前设定的法律红线也可能随着企业伦理的提升而成为一种自觉自律，不再需要法律来强制实施。从这种意义上看，企业的道德责任与法律责任没有一个绝对的界限，两者具有双向流动的可能性。

由于企业社会责任兼具道德责任和法律责任的特性，除基本法律责任的“硬约束”外，企业社会责任在更广泛的领域通过提倡和促进推进企业履责的“软约束”来实现。如通过社会责任评比、社会诚信建设等工作，完善对守法诚信的褒奖机制和对违法失信行为的惩戒机制，对诚信水平较高、社会责任履行较好的企业给予政策和税收方面的优惠。国家也可以通过政府采购、责任投资的方式对企业履责进行激励。对于想要参选人大代表和政协委员的企业管理者，也通过一票否决制来倒逼企业履行社会责任。此外，对于重大的典型违法案件要进行公开的曝光和谴责[②]，对企业损害利益相关者权益的违法行为通过批评、曝光的方式

① 史际春等：《论公司社会责任：法律义务、道德责任及其他》，《首都师范大学学报》（社会科学版）2008 年第 2 期。

② 根据全国总工会 2015 年 2 月发布的《大力推进工会工作法治化建设的实施意见》，提出 2015 年将推行重大典型劳动违法案件曝光和公开谴责制度，并集中公布了 2014 年的 10 起劳动关系领域的违法案件和劳动事件。这一制度对于企业社会责任的其他领域有着重要的借鉴意义。

来督促企业担责、履责，并使之成为一种社会监督的新常态。

第三节　民族地区企业社会责任的制度环境

企业的经营行为很大程度上受到所处社会环境的影响，企业社会责任表现并不完全依赖于企业家的自我觉醒，而必须依靠一系列完备的制度环境约束。法律和道德构成一个社会最基本的制度环境体系。目前学界对企业社会责任的制度环境关注不够，有关企业社会责任制度建设的讨论基本集中于企业社会责任的制度变迁，而对制度与组织行为的互动关系研究甚少。本节从我国多民族国情出发，将研究视角聚焦于民族地区，重点考察民族地区企业社会责任制度环境的一般性与特殊性，以期更好地把握影响社会责任理念和行动的制度因素，进而从组织与制度互动的角度为制度的坚持和完善提供理论与实践依据。

一　民族地区更应重视企业社会责任的制度环境

根据现代制度理论，影响组织行为选择的环境包括技术环境和制度环境两个方面。技术环境包括组织内部的治理结构与运作系统和组织外部的资源与市场机制等，要求组织依照最优化原则实现福利或效用最大化。制度环境由社会的"法律制度、文化、社会规范、观念等为人们'广泛接受'的社会事实"[①] 组成，为组织提供稳定性规则，要求组织服从合法性机制。斯科特（Scott）认为制度包括"强制性要素、规范性要素以及文化认知要素"[②]，其中强制性要素以正式化的法令与政策规制组织行为，规范性要素与道德规范与专业化相联系，引导组织实施标准化运作，履行社会责任；文化认知要素则以共享的价值观、信仰和认知框架为组织行为提供合法性依据。与技术环境强调利益和效率最大化不同，制度环境关注更多的是组织的社会地位和社会认可，这一视角与企业社会责任的理念不谋而合。

---

① J. W. Meyer, B Rowan, "Institutionalized organizations: Formal Strueture as Myth and Ceremony," *Ameriean Journal of Sociology* 83 (1977): 340 - 363.

② W. R. Scott, *Institutions and Organizations* (Californie: Sage Publication, 2001), pp. 69 - 89.

随着经济体制改革的全面推进，我国已实现了计划经济体制向市场经济体制的转变。市场经济作为一种法治经济，关键在于处理政府与市场的关系，既要求市场在资源配置中起决定作用，也要发挥政府在引领市场有序发展中的主导作用。市场化改革加快了人员和资本的流动性。随着西部大开发战略的实施和民族地区发展步伐的加快，越来越多的企业进入民族地区，参与民族地区的资源开发与生产建设。企业是国民经济的重要支柱，是全面建设小康社会和构建和谐社会的重要力量，是执政党执政的重要物质基础，企业的持续健康发展直接关系我国经济社会的又好又快发展。企业履行社会责任的能力和水平事关企业核心竞争力的提升和经济社会的可持续发展，企业在民族地区对自身社会责任的遵守与切实履行，对兴边富民行动和少数民族发展的支持，对民族区域自治制度的完善，以及民族平等、团结、互助、和谐关系的建立产生着重要作用。

考察我国民族地区企业社会责任，必须着眼于我国的多民族国情和社会发展阶段。中华人民共和国是“统一的多民族国家，将长期处于社会主义初级阶段”，这是《宪法》序言中关于我国基本特征和基本国情的概括。社会主义初级阶段是对我国社会基本发展阶段的定位，认识中国的一切问题，包括民族问题，都需要基于社会主义初级阶段这一基本国情；统一的多民族国家是对我国多民族国家结构形式的描述，我国的民族工作、民族政策都要基于多民族结构这一基本特征。2014 年中央民族工作会议对我国多民族的基本国情进行了深入解读，进一步明确民族地区是我国的资源富集区、水系源头区、生态屏障区、文化特色区、边疆地区、贫困地区。其中，前三个区域定位都指向自然资源。的确，多年来，民族地区资源优势未能转化为经济优势这一问题并未得到有效解决，由自然资源开发引发的利益纠纷不断升级，资源开发补偿机制运行不畅也加剧了这一冲突。在资源开发中切实保障资源地的利益，让资源地共享全国改革开放发展的成果，是有效开发和利用资源、推动民族地区经济社会发展的关键问题。党的十八届三中全会提出要“用制度保护生态环境”，“建立系统完整的生态文明制度体系，实行最严格的源头保护制度、损害赔偿制度、责任追究制度，完善环境治理和生态修复制度”。[①]可以说，进入攻坚期和深水区的改革进程要求企业在资源和环境保护方面承担更多的责任，而民族地区的资源、文化和发展程度等特性也要求所在地企业回应更深的社会关切。

二 民族地区企业社会责任制度环境内容解析

民族地区企业作为我国社会主义市场经济体制下的经济运营主体，基于企业经营活动所涉及的法律法规、政策举措、质量标准及其他要求均适用于民族地区企业，主要涉及安全生产、员工权益保障、消费者权益保障、财政税收、环境保护等方面的制度约束。除此之外，民族区域自治作为基本政治制度、基本法律和基本政策三位一体的制度安排，为民族地区企业行为提供基本遵循。

新中国成立后，尤其是改革开放以来，我国在促进民族地区和少数民族经济发展、资源开发以及分配机制等领域，已经形成了较为成熟的政策制度和法律机制，对于规范民族地区企业社会责任发挥了重要的作用。相应的民族法律法规根据《宪法》关于“照顾民族自治地方的利益”[②] 的原则规定，搭建了“支持民族自治地方和少数民族发展”的制度框架。《中华人民共和国民族区域自治法》（以下简称《民族区域自治法》）和《国务院实施〈中华人民共和国民族区域自治法〉若干规定》（以下简称《国务院若干规定》）确定在民族自治地方对本地方自然资源的优先开发和资源就地加工、少数民族群众就业、税费政策优惠、带动相关产业及生态补偿等方面，对输入资源的民族地区提供支持。民族自治地方自治条例、单行条例，辖有民族自治地方或多民族成分的省、地级市制定有关地方性法规和规章对这些权益和利益保障规定予以具体化。《民族区域自治法》和《国务院若干规定》中与企业社会责任有关的条款详见表4-1。

① 《中共中央关于全面深化改革若干重大问题的决定》，国务院新闻办公室网站，http://www.scio.gov.cn/zxbd/tt/Document/1350709/1350709.htm，最后访问日期：2015年8月1日。

② 《宪法》第一百一十八条规定：“国家在民族自治地方开发资源、建设企业的时候，应当照顾民族自治地方的利益。”

表4－1　《民族区域自治法》和《国务院若干规定》中与企业社会责任有关的条款

利益相关者	责任承担方式	相关法律条款	
		《民族区域自治法》	《国务院若干规定》
政府	带动当地发展	第六十五条　国家在民族自治地方开发资源、进行建设的时候，应当照顾民族自治地方的利益，做出有利于民族自治地方经济建设的安排，照顾当地少数民族的生产和生活	第八条　……在民族自治地方开采石油、天然气等资源的，要在带动当地经济发展、发展相应的服务产业……方面，对当地给予支持
	遵纪守法，尊重自治权	第六十七条　……在民族自治地方的企业、事业单位，应当尊重当地自治机关的自治权，遵守当地自治条例、单行条例和地方性法规、规章，接受当地自治机关的监督	—
	参与扶贫开发	—	第十六条　国家加强民族自治地方的扶贫开发，重点支持民族自治地方贫困乡村以通水、通电、通路、通广播电视和茅草房危房改造、生态移民等为重点的基础设施建设和农田基本建设，动员和组织社会力量参与民族自治地方的扶贫开发
员工	尊重少数民族员工风俗习惯	第十条　民族自治地方的自治机关保障本地方各民族都有使用和发展自己的语言文字的自由，都有保持或者改革自己的风俗习惯的自由	—
社区	促进当地就业	第二十三条　民族自治地方的企业、事业单位依照国家规定招收人员时，优先招收少数民族人员，并且可以从农村和牧区少数民族人口中招收 第六十七条　上级国家机关隶属的在民族自治地方的企业、事业单位依照国家规定招收人员时，优先招收当地少数民族人员	第八条　在民族自治地方开采石油、天然气等资源的，要在……促进就业等方面，对当地给予支持
	加大支持力度	—	第十八条　……鼓励和引导企业、高等院校和科研单位以及社会各方面力量加大对民族自治地方的支持力度

续表

利益相关者	责任承担方式	相关法律条款	
		《民族区域自治法》	《国务院若干规定》
环境	环境保护	第六十六条　任何组织和个人在民族自治地方开发资源、进行建设的时候，要采取有效措施，保护和改善当地的生活环境和生态环境，防治污染和其他公害	第十五条　上级人民政府将人口较少民族聚居的地区发展纳入经济和社会发展规划，加大扶持力度，在交通、能源、生态环境保护与建设、农业基础设施建设、广播影视、文化、教育、医疗卫生以及群众生产生活等方面，给予重点支持
	生态补偿	第六十五条　……国家采取措施，对输出自然资源的民族自治地方给予一定的利益补偿	第八条　……国家加快建立生态补偿机制，根据开发者付费、受益者补偿、破坏者赔偿的原则，从国家、区域、产业三个层面，通过财政转移支付、项目支持等措施，对在野生动植物保护和自然保护区建设等生态环境保护方面做出贡献的民族自治地方，给予合理补偿

表4－1中的内容依据影响企业决策或受企业决策影响的企业利益相关者的范围确定。一般认为，企业的利益相关者包括企业的股东、员工、连锁供应系统中的利害关系人（消费者、债权人、供应商等）、政府、社区、环境等个人或群体。《民族区域自治法》和《国务院若干规定》对于企业行为的要求，涉及政府、员工、社区、环境等利益相关者。

从表4－1可以看出，民族地区政府希望企业在带动当地发展、发展相关产业，遵纪守法、尊重当地自治机关自治权，遵守当地自治法规和地方性法规，参与扶贫开发等方面有良好的表现；企业员工，尤其是少数民族员工，希望自己的文化权利和风俗习惯得到尊重；社区则希望企业招收当地少数民族，实行企业员工本地化；环境保护方面，既有保护环境的普遍愿望，又有实现合理利益补偿的现实需求，并建立了“开发者付费、受益者补偿、破坏者赔偿”的原则，要求企业在环境保护和生态补偿方面承担应有的责任。

三 民族地区企业社会责任的特殊性分析

改革开放以来，民族地区同样经历着以建立和完善市场体制机制为核心的制度变迁。制度变迁与地区经济社会发展之间的互动效果影响着民族地区各项建设事业的发展程度。一方面，特定的生态环境、发展水平决定了民族地区的发展模式。民族地区的发展，“必须以基础设施建设为前提，以生态环境保护为根本，以科技进步和人力资源开发为保障，以经济结构调整和特色产业发展为关键，以改革开放和市场机制为动力”①。另一方面，植根于民族地区的文化传统、风俗习性、道德观念以及宗教信仰等非正式制度因素与市场机制产生了广泛而深入的互动，其对民族地区的资源配置作用更为突出。因此，民族地区企业不仅要关注安全生产、消费者权益保护、员工福利与薪酬、环境保护、参加公益慈善活动等利益相关者的一般期待，而且应结合所在地的经济社会发展水平、文化传统、风俗习性等不断调适自己的责任管理重点。

本书认为，民族地区企业社会责任在内容与形式方面有其自身的特点，具体体现在以下几个方面。

（1）企业要实现民族地区经济增长与生态保护相结合

长期以来，先天的资源禀赋使得能源、资源型产业成为民族地区的主导和优势产业。这些产业的发展对迅速建立民族地区现代工业体系具有积极的促进作用，但由于其承载者均属于高污染、高能耗企业，这类企业以自然资源的开采和初加工为主，以初级原材料产品为最终产出，其发展主要依赖于对资源的占有和粗放式的资源利用方式，不仅容易导致资源的极大浪费，而且由于工业污染致使当地生态环境遭受严重破坏。

民族地区既是资源富集区，也是国家重要的生态屏障。长江、黄河等大江大河，以及澜沧江、怒江、雅鲁藏布江等国际河流均发源于民族地区，2010 年国务院发布的《全国主体功能区规划》中部署的 25 个国

① 薛红焰：《工会组织在西部民族地区经济发展和社会稳定中的角色定位与责任担当》，《攀登》2010 年第 5 期。

家重点生态功能区中，16个位于或部分位于民族八省区，23个在民族地区。[①] 根据这一规划，重点生态功能区都是限制开发或禁止开发区域，即限制“大规模高强度的工业化城镇化开发”，“仅允许一定程度的能源和矿产资源开发”，在促进重点生态功能区“涵养水源、防沙固沙、保持水土、维护生物多样性、保护自然资源等生态功能”大幅提升的同时，大幅减轻其“承载人口、创造税收以及工业化的压力”。[②]

面对生态环境的恶化和国家政策的严格要求，民族地区必须把生态建设放在突出地位，但如果没有工业的发展就无法实现经济的高增长，就没有足够的财政收入支撑民生改善等一系列发展规划的实施。为此，党的十八届三中全会出台《中共中央关于全面深化改革若干重大问题的决定》（以下简称“党的十八届三中全会决定”）明确要求，坚定不移地实施主体功能区制度，对限制开发区域和生态脆弱的国家扶贫开发重点县取消地区生产总值考核。同时，完善对重点生态功能区的生态补偿机制，推动地区间横向生态补偿制度的建立。[③] 这些要求为民族地区进一步发展确定了方向，也为弥补民族地区因执行国家战略而遭受的损失提供政策保障。当前，民族地区迫切需要实现产业结构的转型升级，实现经济发展方式的转变，探索将生态环境保护与经济增长相结合的绿色发展之路。在民族地区资源开发中获利的企业应当积极参与生态屏障建设，在“绿化荒山荒滩、节能减排、发展循环经济等方面有所作为”[④]。

（2）企业要推动民族地区社会治理与社区进步相结合

党的十八届三中全会首次提出了“社会治理”概念，这是继党的十八大提出创新社会管理以来的一次质的飞跃，标志着我国社会管理从单向治理向多元治理的进一步转变。在我国，社会治理是在“党委领导、

---

① 国家民族事务委员会编《中央民族工作会议精神学习辅导读本》，民族出版社，2015，第20～21页。

② 《全国主体功能区规划——构建高效、协调、可持续的国土空间开发格局》，中国政府网，http://www.gov.cn/zwgk/2011－06/08/content_1879180.htm，最后访问日期：2016年7月31日。

③ 《中共中央关于全面深化改革若干重大问题的决定》，《人民日报》2013年11月16日第1～2版。

④ 苏亚民：《论民族地区企业社会责任的特殊性》，《会计之友》2012年第6期上。

政府负责、社会协同、公众参与、法治保障”的总体格局下进行的中国特色社会主义社会管理，是以实现和维护群众权利为核心，发挥多元治理主体的作用，针对国家治理中的社会问题，完善社会福利、保障社会民生、化解社会矛盾、促进社会公平，推动社会有序和谐发展的过程。企业是民族地区重要的经济主体，应当凭借其拥有的经济和技术方面的优势地位，补充民族地区在基础要素和社会服务等方面的不足，在医药、减贫、教育、信息技术等方面促进民族社会的发展。

创新民族地区社会治理必须着眼于维护最广大人民的根本利益，最大限度增加和谐因素，这就对治理方式的改进提出了新的要求。党的十八届三中全会决定提出，要坚持综合治理，强化道德约束，规范社会行为，调节利益关系，协调社会关系，解决社会问题，以区域经济的力量支撑区域社会的发展。而从企业与民族社会互动的空间范围来看，最直接和最利益攸关的单元应当是社区。社区是企业经营的基本环境，企业的发展离不开社区的支持，好的社区环境不仅可以为企业的发展奠定坚实基础，而且有利于企业在当地生根发芽，并为企业的外向扩展提供条件。

企业在促进民族地区社区进步方面的责任主要体现在：为周边民众提供就业机会，对弱势群体进行扶助，促进社区文化、教育和体育事业的发展以及应对社区突发事件等方面。①

（3）企业要实现民族地区文化传统保护与文化建设相结合

民族地区企业的经营发展深受民族文化和地域文化的影响。从企业产品角度来看，除了资源型企业外，大量在地民营企业经营范围主要以民族服装、民族工艺品、民族食品、民族医药和民族特需品生产为主。这些都是各民族在生产生活中长期积累、积淀下来的宝贵财富，是民族文化的物质载体。将蕴含着浓厚民族文化传统的产品在现代企业制度和服务手段下转化为优势资源，是传承和发展人类文化遗产的重要方式。从企业员工角度来看，少数民族员工享有国家规定的各项劳工权益，同

① 黄玉萍：《少数民族企业社会责任践行中的民族维度——基于利益相关者视角》，《贵州民族研究》2015 年第 4 期。

时在岗位职责和生活方面也要结合民族文化特征，充分尊重少数民族员工的文化传统。从消费者角度来看，民族地区民众是企业（特别是生产民族特需产品的企业）产品和服务的重要消费群体，在产品安全和质量的基本要求之外，要尊重消费者基于民族文化习俗或宗教信仰而形成的对产品和服务的各种消费需求。

综上所述，民族地区在生态环境、文化传统和社会治理方面的特殊性决定了民族地区企业社会责任在内容和形式上的独特性。民族地区企业社会责任建设中，既要重视正式制度安排的约束，更要重视民族社会非正式制度安排的影响。企业身处民族地区，应当始终注意将自身发展与民族关系调适紧密结合，将民族团结工作贯穿于促进企业发展、带动地区经济增长的全过程。

第四节　企业社会责任是法律责任和道德责任的结合

关于法律与道德在内容上的联系，所有的学者都承认法律的内容必然反映着一定的道德观念和道德传统，然而对于法律与道德在内容上的重合程度应如何确定，人们的认识不尽相同。古代法学家多倾向于尽量把道德义务上升为法律义务。这意味着法律要体现尽可能多的甚至全部道德的内容。在他们看来，法律的重要使命是保证社会思想的纯洁性，为此应尽可能使道德法律化，从而获得强制执行的效力，否则，会放纵违背道德的恶行。与此种观念相适应，古代法的一个重要特征就在于它与占主导地位的道德在内容上高度重合。与上述观念相反，现代法学家则倾向于使道德标准与法律标准相对分离开来，故“法律是最低限度的道德”成为通说。这意味着，不能把较高的道德要求法律化，不能用法律制裁来对付所有道德的恶行，唯有在维护基本社会秩序所必需的条件下，法律才能执行最低限度的公共道德。[①]

企业社会责任是法律责任和道德责任的结合，其中法律责任是企业必须负责的、绝对的事务和领域。企业应该是一个以生产或提供社会需

---

① 参见张文显主编《法理学》，法律出版社，1997，第450页。

要的商品和服务为目标，并以公平的价格进行销售的机构。既然社会已赋予企业生产职责，就应构建一整套基本规则——法律来保障实施。法律反映着社会的"条文化伦理"，体现出由立法者确定的对公平进行企业活动的基本看法。然而，法律本身涵盖不了社会对企业的所有期望，也应付不了企业可能面对的所有问题，法律的滞后性以及不同的企业在规模、生产的产品类型、赢利能力和资源、对社会和利益相关者的影响等方面都不相同，因此它们信奉、履行社会责任之道也就不同，很难统一。这就为道德责任的存在留下了空间。

被称为"企业社会责任之父"的鲍恩（Howard R. Bowen）[①] 在其对企业社会责任的阐述中提到了"企业社会责任"概念的三个方面的主要内容：一是强调承担社会责任的主体是现代大公司；二是明确了社会责任的实施者是公司管理者；三是明晰了企业社会责任的原则是自愿，并以此将企业社会责任与法律约束和政府监管加以区分。然而，关于自愿原则，鲍恩后来又做了新的解释。1977 年，鲍恩在伊利诺伊大学召开的"公司与社会责任"研讨会上旧话重提，发表了《商人的社会责任——20 年后》一文，对自己早年提出的"企业社会责任"概念中的"自愿原则"进行了修正。他坦言，在 1953 年的书中提到企业社会责任的自愿原则时是"非常小心的"[②]，但还是对企业自愿承担社会责任存有希望，而随后 25 年的观察和经历加深了他对自愿原则的怀疑。他认为，企业与工会组织结盟、控制媒体、影响政府，其权力是如此之大，影响如此广泛，以至于自愿原则的社会责任已不能再有效地约束公司。很多迫切的社会责任，如种族平等、减少污染、保护自然以及产品质量等，不能仅仅依靠企业自愿承担社会责任来解决。所以，鲍恩放弃了"自愿原则"，转而提出企业社会责任的有效性应该建立在社会控制企业的基础上，认

---

① 1953 年鲍恩的著作《商人的社会责任》被认为标志着现代"企业社会责任"概念构建的开始。参见 A. B. Carrol，"Corporate Social Responsibility：Evolution of a Definition Construct，" *Business and Society* 38（1999）：270。

② E. M. Epstein，D. Votaw，*Rationality*，*Legitimacy*，*Responsibility*：*Search for New Directions in Business and Society*（California：Goodyear Publishing Company，Inc.，1978），p. 122.

为“是公众而不是公司自己控制自己”[①]。

综合以上论述，笔者得出这样的结论：企业社会责任是法律责任和道德责任的结合体，其中法律责任是社会对企业的强制要求，企业必须承担，否则将面临法律的制裁。而道德责任则是企业可以自由选择的，只是这种自由选择中渗透了政府和社会对企业的期望，出于战略考虑和建立企业形象的目的，企业往往选择与自己能力相适应的道德责任。但是法律责任和道德责任之间的关系并不是一成不变的，从近期来看，企业首先要承担基本的社会责任——法律责任，这与企业的规模大小和实际能力无关；从长远来看，对企业道德的呼吁是必要的，通过企业道德的法律化可以加速这一进程。对于民族地区企业来说，社会责任的承担既具有社会经济组织的一般特征，又因所在地特有的资源禀赋、文化传统与制度环境而具有内容与形式上的特殊性。我们的努力就是：一方面，通过企业、政府和社会的共同关注促使企业法律责任和道德责任的最终履行；另一方面，重视民族地区企业社会责任标准的地方性与民族性，将企业社会责任建设成为调适民族关系、促进民族团结的重要举措。

① E. M. Epstein, D. Votaw, *Rationality*, *Legitimacy*, *Responsibility*: *Search for New Directions in Business and Society* (California: Goodyear Publishing Company, Inc., 1978), p. 129.

第五章

主体与行动：民族自治地方企业社会责任推进机制

第一节 主体构成：企业、政府与社会

一 关于“企业—政府—社会”关系的不同观点

2006年以来，在政府、科研机构、行业协会、NGO组织、监管部门、媒体等多方面力量的推动下，中国企业社会责任理念和实践探索稳步推进，逐步“由基本达成社会共识阶段进入到社会责任管理阶段”[①]，企业社会责任建设作为社会治理的重要组成部分已经得到我国各级政府和社会各界的广泛认可。企业社会责任建设必须纳入一定的社会环境和政府规制的具体语境下考察，方能得出契合当地发展的促进之道，这就必须运用“企业—政府—社会”关系的分析框架来确定责任的边界和范围。人们往往从不同角度，运用一定的分析框架来看待“企业—政府—社会”的相互关系，由于选择的模型不同，可能得出完全不同的结论。以下四个模型[②]代表了描述“企业—政府—社会”关系的四种基本观点，每种模型对企业社会责任的要求不尽相同。

---

① 《中国企业社会责任发展报告》编写组：《中国企业社会责任发展报告（2006－2013）》，企业管理出版社，2014，第1页。

② 〔美〕乔治·斯蒂纳、约翰·斯蒂纳：《企业、政府与社会》，张志强、王春香译，华夏出版社，2002，第6～16页。本书在原有框架基础上略有改动。

1. 市场主导模型

该模型的基本观点是：在社会经济生活中，市场的作用是主要的，政府对经济活动的干预须降到最低限度，企业只是人们谋求利润最大化的工具，不必考虑社会利益，也无须承担社会责任。这种模型所描绘的体系被认为是早期资本主义企业、政府与社会的关系模型。

2. 政府主导模型

在这种模型下，政府主宰着社会中的绝大部分个人和团体，企业不仅要实现利润最大化，而且要承担相应的社会责任，而此时的社会责任与政府的社会职能没有明确的区分，经常给企业造成较重的负担。如今，这种模型已经受到众多学者的反对，但其在特殊时期对政府作用的强化，使其仍然可以作为“企业—政府—社会”的一种基本解释。这一模型与中国计划经济时期的经济现实有很大程度的吻合。

3. 动态力量模型

该模型表明，“企业—政府—社会”关系是一个相互作用的系统。企业必须对作用于自身的各种力量做出反应；同时，企业也是形成社会变化的主要因素。这种模型要求企业必须对社会做出综合反应。这一分析思路较前两种模型更加创新和符合当前实际，然而它没有完全揭示出社会中各种主要力量之间的影响与反应的复杂性，只停留在对现实的估计或描述中，并不能成为企业做出某种改变时可以实现的一种理想状况，这一硬伤在利益相关者模型中得以改善。

4. 利益相关者模型

该模型中，企业处于一系列多边关系的中心，利益相关者是影响企业决策或受企业决策影响的个人或群体，企业在追求利润最大化的同时要对其承担社会责任。利益相关者范围广泛，主要分为两类：一类是对企业的生存不可缺少的人；另一类是公司的经营对其利益有影响的人。利益相关者模型主张运用企业社会责任原则来指导企业处理与利益相关者的关系，要求企业对各种利益相关者给予更多的社会责任方面的考虑。该模型不仅是企业与社会关系的一种描述性模型，而且给予企业新的社会定位，已经成为当前理论界与实务界普遍认可的企业社会责任模型。

本章的讨论着眼于民族地区企业承担社会责任在调适民族关系和促

进民族团结方面的作用，借用当前通行的利益相关者模型，以“企业—政府—社会”的相互关系框架展开讨论。

二 民族地区的企业类型及其社会责任内容

随着工业化、城镇化与市场化进程的加快，各类企业参与民族地区资源开发的深度和广度日益增加，各民族成员之间的交往交流频率不断增强，企业与民族地区、少数民族的联系日益密切，与民族工作的关联度日趋上升，在维护民族团结和社会稳定方面任务日益紧迫。要考察民族地区的企业社会责任形态，首先要对企业类型进行细分，因为企业应承担与其实力和性质相适应的社会责任。从企业的规模来看，可以分为大、中、小型企业；从企业性质来看，可以分为国有企业和民营企业，国有企业又分为中央企业（由中央政府监督管理的国有企业）和地方企业（由地方政府监督管理的国有企业）。因为国有企业一般属于大中型企业，所以本章在坚持不同规模和性质的企业承担社会责任的范围和程度不同的前提下，对于民族地区企业社会责任的讨论除了涵盖国有企业和民营企业外，也包括小（微）企业的社会责任。①

1. 民族地区国有企业社会责任的特点

国有企业是我国全面建设小康社会的重要力量，是中国特色社会主义制度的重要支柱，是党和国家各项事业发展的重要物质基础和政治基础，在维护民族团结和社会稳定方面具有重要地位。多年来，国有企业在广泛参与民族地区资源开发，促进民族地区经济社会发展过程中，与民族地区及少数民族的联系日益紧密，调适民族关系、维护民族团结已经成为企业深入发展的战略性、基础性任务。

首先，国有企业社会责任更多是一种积极责任。对于国有企业来说，

---

① 关于大中小型企业的划分标准，由工业和信息化部、国家统计局、国家发展和改革委员会、财政部，根据企业从业人员、营业收入、资产总额等指标，结合行业特点联合制定。以工业企业为例，从业人员1000人以下或营业收入40000万元以下的为中小微型企业。其中，从业人员300人及以上，且营业收入2000万元及以上的为中型企业；从业人员20人及以上，且营业收入300万元及以上的为小型企业；从业人员20人以下或营业收入300万元以下的为微型企业。参见《中小企业划型标准规定》，《中国工商报》2011年7月19日第3版。

其社会责任不能仅仅局限于承担违反法律义务的否定性后果，而应当更好地提供公共服务、发展重要前瞻性战略产业、保护生态环境、支持科技进步、保障国家安全。因此，国有企业社会责任中包含了更多的积极性责任。对于民族地区国有企业来说，政府和社会对其在严格执行党和国家的民族政策、尊重各民族职工的平等权利和风俗习惯并保障其合法权益、培养和使用少数民族干部和人才、支持少数民族和民族地区经济社会发展等方面的责任承担有着合理的期待。

其次，国有企业社会责任更多着眼于非经济目标的实现。从总体上看，国有企业的社会责任更多的是要着眼于非经济目标的实现，经济目标是为非经济目标的实现服务的。受我国历史文化、国际政治经济环境及现实生产力发展水平等诸多因素的制约和决定，在较长的一段时期内，国有企业仍将是政府参与经济的重要手段，所以其社会责任就更侧重于提供就业岗位、调节收入分配、维护市场秩序等宏观非经济目标的实现。

最后，国有企业承担社会责任是有限度的。企业对员工、政府和环境承担责任是责无旁贷的，这不仅仅是社会赋予企业的使命，而且可以成为企业的一种投资，为企业带来收益。但从另一方面来看，企业承担社会责任必定要付出成本和代价，如果不切实际地承担社会责任，只会变企业社会责任为社会负担，重蹈计划经济下企业办社会的覆辙，所以强调国有企业社会责任的同时注意其责任的限度是很有必要的。2015 年底，国资委、财政部和发改委发布《关于国有企业功能界定与分类的指导意见》，将国有企业界定为商业类和公益类。其中，商业类国有企业以增强国有经济活力、放大国有资本功能、实现国有资产保值增值为主要目标，公益类国有企业以保障民生、服务社会、提供公共产品和服务为主要目标。这是根据不同企业在经济社会发展中的作用、现状和需要，根据主营业务和核心业务范围而对其“营利性使命”与“公益性使命”所做的划分，有助于优化国有资本布局，促进国有企业科学发展。

国有企业的作用和职能具有双重性，既肩负着实现国有资产保值增值的重要任务，也承担着保障民生、促进当地经济社会发展的重要职责。之所以专门讨论民族地区国有企业社会责任的特点，是因为国有企业是模范贯彻党的民族政策，支持少数民族和民族地区发展，推动民族团结进步创建活动的主力军，对民营企业社会责任行动有着重要的带动作用。国有企业社会责任的履行状况和程度，是民族地区企业社会责任整体状态的标杆和引领。

2. 民族地区企业社会责任的基本要求

国家重视企业民族工作，将其作为全面贯彻落实党的民族政策，促进各民族共同团结奋斗、共同繁荣发展的重要举措，出台了具体的指导意见。2011 年，国家民族事务委员会和国务院国有资产监督管理委员会联合发布《关于进一步做好新形势下国有企业民族工作的指导意见》（以下简称《指导意见》），对进一步做好国有企业民族工作的总体要求、国有企业在民族团结宣传教育和民族团结进步创建活动、支持少数民族和民族地区加快发展、培养和使用少数民族干部和人才、尊重少数民族职工的风俗习惯等方面的具体要求和任务进行了综合部署，为新时期国有企业社会责任的承担提供了行动纲领。

在国有企业的带动下，民族地区各类企业应当承担与其性质、规模相适应的社会责任也成为企业社会责任建设的重要着力点。2012 年，四川省民族事务委员会、四川省经济和信息化委员会、四川省政府国有资产监督管理委员会联合发布《四川省民委关于切实做好企业民族工作的意见》（以下简称《四川意见》），就全省企业民族工作进行全面部署。这一意见可视为四川省制定的有关民族地区企业社会责任的地方标准，值得其他民族地区借鉴。

本章结合上述指导意见，对中央和地方政府对民族地区企业民族工作及社会责任建设的基本要求进行初步总结。①

（1）履行社会责任是企业民族工作的总体要求

根据《指导意见》，国有企业要切实履行社会责任，充分发挥国有

① 《关于进一步做好新形势下国有企业民族工作的指导意见》，国家民委网站，http://www.seac.gov.cn/art/2012/1/17/art_142_147131.html；《四川省民委关于切实做好企业民族工作的意见》，四川省人民政府网站，http://www.sc.gov.cn/10462/11855/11905/11908/2012/9/19/10227450.shtml，最后访问日期：2016 年 8 月 1 日。下文对国有企业社会责任的要求的总结均引自这两个意见，不再一一注出。需要特别说明的是，《指导意见》是针对国有企业的，而《四川意见》是针对各类企业的，因此，此处关于国有企业社会责任的要求也可以推广到其他企业，只是不同性质和规模的企业承担社会责任的范围和程度应有所不同。

企业人才集聚优势，通过对口支援等方式，支持民族地区经济社会各项事业发展，为少数民族和民族地区培养各类人才。《四川意见》也将履行社会责任作为企业民族工作的首要要求，要求企业紧紧围绕各民族“共同团结奋斗、共同繁荣发展”的民族工作主题，将少数民族、民族地区的发展与企业自身的发展联系起来，将民族关系的和谐、民族地区的稳定与企业自身的经营环境联系起来，为民族团结进步事业做出应有贡献。民族工作是一项社会化的工作，企业作为重要的社会组织，肩负着做好民族工作的社会责任。调适民族关系、促进民族团结是民族地区企业社会责任的重要内容和总体要求。值得注意的是，2014 年，国家民委发布《关于推动民族团结进步创建活动进机关　企业　社区　乡镇　学校　寺庙的实施意见》（以下简称“国家民委实施意见”），其中对“创建活动进企业”的要求是对《指导意见》的具体落实。其中，明确规定创建活动进企业的“重点是进入国有企业，特别是在民族地区的国有企业，同时鼓励进入非公有制企业”[①]。根据这一意见，民族地区国有（大型）企业是民族团结进步活动的重要推动者，民营企业和小微企业也应当担负起力所能及的责任。

（2）深入开展民族团结宣传教育和民族团结进步创建活动是重要抓手

2010 年，中央宣传部、中央统战部、国家民委联合发布的《关于进一步开展民族团结进步创建活动的意见》明确提出，要在整体推进的同时，把机关、企业、社区、乡镇、学校、寺庙等作为开展民族团结进步创建活动的主阵地、主渠道。

2012 年的《指导意见》中，要求深入开展民族团结宣传教育活动，将阶段性的宣传教育与经常性的宣传教育结合起来；扎实推进民族团结进步创建活动；将创建活动纳入国有企业发展总体规划，并将创建活动与帮助少数民族和民族地区加快发展结合起来，与解决各民族切身利益问题结合起来，与做好本单位的实际工作结合起来；要妥善处理涉及民

① 《关于推动民族团结进步创建活动进机关　企业　社区　乡镇　学校　寺庙的实施意见》，国家民委网站，http://www.seac.gov.cn/art/2014/7/3/art_142_207992.html，最后访问日期：2016 年 8 月 1 日。

族因素的矛盾和纠纷，维护社会稳定。《四川意见》中明确了企业应制定、完善因商业诚信问题引发经济合同纠纷、职工意外伤残引发民事赔偿纠纷、限制少数民族人员就业引发政策歧视纠纷、不尊重少数民族风俗习惯引发情感伤害纠纷进而出现群体性突发事件的防范处置预案。同时结合四川省民委、公安厅、商务厅、交通厅、工商局联合发布的《关于纠正极少数宾馆、饭店、交通、商店对少数民族人员的“拒住、拒食、拒载、拒卖”行为的通知》，增加服务型企业要为少数民族人员提供平等服务的要求，明确将反歧视作为企业社会责任的重要组成部分。

（3）支持少数民族和民族地区加快发展是主要途径

根据2005年《中共中央、国务院关于进一步加强民族工作加快少数民族和民族地区经济社会发展的决定》和《国务院若干规定》的有关要求，国有企业特别是中央企业，要切实履行责任，充分发挥主动性和创造性，在促进少数民族和民族地区经济社会加快发展中发挥重大作用。

支持少数民族和民族地区加快发展主要体现在五个方面。

其一，认真落实中央的各项民族法律法规、政策措施。《指导意见》指出，国有企业当前的一个重要任务，就是通过对口支援等方式不断加大支持力度，把中央关于支持内蒙古、广西、西藏、宁夏、新疆以及其他民族地区发展的各项政策落到实处。《四川意见》鼓励将“技术含量高、关联度大、带动性强的项目安排和转移到民族地区”，并要求相关企业严格遵守“登记注册、税费缴纳、信贷融资”等方面的规定。除此之外，结合本省民族的经济、社会、文化特点，对一些促进少数民族和民族地区发展的具体举措也提出了明确的要求。如：在民族地区开发资源的企业，在兼顾企业、地方和群众三方利益的基础上，“优先吸纳民族地区各级政府、公司、集体经济组织、农牧民群众、城镇居民入股”“优先为资源开发地群众提供他们所需的本企业产品”；要关照当地利益相关者在“产业配套、公共服务、劳动用工、资源节约、环境保护、治安管理、文化传承”等方面的诉求；要充分尊重当地文化传统和各族群众风俗习惯、宗教信仰等。

其二，积极带动和促进民族地区加快发展。主要包括落实《民族区域自治法》和《国务院若干规定》的有关要求，优先在民族地区安排资源加工和深加工项目，带动和促进当地经济社会发展。在投资规划时，遵守国家及地方法律法规，注重听取利益相关者和当地各族群众的意见，尊重当地文化传统和少数民族风俗习惯。在开发资源时，要充分考虑少数民族和民族地区的利益，在配套产业、社会服务业、劳动用工等方面给予适当倾斜。

其三，切实保护民族地区的生态环境。主要包括建立环保和绿色发展理念，实行节能减排、发展循环经济，妥善解决资源开发补偿问题等内容。

其四，积极促进当地少数民族就业。要发挥重大项目带动就业的积极作用，按照同等条件下优先招录当地人员的原则，吸纳一定比例的当地少数民族人员就业。对于因资源开发需要搬迁的当地少数民族，资源开发企业要尽可能吸收当地少数民族人员就业。城市和散杂居地区的企业，要招录少数民族人员就业。国有企业要带头给予少数民族人员平等就业的机会，不得以任何理由和方式拒绝招录符合条件和标准的少数民族人员，并按国家规定为其购买工伤、养老、医疗、失业、计生保险和提供岗前培训。对在招工过程中故意歧视少数民族人员的企业和工作人员，要依法追究相关责任。

其五，帮助改善各族群众生产生活条件。民生改善是民族团结进步的重要抓手。国有企业要积极承担社会责任，主动开展扶贫开发、捐资助学、建桥修路等社会公益事业，积极支持少数民族地区解决突出的民生问题。在发生重大自然灾害和突发事件时，国有企业要在财力、物力和人力等方面给予地方大力支持。

（4）培养和使用少数民族干部和人才是治本之策

《指导意见》和《四川意见》都强调这一内容的重要性。我国一向重视民族地区人才建设的发展，将少数民族干部和人才视为党和国家在民族地区进行社会主义现代化建设的最重要的依靠力量。1956 年，刘少奇同志在党的第八次全国代表大会所做的组织报告中就曾指出：“凡是在少数民族地区的工业，无论是中央国营企业或者是地方企业，都必须注意帮助少数民族形成自己的工人阶级，培养自己的科学技术干部和企业管理干部。只有这样，少数民族在各方面的发展才能比较快地达到现代的水平。”[①] 由此看来，培养和使用少数民族干部和人才不仅是经济任务，更是政治任务。

《指导意见》和《四川意见》都将培养和使用少数民族干部和人才作为企业民族工作和企业社会责任的重要组成部分，要求国有企业制订培养使用少数民族干部和人才的长远规划和年度计划，通过对口支援、职业培训、校企合作、设立实习基地等多种途径，培养少数民族和民族地区急需的经营管理人才和专业技术人才。

第二节 不同主体对民族地区企业社会责任的推动

一 政府[②]对民族地区企业社会责任的引导与推动

（一）党和国家对民族地区企业社会责任的要求

2006 年以来，企业社会责任作为转型期内我国可持续发展与和谐社会建设的重要抓手和现实路径得到党和国家的一致认可与广泛重申。党和国家将企业社会责任纳入党的纲领，通过完善法律法规，发布相关通知、意见、办法、标准和指南的方式，引导和规范企业责任行为，促进企业履责意识和能力的全面提升。

研究者一般将 2006 年称为我国企业社会责任元年。2006 年发生了两件在中国企业社会责任建设历史上的里程碑事件：其一，2006 年 1 月 1 日起实施的《中华人民共和国公司法》明确将公司要承担社会责任的要求写入总则；其二，2006 年 10 月，党的十六届六中全会通过的《中共中央关于构建社会主义和谐社会若干重大问题的决定》中，明确提出要增强包括企业在内的公民和各种组织的社会责任，企业社会责任作为和谐社会构建的一部分而载入党的纲领。由此，企业社会责任从学术概念、理念争论通过法律政策而成为社会关注的焦点，逐渐得到社会各界

① 《刘少奇作政治报告》，《中国共产党历次全国代表大会数据库》，http://cpc.people.com.cn/GB/64162/64168/64560/65452/4526565.html，最后访问日期：2016 年 8 月 1 日。

② 这里的政府，是在“政府—企业—社会”分析框架下用以代表公权力运行的一方主体，在我国，实际上推行企业社会责任的公权力主体有各级党组织、各级人民代表大会和各级人民政府，特此说明。

的广泛认可。2007 年，党的十七大报告中将全社会共同承担社会责任作为实现和谐社会的保障。2013 年，党的十八届三中全会明确国有企业要以承担社会责任为重点，进一步深化国有企业改革，完善现代企业制度，企业社会责任建设纳入全面深化改革的国家战略。2014 年，党的十八届四中全会明确将加强企业社会责任立法纳入重点立法领域。党和国家的重视是完善企业社会责任建设的重要推动力。

表 5－1　党和国家对企业社会责任的推动

主体	具体举措	年份
中国共产党十六届六中全会	《中共中央关于构建社会主义和谐社会若干重大问题的决定》明确提出要增强包括企业在内的公民和各种组织的社会责任	2006
中国共产党第十七次全国代表大会	《高举中国特色社会主义伟大旗帜　为夺取全面建设小康社会新胜利而奋斗——在中国共产党第十七次全国代表大会上的讲话》提出实现和谐社会需要全社会“承担社会责任”	2007
中国共产党十八届三中全会	明确国有企业要以承担社会责任为重点，进一步深化国有企业改革，完善现代企业制度	2013
中国共产党十八届四中全会	明确提出加强企业社会责任立法等重点领域立法工作	2014
全国人民代表大会常务委员会	修订《公司法》，将企业社会责任纳入总则	2006
中国银行业监督管理委员会	《关于加强银行业金融机构社会责任的意见》	2007
国务院国有资产监督管理委员会	《关于中央企业履行社会责任的指导意见》（2008 年一号文件）	2007
国务院国有资产监督管理委员会	《中央企业“十二五”和谐发展战略实施纲要》	2011
国务院国有资产监督管理委员会	《关于中央企业开展管理提升活动的指导意见》，将社会责任管理列为专项管理提升重点领域之一	2012
国务院国有资产监督管理委员会	《关于国有企业更好履行社会责任的指导意见》	2016
财政部	《企业内部控制配套指引》，包括应用指引、评价指引和审计指引，在应用指引中单独制定了社会责任指引	2010
国家民族事务委员会	《关于进一步做好新形势下国有企业民族工作的指导意见》将承担社会责任作为新时期国有企业民族工作的总体要求并进行具体部署	2011
国家工商行政管理总局	发布《直销企业履行社会责任指引》	2013
国家质量监督检验检疫总局、国家标准化管理委员会	发布社会责任国家标准（GB/T 36000－2015 等）	2015

国务院国有资产监督管理委员会（以下简称“国资委”）不仅是国有资产的监督、管理者，而且是国有企业尤其是中央企业承担社会责任的重要推动者。国资委于2007年底发布《关于中央企业履行社会责任的指导意见》（2008年一号文件），将中央企业社会责任归纳为八个方面的内容，要求中央企业增强社会责任意识，积极履行社会责任，成为全社会企业社会责任的表率和榜样。2011年颁布《中央企业“十二五”和谐发展战略实施纲要》，2012年将社会责任管理列为管理提升重点领域之一，2013年启动《中央企业社会责任管理指引》，国资委在推动中央企业企业社会责任方面日益深入。2016年，发布《关于国有企业更好履行社会责任的指导意见》，将企业社会责任的要求从中央企业扩展到所有国有企业，既要求中央企业成为履行社会责任的表率，更要求所有国有企业成为履行社会责任的表率。

2010年，财政部会同证监会、审计署、银监会、保监会制定了企业内部控制应用指引、评价指引和审计指引，在应用指引中单独制定了社会责任指引，这标志着包括社会责任在内的中国企业内部控制规范体系基本形成。2013年，国家工商行政管理总局印发《直销企业履行社会责任指引》，包括总则、法律社会责任、经济社会责任、道德社会责任、直销企业社会责任管理、附则等六章四十八条，为直销企业履行社会责任提供了全面的规范。2015年，国家质量监督检验检疫总局、国家标准化管理委员会正式发布社会责任国家标准，包括GB/T 36000－2015《社会责任指南》、GB/T 36001－2015《社会责任报告编写指南》和GB/T 36002－2015《社会责任绩效分类指引》等三项内容，这意味着我国社会责任建设正从起步阶段走向实质性深入阶段。

国家民族事务委员会承担着执行党和国家的民族政策、研究民族理论、开展民族工作和民族教育的重要职责和使命。2011年，为贯彻落实党和国家的民族政策，加强国有企业民族工作及社会责任建设，发布《关于进一步做好新形势下国有企业民族工作的指导意见》，将承担社会责任作为新时期国有企业民族工作的总体要求并进行具体部署。上文有详细说明，这里不再展开。

（二）地方各级人大（及其常委会）对企业社会责任的制度构建

地方各级人大及其常委会对企业社会责任的推动主要体现在立法层面。党和国家重视用立法保障企业民族工作。宪法、民族区域自治法都将尊重和保护民族自治地方的自治权作为重要的规制内容。1993 年的《城市民族工作条例》既规定了对企业的优惠政策，也对其应履行的社会责任提出要求。为贯彻落实根本法、基本法以及相关行政法规的精神，各自治州、自治县分别出台自治条例和单行条例，辖有民族自治地方的省级人大常委会出台实施民族区域自治法办法（细则），还有部分省市制定了民族工作条例、少数民族权益保护条例等。它们无一例外地将企业作为贯彻实施党和国家的民族政策，促进民族地区经济社会发展的重要经济组织，对企业行为予以规制，并对企业社会责任的履行提出制度化的期望。

1. 民族自治地方①自治条例的有关规定

民族自治地方通过自治条例将企业行为纳入法律规制，将国家和地方对企业的优惠政策法制化，并提出了企业社会责任的要求。

自治州自治条例普遍规定："自治州内的一切国家机关和武装力量、各组织和各社会团体，各企业、事业组织和各民族公民都必须遵守本条例。"据此，自治地方行政区域内的各类企业都必须遵守自治条例的有关规定。有的自治州还对隶属于上级国家机关的企业行为进行规制，如湖北恩施州②规定：上级国家机关隶属的在自治州内的企业、事业单位应当尊重自治州的自治权，遵守本条例和单行条例，接受自治机关的监督。

在对企业的优惠政策和公共服务方面，民族自治地方往往结合自身资源实际，制定优惠政策和措施，鼓励企业引进国内外资金、技术、设备和管理方法来参与自治州的开发和建设。为了营造良好的投资环境，一般承诺在场地、服务设施、利润分成等方面为企业发展提供良好的公共服务，并将国家对民族自治地方的扶持政策落实到企业，如赋予民族贸易、民族特需用品定点生产企业、医药企业以及传统手工业品生产企

① 本小节仅以自治州为例进行说明。

② 我国有 30 个自治州，共制定了 25 件自治条例。民族自治地方的名称一般由地名 + 实行区域自治的民族族称 + 行政级别组成，本书出于行文方便，采取"省份 + 地名 + 行政级别"的方式表述，如恩施土家族苗族自治州简称为"湖北恩施州"，特此说明。

业等在投资、金融、税收、原材料供应、扩大对外贸易经营自主权等方面的扶持政策。此外，部分自治州自治条例还包括鼓励非公有制经济发展，促进乡镇企业、特色企业、中小企业等发展的相关规定。

自治条例中与企业社会责任相关的条款主要包括以下几个方面。

（1）企业遵纪守法的要求。其中，既包括遵守一般法律法规的要求，如有的自治州要求企业如期缴纳税费、引导和支持企业建立现代企业制度，完善适应市场竞争的企业管理机制等相关规定；也包括遵守民族法律法规的要求，如青海海西州规定：自治州的自治机关对本行政区域内的机关、企业、事业单位的工作人员应当加强民族理论、民族政策的宣传教育，提高贯彻执行民族政策和法律法规的自觉性。

（2）企业员工本地化的要求，即自治州的企业、事业单位在招收人员时，优先招收少数民族人员。上级国家机关设在州内的企事业单位招收人员时，主要在本地招收，并优先招收少数民族人员。各自治州在做此规定时，采用了“注意招收、应当招收、优先招收、主要招收”等字样，这说明不同的自治州对于企业员工本地化的要求严格程度有所区别，在招商引资和行使自治权的权衡下往往采取模糊处理的方法。在对一些自治州企业的调研过程中笔者发现，很多自治州并未严格执行这一规定。

（3）尊重少数民族语言文字和风俗习惯的要求。如青海海北州、四川阿坝州、云南西双版纳州等规定：“自治州的各级国家机关和企业、事业单位的公章、牌匾，除自治县、民族乡外，一律并用藏、汉两种文字。”云南德宏州规定：自治州的自治机关鼓励各民族干部和群众互相学习语言文字，对于能够熟练使用两种以上当地通用语言文字的国家工作人员和企业、事业单位职工，给予表彰或者奖励。

（4）参与所在地扶贫开发，服务当地经济社会发展。如云南楚雄州规定：自治州的自治机关坚持以政府为主导，组织国家机关、企事业单位和社会力量扶贫济困，采取多种形式支持贫困地区的开发建设。青海黄南州规定：上级国家机关在自治州境内开发资源、兴办企业，应照顾自治州的经济权益，扶持地方经济的发展，安排好当地人民群众的生产和生活。贵州黔西南州自治条例规定：动员和组织社会力量参与扶贫开发。四川阿坝州规定：辖区内的电力企业按照电力总量的一定比例留自治州使用。四川凉山州规定：自治机关组织和鼓励国家机关、企业事业单位和社会力量扶贫济困，采取多种形式支持贫困地区的开发建设。西双版纳州规定：自治州的自治机关支持农垦企业的发展。农垦企业应当正确处理好企业与当地群众的关系，帮助地方发展多种经营，开展技术培训，推动技术进步，促进民族团结。这是自治州自治条例中唯一将企业发展与民族团结直接联系的条款。

2. 各省市地方性法规和政府规章的有关规定

当前，各省市地方性法规和政府规章中关于企业社会责任的规定主要体现在实施民族区域自治法办法、民族工作条例、少数民族权益保障条例等的具体规定中。

为贯彻落实《宪法》和《民族区域自治法》关于民族区域自治的原则性规定，《民族区域自治法》和《国务院若干规定》分别授权各省市制定具体办法。《民族区域自治法》第七十三条规定：国务院及其有关部门应当在职权范围内，为实施本法分别制定行政法规、规章、具体措施和办法。自治区和辖有自治州、自治县的省、直辖市的人民代表大会及其常务委员会结合当地实际情况，制定实施本法的具体办法。《国务院若干规定》第三十四条规定：国务院有关部门、自治区和辖有自治州、自治县的省、直辖市人民政府在职权范围内，根据本规定制定具体办法，并将执行情况向国务院报告。截至2015年底，各省、自治区、直辖市中，只有14个省市制定了实施民族区域自治法的地方性法规或政府规章。[①] 这些法规或规章大部分制定于20世纪80年代末90年代初，并在21世纪初进行了相应的修改。从具体文本的变化中，我们可以粗略描绘出地方政府对民族自治地方企业社会行为的态度和对社会责任要求的变化轨迹。首先，地方招商引资从单纯的资源开发，转向扶持民族自治地方产业发展与结构转型等领域。早期的规定多体现在对进入民族自治地方投资的企业的各项优惠，对企业的要求仅有应当优先招收当地少数

① 《全国人民代表大会常务委员会执法检查组关于检查〈中华人民共和国民族区域自治法〉实施情况的报告》，中国人大网，http://www.npc.gov.cn/npc/xinwen/2015-12/22/content_1955659.htm，最后访问日期：2016年8月1日。

民族人员。2000年前后的投资重点虽然仍是“交通、能源、水利、矿产、旅游等基础设施建设和资源开发”，但增加了“支持民营企业发展，扶持高新技术产业、鼓励科技人员在民族自治地方兴办企业以及对于民族自治地方的固定资产投资项目和符合国家产业政策的企业在……发展多种经济方面的资金需求给予重点扶持”[①]，以及“推进农业结构调整和农业技术改造，发展生态农业和特色农业，加快农业产业化进程”[②]等要求。国家西部大开发战略的实施使得民族地区发生了翻天覆地的变化。随着民族地区的发展，其对企业的要求也有所变化，不仅“支持符合上市条件的企业上市融资”，而且鼓励和引导国内外资金投向民族自治地方“基础设施建设、产业发展和生态环境保护等领域”[③]。这些变化说明，随着民族地区经济社会发展水平和地方政府治理能力、治理水平的提高，其在经济发展过程中逐渐变被动为主动，对企业的引进不仅要适应当地产业结构转型的需求，而且要求企业在保护生态环境、带动产业发展等方面承担更多的责任。其次，加大包括企业在内的社会力量对民族自治地方的支持力度。这意味着支持民族地区尤其是民族自治地方发展的任务不再仅仅依靠国家，而是以政府为主导，“加大企业、高等院校和科研机构等社会力量对民族自治地方的支持力度”[④]，“动员和组织社会力量参与民族自治地方的扶贫开发”，“组织、协调省内外经济发达地区和企业事业单位与民族自治地方开展结对协作和对口帮扶，鼓励经济发达地区的企业和个人到民族自治地方投资，开展多种形式的经济、技术交

① 参见《湖南省实施〈中华人民共和国民族区域自治法〉的若干规定》（2002年修正本，2002年9月28日湖南省第九届人民代表大会常务委员会第三十一次会议通过）第十九条、十二条、二十三条，《湖南政报》2003年第5期。

② 参见《广东省实施〈中华人民共和国民族区域自治法〉办法》（2007年11月30日广东省第十届人民代表大会常务委员会第三十五次会议通过，2007年11月30日广东省人民代表大会常务委员会公告第86号公布，自2008年1月1日起施行）第十六条，《南方日报》2007年12月25日第4版。

③ 参见《湖南省实施〈中华人民共和国民族区域自治法〉若干规定》（2011年修正本，2011年11月27日湖南省第十一届人民代表大会常务委员会第二十五次会议通过）第二十二条，《湖南日报》2011年12月11日第5版。

④ 参见《湖南省实施〈中华人民共和国民族区域自治法〉若干规定》（2011年修正本）第二十三条，《湖南日报》2011年12月11日第5版。

流协作和对口帮扶”。[①] 民族地区企业社会责任建设由此作为社会治理与社会建设的重要组成部分而获得政府的高度重视。最后，一些地方曾制定过一些关于企业社会责任的要求和可操作性规定，值得肯定。如甘肃省早在 1988 年就有生态保护的具体规定：“民族自治地方及其境内的国营林业企业要把护林、造林、抚育更新同合理采伐、利用林木结合起来，必须使年采伐量低于年生长量。”[②] 贵州省人民政府早在 1992 年就规定：“自治地方在省下达的招工总额中，对其所属企业可以自行确定招收少数民族人员比例，并且可以从农村招 15% 的少数民族农业人员，其年龄、文化程度可适当放宽。”[③] 四川省人民政府在 2006 年规定：“在民族自治地方从事资源开发利用的企业应当在资源开发地注册，在当地缴纳有关税费并接受税务、工商等行政部门的监督管理，法律、法规另有规定的除外。”[④] 这些条文对企业社会责任进行了初步的探索，尽管随着时间的推移，前两者在后续的修改中已经消失，四川省的规定在实践中的效果如何也有待考量，但这些规定代表着民族地区政府对企业社会责任的思考和推动，值得借鉴。

1993 年由国务院批准、国家民委公布的《城市民族工作条例》共 30 条，不到 2000 字。但“企业”一词出现了 15 次，涉及 7 个条文，对企业行为的规制是城市民族工作条例的重要组成部分。《城市民族工作条例》对企业行为的规制分为两个部分：一方面明确规定对企业的各项优惠，包括企业享有的各项贷款、贴息等金融优惠、税收优惠、对城市民族贸易企业和民族用品定点生产企业的优惠以及投资环境、公共服务等

---

① 《贵州省实施〈中华人民共和国民族区域自治法〉若干规定》（2005 年 9 月 23 日贵州省第十届人民代表大会常务委员会第十七次会议通过）第十条，中国政府网，http://www.gov.cn/flfg/2005 - 10/06/content_74636.htm，最后访问日期：2016 年 8 月 5 日。

② 参见《甘肃省实施〈中华人民共和国民族区域自治法〉若干规定》（1988 年 9 月 20 日甘肃省第七届人民代表大会常务委员会第四次会议通过）第七条，百度百科“甘肃省实施民族区域自治法若干规定”词条。

③ 参见《贵州省贯彻落实〈中华人民共和国民族区域自治法〉若干问题的规定》（1992 年 8 月 13 日贵州省人民政府发布）第五条，《贵州省政府公报》1992 年第 9 期。

④ 《四川省实施〈中华人民共和国民族区域自治法〉若干规定》（2006 年 8 月 31 日四川省人民政府第 97 次常务会议审议通过，2006 年 11 月 9 日公布，2007 年 1 月 1 日起施行）第七条，《四川日报》2006 年 12 月 9 日第 2 版。

的保障；另一方面也对企业社会责任提出要求，包括鼓励企业招收少数民族职工，以及对清真饮食服务企业和食品生产、加工企业在人员配备、运输车辆、储藏容器和加工、出售场地等方面的要求。据笔者统计，截至2016年底，一共有15个省市制定了民族工作条例（有的称为民族工作办法、实施《城市民族工作条例》办法、民族工作若干规定、散居少数民族工作条例等）。这些法规或规章对民族地区企业社会责任进行了立法尝试。主要包括以下几方面。其一，关于照顾当地少数民族的利益的规定。如《安徽省民族工作暂行规定》（1993年10月30日安徽省人民政府第二十四次常务会议通过，1993年12月7日发布，自发布之日起施行）[①] 第十四条规定："在少数民族人口较多的地方开发资源、兴办企业和兴建工程，应当照顾当地少数民族的利益和当地人民群众的生产、生活。"《广西壮族自治区人民政府关于西林县和凌云县享受自治县待遇的若干规定》（1992年）也有类似规定。其二，关于培养和使用少数民族干部和人才的规定。既重申了民族区域自治法的原则规定，又进行了细化，还增加了反歧视的内容。如《安徽省民族工作条例》（2012年6月15日安徽省第十一届人民代表大会常务委员会第34次会议通过，2012年6月20日安徽省人民代表大会常务委员会公布，自2012年10月1日起施行）第十一条规定："国家机关、企业事业单位和其他组织录用、聘用工作人员应当执行国家和省有关少数民族公民的优惠政策，并加强对少数民族干部和各类专业人才的培养、选拔和使用。禁止以风俗习惯等理由拒绝录用、聘用少数民族公民。"同时，对违反这一规定，"以风俗习惯等理由拒绝录用、聘用少数民族公民的"，由县级以上人民政府有关部门责令改正。因此，本条规定落实的好坏取决于企业所在地政府的执行能力。其三，关于清真饮食服务企业和食品生产、加工企业的特别规定。我国拥有清真饮食习惯的少数民族人口较多、分布较广，涉及的民族关系调适和民族团结工作也相对较多。区域内拥有清真饮食习惯的少数民族公民较多的地区，往往对清真饮食服务和食品的生产、

① 如无特别声明，本书关于法律法规条文均引自国务院法制办法律法规全文检索系统，http://search.chinalaw.gov.cn/search2.html，下文不再一一注出，最后访问日期：2016年8月10日。

加工进行严格的规定。这些规定虽然基本上是对《城市民族工作条例》的重申，但也是当地政府尊重和保障少数民族特有的风俗习惯、促进民族团结的重要举措。

截至2016年底，全国各省市共制定了16件少数民族权益保障条例（有的称为散居少数民族权益保障条例），它们关于企业社会责任的规定一般包括以下三个方面。其一，在少数民族人口较多的地方依法开发资源、兴办企业、建筑工程，应当照顾少数民族群众的利益，优先招收当地少数民族人员，做出有利于当地经济发展和群众生产生活的安排。在各省市的规定中，既有原则性要求，也有具体化举措。一些地方在民族乡之外，创造性地使用了“民族村、民族居”[①] 等基层政治单元作为企业社会责任的对象，要求企业在“民族乡（镇）、民族村、民族居和有少数民族居住的村、居开发资源、兴办企业、建筑工程，应照顾少数民族群众的利益，作出有利于当地经济发展和群众生活的安排”[②]。广东省将企业服务社会的要求具体化，明确提出：“从企业或者项目年税后利润中提取5%～10%给民族乡政府，用于发展当地经济和安排群众生产、生活。”[③] 其二，关于优先录用少数民族的规定。除一般性地规定应当优先录用当地少数民族之外，一些地方规定企业应当加强少数民族干部和专业技术人才的培养和使用，同时对于与少数民族群众生产生活密切程度不同的企业有着不同的规定：一般企业“录用人员时，在同等条件

---

① 根据《山东省民族工作条例》（1990年8月30日山东省第七届人民代表大会常务委员会第十七次会议通过）第十条，“少数民族人口在总人口中所占比例达到50%的村，可以称为民族村”；“城市少数民族居住的地区，少数民族人口在总人口中所占比例达到50%的居民委员会，可以称为民族居”。根据《福建省少数民族权益保障条例》（1999年10月22日福建省第九届人民代表大会常务委员会第十四次会议通过）第八条，“少数民族人口达到总人口百分之三十以上的村，经村民会议同意，由所在乡（镇）人民政府提出申请，报县（市、区）人民政府认定为民族村”。虽然两地对“民族村”以及“民族居”的少数民族人口比例规定并不一致，“民族村”和“民族居”的提法也并非规范的法律用语，但是两省提出了以社区为单位进行企业社会责任建设的思路值得借鉴。

② 参见《山东省民族工作条例》（1990）第二十条，《福建省少数民族权益保障条例》（1999）第二十一条也有类似规定。

③ 参见《广东省散居少数民族权益保障条例》（1997年12月1日广东省第八届人民代表大会常务委员会第三十二次会议通过，1998年1月2日公布，自公布之日起施行）及其2012年修正本，第十一条。

下，应当优先录用少数民族公民”，“直接为散居少数民族群众生产、生活服务的企业，在招工时，应当优先招收相关的少数民族公民”。[①] 其三，关于重视企业民族工作，执行相关民族政策的规定。如：《吉林省散居少数民族权益保障条例》（2001 年及其 2010 年修正本）第六条规定：“国家机关、社会团体和企业事业等单位，在工作中涉及散居少数民族重大或者敏感问题的，应当征求当地民族事务主管部门的意见。”《江西省少数民族权益保障条例》（2001 年 12 月 22 日江西省人民代表大会常务委员会公告第 90 号公布及其 2010 年修正本）第十一条规定：“各级国家机关、社会团体、企业、事业单位在制定涉及少数民族的重大问题的计划和措施时，应当与少数民族代表充分协商，并征求民族事务部门的意见。”此外，河南、江西等省还有对少数民族传统节日休假和保障物质供应的规定。

（三）地方各级政府及其组成部门对企业社会责任的推动

进入 21 世纪以来，与社会各界对企业社会责任关注度的提高相适应，地方政府在制定社会责任标准、引导企业履行社会责任中发挥着重要的作用。我国企业社会责任地方标准的探索发端于长江三角洲经济圈，作为我国最大的经济核心区之一，“民营企业多、劳动密集型企业多、外向型经济特征明显”[②] 等特征使得长三角地区更多地受到跨国公司生产守则的影响，在饱受“验厂”之苦之后，长三角地区的企业深刻地体会到了标准在市场竞争中的价值。因此，地方政府对企业社会责任的推进往往从制定企业社会责任标准入手。

1. 各省市企业社会责任地方标准的制定

表 5－2 企业社会责任地方标准的发布情况

年份	主体	地方标准
2004	江苏省常州市	《常州企业社会责任标准》
2007	上海浦东新区	《浦东新区企业社会责任导则》

---

① 《吉林省散居少数民族权益保障条例》（2001 年 12 月 1 日吉林省第九届人民代表大会常务委员会公告第 76 号公布及其 2010 年修正本）第十二条。

② 王先知：《长三角：责任标准先行》，《WTO 经济导刊》2009 年第 9 期。

续表

年份	主体	地方标准
2008	山东省烟台市	《烟台经济技术开发区企业社会责任考核评价体系实施意见（试行）》
2008	江苏省盐城市	《盐城市企业社会责任标准》
2008	山西省	《山西省工业企业社会责任指南》
2008	中国证监会福建监管局	《福建上市公司、证券期货经营机构、证券期货服务机构社会责任指引》
2009	江苏省无锡新区	《无锡新区企业社会责任导则》
2009	江苏省南京市	《南京市企业社会责任地方标准》
2010	浙江省杭州市	《杭州市企业社会责任评价体系》
2012	浙江省宁波市	《宁波市企业社会责任评价准则》
2014	山东省	《企业社会责任指标体系》《企业社会责任报告编写指南》
2014	河南省	《民营企业社会责任评价与管理指南》河南省地方标准
2015	广东省深圳市	《企业社会责任要求》《企业社会责任评价指南》
2015	四川省	《四川省企业社会责任指南》
2016	四川省	《四川企业履行社会责任评价指标体系》

表 5－2 列举了 2004 年以来地方政府、质监局和工业联合会等制定的地方标准。2004 年 5 月 8 日，江苏省常州市总工会联合劳动、安监、工商、质监等 6 单位制定出台了《常州企业社会责任标准》。该标准通过细化我国劳动法律法规对保障职工合法权益的规定，明确提出“企业应保证职工享受平等就业和择业的权利”，并在“录用、薪酬、培训、升迁、解除合同及退休等事务上，不因民族、种族、性别、宗教信仰不同而对职工存在歧视性行为”，“不可干涉职工遵奉信仰和风俗的权利”。[①] 2007 年 7 月 24 日，上海市浦东新区经委、劳保局、环保局以及新区企业（企业家）联合会、外商投资企业协会、各地投资企业协会、劳动保障学会、环境保护协会、商业联合会、工商业联合会、消费者权益保护委员会等联合发布了《浦东新区企业社会责任导则》。该导则从

① 《常州企业社会责任标准》，中瑞企业社会责任合作网，http://www.csr.gov.cn/article/r/200905/20090506247144.shtml，最后访问日期：2016 年 8 月 15 日。

“权益责任、环境责任、诚信责任、和谐责任”四个方面构建三级企业社会责任标准体系，既包含法律层面的责任，又引入了更多道义层面的责任，共60个指标，既包含劳动保障、环境保护、产品质量、产品安全等约束性指标，又包含企业文明、社会贡献、科技创新等倡导性指标。[①]这一标准于2008年11月25日被上海市质监局统一认定为上海市地方标准，并于2009年1月1日起实施。这是我国首个企业社会责任省级地方标准。随后，山东，山西，江苏（常州、盐城、南京），浙江（杭州、宁波），河南，广东（深圳），四川等省市出台了各自的地方标准。

2. 民族八省区政府对于企业社会责任的推动

民族地区重视国有企业在履行社会责任方面的引领和带动作用。在国资委于2016年发布《关于国有企业更好履行社会责任的指导意见》前后，广西、云南分别就区域内国有企业履行社会责任、提质增效等工作出台指导意见。2012年，云南省国资委与省属企业首次签订了企业履行社会责任的相关责任书，明确了省属企业要主动承担发展责任、服务责任、创新责任、环保责任、生产安全责任、权益保障责任、维护稳定责任、社会公益责任等八个方面的社会责任，并要求省属企业定期发布社会责任报告。

在动员社会各方面力量参与扶贫开发方面，民族地区坚持政府引导、多元主体、群众参与、精准扶贫、开发扶贫等原则，创新社会扶贫参与机制，丰富发展政府、企业、社会协同推进的扶贫工作格局，为确保民族地区与全国同步进入全面小康社会奠定基础。内蒙古强化自治区各相关单位和企事业单位定点帮扶和驻村帮扶工作、动员鼓励企业参与扶贫，通过资源开发、产业培育、市场开拓、村企共建等形式鼓励各类企业参与贫困地区投资兴业、技能培训、吸纳就业、推广技术、发展贸易、捐资助贫等工作。[②] 宁夏完善区内定点扶贫工作的组织领导和考核评估机

① 《浦东新区企业社会责任导则》，中瑞企业社会责任合作网，http://csr.mofcom.gov.cn/article/r/200905/20090506247076.shtml，最后访问日期：2016年8月15日。

② 《内蒙古自治区人民政府办公厅关于进一步动员社会各方面力量参与扶贫开发的实施意见》，内蒙古自治区政府信息公开发布平台，http://www.nmg.gov.cn/xxgkml/zzqzf/gkml/201604/t20160407_539909.html，最后访问日期：2016年8月16日。

制，增加扶贫工作在帮扶单位领导班子绩效考核中的赋分比例，同时通过各地各类在宁企业家协会（商会），广泛动员民营企业承担社会责任，参与贫困地区经济社会建设。[①] 这些规定是对国务院办公厅《关于进一步动员社会各方面力量参与扶贫开发的意见》的具体化，其他民族省区也制定了相应的实施意见。

内蒙古自治区人民政府企业社会责任建设起步较早。早在1999年，就在《内蒙古自治区人民政府关于进一步做好“两个确保”工作的通知》中，号召企业充分考虑国家利益和社会责任，确保国有企业下岗职工基本生活和企业离退休人员养老金按时足额发放。[②] 在同一期政府公报中，介绍了公司治理结构的国内外研究进展，认识到“绝大多数美国公司都把‘公司的社会责任’作为公司治理结构的一个核心特征”[③]。此后，社会责任建设几乎伴随着内蒙古工业经济发展和国有企业改革的全过程。2007年，内蒙古自治区经济委员会《关于做好2007年全区工业经济工作的指导意见》倡导工业企业社会责任；2008年，《内蒙古自治区人民政府关于促进奶业持续健康发展的实施意见》在对乳制品行业进行整顿的同时，以社会责任理念倡导企业诚实守信、依法经营。2009年，《内蒙古自治区人民政府关于促进资源型城市可持续发展的实施意见》将深化资源型企业改革与承担社会责任相结合，将资源型城市尤其是资源枯竭城市产业转型、产业接续和生态恢复进而实现可持续发展作为自治区的重要战略任务。此后，对民营文化企业、矿山开发企业、物业管理企业等不同类型的企业，以及在推进企业改制集体协商工作、落实生产经营单位安全生产主体责任、培育工业自主知名品牌、完善市场准入制度、大力推行质量、环保、社会责任等体系认证方面强化企业社会责任，不断提升产品质量和企业管理水平。这说明，内蒙古结合自身资源实际和产业现状，提出了社会责任建设的总体要求和行业规范，值

① 《（宁夏回族）自治区人民政府办公厅关于进一步动员社会各方面力量参与扶贫开发的实施意见》，宁夏回族自治区人民政府网站，http://www.nx.gov.cn/zwgk/gtwj/zcgwj/nzbf/113380.htm，最后访问日期：2016年8月16日。

② 《内蒙古自治区人民政府关于进一步做好“两个确保”工作的通知》，《内蒙古自治区人民政府公报》1999年第8期。

③ 《什么叫公司治理结构》，《内蒙古自治区人民政府公报》1999年第8期。

得借鉴。

2015年以来，内蒙古自治区人民政府出台多项法规和政策举措，全面推进企业社会责任建设。2015年内蒙古发布的《内蒙古自治区企业权益保护规定》《内蒙古自治区落实生产经营单位安全生产主体责任暂行规定》，以及自2016年6月1日起施行的《内蒙古自治区牛羊屠宰管理办法》等都对企业履行社会责任提出要求。2016年修订印发的《内蒙古自治区农牧业产业化重点龙头企业认定和运行监测管理办法》将“自觉履行社会责任并紧密带动农牧户”与“使用农产品地理标志、具有自主知识产权、科技创新能力强、资源优势明显、产业增值效益大”等共同作为申报自治区重点龙头企业的条件。[①] 2015年，《内蒙古自治区人民政府关于进一步推进企业工资集体协商工作的意见》通过建立社会法人社会保障失信惩戒制度引导企业增强社会责任感，强化信用自律。2015年12月，《内蒙古自治区人民政府关于改革和完善国有资产管理体制的实施意见》进一步明确了国有资产的监管重点，“改进考核体系和办法，综合考核资本运营质量、效率和收益，以经济增加值为主，并将转型升级、创新驱动、合规经营、履行社会责任等纳入考核指标体系”[②]。

2016年是“十三五”规划的开局之年，内蒙古出台了一系列规划和指导意见促进企业社会责任建设。2016年9月，《内蒙古自治区“十三五”时期社会信用体系建设规划》将“环境保护领域信用建设”作为社会诚信建设的重要组成部分，强调企业环境信用体系建设，督促企业持续改进环境行为、依法履行环境保护法定义务和社会责任。[③] 2016年9月，内蒙古政府《关于实施光伏发电扶贫工作的意见》将“鼓励企业履行社会责任”作为配套政策措施之一，“积极引导和鼓励中央、地方国有企业，以及社会责任感强的民营企业参与光伏扶贫工程的投资和建设”。同时，政府出台适当优惠政策，优先支持参与光伏复牌企业开展

① 以上规定分别引自《内蒙古自治区人民政府公报》2015年第13、19、20期，2016年第10期。

② 《内蒙古自治区人民政府关于改革和完善国有资产管理体制的实施意见》，《内蒙古自治区人民政府公报》2016年第2期。

③ 《内蒙古自治区“十三五”时期社会信用体系建设规划》，《内蒙古自治区人民政府公报》2016年第19期。

规模化光伏电站建设，并通过大力宣传，树立参与企业社会形象。[①] 这些举措既保证了参与企业的经济利益，又因其履行社会责任的行为提升了其企业形象。2016 年 10 月，《内蒙古自治区人民政府办公厅关于推进农村牧区一二三产业融合发展的实施意见》明确要求“强化工商企业社会责任”，提出员工本地化的要求，“鼓励龙头企业优先聘用流转出土地、草牧场的农牧民，为其提供技能培训、就业岗位和社会保障”，“强化工商企业联农带农激励机制，制定自治区龙头企业认定和监测管理办法，在龙头企业认定、项目扶持等方面，对利益联结紧密、守信履约好、带动能力强的企业给予优先支持，实行龙头企业动态监测管理，逐步建立社会责任报告制度”。[②] 2016 年 12 月，《内蒙古自治区“十三五”质量发展规划》注重强化企业质量主体责任，将推动企业履行质量安全的社会责任作为重要任务，并强化质量准入退出机制，严格控制产能过剩行业新增产能，对“两高一资”[③] 行业和产品严格市场准入。[④] 这些措施将内蒙古工业经济的发展与企业社会责任密切关联，将起到巨大的推动作用。

宁夏回族自治区将社会责任建设作为加强和创新社会管理的重要组成部分，并广泛地开展了针对包括企业在内的各类社会组织的分类评估及其社会责任评价。在推进企业社会责任方面的具体做法是：由政府各主管部门分头制定各类企业社会责任评估暂行办法和社会责任评价体系（试行），并通过购买社会中介服务组织服务的方式，由行业协会、专业机构和社会组织等第三方机构进行评价。在前期试点和评估的基础上，2014 年，宁夏工商部门牵头开展个体户履行社会责任评价工作。2014 年

① 《内蒙古自治区人民政府关于实施光伏发电扶贫工作的意见》，《内蒙古自治区人民政府公报》2016 年第 19 期。

② 《内蒙古自治区人民政府办公厅关于推进农村牧区一二三产业融合发展的实施意见》，《内蒙古自治区人民政府公报》2016 年第 11 期。

③ 即“高污染、高能耗和资源性”的行业，中国对“两高一资”行业有了明确的规定，限制或禁止高污染、高能耗、消耗资源性外资项目准入，而对于能够缓解中国“两高一资”发展的，比如发展循环经济、可再生能源和生态环境保护等方面，则予以鼓励。

④ 《内蒙古自治区“十三五”质量发展规划》，http://www.nmg.gov.cn/xxgkml/zzqzf/gkml/201612/t20161227_591592.html，最后访问日期：2017 年 1 月 1 日。

10月，自治区经济和信息化委员会全面启动全区4278家工业企业履行社会责任评价工作，“评估结果将作为企业和企业家享受政策优惠、项目资金扶持、推选人大代表、政协委员、劳动模范、评优评先等经济和政治待遇时考虑的依据之一”。[①] 2015年6月，自治区住房和城乡建设厅委托宁夏建筑业联合会，主要通过外部第三方数据（包括相关部门的记录数据、行业协会、媒体等的监控与统计数据）对建筑业企业“工程质量、安全生产、市场行为、文明施工、培训教育、员工待遇”等方面进行动态评价，对履行社会责任评为★级以上的建筑业企业，由建筑管理部门会同社会管理综治部门在网上、报纸等媒体进行公示公告，并给予相应的诚信分奖励，同时向各有关部门通报建筑企业履行社会责任评价情况，鼓励有关部门对评级高的建筑企业的各类经济活动予以重点支持。[②] 2015年9月，自治区商务厅等单位联合开展商贸企业履行社会责任评价试点工作。此外，对于房地产行业、媒体等行业的社会责任评价工作也在陆续展开。

民族八省区在企业社会责任建设方面各有侧重，体现了各自的资源特色与地方特色。宁夏回族自治区将企业社会责任建设与做好就业和社会保障工作紧密结合[③]，并于2011年起开展环境友好企业创建工作，“力争每年创建环境友好企业10个以上，到2015年，力争环境友好企业覆盖全区所有重要行业”。[④] 2011年起，宁夏每年举行一次百强企业评选，均以上一年度经济数据为主要依据，同时考察入围企业在“依法纳税、工资待遇、社会保险缴纳情况、产品质量及服务、构建和谐劳动关

① 《关于认真做好2014年工业企业履行社会责任评估工作的通知》，宁夏回族自治区经济和信息化委员会网站，http://www.nxetc.gov.cn/index.php? m = content&c = index&a = show&catid = 10&id =4067，最后访问日期：2016年8月15日。

② 《关于印发〈宁夏建筑业企业履行社会责任评价暂行办法〉的通知》，宁夏回族自治区住房和城乡建设厅网站，http://www.nxjst.gov.cn/content.jsp? urltype = news.NewsContentUrl&wbtreeid = 1074&wbnewsid =8752，最后访问日期：2016年8月15日。

③ 参见《宁夏回族自治区人民政府关于应对当前形势切实做好就业和社会保障工作的通知》，《宁夏回族自治区人民政府公报》2009年第6期。

④ 《关于开展环境友好企业创建工作意见》（宁政办发〔2011〕105号），《宁夏回族自治区政府工作报告》2011年第5期。

系、商业信誉、社会公益事业、安全生产、节能降耗、环境保护”[①] 等10个方面评价企业社会责任履行情况。2012年，宁夏回族自治区政府建立了质量奖励制度，设立自治区“政府质量奖”和“质量贡献奖”，将“积极履行社会责任，具有良好的诚信记录、广泛知名度和社会影响力”作为参评的三个基本条件之一。[②]

广西壮族自治区重视企业道德文化建设，从2013年起，连续举办“德行天下　诚信广西”诚信道德模范企业评选活动。通过评选与表彰，让负责任的企业和遵守职业道德的企业获得公正的社会评价，使企业道德建设从道德感召迈向制度保障的新阶段。

西藏自治区将企业环境信用建设作为社会信用体系建设的重要抓手。2014年，西藏自治区环境保护厅牵头制定了《西藏自治区企业环境信用等级评价办法（试行）》，该评价办法采用污染防治、生态保护、环境管理、社会监督4方面21项指标对污染物排放总量大、环境风险高、生态环境影响大的9类企业的环境行为进行评价。评价信息以环保部门通过现场检查、监督性监测、重点污染物总量控制核查等监管活动获取的企业环境信息为基础，参考有关部门的其他相关信息以及公众、社会组织和媒体提供的企业环境信息。评价方式采取扣分制，环保部门根据参评企业的环境行为信息，按照评价指标及评分方法，得出评分结果，确定4个信用等级，即：环保诚信企业、环保良好企业、环保警示企业、环保不良企业。环保部门通过政府网站、报纸等媒体或者新闻发布会等方式发布评价结果，并对企业评价结果和信用信息进行动态调整，这些信息在环保部门、发改委、银行业监管机构及其他有关部门之间共享。各有关部门可以在行政许可、公共采购、评先创优、金融支持、资质等级评定、安排和拨付有关财政补贴专项资金中，充分应用企业环境信用评

① 《2015宁夏企业100强公告》，宁夏回族自治区经济和信息化委员会网站，http://www.nxetc.gov.cn/index.php?m=content&c=index&a=show&catid=10&id=5078，最后访问日期：2016年8月20日。

② 参见《关于开展2013年自治区政府质量奖申报工作的通知》，宁夏回族自治区人民政府网站，http://www.nx.gov.cn/zwgk/tzgg/77603.htm，最后访问日期：2016年8月20日。

价结果。[1] 在评价过程中充分发挥了政府、企业与社会的作用，配套的守信激励和失信惩戒措施也保障了这一行动的实效。

新疆维吾尔自治区坚持将促进就业作为保障和改善民生、维护社会稳定和长治久安的重要工作，建立国有企业用人公开招聘制度、吸纳新疆籍劳动者就业承诺制度、定期报送和通报制度，重点落实在疆企业、政府投资和各类援疆项目，“70%以上的新增用工指标用于吸纳新疆籍劳动者就业”的规定。[2]

云南省将企业履行社会责任评估作为劳动关系和谐企业创建评价的重要依据，不仅加强对企业经营者的思想政治教育，而且建立健全符合省情的企业社会责任标准体系和评价体系，引导企业履行社会责任。[3]

青海省是国家的重要生态屏障，也是西部欠发达省区之一，在招商引资和生态保护之间探索循环经济发展之路。2004年青海投资贸易洽谈会上，青海省委省政府明确表示不再欢迎“高污染、高能耗”项目，同年，青海省关闭了已建成的12家污染企业，并对铁合金、水泥等行业进行了产业升级改造。自2005年起，青海省取消了三江源核心区果洛和玉树两州的GDP考核和招商引资考核，增加对其生态保护建设及社会事业发展方面的具体指标的考核。2007年，青海省明确提出“生态立省”战略，成为全国唯一一个实施“生态立省”战略的省区。[4] 青海省的系列举措既为进入该省投资的企业设定了环境门槛，也是对企业环境责任的具体要求。贵州和新疆也对限制开发区域和生态脆弱的国家扶贫开发工作重点县，做出了“取消GDP考核，增加循环经济产业、清洁型产业占

① 《西藏对9大类企业实行环境信用等级评价》，新华网，http://news.xinhuanet.com/legal/2014-09/05/c_1112379991.htm?_fin，最后访问日期：2016年8月20日。

② 《新疆维吾尔自治区党委自治区人民政府关于进一步促进就业创业工作的意见》(2015)，阿克苏政府网，http://www.aksu.gov.cn/art/2015/9/15/art_1835_69271.html，最后访问日期：2016年8月20日。

③ 《云南省委省政府关于进一步构建和谐劳动关系的实施意见》，云南省人民政府网，http://www.yn.gov.cn/jd_1/xzcjd/201604/t20160414_24765.html，最后访问日期：2016年8月20日。

④ 《青海实施“生态立省”战略　确保雪域高原碧水蓝天》，中国政府网，http://www.gov.cn/jrzg/2009-12/11/content_1485087.htm，最后访问日期：2016年8月20日。

GDP 比重等新指标的要求”[①]。

二 社会力量参与企业社会责任建设

对企业社会责任的社会参与力量涵盖了除政府、企业和国际力量之外的所有社会力量，本节主要讨论行业协会、研究机构、媒体、民间组织及企业所在地社区对企业社会责任的推动。

（一）行业协会

行业协会（有的称为商会）的“非营利性、经济群益性和自治性的特征”，以及“服务和协调企业利益、参与制定行业标准、监督政策法规执行的职能”，使其成为促进企业社会责任不可替代的社会力量。[②] 改革开放以来，尤其是21世纪以来，随着我国社会主义市场经济体制的建立与完善，行业协会在为政府提供咨询、服务企业发展、优化资源配置、加强行业自律、创新社会管理、履行社会责任方面发挥了积极的作用。2005年以来，全国性和地方性的行业协会通过发起行业社会责任倡议、发布与更新行业社会责任指南、开展社会责任培训与研讨、进行社会责任绩效评价、推进企业和行业发布社会责任报告等方式，推动着各领域企业的履责实践与理念的提升。

表5－3 部分全国性行业协会发布的社会责任标准

年份	主体	行业标准
2005	中国纺织工业协会	CSC9000T（中国纺织企业社会责任管理体系）
2006	中国皮革行业协会	《中国皮革行业责任指南》
2008	中国工业经济联合会	《中国工业企业及工业协会社会责任指南》
2008	中国有色金属工业协会	《有色金属工业企业社会责任指南》
2009	中国银行业协会	《中国银行业金融机构企业社会责任指引》
2010	中国医药商业协会等	《中国医药流通企业社会责任指南（试行）》以及《中国医药流通企业社会责任报告编写指南（试行）》

① 参见《贵州省生态文明建设促进条例》（2014年5月17日贵州省第十二届人民代表大会常务委员会第9次会议通过，自2014年7月1日起施行）第四十四条。

② 《中国企业社会责任发展报告》编写组：《中国企业社会责任发展报告（2006－2013）》，企业管理出版社，2014，第57页。

续表

年份	主体	行业标准
2011	中国林业产业联合会、中国林产工业协会	《中国林产业工业企业社会责任报告编写指南》
2012	中国对外承包工程商会	《中国对外承包工程行业协会社会责任指引》
2012	中国茶叶流通协会	《中国茶产业可持续发展指南》
2013	中小企业发展促进中心	《中国中小企业责任指南》
2013	中国电子工业标准化技术协会	《中国电子信息行业社会责任指南》
2013	中国建筑业协会等 12 家协会	《关于建筑业企业履行社会责任的指导意见》
2013	中国五矿化工进出口商会	《中国对外矿业投资社会责任指引》
2013	中国企业评价协会	《中国企业社会责任评价准则》
2016	中国乳制品工业协会	《乳制品企业社会责任指南》

表 5－3 所示，中国纺织工业协会（2011 年更名为中国纺织工业联合会）于 2005 年发布了中国首个行业自律性社会责任管理体系，包括社会责任管理体系、歧视、工会组织与集体谈判权、童工与未成年工、强迫或强制劳动、劳动合同、工作时间、薪酬与福利、骚扰与虐待、职业健康与安全、环境保护和公平竞争 12 个方面的要求。目前已更新到《中国纺织服装企业社会责任管理体系总则及细则（2008 年版）》。从行业特点来看，这一管理体系侧重于强调员工权益保护。2006 年，深圳证券交易所发布《深圳证券交易所上市公司社会责任指引》，2008 年上海证券交易所发布《上海证券交易所上市公司环境信息披露指引》，分别为上市公司企业社会责任承担与信息披露提供指导意见。2008 年，中国工业经济联合会与中国煤炭、中国机械、中国钢铁、中国石化、中国轻工、中国纺织、中国建材、中国有色金属、中国电力、中国矿业等 11 家工业行业协会联合发布《中国工业企业及工业协会社会责任指南》，指南结合我国经济社会与我国工业所处发展阶段，在要求工业企业自律的前提下，对工业企业和工业协会的社会责任体系、主要社会责任和社会责任报告提出要求。截至目前，发布企业社会责任行业指引的有纺织工业、皮革行业、有色金属工业、银行业、医药流通业、林产业工业、对外承包工程行业、茶产业、电子信息业、建筑业、乳制品行业等诸多领域。

从行业背景来看，较早开展社会责任建设的行业协会以外向型和资源型行业为主，进而扩展到全行业领域。从主要议题来看，最初的行业社会责任指南主要涉及劳工议题中的合同管理、职业安全、员工保护等，现在已经拓展到诚信经营、环境保护、质量安全、员工发展、消费者权益保护、供应链管理、公平运营、社区参与与发展等若干核心议题，而且更加强调社会责任指南的行业背景与特色，强调不同特点的行业社会责任议题应有所侧重。从责任标准来看，各行业协会根据行业发展的特征和趋势，不断修订和完善行业指南，以期更好地促进行业企业社会责任的发展。

（二）研究机构

作为我国企业社会责任领域唯一的国家级研究中心和最高理论平台，中国社会科学院企业社会责任研究中心（以下简称“中心”）在社会责任研究、标准及评价等方面起了重要作用。2009 年，中心发布中国第一份企业社会责任报告编写指南——《中国企业社会责任报告编写指南（CASS - CRS1.0）》，于 2011 年和 2014 年先后推出《中国企业社会责任报告编写指南（CASS - CRS2.0）》和《中国企业社会责任报告编写指南（CASS - CRS3.0）》，并开始编写分行业指南。[①] 2016 年，《中国企业社会责任报告编写指南（China - CSR4.0）》问世，该指南不仅国际性、包容性、引领性更强，而且从 CASS 到 China 的变化，意味着这一标准已由研究机构标准上升为国家标准，成为引领中国企业责任报告发布的本土标准。“指南”的发展，见证了我国企业社会责任从“懵懂发展”到“战略思考”的发展过程。[②] 自 2010 年起，中心通过制定社会责任信息披露的标准、评价企业社会责任报告的信息披露水平，推动着企业运营透明度的提高。这些成果对于促进我国企业社会责任评价本土化起到了至关重要的作用。自 2009 年以来，中心连续发布《企业社会责任蓝皮书》以及中国企业社会责任发展指数，该指数对我国企业 300 强、国有

① 迄今为止，中心共发布 10 份分行业指南，涉及一般采矿业、汽车制造业、煤炭采选业、电信服务业、电力生产业、建筑业、家电制造业、仓储业、钢铁业、石油化工业等行业领域。

② 黄群慧等：《中国企业社会责任研究报告：十年回顾暨十年展望（2015）》，社会科学文献出版社，2015，第 3 页。

企业 100 强、民营企业 100 强、外资企业 100 强，以及重点行业企业的社会责任发展水平进行综合评价，揭示了我国企业社会责任发展的阶段性特征，为研究我国企业社会责任现状提供基准性资料。

（三）媒体、民间组织及社区参与

媒体和民间组织是企业社会责任发展的重要推动力量。2006 年，人民网首次推出并每年举办一次“人民社会责任奖”评选活动，分别评选出“人民社会责任企业奖”“人民社会责任杰出贡献人物奖”“人民上市公司社会责任奖”，评选范围涵盖国有企业、民营企业和外资企业，被视为衡量中国企业社会责任的坐标。此后，新华网、《中国新闻周刊》、《WTO 经济导刊》、《南方周末》等媒体陆续开展了企业社会责任评奖活动。

表 5－4 媒体对企业社会责任的评价活动

年份	主体	责任评价
2006	人民网	“人民社会责任奖”评选活动，评选出“人民社会责任企业奖”“人民社会责任杰出贡献人物奖”“人民上市公司社会责任奖”等奖项
2006	《中国新闻周刊》	“最具责任感企业”和“年度责任人物”评选
2008	《WTO 经济导刊》	“金蜜蜂企业社会责任·中国榜”评选
2008	《南方周末》	发起中国企业社会责任评选，对中国国有上市公司、世界 500 强在华企业和民营企业的社会责任情况进行综合评价
2010	新华网	“中国企业社会责任榜杰出企业奖”和“中国企业社会责任榜杰出人物奖”评选

截至 2015 年底，我国共有社会组织 66.2 万个，比 2014 年增长 9.2%。[①] 社会组织是我国各项建设事业的重要力量，其中，民族地区的社会组织发展更是扶贫开发、生态保护、文化传承和公共卫生事业等领域不可或缺的力量。民族地区社会组织发展主要涉及环境保护与扶贫开发两个领域。

在环境保护领域，最为知名的社会组织要数“阿拉善 SEE 生态协

① 《2015 年社会服务发展统计公报》，民政部网站，http://www.mca.gov.cn/article/sj/tjgb/201607/20160700001136.shtml，最后访问日期：2016 年 8 月 21 日。

会”（以下简称 SEE）。SEE 是我国目前规模和影响力最大的企业家环保组织[①]，成立于 2004 年，并于 2008 年发起成立 SEE 基金会，旨在“改善和保护中国的生态环境，包括并不限于减缓或遏制荒漠化的发生，与此同时，促使和引领中国企业家承担更多生态责任与社会责任”[②]。SEE 以内生式社区试点项目为核心，尊重当地人的文化、当地人对资源管理的权利、当地人自身的能力，在此基础上通过当地人的自发组织建立有效的公共管理机制，推动形成一个在规模和质量上与中国经济发展相匹配的、健康的、多元的民间环保公益组织生态链，有效响应迫切的环境问题。

随着民族社会的发展，民族地区本土环境保护组织应运而生，三江源生态环境保护协会（以下简称“三江源协会”）是其中的典型代表。三江源协会是一个以藏族人为主体的民间环保组织，是青海省第一家省级民间环保组织，前身是玉树州三江源生态环境保护协会。这一协会的最大特色在于，通过实施“绿色社区网络”项目，有效地发挥了当地乡村百姓在环境保护中的作用，使当地乡村社区成为环境保护的主体。

绿色社区网络项目

项目宗旨：在充分考虑藏族社区生态环境和文化资源的基础上，使社区成为推动当地可持续发展的有效主体。

启动时间：该项目于 2004 年启动。

项目形式：截至 2011 年 7 月，三江源协会在青海省玉树藏族自治州和其他部分乡村社区，开展了野生动物乡村社区监测、政府主管部门与乡村社区间协议保护、野生动物栖息地恢复、以乡村社区自我教育为主要内容的生态文化节、藏传佛教文化方式的水源保护、神山花卉植物的拍摄监测、神山圣湖传统保护文化的调查及恢复、利用乡村知识植树造林、乡村社区资源管理制度、乡村社区资源产

① 截至 2016 年 11 月 30 日，SEE 已有 586 家会员单位。

② 《阿拉善 SEE 生态协会章程》，阿拉善生态协会网站，http://www.see.org.cn/Conservation/Article/Detail/12，最后访问日期：2016 年 12 月 1 日。

权法律援助、公众环境教育流动车等活动。

组织形式：通过这一项目，在三江源地区先后创建的当地乡村社区自然保护组织有措池野牦牛守望者协会、尕朵觉悟生态环境保护协会、澜沧江源格吉牧民环保自愿协会、多美恩琼森格南宗生态保护协会。①

民族社会向来有朴素的环境保护观点和举措，以三江源协会绿色社区网络项目的前期项目点为例，该项目选取拉布寺、赛康寺、嘎尔寺、地青村、措池村、泽日寺等六个社区开展试点工作。这些寺院和乡村社区均有相应的生态保护规定和村规民约，对于神山圣湖的保护，当地行政村、寺院和乡政府在历史上形成了合作保护的机制。在“绿色社区网络”项目的支持下，这些神山圣湖成为民间自然保护区，加强了保护力度。②“乡村社区协议保护”是在不改变土地所有权的前提下，通过协议将土地附属资源的保护权作为一种与经营权类似的权利移交给承诺保护的一方（如当地社区、民间组织、企业等社会力量），建立生态补偿机制，从而确定资源所有者和保护者之间责、权、利的生态保护方式。这种协议保护模式，对于当前政府主导的生态保护模式来说，无疑具有观念创新与制度创新的双重意味。③

在民族地区扶贫开发方面，光彩事业是知名的公益品牌。中国光彩事业是在中央统战部、全国工商联的组织推动下，我国民营企业家于1994年响应《国家八七扶贫攻坚计划》所发起并实施的一项开发式扶贫的社会事业。光彩事业以广大非公有制经济人士和民营企业家为参与主体，港澳台侨工商界人士共同参加，它配合国家西部大开发战略的实施，以扶贫开发为重点，面向“老、少、边、穷”地区和中西部地区，以项目投资为中心，通过开发资源、兴办企业、培训人才、发展贸易，以及

① 三江源生态环保协会微博，http://blog.sina.com.cn/s/blog_565530490100wjv5.html，最后访问日期：2016年8月21日。

② 参见《“绿色社区网络”项目阶段报告（第一期）》，三江源生态环保协会微博，http://blog.sina.com.cn/s/blog_565530490100wjvk.html，最后访问日期：2016年8月21日。

③ 参见娄岁寒《高原生态守望者——记青海省三江源生态环境保护协会》，中央民族大学民族学专业硕士学位论文，2012，第42~44页。

包括捐赠在内的多种方式促进贫困地区的经济发展和教育、卫生、文化等社会事业的进步。[①] 围绕党和国家中心工作，光彩事业先后参与了到老少边穷和中西部贫困地区投资开发、国企改革改组改造和安置下岗职工再就业、三峡库区移民和产业结构调整、国土绿化和生态治理、振兴东北等老工业基地、社会主义新农村建设等重大战略行动，实施了农业产业化扶贫、生态建设扶贫、资源开发扶贫、医药卫生扶贫、智力开发扶贫、移民安居扶贫、招工就业扶贫、建设市场扶贫、公益捐助扶贫和国际援助扶贫等多项扶贫工程。四川“希望集团”总裁刘永好和贵州神奇制药有限公司董事长张芝庭都是光彩事业的发起人，从 1994 年起就广泛参与并积极投入到四川凉山彝族地区和贵州贫困地区的项目扶贫和教育扶贫过程中。[②] 从 2001 年起，光彩事业先后在三峡库区、井冈山、大别山、太行山、延安、新疆、西藏、宁夏、青海等地组织开展“光彩行”活动，为推动当地扶贫开发事业和经济社会发展做出积极贡献。据不完全统计，截至 2014 年底，光彩事业累计实施光彩事业项目 59528 个，到位资金 9371.84 亿元，培训人员 986.94 万人，安排就业 1246.86 万人，带动 2160.48 万人脱贫，公益捐赠 1893.91 亿元。[③]

社区参与是企业社会责任管理的重要方面，体现在资源开发与环境保护的全过程。笔者认为，不同性质和规模的企业，社区参与的程度和范围有所不同。从企业性质来看，国有企业和民营企业的社区参与程度不同，即使在国有企业内部，中央国有企业与地方国有企业的社区参与程度也有区别。中央国有企业在资源所在地的分公司或采矿点，往往作为非独立核算单位出现，它与当地政府和社区之间的分配关系比较简单，当地政府和社区从央企中获得的收益，远少于一般的自然资源开发企业。[④] 即使是地方国有企业，由于特殊的资源禀赋，能源、资源型产业成为民族地区的

① 参见百度百科“光彩事业”词条。

② 《1994 年光彩事业大事记》，中国光彩事业促进会，http://www.cspgp.org.cn/publicfiles/business/htmlfiles/cspgp/gcdsj/201103/25342.html，最后访问日期：2016 年 8 月 21 日。

③ 《光彩事业简介》，中国光彩事业促进会，http://www.cspgp.org.cn/publicfiles/business/htmlfiles/cspgp/zzgk/index.html，最后访问日期：2016 年 8 月 21 日。

④ 世界银行、国家民族事务委员会项目课题组编著《中国少数民族地区自然资源开发社区受益机制研究》，中央民族大学出版社，2009，第 17 页。

传统优势产业，如新疆的石油和天然气、青海的水能和湖盐、甘肃的有色金属等，这些产业多属于资本和技术密集型项目，而民族地区尤其是边远贫困地区的人力资本和知识资本相对匮乏，难以满足高新技术产业的要求。中小型资源开发企业普遍存在资本结构、管理与技术人员结构的外源性①，也导致企业人员尤其是高级管理人员和技术人员的本地化程度不高。因此，可以初步得出结论，资源型企业对产业带动和扩大就业的作用有限。民族地区民营企业往往存在于旅游开发、小型加工、餐饮服务等行业，大多属于中小型企业，民族地区本土企业更以个体工商户、私营企业和乡镇企业为主，但由于其员工大部分雇用当地人员，企业文化与民族文化往往实现着较高程度的交流与融合，社区参与程度较好。

第三节　民族地区企业社会责任建设案例分析

一　企业社会责任建设与企业民族团结进步创建活动

2014 年国家民委实施意见对企业民族团结创建活动提出明确的目标要求，要求企业重视民族工作，将民族工作作为企业工作的重要组成部分，将民族团结进步创建活动纳入企业总体发展规划，并对民族地区企业社会责任的内容和形式进行了原则性规定。为增强实施意见的可操作性，国家民委制定了全国民族团结进步创建活动示范企业测评指标（以下简称国家民委企业测评指标），包括 3 个一级指标，6 个二级指标，12 方面的测评标准，并赋予不同的分值和测评方法。一级指标包括“高度重视民族工作”“贯彻执行党和国家民族政策法规”“切实履行社会责任”等 3 项。在“贯彻执行党和国家民族政策法规”项下，包括“保障合法权益”“维护民族团结”两个二级指标。其中，“保障合法权益”的测评标准包括尊重各民族风俗习惯和宗教信仰，设立清真食堂和伙食补贴，在招工过程中无歧视少数民族现象以及同等条件下优先招收当地少数民族的规定，并要求企业确定招收少数民族员工的比例；“维护民族

① 参见张智渊《甘南州矿产资源开发与民族关系互动研究——以四家企业与周围村庄关系为例》，《西藏大学学报》2015 年第 4 期。

团结”的测评标准包括培养、树立、表彰和奖励民族团结进步先进典型以及定期排查影响民族团结的不稳定因素、制定突发事件处置预案、依法妥善处置影响民族团结的矛盾和纠纷等内容。在“切实履行社会责任”项下包括“促进发展”和“热心公益”两个二级指标。其中，“促进发展”的测评标准包括在民族地区投资建设时保护环境、妥善解决资源开发补偿、帮助解决当地农牧民增收和长远生计问题上的具体措施和落实效果，建立“乡企共建机制”，实现利益共享与纠纷的妥善解决，培养和使用少数民族干部和人才方面的规划和计划保障；“热心公益”的测评标准包括“扶贫开发、捐资助学、建桥修路、热心社会公益事业”等内容，强调企业发展对民族团结、企业社会责任建设对民族地区经济社会发展的促进作用。①

在民族地区，企业社会责任建设作为企业民族工作的重要组成部分，已经成为民族团结进步创建工作的重要着力点。各地从领导机制、测评指标体系等方面对企业社会责任提出具体的要求，并有着坚实的举措。

（一）企业民族团结进步创建活动领导机制的建立

当前，在全国范围内，民族团结进步创建活动已经形成由宣传、统战、民族工作部门共同负责，民族工作部门负责创建活动日常工作的领导机制，各地纷纷出台相应的创建活动实施方案。2016 年 5 月，青海省发布《关于推进民族团结进步先进区创建活动“八进”的实施方案》，对企业民族团结进步创建活动的领导机制予以明确规定。其中，国有企业创建活动以市（州）、县（市、区）经济和信息化委（局）党委为主，省级国有企业创建活动由省国资委负责，非公有制企业创建活动由各级工商联负责，分别负责搭建企业参与民族地区发展建设、引资引智、吸纳少数民族就业、光彩事业和扶贫攻坚的平台；开展“非公经济领域创建民族进步先进区宣传周活动”，加强和谐企业建设，构建和谐劳动关系。②

---

① 《关于推动民族团结进步创建活动进机关　企业　社区　乡镇　学校　寺庙的实施意见》，国家民委网站，http://www.seac.gov.cn/art/2014/7/3/art_142_207992.html，最后访问日期：2016 年 10 月 1 日。

② 《中共青海省委办公厅　青海省人民政府办公厅印发〈关于推进民族团结进步先进区创建活动“八进”的实施方案〉的通知》，资料来源：“青海统战”微信公众号，2016 年 9 月 2 日。

（二）各级民族团结进步创建活动进企业测评指标的建立

2016年5月，青海省创建的民族团结进步先进区工作领导小组办公室参照国家民委企业测评指标制定了《民族团结进步创建活动进企业测评指标》，进一步实现了企业民族团结进步创建活动的规范化与科学化。该测评指标在一级指标和二级指标方面基本与国家民委企业测评指标一致，其特色是分别对国有企业和非公企业提出了程度不同的测评标准。其中，非公企业测评指标在“促进发展”二级指标项下，增加了“积极参与全省‘百企帮百村、百企联百户’精准扶贫行动，与民族地区贫困村或户建立和签订结对帮扶关系（协议），并要求有举措，有实效”；在“热心公益”的二级指标项下，增加了主动参加光彩事业和积极参加省、州、县工商联组织的“民营企业少数民族地区州县行”活动的要求。[①]这是结合青海省非公有制经济领域创建民族团结进步先进区活动的成就与经验制定的具有地方特色的测评标准，有助于创建活动取得实质性进展。此外，内蒙古自治区、湖南湘西州、新疆伊犁州尼勒克县等也相应地制定了民族团结进步创建示范企业测评指标（考核验收标准）。

（三）国有企业和非公企业民族团结进步创建活动的具体举措

新疆维吾尔自治区国资委深入推进自治区国有企业民族团结进步年活动，在39家国有企业取得良好成效。据统计，39家国有企业共有25000余名少数民族职工，占职工总数的20.8%，其中中层以上少数民族管理人员536人，占比为11%。当前，各国有企业均成立了民族团结进步年活动领导小组，为找准做好本企业民族团结工作的切入点和落脚点，制定符合企业发展实际的工作方案和活动措施提供了组织保障。自治区国资委于2016年8月在国有企业中广泛开展“万名职工提万条建议答百题”活动，组织国有企业“80后”“90后”各族职工进行民族团结知识测试并为自治区民族团结工作建言。各族职工共提出1.2万条建议，梳理归纳为领导重视、增进民族感情、人才培养、改善民生、长效机制与制度建设等5个方面46条建议。各国有企业民族团结进步年活动实现

---

① 《民族团结进步创建活动进企业测评标准》（国有企业、非公企业），《印发〈关于民族团结进步创建活动“八进”的测评指标〉的通知》，资料来源：“青海统战”微信公众号，2016年8月1日。

了职工全参与，其中，新疆有色集团、新疆机场集团、新业集团、国电新疆电力公司等企业，将民族团结进步学习与“两学一做”学习相结合，新疆边疆宾馆将每月10日定为民族团结教育日，新疆有色集团阜康有色苑内组建了由各民族组成的“爱心妈妈”团队已发展到70余人规模，她们在帮扶贫困家庭的过程中促进了各民族交往交流交融。各企业重视少数民族职工文化素质培养和职工队伍建设，制定了“五必访”“五关爱”活动，要求在古尔邦节、肉孜节等民族传统节日期间开展慰问和爱心捐助活动。各民族职工多年来共事、共学，形成了嵌入式社会环境，仅宝钢集团新疆八一钢铁公司（以下简称八钢公司）就有4526对民汉帮扶对子，八钢公司通过统一清真就餐模式、培养少数民族带头人模式、爱国主义教育基地等形式，既推进了嵌入式社会结构和社区环境的和谐发展，又将现代工业文化与新疆多民族文化融为一体，堪称企业践行各民族嵌入式社会结构和社区环境的典范。①

2015年，新疆吐鲁番地区非公经济组织党工委在民族团结进步模范企业创建活动中，积极实施“文化引领工程、连心互助工程、微观治理工程、双语教育工程、就业保障工程、教育转化工程、宗教和谐工程、扶贫攻坚工程、致富增收工程、转型升级工程等民族团结十大工程。其中，连心互助工程主要通过“村企结对”帮扶和职工“手拉手”结对帮扶活动来进行；就业保障工程方面，各类民营企业现有职工中少数民族比例达到40%以上，招工时在同等条件下优先招收当地少数民族员工。②五次荣获全国民族团结进步模范集体的包头钢铁（集团）有限责任公司，目前有20个民族的少数民族干部职工5300多人。近年来，该公司出台文件，在选拔任用干部、评选先进、发展党员、出国留学、技术培训等方面，同等条件下优先考虑少数民族职工，公司高层管理者中少数民族干部占1/4，少数民族专业技术干部、中高级技师、研究生的数量

① 以上参见《自治区国资委大力推进国有企业民族团结进步年活动》，天山网，http://news.ts.cn/content/2016-09/08/content_12276348.htm，最后访问日期：2016年9月10日。

② 《紧紧围绕民族团结十大工程积极开展民族团结进步模范企业创建活动》，中华全国工商业联合会网站，http://www.acfic.org.cn/web/c_0000000100390031000２/d_37622.htm，最后访问日期：2016年9月10日。

和比例也在逐年提高。此外，该公司还积极参加生态环境治理、对口帮扶等工作，仅“健康包头行活动”一项，就累计投入350万元，让周边1000万人次的农牧民受益。[①]

西藏自治区华泰龙矿业开发有限公司是首批三个全国民族团结进步创建活动示范企业之一，其在“选派驻村工作队、发展多产业扶持地方经济、修建水治理项目保证牧民用水安全、大力推进用工本地化、开展藏族文化和民风民俗教育活动”[②] 等方面践行了中央企业的社会责任，得到自治区各级政府和当地群众的广泛认可和支持。

为贯彻全国工商联、国务院扶贫办、中国光彩会《“万企帮万村”精准扶贫行动方案》（全联发〔2015〕11号）的要求，2016年1月21日，青海省启动了“百企帮百村、百企联百户”精准扶贫行动。这一行动以民营企业为帮扶方，以2015年底全省建档立卡贫困村为帮扶对象，以签约结对、村企共建为主要形式。截至2016年9月底，青海省第一批村企结对共有140家民营企业与164个贫困村建立结对帮扶关系，并签订帮扶协议，累计投入项目资金、产业资金及各类捐资约2亿元；第二批107家企业（商会、协会）与135个贫困村签订了帮扶协议。[③] 具体帮扶措施有以下几点。

（1）产业扶贫。不同的企业可采取不同的帮扶方式。农业产业化企业可通过“公司+基地+专业合作社+农户”的方式，发展农产品深加工和特色种养殖业，带动贫困户通过利益联结机制实现股本增收；工业企业可合理开发贫困地区自然资源，赋予村集体股权，让贫困村、贫困户分享开发收益；商贸流通企业发挥“互联网+”优势，与邮政、供销合作等系统加强合作，帮助贫困村、贫困户对接市场、拓展销售渠道；

① 《内蒙古民族团结进步：六进凝聚团结发展正能量》，内蒙古自治区人民政府网站，http://www.nmg.gov.cn/fabu/xwdt/nmg/201509/t20150919_496363.html，最后访问日期：2016年9月10日。

② 参见《履行央企社会责任 构建和谐示范工程——西藏华泰龙公司2012年履行社会责任报告》，西藏华泰龙矿业开发有限公司网站，http://www.xzhtl.com/shehuizeren/baogao/2804.html，最后访问日期：2016年9月10日。

③ 《247家民营企业与299个贫困村结成帮扶“对子”——我省“百企帮百村、百企联百户”精准扶贫行动顺利推进》，《青海日报》2016年10月13日第1、4版。

旅游业企业帮助发展乡村旅游、红色旅游、高原生态旅游。同时，鼓励大型企业设立贫困地区产业投资基金，采取市场化运作方式，用于贫困地区资源开发、产业园区建设、新型城镇化发展等。

（2）就业扶贫。鼓励民营企业以订单方式通过职业院校和职业技能培训机构面向贫困村、贫困户招收学员，将企业扶贫与职业教育相结合，实现靠技能脱贫。截至 2016 年 9 月底，吸纳民族地区大专院校毕业生和贫困地区劳动力就业 2 万人。

（3）公益扶贫。鼓励企业以无偿投资道路桥梁建设、饮水安全、卫生设施、危房改造、文化场所、光伏扶贫为重点，帮扶贫困村改善面貌；以在校学生、重病患者、留守儿童、空巢老人、残疾人为重点，开展捐资助学、医疗救助、生活救助等公益扶贫活动。[①] 非公有制经济创造了青海省 1/3 的地区生产总值，提供了 70% 的城镇就业岗位，是全省民族团结进步事业和扶贫开发事业中不可或缺的重要力量。民营企业参与精准扶贫以产业带动为根本举措。门源回族自治县鑫晟达农工贸专业合作社等 6 家民营企业募捐资金 178 万元，省级扶贫部门按 1 比 1 配套财政扶贫资金 178 万元实施民营企业援助项目，这些项目主要以农牧业产业发展为主，门源回族自治县北山乡上金巴台村等 6 村建档立卡的贫困户 307 户、1068 人从中受益。项目根据贫困户意愿，将扶贫资金以入股的形式注入捐资帮扶企业或合作社统一经营，每年按不低于投资本金的 5% 分红。[②] 青海省共和县是海南州属 5 县之一，是青海藏区人口较多、地域辽阔、畜牧业经济比重较大的县，共和县塘格木镇哈尔干村地处脑山地区[③]，以前农民人均纯收入为 1500 ~ 1600 元，自从青海宁红农牧科技有限公司帮扶以来，2016 年人均纯收入达到 7500 ~ 7600 元。宁红公司解决了近 100 人的就业问题，带动了周边 3 ~ 4 个村子的就业。

---

① 以上参见《青海省工商业联合会、青海省扶贫开发工作领导小组办公室、青海省光彩事业促进会关于推进全省民营企业“百企帮百村、百企联百户”精准扶贫行动的实施方案》，资料来源：“青海统战”微信公众号，2016 年 8 月 15 日。

② 《门源民营企业援助扶贫项目启动》，青海新闻网，http://www.qhnews.com/2016zt/system/2016/09/09/012124849.shtml，最后访问日期：2016 年 9 月 10 日。

③ 脑山多指地处气候较寒冷农作物不易生长的地方。

二　民族自治地方企业社会责任实践调查——以云南红河州为样本

引入企业社会责任理念来讨论民族自治地方企业对民族政策的贯彻和落实情况，是企业社会责任理论和实践研究的一个新的尝试。民族地区作为自然资源富集区和贫困人口的集中区，自然资源开发所带来的巨大收益与少数民族人口的贫困所形成的鲜明对比，仍是当前民族地区的突出矛盾。自然资源开发利益共享是将民族地区资源优势转化为经济优势的有效途径之一。同其他社会不和谐现象一样，社会责任观念与经济高速增长的不相适应也是社会发展失衡的一种表现。因此，企业在促进民族地区经济社会全面发展方面应该承担更多的责任，但这种责任的承担需要企业、政府和社会的共同努力。

企业社会责任的实现程度受所在国家或地区的法律、文化、社会发展状况的影响，同时，企业的经营状况、管理模式和战略也直接影响着所在地的社会发展、政策措施、法律治理以及民众的生活方式和心理状态。对于民族地区的企业来说，其行为不可避免地受到党和国家民族政策的约束和影响，笔者将从民族自治地方企业在运行过程中对民族区域自治制度和民族政策的贯彻落实情况入手，分析企业社会责任建设对于促进民族地区经济社会发展，以及在此过程中调适民族关系、促进民族团结的特殊贡献，以期得出有益于实践的制度性建议。

（一）云南红河州经济社会发展概况

红河州位于云南省东南部，北靠昆明，南接越南，是昆明到越南河内经济走廊的重要区位和关键节点。辖区面积 32931 平方公里，山区面积占 85%，辖 4 市 9 县，州内的金平、河口、屏边三县为自治县，其中，金平县是苗、瑶、傣三个民族的自治县。

红河州为哈尼族彝族自治州，是云南省哈尼族人口主要分布区域之一，彝族在红河州也占有相当大的比重，州内有汉族、哈尼族、彝族、苗族、瑶族、壮族、回族、布依族、拉祜族、布朗族等 11 个世居民族。根据 2015 年 1% 人口抽样调查数据，截至 2015 年 11 月 1 日零时，红河州常住人口为 464.5 万人，其中少数民族人口 266.2 万人，占总人口的比重为 57.3%，居住在乡村的人口占总人口的 57.18%。[①] 红河州的贫困区域性、民族性和整体性特征明显。在红河州的 13 个市县中，扶贫开发工作重点县和集中连片特殊困难地区县分布情况如下[②]：国家扶贫开发工作重点县 6 个，云南省扶贫开发工作重点县 1 个，集中连片特殊困难地区县 7 个。此外，红河州南部 6 县[③]属于典型的集边疆、山区、民族、贫困四位一体的地区。南部 6 县地处边疆边境，金平、绿春、河口三县为边境县，国境线长 848 公里，占云南与越南国境线总长度的 62.6%，是我国通往越南及东南亚的重要陆路通道；面积占全州的 35.9%，山区面积高达 99%；总人口占全州总人口的 36.7%，少数民族 147.6 万人，占全州少数民族总人口的 55.4%，全州三个自治县都位于南部山区；从贫困程度来看，截至 2014 年末，南部 6 县建档立卡贫困人口为 487884 人，占全州建档立卡贫困人口的 68.1%，贫困发生率为 33.9%，高于全州平均水平 14.2 个百分点，全州 70% 的贫困人口、95% 以上的绝对贫困人口集中于此。[④]

红河州水电资源丰富，矿产资源富集，传统优势产业是烟草、矿冶、电力、化工、建筑，其承载者大都属于高能耗企业。

（二）红河州企业社会责任实践现状调查

本课题选取烟草、矿冶、煤炭和制药四种不同类型的企业作为样本，围绕三个方面展开调查和研究：其一，企业对自身承担社会责任的认知、履行社会责任现状、典型案例、战略选择、促进机制、存在问题等；其二，民族自治地方政府、公众对企业社会责任实现的评价、期待；其三，民族区域自治制度及民族区域自治法在企业履行社会责任过程中的地位、

① 《2015 年红河州 1% 人口抽样调查主要数据公报》，红河州统计局网站，http://www.tjj.hh.gov.cn/info/1011/2009.htm，最后访问日期：2016 年 9 月 1 日。

② 由于分类标准和依据不同，各类贫困县存在交叉现象。关于红河州的贫困状况，参见《红河州贫困状况基本概况》，中国红河网，http://www.hh.cn/special/xncjsgzd/07/201510/t20151008_1176353.html，最后访问日期：2016 年 9 月 1 日。

③ 由于地域差异和区域经济发展不平衡等原因，红河州经济社会发展呈现南北两极严重分化态势，北部七县市经济发展普遍相对较快，南部六县自然环境较差、经济发展较为滞后。

④ 参见《红河州南部山区综合扶贫开发 2016 年度实施方案》，红河州人民政府扶贫开发办公室网站，http://www.fpb.hh.gov.cn/info/1026/3875.htm，最后访问日期：2016 年 11 月 1 日。

作用，企业履行社会责任过程中对民族自治地方产生的影响等。在充分调研的基础上，结合民族区域自治的制度与民族地区社会背景，以企业、政府与社会的整体关系为框架，讨论民族地区企业社会责任建设的成绩与问题，并提出针对性的对策建议。调研资料来源于个别访谈、参与观察、样本公司官网和企业社会责任报告以及媒体报道等。

1. 云南锡业股份有限公司

（1）公司概况

云南锡业股份有限公司（以下简称云南锡业股份）是云南锡业集团有限责任公司（以下简称云南锡业集团）控股、国内锡行业唯一的一家上市公司，是中国最大的锡生产、加工、出口基地。成立于 1998 年 11 月，位于红河州个旧市，主要从事有色金属及其矿产品经营，有色金属深加工及其高新技术产品的开发、生产及销售，是世界锡生产企业中产业链最长、最完整的集地质勘探、采矿、选矿、冶炼、锡材深加工、锡化工、有色金属新材料、科研设计和产业化开发等于一体的有色金属联合企业，锡生产工艺技术居国内外领先水平。2005 年以来，公司锡金属产量位居全球第一，具有较强的国际竞争力。截至 2015 年 12 月 31 日，公司实现营业收入 310.79 亿元，员工总数为 15366 人。[①]

（2）社会责任实践

云南锡业股份从 2008 年起公布年度社会责任报告，旨在反映公司实施新型工业化道路，与员工、社会、自然和谐发展，创建和谐的企业发展环境，践行社会责任等情况。该公司社会责任报告内容主要包括：企业介绍，其中包括企业文化、管理团队、社会责任价值观、公司治理结构等；利益相关者，其中包括政府、员工（内容有权益保护、激励机制、劳动安全、教育培训等）、股东（内容有股本结构、资产和收益）、客户（内容有利益维护、质量保证等）、合作伙伴、社会公众（内容有社会贡献和环境贡献）。

云南锡业股份积极推行村企共建和对口帮扶工作，针对资源所在地

① 参见云南锡业股份有限公司 2015 年度企业社会责任报告。如无特殊说明，以下关于云南锡业股份的数据都来自各年度企业社会责任报告，不再一一注出。

社区展开扶贫、基础设施建设、就业、技术指导等各项支持。公司持续资助社区小学，通过捐款和捐学习用品等形式，有效改善学生的学习条件，仅2016年就向学校捐赠建设资金及图书款81.6万元。

云南锡业股份主动承担社会责任，将振灾救危、扶贫帮困、支持贫困地区教育事业、行业发展、社区支持等公益慈善活动，纳入企业资金预算计划。2016年，公司为各种社会公益事业累计捐赠总额2600万元。

作为大型地方国有企业，云南锡业股份按照省委、省国资委关于"挂包帮""转走访"精准扶贫工作的部署和要求，积极投身于红河州绿春县大兴镇马宗村委会扶贫工作中。2016年，公司累计捐款331.4万元，其中，向马宗村委会捐款300万元，挂包的116名干部自掏腰包，为232户贫困户筹集帮扶资金17.4万元；华联锌铟向马关县财政局捐赠扶贫款10万元，67名领导干部自掏腰包，为328户贫困户筹集帮扶资金4万元。

除了企业社会责任报告和媒体的正面报道，也有相关报道反映了云南锡业股份在履行企业社会责任方面的缺失，《证券日报》2010年9月1日、11月9日分别发表题为《环境安全隐患较重、两年内仍未解决、环保部责令锡业股份彻底整改》《财务造假被财政部查处、专家称锡业股份涉嫌欺骗投资者》的报道，分别对云南锡业股份在对环境责任和股东责任方面的缺失进行质疑，这对该公司势必产生不良后果。

（3）小结

云南锡业股份分别从经济责任、客户责任、社区参与责任和环境责任等方面披露了公司运营中的基本情况，在员工权益保护方面介绍较为具体全面，详细介绍了员工的专业构成、教育程度等，但没有介绍其民族成分，没有提及解决民族地区就业相关的工作。同时，其未充分披露企业参与社会公益情况，缺乏反映利益相关方意见的相关内容，不能完全体现民族区域自治制度和相关民族政策对其的具体要求。此外，媒体的负面报道必然对其企业形象产生不可估量的影响。

2. 红云红河烟草（集团）有限责任公司

（1）公司概况

2008年11月8日，红云红河烟草（集团）有限责任公司（以下简称红云红河集团）成立，它是由原红云烟草（集团）有限责任公司和原红河烟草（集团）有限责任公司（位于红河州弥勒县）合并组建，是中国烟草深化改革、推动重组、走向联合、共同发展向更高层次和更高水平迈出的重要一步。它是国内具有法人资格的第一大烟草工业企业，并成为世界上继菲莫国际、英美烟草和日本烟草集团及帝国烟草集团之后的第五大烟草集团。红云红河集团是以烟草为主业，跨行业、跨地区、跨所有制经营的大型国有企业，下辖昆明卷烟厂、红河卷烟厂、曲靖卷烟厂、会泽卷烟厂、新疆卷烟厂、乌兰浩特卷烟厂六个生产厂，控股山西昆明烟草有限责任公司和内蒙古昆明卷烟有限责任公司，拥有员工1万余名。2015年，集团生产卷烟536.47万箱，实现税利680.45亿元，列中国企业500强第159位，中国制造业企业500强第67位，商业批发销售额继2014年突破千亿元大关后，达到1143.83亿元。①

（2）社会责任实践

从相关组织架构和公司战略规划来看，社会责任管理在红云红河集团的工作中占有非常重要的地位，已经上升至战略层面。为了更好地履行企业的社会责任，红云红河集团专门成立了社会公益工作领导小组。红云红河集团坚持以“履行社会责任　创造恒久价值”为企业使命，全力推进“责任管理、贡献国民经济健康发展、提供优质产品、与环境和谐共存、构筑和谐幸福空间”五大责任行动，努力为政府、行业主管部门、商业伙伴、员工、烟农、环境、社区等利益相关者创造综合价值。

在红云红河集团的社会责任实质性议题中，不仅包括了产品质量、安全生产、公司治理、员工培训与发展等基础内容，也包括了守法合规、支持烟农发展、环境保护、员工权益等延伸性内容，并日益拓展到兴边富民、对口帮扶、新农村建设、促进教育文化事业等系统性扶贫工作。自2005年起，红云红河集团对口帮扶云南省文山富宁、昭通巧家、曲靖会泽、临沧沧源及镇康5个贫困县，帮助其修建学校、兴建饮水工程、铺路架桥等，积极参与各项民生工程，改善落后的基础设施。同时，根

① 参见《红云红河烟草（集团）有限公司2015年度企业社会责任报告》，红云红河集团网站社会责任专栏，http://csr.hyhhgroup.com/htmlnew/hyhhgy5/index.html，最后访问日期：2016年10月1日。以下数据如无特殊说明，均出自集团2015年度企业社会责任报告。

据各县县情，因地制宜地开展扶贫项目，通过整村推进、产业扶持，达到兴边富民的脱贫效果。

“红云红河集团的成立与发展，离不开全省4000多万父老乡亲的关心和厚爱，回报社会是我们义不容辞的责任。”这是红云红河集团上下的共识。位于我国西南的云南省集边疆、山区、少数民族等特点为一体，受地理、环境、交通等因素制约，全省129个县（市、区），国家扶贫工作重点县就有73个，因此，在企业运作过程中应对民族地区发展问题是一项长期而浩大的工程。

除了支援边疆脱贫，红云红河集团在其他社会公益活动方面也投入了很多资源和精力。长期以来，红云红河集团通过兴边富民、扶贫济困、“红河助学金”和“红云园丁奖”等回报社会的一系列活动，塑造了企业的良好形象，影响、吸引了更多的社会公众参与公益事业，红云红河集团负责任的企业形象、品牌形象也广为社会公众所认可。2010年，红云红河集团的卷烟品牌“云烟”“红河”双双入选“中国500最具价值品牌排行榜”和“胡润品牌百强榜”，是我国唯一一家同时拥有两个上榜品牌的企业。

红云红河集团基于对社会可持续发展的正确认识和理解，从社会公益事业角度，审视、制定了自己的企业、品牌发展战略。而在公益品牌战略上扮演领导角色，塑造良好的企业形象，在某种程度上也为红云红河集团的高效运转提供了保障。同时，良好的企业形象、品牌形象也有力地提高了其营销沟通活动的效果。

（3）小结

红云红河集团的成功组建是中国烟草工业建立现代企业制度和现代产权制度的标志性事件，该集团在组织架构、人员管理、战略规划以及企业文化等角度都注重企业社会责任理念的普及和承担，并且结合自身立足于民族地区的实际，具体实践涉及了兴边富民、对口帮扶和新农村建设等系统性扶贫工作，在社会公众心目中树立了良好的企业形象。红云红河集团始终秉承服务社会、回馈社会的理念，不断加大对云南省民族高等教育的资助力度，先后在省内多所大学设立“红云园丁奖”和“红河助学金”，意在鼓励奖励教育和科研成绩突出的教育工作者，资助勤奋向上的青年贫困学子，展现了对社会负责的企业形象。这对于支持云南省内高校发展、人才培养以及加快云南教育现代化步伐具有深远意义。

3. 云南省小龙潭矿务局

（1）公司概况

云南省小龙潭矿务局属于国有大型露天煤矿，位于红河州开远市小龙潭镇，于1953年建矿，探明煤炭储量10.93亿吨，是云南省最大的煤炭生产基地，现年产量达1000多万吨。随着西部大开发与西电东送、云电外送战略的实施，小龙潭矿务局不断加强矿山建设，为民族地区的发展做出了应有的贡献。

（2）社会责任实践

小龙潭矿务局没有对外公布企业社会责任报告，在媒体宣传方面，小龙潭矿务局注重科技创新、安全保障等基本责任，但对其企业理念、社会公益、对西部大开发与西电东送的贡献等方面宣传报道不多。

《中国经济时报》2007年2月6日报道的《云南省小龙潭矿务局占用基本农田调查》，小龙潭矿务局五期扩建工程占用基本农田、移民搬迁等问题，而涉及15109.5亩土地被征占、6000多名农民撤离家园的小龙潭矿务局五期扩建工程，在筹建伊始就争议不断；在实施过程中，开远市政府和小龙潭矿务局又在地方经济利益的驱使下，置国务院加强土地调控和国家关于土地管理的法律法规于不顾，占用并蚕食上万亩基本农田，致使当地村民向各级政府部门上访上告，影响了社会稳定。这样的负面报道对于小龙潭煤矿的深入发展势必造成不良影响。

（3）小结

作为煤炭企业，对安全生产和技术创新的重视比较到位，但对其企业文化、社会公益以及西部大开发与西电东送的贡献等履行或宣传不够，这说明小龙潭矿务局还未建立起现代企业社会责任理念，其社会责任行为尚未形成体系，有待加强。

4. 云南云河药业股份有限公司

（1）公司概况

云南云河药业股份有限公司（以下简称云河药业）前身是国有的云

南省个旧市制药厂，始建于1958年，位于红河州个旧市，2001年末按现代企业制度改制为非公有制企业，共拥有员工300余人。经过多年的艰苦努力，云河药业已发展成为国家“GMP认证企业”、国家“高新技术企业”、“中药企业品牌百强”，云南省“省级企业技术中心”“省百户知识产权示范试点单位”“省优秀民营科技企业”“省创新型企业试点单位”“省成长型中小企业”“云南省中小和非公企业上市培育重点企业”“省高新技术上市重点培育企业”，排名“云南省医药工业二十强”之列。“根植民族医药，服务人类健康”是云河药业的情怀。云河药业依托云南省得天独厚的天然药物宝库和东南亚地道天然药材资源，挖掘中华医学精华的传统医药、民族药秘方，多年来先后研制出具有自主知识产权的、畅销国内外的“虎力散胶囊”“龙血竭胶囊”“香果健消片”等国家中药保护的特色品种和专利新药“复方龙血竭胶囊”。其中“虎力散胶囊”“龙血竭胶囊”“香果健消片”三大产品的销售占总销售量的91%以上，尤其是公司传承滇南彝族祖传秘方创新生产的国家中药保护品种“虎力散胶囊”单品种销售达1.58亿元，在全国的患者中享有很高声誉。[①] 2014年，公司实现销售收入1.8亿元，实现利税3389万元。

（2）社会责任实践

云河药业未公布企业社会责任报告，媒体报道中涉及经营业绩、慈善捐赠、安全生产等内容。

面对“毒胶囊事件”[②] 引起的负面影响，云河药业敢于直面质疑，邀请媒体参观其生产基地，以使公众了解其整个制药过程，认可其企业文化和社会责任行动，这实际上是企业的一种危机营销和社会责任营销行动。

自“毒胶囊事件”发生以来，作为云南制药企业二十强行列的现代化药企，云河药业也无辜受到严重冲击，其拳头产品“龙血竭胶囊”“虎力散胶囊”的销量均出现了不同程度的下滑——尽管云河药业一直

---

① 《云南云河药业股份有限公司简介》，云河药业公司网站，http://www.ynyunhe.com/channels/10.html，最后访问日期：2015年9月1日。

② 2012年4月15日，央视《每周质量报告》曝光，河北一些企业用生石灰给皮革废料进行脱色漂白和清洗，随后熬制成工业明胶，卖给浙江新昌县药用胶囊生产企业，最终流向药品企业。经调查发现，9家药厂的13个批次药品所用胶囊重金属铬含量超标，其中超标最多的达90多倍。参见百度百科“毒胶囊事件”词条。

坚持使用优质胶囊，但“毒胶囊事件”却让其陷入了百口莫辩的境地。“部分消费者很难再轻易相信企业所做出的质量承诺了”。

为了“还自身一个清白”，云河药业特邀记者前往红河州个旧市，对云河药业生产基地进行参观考察，让记者能够全方位近距离地接触云河药业制药的全过程，也让购买云河药业产品的消费者放心。而在这一过程中，这家厂龄逾半个多世纪的制药企业长盛不衰的“秘密”也得以揭示。

“你们来之前，我没有给生产一线的任何工人打过招呼。你们所看到的，就是我们日常生产的真实状况，”云河药业国际部负责人胡欣自信满满地说，“我相信，在参观完我们企业的整个制药过程后，你们一定会认可我们，认可我们的企业文化，认可我们作为一家老资格制药企业的良心和社会责任感。”①

（3）小结

作为拥有多项知名民族中医药品牌的民营企业，云河药业注重技术创新和安全生产，并且在有余力的情况下开展社会公益活动，笔者并未查询到企业的负面报道，其社会责任承担情况值得肯定。当前，云河药业正致力于“把中医药产业真正建成推动云南经济转型省级的战略性新兴产业”②。云河药业“充分发挥滇南丰富的药材资源优势，以民族民间医药为依托开展产品的科技、工艺和生产创新”③，但是其作为民族中医药企业对民族地区的贡献只是零散地见诸报端。在社会责任信息披露和宣传方面，云河药业还有提升的空间。

5. 研究发现

（1）企业社会责任理念和行动尚未普遍，企业社会责任报告欠缺且未体现民族地区特色

从社会责任投资视角分析，包括股东、顾客、员工、供应商等在内的所有利益相关者都参与了公司价值的创造过程。企业财务年报更多关

① 参见《云河药业鼎立半世纪不衰的“秘密”》，昆明信息港，http://news.kunming.cn/health/content/2012-05/29/content_2979805.htm，最后访问日期：2016年10月8日。

② 《云河药业：集云南百草做地道“云药”》，中国日报中文网，http://www.chinadaily.com.cn/hqcj/xfly/2015-07-24/content_14025235.html，最后访问日期：2016年10月6日。

③ 《云南云河药业50年大庆真情回馈社会》，新华网，http://www.yn.xinhuanet.com/newscenter/2008-05/04/content_13158094.htm，最后访问日期：2016年10月6日。

注针对股东的信息披露，而与之相对应，社会责任报告则关注包括股东在内的所有利益相关者的信息披露。社会责任报告制度不断完善，与企业财务年报一起，相互补充，成为定期向各相关利益者展现其经济、社会、环境绩效的重要载体。应当说，股东对财务绩效等企业经营数据需求的不断细化和具体化，促进了财务年报披露制度的不断完善。正是各利益相关者对于企业社会、环境和可持续发展以及道德规范等方面的信息需求不断细化和具体化，促进了社会责任报告制度的不断完善。与此同时，社会责任营销在企业发展过程中起着至关重要的作用。社会责任营销是企业在承担一定的社会责任（如为慈善机构捐款、保护环境、建立希望小学、扶贫）的同时，借助新闻舆论影响和广告宣传，来改善企业的名声、提高企业形象、提升品牌知名度、增加客户忠诚度，最终增加销售额的营销形式。因此社会责任营销的核心就是信任营销，社会责任营销的目的，实质上就是与客户建立信任的纽带，取得客户的信赖，最终得到基业长青的回报，达到企业和社会的“双赢”目的。

然而，就样本中的红河州企业而言，从社会责任报告的发布情况来讲，云南锡业股份和红云红河集团发布了社会责任报告，小龙潭矿务局和云河药业未发布社会责任报告，但即使发布了社会责任报告，也存在信息披露不完整和缺乏民族地区特色等缺陷。这说明在民族地区，企业社会责任报告的发布还未受到政府、企业和社会的普遍重视。从社会责任营销的角度来讲，企业重视关于安全生产、技术创新和社会公益等方面的宣传，却在某种程度上忽视了与当地社区居民之间的直接互动，忽视了其对民族地区自然资源所在地居民的利益共享和补偿，这在一定程度上会掣肘企业的发展。因此，重视企业社会责任的履行，重视社会责任营销，将社会责任管理纳入公司发展战略规划，带动所在民族地区的经济社会发展，实现企业与社会的共赢，这才是企业长久发展的必然方向。

（2）将企业社会责任理念和行动与自然资源开发利益共享机制相结合，是解决当前民族地区经济发展问题的有效途径

上文提到，红河州资源富集，其企业大多是高能耗企业，对自然资源的索取和利用程度较高。一般来讲，良好的自然资源禀赋，在一定时期内能够给经济发展以巨大的推动力。然而，资源丰富与生活贫困并存，

是少数民族地区的突出矛盾。少数民族地区作为贫困人口的集中区，自然资源开发所带来的巨大收益与少数民族人口的贫困所形成的鲜明对比，仍是当前民族地区的突出矛盾。自然资源开发利益共享是将民族地区资源优势转化为经济优势的有效途径之一。从当前的自然资源开发分配机制来看，首先，自然资源开发在民族地区国民经济结构中占有十分重要的地位。其次，自然资源开发带来的收益，在分配时明显向企业倾斜。除了央属企业的利润总额难以界定外，其他企业在利益分配中，均取得了超过50%以上的分配额。政府在自然资源开发的利益分配中，也取得了较大的份额。在政府取得的分配收益中，中央政府获得了主要的份额，地方政府特别是资源所在地的政府，一般只能分得1/3的收益。[①] 最后，从企业对社区发展和当地就业的促进情况来看，自然资源所在地的社区，在资源开发的利益分配机制中，既没有参与权也没有被纳入分配体系，只能通过企业为其自身发展而建设的可与社区共享的公共资源（道路、桥梁）等，以及企业对失地农牧民的赔偿和对当地的捐赠，获得相关的收益，社区居民共享的比例低、收益的渠道不稳定。自然资源开发创造的就业机会，大多数被区域外的民工和技术人员获得，社区居民只能在资源开发的初期，或者资源开发的过程中，获得初级的劳务就业机会。除了一些小型矿产开发过程中，当地社区居民分享了矿产资源的运输机会外，社区居民所获得的劳务性收入，既不稳定，比例也不高。在资源开发利用过程中，随着资源的开发利用和社会的发展进步，开发区社会成员的政治、经济、生活地位都应得到全面的提高。资源开发利益共享是建立利益公平分配机制，解决原有资源开发与利益分配机制中忽视所在地政府和资源所在地社区利益补偿问题，以形成各利益相关者在资源合作开发中共生共赢的分配模式。这一点与企业社会责任提倡的利益相关者理念有很高的契合度，因此，加强企业社会责任建设是建立和完善

① 在这1/3的份额中，资源所在地社区政府（乡镇或村级政府）收益的比例更低。以鄂尔多斯市伊金霍洛旗乌兰木伦镇为例，该镇2006年的财政总收入达到15亿元，通过财政体制分成，该镇最后分配得到的可用财力仅为5000万元（包含项目预算），不足财政总收入的3.3%，其余的14.5亿元都由中央、自治区、市、旗财政拿走。参见世界银行、国家民族事务委员会项目课题组编著《中国少数民族地区自然资源开发社区受益机制研究》，中央民族大学出版社，2009，第15、16、97页。

资源开发利益共享机制、促进民族地区经济社会发展的有效途径。

（三）政府对企业承担社会责任的期待和评价调查

企业的经营活动、价值理念和生产技术等各方面都对民族自治地方经济社会发展产生着重要影响，很多民族自治地方经济发展的驱动甚至直接来自于企业实施的各类建设项目。因此，民族自治地方政府对企业履行社会责任有着具体的期待，本研究将通过调查了解民族自治地方和企业如何处理双方关系，地方政府对企业履行社会责任的评价等，以期客观地分析和认识现存的问题，并在民族区域自治制度规范的框架之内调适政府与企业关系。

1. 现行政策法规关于企业社会责任的规定

我国现行立法对企业社会责任的规定分散在《企业法》《公司法》《产品质量法》《消费者权益保护法》《自然资源法》《环境保护法》《劳动法》《社会保障法》《税法》《公益事业捐赠法》等诸多法律法规中。对民族地区企业来说，除上述规定外，《民族区域自治法》作为实施民族区域自治制度的基本法律对其具有特殊的约束力。《民族区域自治法》和《国务院若干规定》，在涉及少数民族和民族地区经济与社会发展的诸多领域，制定了特殊优惠政策，把帮助民族自治地方加快经济发展放在突出位置，规定了上级人民政府及其职能部门在规划、基础设施项目安排、西部开发、资源开发和生态环境保护、财政转移支付、金融、外贸等方面对民族自治地方给予支持。对国家扶持民族贸易和民族特需用品生产、推进兴边富民行动、扶持人口较少民族发展、加快民族自治地方扶贫开发等方面做出了具体规定。上述法规从少数民族群众就业、资源就地加工、环境保护以及带动相关产业等多个方面对民族地区企业社会责任做出了具体规定。具体规定详见表 5－5。

表 5－5　民族区域自治法相关政策法规的落实情况

企业社会责任承担途径	实施情况	原因
少数民族群众就业	基本没落实	法规中未明确具体招收比例，无法强制执行。由于语言不通和文化程度低，企业不愿招收

续表

企业社会责任承担途径	实施情况	原因
资源就地加工	计划经济时期较少，目前逐渐在落实	基础设施和技术条件限制，计划经济调拨方式导致资源外运加工
带动相关产业	带动经济发展有限，落实情况不乐观	没有明确的政策，缺乏可操作性
利益补偿	落实情况一般	当前主要通过转移支付补偿，多方主体实施的生态补偿机制并未形成
环境保护	基本能够落实	国家和社区居民对环境保护的强烈要求，企业不得不进行

2. 对于民族区域自治政策法规有关企业社会责任规定的落实情况

从红河州企业落实民族区域自治法规的情况可以看出，企业对于政策法规条文明确、可操作性强以及公众要求强烈的规定落实得较好，如关于税收优惠政策和环境保护的相关规定；而只在政策法规中做出原则性规定的如解决当地就业、带动相关产业等规定则落实较差。同时，关于资源就地加工的规定，在计划经济时期由于基础设施和技术条件所限，计划经济调拨方式导致资源外运加工，目前正在逐渐落实，加以改进。这说明市场经济体制的贯彻落实和制度的完善对于企业社会责任的顺利承担至关重要。

3. 研究发现

从调研情况看，受现有财政体制和GDP导向下的政府政绩考核体系影响，政府在对自然资源开发利益分配的政策趋向中，比较注意向企业方面倾斜，以扩大招商引资的效果，提高当地的GDP，而忽视了社区与农牧民的利益共享问题；比较注意经济利益的分配，以提高政府的分享比重，而忽视了社会利益的分配，使企业开发资源过程中所形成的环境、生态和社会问题，最后仍要政府解决，增加了政府财力可持续发展的风险；比较注意对各项税费的管理，重点放在规范政府与企业分配上，而忽视了企业与社区、政府与社区的分配关系，导致社区和农牧民的分享权益难以得到较好的保障。

（1）民族政策、法律法规有关民族自治地方企业的规定缺乏可操作性从民族政策看，中国在各民族共同发展的基本国策基础上，确立了给予民族自治地方政策支持和倾斜的制度。但这些制度基本停留在定性的、原则性的定位上，在可操作性、实效性方面存在着一定的制度缺陷。

从《民族区域自治法》的落实程度看，无论是少数民族的用工制度，还是对资源输出的少数民族地区的利益补偿，都缺乏具体的制度安排；从社区及社区居民主要的受益方式来看，对社区利益影响最大的灾害损失赔偿，在大部分地区主要依靠企业与社区居民通过谈判博弈的方式来完成。由于缺乏可操作性的制度安排，这些政策法规的明文规定被束之高阁，影响了政策的实施效果。

（2）民族地区资源开发中的利益分享和补偿机制不健全

民族地区矿藏、水能资源丰富，其开发具有国家能源战略意义。自然资源开发，实施“西电东送”“西气东输”“西煤东运”是国家西部大开发战略的重要组成部分，意义重大而深远。这对于民族地区更是千载难逢的发展机遇。但是，在民族地区资源大规模开发过程中，对资源所在地居民利益不考虑或考虑很少，以及资源开发中对民族文化产生的消极影响，易引发群体性事件，造成民族关系紧张，影响民族团结和社会和谐。同时，在资源开发过程中，不注重环境保护，环境影响评价流于形式，边开发、边破坏，甚至是未开发、先破坏。

西部大开发政策实施以来，国家给予西部地区一系列的优惠政策。而这些优惠政策，主要是从提高西部地区吸引投资的能力和西部企业的竞争力入手，对西部企业进行了一系列的减税让利。但在减税让利的政策引导下，通过税收减免获得的利润，基本上全部留在企业，并没有给西部地区的政府和人民带来较大的利益。

西部大开发政策的核心，是要提高西部地区人民的生存与发展能力。通过建立公共预算等办法，从西部企业享受优惠政策取得的收益中，拿出一部分用于西部社区与农牧民发展。这种政策倾向，符合西部大开发的政策要求，有利于企业与社区的和谐发展。因此，要采取措施使得企业社会责任不仅存在于理念中，而且能在实现企业发展的同时，实现与当地社区的利益共享。

（3）政策法规向民族地区及当地民众倾斜的初衷很难实现

为了弥补自然资源开发中对少数民族地区倾斜的不足，解决少数民族的贫困问题，各民族自治地方在自然资源开发中，制定了一系列有针对性的政策。但这些政策的着力点，主要关注自治地方政府与企业之间的分配关系，社区利益仍未纳入自治地方政府的政策框架内。从自然资源开发的政策看，除了在电力制度中仍保留了较强的计划经济色彩外，我国已按市场经济的基本要求，建立了自然资源开发的相关政策。在具体的行业性、区域性政策中，这些对少数民族地区的倾斜政策，往往被"公平"的市场环境等基础性要求所冲淡，很难实现政策制定时考虑少数民族地区利益的初衷，少数民族很难获得相关的政策优惠。

（四）公众对企业承担社会责任的认知和期待

企业在民族自治地方的建设活动，直接与民族自治地方各民族群众密切相关，各民族群众是否真正了解当地的企业及其承担的社会责任，他们了解的途径如何，他们对企业社会责任的了解和期待，都是我们需要调查和了解的重要问题。

1. 少数民族社区为资源开发做出的牺牲

为了加大调研的针对性和可操作性，本课题主要对资源所在地民众进行调查。从调研情况看，社区与社区居民为了自然资源的开发做出了重大的牺牲，但由于在分配机制中缺乏参与权，这些牺牲很难体现到自然资源开发利益的分配机制中，而且无法得到有效的补偿，这是影响社区可持续发展的根本性原因。社区在资源开发中的利益负担详见表5－6。

表5－6　社区在资源开发中的利益负担

类别	具体方式
土地负担	低价或无偿出让土地，土地的经济能力被破坏
水资源负担	水资源被资源开发企业占用，地表水、地下水水质下降，水位下降
生态环境负担	出现地质塌陷、空气污染等一系列环境灾害
经济结构转型负担	以资源为核心的新型产业结构，使当地居民失去原有工作机会，形成结构性失业
社会负担	大量外来人口进入，增加社会教育、医疗等方面的公共支出

续表

类别	具体方式
行政负担	自然资源开发中需要协调各方面的关系，解决开发中可能出现的治安等问题，当地政府和社区的行政负担增加
公共产品负担	当地社区需要为自然资源开发增加道路、水、电等公共产品
物价负担	自然资源开发引发物价上涨，使当地居民的生活质量下降
可持续发展负担	资源开发使社区失去了很多可持续发展机会
文化负担	资源开发使少数民族传统文化受到冲击，影响了文化多样性

2. 少数民族社区的收益方式

通过对少数民族社区在自然资源开发中收益情况的理论和相关资料的分析，有以下发现：首先，社区的利益主要体现为乡镇政府、村级自治组织的利益，社区居民的利益机制还没有得到充分的体现。其次，社区从自然资源开发中收益的方式，可以概括为直接收益与间接收益两大类（见表5－7），赔偿成为其主要的直接收益方式。这也是自然资源所在地社区难以形成可持续发展机制的根本性原因。最后，社区的收益目标主要体现在解决贫困问题上，可持续发展的目标尚未得到充分实现。在上述收益方式中，收益方是社区与社区居民，提供方是企业或地方政府。由于社区与社区居民在收益机制中的参与程度较低，因此，这些收益方式主要取决于企业社会责任和政府的制度设计。受改革开放以来“先发展后治理”发展思路的影响，政府在社区收益机制中，主要考虑的是解决贫困问题和为社区提供更多的公共产品问题；企业及企业家的社会责任机制还没有得到较强的制度约束，企业对社区与社区居民的支持，主要以企业利润最大化为企业营造一个良好的发展环境为出发点，社区的需求以及社区的可持续发展问题等，均没有体现在收益机制中。

表5－7　少数民族社区的收益方式

收益方式		收益内容	收益渠道
直接收益	赔偿	在自然资源开发中对社区资源和居民相关利益损失进行的赔偿	土地赔偿费、生态移民费等
	补偿	在自然资源开发中对社区和社区居民可持续发展机会损失进行的补偿	农作物损失补偿、再就业工程等

续表

收益方式		收益内容	收益渠道
	劳务性收入	社区居民参与自然资源开发取得的劳务性收入	到矿产企业就业，从事运输等为企业服务的收益
	共享收益	社区与社区居民共享资源开发收益	免费或低价使用自然资源，企业捐赠等
间接收益	价格收益	自然资源开发后当地物价上升，社区农牧民通过出售农副产品所得收益	农副产品价格上升收益，劳务工资提高收益
	公共产品收益	矿产资源开发企业建设的公共产品与当地居民共享	矿产企业建设的道路、桥梁、水资源和生态环境保护项目与社区共享
	政府支持收益	当地政府从自然资源开发中取得的收益用于社区发展	政府转移支付，对社区居民的专项补贴所得收益

（五）研究发现

1. 社区在资源开发利益分配机制中，参与程度较低

从调研情况看，社区参与资源开发利益分配机制的，主要有村级组织、乡镇政府和社区居民三个层次，这三个层次的参与程度均较低。

就村级组织来讲，中国现行的法律法规框架中，政府包括了中央、省、市、县、乡五个层级。村作为自治组织，不承担政府的功能，很难在公共资源的分配中有自己的发言权。为改变这种状况，资源所在地的村级基层组织，采取了很多办法，如与当地企业联合建立党支部、在企业参股、与企业签订责任制合同等方式，使企业在利益分配过程中，考虑当地居民的利益。但是，在大型开采企业开发过程中，村级组织参与利益分配的概率极小。只有在村级经济或村里的环境受到影响时，才能代表村民，与企业或上级组织进行交涉。

就乡镇政府来讲，作为中国最基层政权，乡镇政府承担着几乎所有的公共职能，资源开发过程中所产生的大量负外部性，几乎都需要通过乡镇一级政府具体组织落实。乡镇政府能为当地社区提供基本公共产品，而资源开发过程中当地所承担的社会与环境的可持续发展成本，乡镇政府没有经费予以解决。按照中国减轻企业负担的相关规定，乡镇级政府并没有权力向企业征收任何费用。唯一的办法就是通过协商以获得一些捐赠性的收益。但即使如此也面临两方面的制度约束：第一，乡镇政府

作为接受捐赠者，与作为捐赠人的企业实际上处于不平等的地位，捐赠的决定权在企业，乡镇政府最多只有建议权；第二，按照我国对捐赠的相关规定，企业的捐赠，必须通过中国红十字会等公益性组织，或者直接经过县民族工作部门，否则这些捐赠无法进行所得税税前扣除。而这些公益性组织，又会根据其需要，为企业提供一些捐赠对象，它实际上成为与乡镇政府争夺捐赠资源的竞争者。从企业的角度讲，企业是为了提升自身形象，提高捐赠效益，宁愿选择县级公益性组织提供的捐赠对象。所以乡镇政府在捐赠资源中，所占份额并不多。

就社区居民来讲，其对资源开发所形成的利益，基本上没有分配参与权，而且农牧民还处于务工歧视和政策歧视之下。就务工歧视来说，从调研情况看，出于降低成本和安全考虑，资源开发企业只有极少的岗位对当地居民开放。从政策歧视角度看，在落实与农牧民切身利益相关的政策中，企业在统一的标准下，形成了不同的计算标准，视农牧民的态度、谈判难度进行增减，农牧民处于被动的地位，没有发言权。

2. 在自然资源开发的利益分享机制中，少数民族的利益没有得到充分考虑

尽管在《民族区域自治法》《矿产资源补偿费征收管理规定》等法律法规中，对自然资源开发中少数民族地区的利益分享机制进行了一定的制度安排，但在具体体系中，除了在矿产资源补偿费的标准设计上体现了对少数民族地区的倾斜外，在其他的政策体系中，很难找到考虑少数民族地区特殊情况的政策。

资源开发对当地社区公共福利的提高，对农牧民收入的提高，无疑具有很强的促进作用。资源开发地区的GDP、财政收入和农民纯收入、城镇居民可支配收入等一系列主要经济指标，都要高于周边的其他地区。但中国现有的分配政策，主要集中在政府与企业的分配关系、政府间的分配关系上，政府与社区、企业以及政府与社区居民的分配关系仍未规范起来，这直接影响了社区与农牧民增收的可持续性。

从调研情况看，民族地区企业在资源开发和社会经济发展中，落实民族政策的情况并不理想。在民族地区，资源开发的政策中，基本上没考虑《民族区域自治法》及相关配套法规的要求，没有给少数民族分享

改革成果提供渠道。尽管中央加大了对民族地区的转移支付力度，但在目前的转移支付制度中，民族因素考虑得并不多。

第四节 启示与建议

一 启示

当今社会对企业的期望已经不仅仅是赚取利润、纳税和解决就业的功能，人们更希望企业能有效地承担起关注环境、扶助弱势群体、参与社区发展、保障员工权益和消费者利益等一系列社会责任。对于企业而言，除了自身要积极履行社会责任以外，还需要一个良好的履责环境，这需要企业、政府、社会三方面共同努力。

（一）要发挥政府在推动企业社会责任中的引导作用

各级政府在推动企业履行社会责任方面居于引导性地位，在法规政策制定、地方标准与指标体系的具体化以及平台搭建和责任秩序的维护方面起到了重要的导向性作用。

当前，党和国家已将企业社会责任建设作为社会治理与社会建设的重要组成部分。中央政府相关部委充分发挥管理和指导职能，从顶层设计和制度建设上下功夫，制定法律法规、完善相关政策、健全激励约束机制，引导企业、行业以及地方政府开展政策制定和形势研判，为企业社会责任全局推进、系统优化奠定基础。在国资委和国家民委的推动下，民族地区党委和政府高度重视企业民族工作，各地国有企业和非公企业民族团结进步创建活动有声有色，并结合当地的资源实际与发展现状，制定了独具特色的指标体系和考核标准，推动着企业社会责任建设在当地的发展。

政府对社会责任的重视程度与实践举措影响着企业与观众的理念与行动。政府通过信用体系建设、质量安全建设等一系列组合政策，引导市场主体的经济行为，形成奖罚分明的市场竞争环境，成为企业社会责任建设的规则制定者、实践推动者和带头实践者。

（二）要发挥企业在践行社会责任中的主体作用

加强企业社会责任，既需要国家在政策法律上加以引导，更需要企业依法经营，积极主动履行责任，发挥其在构建和谐社会中的基础性作用。要引导企业将社会责任的理念和原则融入企业生产经营的全过程，主动承担相应的社会责任，从而赢得社会信誉和长期营利，实现企业的可持续发展。

伴随着民族地区的资源开发与各民族间的交往交流，企业与民族地区、与少数民族群众的关系日益紧密，一些企业的少数民族职工不断增多。国家将企业民族工作的重点放在国有企业，特别是民族地区的国有企业，同时鼓励非公有制企业在促进民族团结与民族地区经济社会发展方面做出应有的贡献。维护民族团结，保护生态环境，支持少数民族和民族地区经济社会发展，大力培养和使用少数民族管理人员和技术人才，尊重少数民族职工的风俗习惯，是国有企业应当履行的政治责任与社会责任。非公有制经济在民族地区的贡献日益增长，非公有制企业在解决当地就业、调整产业结构、支持扶贫开发等方面发挥着日益重要的作用，其社会责任表现和举措不容小觑。民族地区的企业要重视民族工作，将民族工作作为企业工作的重要组成部分，加强对党和国家民族理论、政策、法规的学习，将民族团结进步创建纳入企业总体发展规划，使之与帮助少数民族和民族地区加快发展相结合，与解决各族职工切身利益问题相结合，与提升企业经济效益和社会效益相结合，从而将企业民族工作落到实处。

（三）要发挥社会对落实企业社会责任的监督作用

随着经济体制改革的不断深入和社会流动性的增强，多种所有制、多元化利益主体进入民族社会，政府的部分社会职能逐步向社会转移，人们参与社会管理的积极性高涨。社会民众以地域、专业、群体等为纽带，组成与公共和私人部门相并列的第三部门，为不同群体提供参与社会治理的机会，为利益相关者提供了维护权利的渠道和手段，有助于发挥社会对企业的监督作用。

当前，各研究机构、行业协会、媒体、民间组织已经成为推动企业社会责任的重要社会力量。通过开展社会责任研究和教育、提供社会责任咨询服务、制定社会责任评价标准、开展社会责任评价、推进社会责任消费、促进社会责任投资等方式，增进企业对于社会责任的感性认识，形成有利于社会责任理念传播和实践行动的良好范围，提升社会公众的社会责任素养。通过参与治理等方式加强对企业社会责任建设的监督，推动和见证着社会责任建设向着公开、规范、持续的方向发展。环境保护和社会公益方面的社会组织极大地凝聚和动员着社会共识，对于激发民族社会的积极性、挖掘民族民间的生态保护的文化传统和观念因素起到重要的引领作用。企业社会责任的社区参与也是推动企业社会责任的重要社会力量。应加强资源所在地基层政府（乡镇）、社区及社区居民对企业社会责任管理的参与度和关注度，将旅游开发和环境保护中的成功经验推广到其他行业领域。

二 建议

针对民族自治地方企业社会责任实践的现状，以及现有政策和制度框架中的缺陷，笔者就进一步强化社会责任理念，完善社会责任行为，提出相关政策建议。

（一）应在现有的民族经济政策法规框架内细化企业社会责任的相关规定

民族区域自治法及其配套法规，已经明确规定给予资源所在地一定利益补偿的原则性要求，并就补偿方式提出了指导性意见。如优先安排就业、经济利益补偿、生态保护补偿等。但从已有政策的制定和执行情况来看，《民族区域自治法》及其配套法规的相关制度性要求，并没有被充分纳入现有的政策框架内。现有政策多以“公平性”为特征，对民族地区尤其是资源输出型民族地区的特殊性考虑不足。因此，在现有的或将要出台的政策中，充分考虑《民族区域自治法》的要求，可以为企业践行社会责任指明方向。

应通过《民族区域自治法》的进一步细化，明确企业社会责任的具体途径与措施，建议国务院有关部门制定更为明确的实施办法，具体条款如：为落实《民族区域自治法》中“民族自治地方的企业、事业单位依照国家规定招收人员时，优先招收少数民族人员”的要求，建议国务院有关部门制定具体办法，明确少数民族职工比例不低于一定比例；对于技术含量高的企业，需对少数民族群众进行必要的技能培训和就业指导，在一定年限内逐渐达到这一比例。

（二）应提高社区及社区居民在民族地区资源开发中的参与程度和受益能力

在现有的决策和分配框架下，资源开发收益过度向企业倾斜，资源所在地社区和社区居民取得的份额偏低，社区居民对企业的进驻只能被动接受，生态补偿与环境成本不成正比，社区及社区居民的可持续发展环境堪忧。

提高社区及社区居民在民族地区资源开发中的参与程度和收益能力，应体现在企业资源开发的全过程中。首先，切实落实最严格的源头保护制度和环境准入制度。建立绿色国民经济核算体系，为企业的资源消耗和环境损害提供依据和标准；要根据区域资源环境承载力以及生态保护红线的要求设置产业准入门槛；在环境影响评价方面，将"环境质量改善和环境风险可接受水平"[①] 作为基本原则，保障当地社区居民充分参与并拥有否决权。其次，对企业资源开发过程进行严格监管。在民族地区发放资源开采许可证时，确定资源开采企业招收当地少数民族员工的比例标准，并以此作为取得许可证的前提；在企业生产经营过程中，赋予当地社区及社区居民对于其环境保护措施的监督权利；有关部门需探索建立企业直接支持当地社区的制度，即从企业税后利润中拿出一定比例的资金设立社区发展基金，有计划地安排运用于支持资源所在地社区改善基础条件、提高人口素质和发展公益事业。最后，在生态补偿方面，建议国家民委联合有关部门制定民族地区资源输出补偿具体标准和实施办法，在相关标准和办法的制定过程中要充分征求有关利益相关者的意见，提高当地社区和社区居民的参与度。

（三）应加快在民族地区建立资源有偿使用制度和生态补偿制度

企业社会责任建设是完善资源开发利益共享机制，促进民族地区经济社会发展的有效途径。在以往的政府核算体系、企业会计核算体系以及政府间的事权、财权划分等制度设计中，并未或很少将环境成本、社

① 余海：《解读五中全会：用最严格制度保护环境　建设美丽中国》，人民网，http://politics.people.com.cn/n/2015/1103/c1001-27770524.html，最后访问日期：2016年10月1日。

会发展成本纳入考量。在科学发展观的指导下，这种状况正在发生较大的转变，围绕着资源节约型、环境友好型社会的相关政策，在一定程度上考虑了环境与社会发展成本。但是，这些制度设计仍以中国现行的行政层级和行政管理体制为框架。村级组织以及处于政府最基层的乡镇政府的利益，在这些制度设计中考虑得不多。特别是它们的发展成本，仍没有考虑到政府间的事权划分之中，导致基层政府、村级政府的财权不足，直接影响到资源所在地社区的可持续发展与农牧民的生活前景。

因此，要切实根据开发者付费、受益者补偿、破坏者赔偿的原则，加快在民族地区建立资源有偿使用制度和生态补偿制度。需要在承担生态环境监督和管理职责的环保、国土和水利等多个部门中建立起协调制度，处理好省（自治区）、自治州、自治县之间的责权利划分，将更多的生态环境的监督和管理权限交给基层，交给各民族群众。总之，企业社会责任的承担需要企业、政府和社会的三方协力方能顺利实现。

第　六　章

沟通与披露：民族地区企业社会责任实践调查

自2008年国务院国资委对中央企业社会责任提出原则性要求以来，在中央企业的引领和带动下，我国企业社会责任从增强社会责任意识到培养社会责任理念，从一般性地把握社会责任内容，到明确社会责任核心议题；从将社会责任融入企业决策与运营过程，到融入供应链管理、国际化运营，再到建立企业社会责任指标体系；从建立社会责任报告制度，到进行社会责任信息日常披露，再到推动利益相关者参与；从加强领导到明确管理机构与职责的组织保障；从制定社会责任制度和方法到加强社会责任战略、治理、绩效和沟通的体制制度体系建设；从加强培训，提高社会责任意识、能力与水平，到社会责任推进模式和考核机制的探索，中央企业推动社会责任已经从“报告传播导入阶段发展到社会责任管理阶段”[①]。我国企业日益将社会责任管理作为企业运营的战略举措，强调将社会责任融入决策、管理、供应链、国际化运营，强调企业在公司治理、人权、环境保护、公平运营、保护客户权益、社区参与和发展等方面的作为。

在中国已经开始进入社会责任管理时代的阶段，主动履行、系统披露社会责任，获得利益相关者的认可与支持，构建与利益相关者的和谐共生关系，成为企业实现持续发展的外在约束和现实选择。

---

① 殷格非：《国有企业如何更好履行社会责任》，《WTO经济导刊》2016年第8期。

第一节　企业社会责任信息披露的具体要求和最新发展

受特定社会政治经济文化水平、企业领导人的认识以及企业实力等的影响，企业在社会责任信息披露的内容和形式上呈现出较大的差异。从世界范围来看，社会责任信息披露最初以单项报告为主，起源于20世纪70年代的员工报告，90年代出现了环境报告与健康安全报告，到21世纪初逐渐发展为内涵丰富的企业社会责任报告。本节的分析以企业社会责任报告为主，辅之以企业年报、企业单项报告（企业公益报告、环境报告、员工报告、客户报告等）、企业官方网站与媒体信息。

一　企业社会责任报告的编制标准与基本要求

企业社会责任报告，也称企业公民报告、可持续发展报告，是“企业针对其履行社会责任的理念、内容、方式和绩效所进行的系统信息披露，也是企业与利益相关方进行全面沟通、交流的重要过程和载体”①。在企业社会责任报告发展过程中，相关的标准、倡议和指南不断涌现，其制定者包括跨国公司、行业协会、NGO、商业机构、多边利益相关者联盟、国家、地区和全球组织等，内容涵盖劳动保护、环境保护、可持续发展、社会公平等各种经济、社会和环境议题，对全球贸易政策、贸易投资、多边谈判，以及企业管理内容和管理方式提出了新的要求。

社会责任标准种类与数量繁多②，当今国际社会，影响较大的综合性企业社会责任标准主要有：SA8000、全球契约、可持续发展指南、ISO26000等。除此之外，一些国际组织结合行业特性编制了特定行业的社会责任报告标准，如2005年国际石油工业环境保护协会和美国石油协

① 钟宏武、张蒽、翟利峰：《中国企业社会责任报告白皮书2011》，经济管理出版社，2011，第1页。

② 截至2005年底，国际上各种企业社会责任标准总计已超过400多个（含企业生产守则）。参见汪连海《企业社会责任标准发展的新趋势——ISO社会责任工作组曼谷会议综述》，《世界标准信息》2006年第3期。

会发布的《油气行业可持续发展报告指南》。

表 6-1 当前主要的企业社会责任标准

名称	发布时间	发布组织	主要内容
SA8000	1997 年	社会责任国际	童工、强迫性劳动、健康与安全、组织工会的自由与集体谈判的权利、歧视、惩戒性措施、工作时间、工资、管理体系等九个方面
全球契约	1999 年	联合国	人权、劳工标准、环境和反腐败方面的十项原则
可持续发展报告指南	2000 年	全球报告倡议组织	经济、环境、社会三个类别，其中社会又分为劳工实践、人权、社会、产品责任等子类别
ISO26000	2010 年	国际标准化组织	组织治理、人权、劳工实践、环境、公平运营实践、消费者、社区参与和发展等七大核心议题

由表 6-1 可知，当前主要的企业社会责任标准在核心议题上具有相似性，基本上都包括责任管理、人权、劳工实践、环境保护、公平运营实践、消费者权益保护、社区参与等七个方面。从应用范围来看，《可持续发展报告指南》（GRI 指南）是当前国际影响力最大的社会责任报告标准。[①] SA8000 由美国民间组织社会责任国际发布，不仅提出了社会责任表现的要求，还对管理体系提出了特别要求，是全球第一个可用于第三方认证的社会责任国际标准。但由于 SA8000 存在权威性较低、适用范围狭窄（认证内容只涉及劳工保护，且缺乏实质性衡量指标）、掺杂政治因素（如将中国台湾作为国别看待；忽视国家之间经济发展阶段的差距而采取“一刀切”的社会责任标准）、认证体系混乱、涉嫌贸易壁垒等因素，导致这一标准更多地作为一种生产守则强制推行，影响力有限。[②] 联合国全球契约和 ISO26000 由于其发布主体的权威性和体系的完整性而获得

① 根据 2013 年 12 月发布的两年一度的《毕马威 2013 年企业社会责任报告国际调查》显示，全世界 41 个国家的前 100 强企业中，80% 发布的企业责任报告使用 GRI 的可持续发展报告指南。被调查的全球 4100 家公司中 3/4 发布了企业责任报告，其中 78% 参照 GRI 指南。该调查同时发现，世界前 250 强企业的 93% 发布企业责任报告，其中 82% 参照 GRI 指南。这些统计数据表明，GRI 指南已经成为当今可持续发展或者说社会责任信息披露的全球标准。参见《全球报告倡议组织发〈可持续发展报告指南〉G4 中文版》，http://gongyi.sina.com.cn/2014-01-20/145947545.html，最后访问日期：2016 年 10 月 1 日。

② 参见黎友焕、魏升民《企业社会责任评价标准：从 SA8000 到 ISO26000》，《学习与探索》2012 年第 11 期。

世界的广泛认可。ISO26000是社会责任领域第一个真正意义上的国际通用标准，广泛适用于包括企业在内的所有类型的组织（不区分其规模大小和地理位置），是联合国全球契约等若干文件系统化融合的结果，它不替代现有的自愿性、可持续发展标准和倡议，而旨在作为促进标准和倡议间合作、统一、相互认可的平台。ISO26000虽然发布较晚，但是由于适用范围的广泛性和覆盖范围的完整性，必将成为引领社会责任标准化的方向。

中国重视企业社会责任建设及其标准化问题，不仅支持国内企业积极参与全球契约，而且组建专家组全程参与了ISO26000的制定过程。ISO26000发布后，国家相关部门组织专家编译了唯一由ISO组织授权的标准中文版，并据此起草国内首份基于ISO26000编制的社会责任报告。然而，国际社会责任标准与中国法律和现实情况存在差距。为切实增强中国企业履行社会责任的规范化与标准化，一些专业机构根据中国国情和各行业、企业实际制定和推出国内的社会责任标准和指引，相关国家标准、学术标准、行业标准、地方标准、资本市场责任指引和媒体责任评价等共同引导着中国企业社会责任建设的有序开展，企业社会责任标准日益本土化。就本土而言，由中国社会科学院企业社会责任研究中心（以下简称研究中心）编制的中国企业社会责任报告编写指南（CASS－CSR）是企业参考最多的社会责任标准。截至2015年底，超过400家中外大型企业参考了CASS－CSR3.0。[①] 2009～2016年，这一指南已经修订到了第4版，指南China－CSR4.0将进一步提升其国际性、包容性和引领性。从2010年起，研究中心推动《中国企业社会责任报告评级》，通过制定社会责任信息披露标准、评价企业社会责任信息披露水平，促进企业运营透明度的提高。

二　国内企业社会责任信息披露现状

长期以来，国内企业社会责任信息披露并不规范，一般散见于公司年报或媒体的零星披露。2006年以来，随着中国企业社会责任运动的发

① 参见《中国企业社会责任报告指南　开启4.0时代》，新华网，http://news.xinhuanet.com/gongyi/2016－09/13/c_129278837.htm，最后访问日期：2016年10月1日。

展，政府、资本市场、行业协会积极推动着企业通过发布社会责任报告进行系统信息披露，企业社会责任报告的数量和水平都呈稳定上升趋势。根据2006年9月发布的《深圳证券交易所上市公司社会责任指引》和2008年5月发布的《关于加强上市公司社会责任承担工作暨发布〈上海证券交易所上市公司环境信息披露指引〉的通知》，对于上市公司发布企业社会责任报告，尚处于自愿披露阶段，即："倡导""鼓励"公司在披露公司年度报告的同时，披露公司的年度社会责任报告。据统计，在2014年A股年报披露期内，沪深两市共有681家上市公司披露年度企业社会责任报告（含可持续发展报告），占比为27.6%，披露比例仍处于较低水平。[①] 与这一数据形成鲜明对照的是，在国资委的明确要求下，截至2012年底，全国中央企业都发布了社会责任报告。由此看来，企业社会责任建设很大程度上取决于政府和社会的推动。

从2006年中国企业社会责任元年到2015年十年间，企业社会责任报告由32份增长到1703份。从发布主体来看，从企业逐渐向政府机关、事业单位、行业协会、媒体等组织辐射，日益多元化；从发布报告的地区分布来看，北上广地区发布最多；从企业性质来看，近六成社会责任报告为国有企业发布，五年来持续领先于民营企业及外资企业；从上市情况来看，上市公司报告超七成，构成了我国企业社会责任报告发布的主力军；在发布内容方面，逐步从"全面披露"逐渐向"实质议题披露"转变，"互联网+""一带一路"成为披露热点。[②] 随着2014年《中华人民共和国环境保护法》的修订出台，企业重视对环境信息的披露，社会责任实践呈现出由传统产业向高新技术、互联网产业延伸的趋势。

从2009年开始发布的《中国企业社会责任研究报告》连续发布中国企业社会责任发展指数，对中国企业的社会责任管理体系建设状况和社会/环境信息披露水平进行年度综合评价，辨析中国企业社会责任发展过程中的阶段性特征，为深入推动我国企业社会责任政策制定和研究中

---

① 《不足3成上市公司披露企业社会责任报告》，人民网，http://finance.people.com.cn/stock/n/2014/1008/c67815-25790030.html，最后访问日期：2016年10月1日。

② 《〈中国企业社会责任报告白皮书（2015）〉在京发布》，新华网，http://news.xinhuanet.com/tech/2015-12/22/c_128556629.htm，最后访问日期：2016年10月1日。

国企业社会责任现状提供基准性参考。《中国企业社会责任研究报告（2015）》对中国企业300强社会责任发展指数[①]进行了分析，认为其整体处于起步阶段，从2009年起，这一指数持续增长，但受外部环境变化和企业自身重视程度下降的影响，增速明显下降；责任管理指数和责任实践指数持续增长，责任管理指数继续领先于责任实践指数，且差距不断扩大，说明社会责任管理日益受到企业的重视；国企和民企在社会责任议题指数方面差异明显，国有企业依次重视依法经营、责任管理、股东权益、员工关爱、安全生产、科技创新、社区关系、客户服务、供应链管理；民营企业依次重视社区关系、股东权益、员工关爱、客户服务、依法经营、科技创新、责任管理、供应链管理、安全生产。[②]

2016年以来，在企业社会责任创新方面呈现了三个特征：一是企业服务国家战略，回应社会重大议题。各级各类企业围绕供给侧结构性改革、精准扶贫、“一带一路”等政策主题，进行了丰富多样的社会责任实践，不仅成为国家经济发展的主力军，而且与当地政府、社区、民间组织等利益相关者成为责任共同体，共同推进全面小康社会建设。二是民营企业尤其是大型民营企业在推动社会责任实践方面表现突出。根据2016年12月发布的《2016中国100强企业社会责任指数年度报告》[③]，在总排行榜前10名中，有4家民营企业入围，就具体指标得分来看，民营企业在自我责任、社区责任和国家责任三项指标上的平均得分要远高于国有企业，在行业责任指标上，民营企业和国有企业平均得分持平。

---

① 企业社会责任发展指数是对企业社会责任管理体系建设现状和社会/环境披露水平进行评价的综合指数，根据评价对象不同可产生不同的指数分类，进而形成中国企业社会责任发展系列指数。当前的责任指数有诸多不同的分类。按企业性质，可分为国有企业、民营企业和外资企业社会责任发展指数；按企业所在行业，可分为电力、医药、食品等行业型社会责任发展指数；按责任议题分，可分为员工、股东、环境等议题型社会责任发展指数；按地域或行政层级划分，可分为省、市、县等级别的社会责任发展指数。各种社会责任发展指数之间可以交叉进行，如《中国企业社会责任研究报告（2016）》就新增了省域国有企业社会责任发展指数。

② 黄群慧等：《中国企业社会责任研究报告：十年回顾暨十年展望（2015）》，社会科学文献出版社，2015，第1~29页。

③ 这一报告由华东政法大学政治学研究院、上海交通大学企业法务中心以及东方公益事业规范与测评中心共同研发。

事实上，与国有企业相比，民营企业积极履行社会责任的意愿更强烈，期待以此获得良好的政治资本、融资便利和社会形象。党的十八届三中全会通过的《中共中央关于全面深化改革若干重大问题的决定》强调：以民营企业为代表的非公有制经济同公有制经济一样，都是社会主义市场经济的重要组成部分，都是我国经济社会发展的重要基础。民营企业涉及我国的绝大多数企业[①]，其社会责任建设将是我国企业社会责任建设的重要基础，将代表着我国企业社会责任未来发展的整体方向。三是不同地域的企业对社会责任的重视和履行程度并不均衡。根据《中国省域国有企业社会责任发展指数（2016）》，不同省域国有企业社会责任发展存在较大差异，且并不与人均 GDP 成正比，而与各地方政府的推动和所在区域国有企业的履责意识和履责基础密切相关。与上文提到的中国企业 300 强社会责任指数不同，省域重点国有企业责任实践指数领先于责任管理指数，社会责任指数高于市场责任指数和环境责任指数，需要在责任管理和环境信息披露方面加大工作力度。[②]

第二节　民族地区企业社会责任信息披露情况分析

本节关于企业社会责任承担情况的分析依托于企业社会责任报告文本来进行。企业社会责任报告是企业对其履责行为的系统信息披露，既体现了企业对自身责任内容和责任管理的认知状况，也反映着企业与利益相关方进行沟通和交流的深入程度。社会责任报告虽然不能详尽展现企业履行社会责任的全貌，但却是企业充分阐释其社会责任的基本理念、管理流程和具体举措的重要文本。而本节旨在考察企业履责过程中对民族地区特殊制度环境的观照和遵守现状，核心在于观察民族区域自治制度对民族地区企业社会责任建设的特殊影响。本节将以民族地区上市企

① 截至 2016 年 6 月底，全国实有私营企业数量在内资企业中的占比超过了 90%。参见《私企数量占比首超 90%》，和讯网，http://news.hexun.com/2016-07-25/185138220.html，最后访问日期：2016 年 10 月 1 日。

② 《“中国省域国有企业社会责任发展指数”首次在京发布》，中国网，http://cul.china.com.cn/2016-11/06/content_9137688.htm，最后访问日期：2016 年 11 月 6 日。

业社会责任报告[1]为样本，研究制度因素与社会责任行为的关系，以期得出有益于实践和制度建设的结论。

一 样本选择

本节选取位于民族八省区的8家上市企业历年社会责任报告作为研究样本。报告电子版来源于深圳、上海证券交易所主页、巨潮资讯网、和讯网、企业可持续发展报告资源中心等信息披露网站，以及样本公司官网和百度搜索引擎等。样本选择过程中，依据和讯社会责任评价报告系统[2]关于社会责任报告分地域排行的情况，选取民族八省区排名第一的企业，并兼顾报告的连续性和可获取性，即必须连续发布报告三年以上，且电子版可以获取，这样就排除了地域排名靠前但发布报告时间太短，或者电子版无法获取的企业，最终选取的8个企业为：广西柳工机械股份有限公司（以下简称柳工）、内蒙古伊利实业集团股份有限公司（以下简称伊利集团）、宁夏英力特化工股份有限公司（以下简称英力特）、新疆特变电工股份有限公司（以下简称特变电工）、青海盐湖工业股份有限公司（以下简称盐湖股份）、云南丽江玉龙旅游股份有限公司（以下简称丽江旅游）、西藏奇正藏药股份有限公司（以下简称奇正藏药）、贵州中天城投集团股份有限公司（以下简称中天城投）。笔者最终收集到50份社会责任报告。

二 统计分析

（一）样本企业社会责任报告基本信息

表6－2 样本企业基本信息

企业名称	所属行业	发布年份	企业性质	报告份数	连续性
柳工	工程机械制造业	2006～2014	国有企业	8	有间断

① 之所以选取上市公司，是因为在资本市场运作平台的倡导下，上市公司发布社会责任报告的数量显著上升，而且在各大财经网站上可以获得连续的报告文本，而未上市企业的报告发布率、连续性和可获取性较差。

② 国内首家上市公司社会责任专业测评软件，由和讯信息科技有限公司开发。

续表

企业名称	所属行业	发布年份	企业性质	报告份数	连续性
伊利集团	食品饮料业	2006～2011	国有企业	4	有间断
英力特	化工业	2007～2014	国有企业	8	连续发布
特变电工	电力设备制造业	2008～2014	国有企业	7	连续发布
盐湖股份	化工业	2008～2014	国有企业	7	连续发布
丽江旅游	旅游娱乐业	2008～2014	国有企业	6	有间断
奇正藏药	医药制造业	2009～2014	民营企业	6	连续发布
中天城投	房地产业	2011～2014	国有企业	4	连续发布

表6－2是对民族地区样本上市企业及其社会责任报告基本信息的统计。其中，从样本企业的行业分布来看，制造业3个，分属工程机械制造业、电力设备制造业和医药制造业，化工业2个，旅游娱乐业、食品饮料业和房地产业各1个，这基本上符合民族地区企业发展的轨迹。在西部大开发和“一带一路”建设等国家战略的推动下，民族地区从事基础设施建设、旅游文化产业开发和食品医药等与资源开发密切相关的产业将持续发挥重要的作用。

从企业性质来看，样本企业中有7个为国有企业，1个为民营企业，这也反映了国有企业在社会责任承担方面表现更加积极，承担着更多的社会期待。①

从社会责任报告的发布时间和连续性来看，2006年和2008年是企业首发社会责任报告较为集中的时间节点，这与公司法制、资本市场和行业协会对企业社会责任的倡导有关。样本企业中，5个企业是连续发布，3个企业有发布中断现象，其中，伊利集团于2006年发布了首份企业公民报告，于2008年、2010年分别发布跨年度报告，继而发布2011年度报告，但此后中断发布。据媒体介绍，2015年伊利集团发布了最新的企业公民报告，但在公开渠道未能获取其报告内容，所以未纳入本节

① 这符合我国社会责任报告发布的整体情况，统计数据显示，自2011年起连续5年，国有企业都是社会责任报告发布的主力军。参见《〈中国企业社会责任报告白皮书（2015）〉在京发布》，新华网，http://news.xinhuanet.com/tech/2015－12/22/c_128556629.htm，最后访问日期：2016年10月1日。

分析框架。现阶段，我国企业发布社会责任报告均属自愿行为，因此，报告发布的连续性尚难保证，社会责任报告发布并未形成固定的机制，具有一定的随机性。

（二）样本企业社会责任关键信息披露情况

根据中国企业社会责任报告编写指南（CASS－CSR 2.0），一份完整的企业社会责任报告包括六个部分：①报告前言，披露报告规范、高管致辞、企业概况（含企业治理）、关键绩效等内容；②责任管理，披露企业社会责任管理现状，包括责任战略、责任治理、责任融合、责任沟通等方面的管理理念、制度、行为和绩效等；③市场绩效，披露企业的市场责任绩效，包括股东责任、客户责任、伙伴责任等；④社会绩效，披露企业的社会责任绩效，包括政府责任、员工责任、社区参与等；⑤环境绩效，披露企业的环境责任绩效，包括环境管理、节约资源以及降污减排；⑥报告后记，披露企业对未来社会责任工作的展望、内部利益相关方对报告的点评、参考指标指引、报告反馈等内容。[①] 总体来看，企业社会责任报告要包括企业在保障员工利益、维护投资者利益、保障客户与供应商利益、安全环保和公益慈善等方面的具体实践。

从样本企业社会责任报告的内容来看，虽然其框架结构和表述方式略有差别，但基本包括了编写指南要求的主体部分，即市场绩效、社会绩效和环境绩效，并且随着发布时间的推进和经验的积累，报告质量逐年提高，内容逐年丰富。然而，若以民族地区特殊的制度环境要求来比照，则各有侧重，参差不齐。

1. 企业对政府的责任

从政府责任角度来看，民族地区尤其是民族自治地方政府期待企业遵纪守法、尊重自治权，在发展过程中带动当地经济发展并发展相关产业，同时在力所能及的范围内配合国家发展战略，参与扶贫开发。

首先，各企业在带动当地经济发展方面都有突出的表现。它们多是所在民族省区的利税大户，以其业务规模的扩张、品牌效应的持续提升

---

① 彭华岗主编《中国企业社会责任报告编写指南（CASS－CSR 2.0）》，经济管理出版社，2011，第11页。

以及经济绩效的高速增长，带动所在地经济发展，有力地支持了国家和地方财政。从企业社会责任报告文本来看，6 个企业完整披露了资产总额、营业收入、利润总额和税费总额，但仍有 2 个企业未公布其税费总额，这说明其社会责任理念中对于政府责任的认知尚不全面，有待加强。各企业经济绩效数据详见表 6－3。

表 6－3　样本企业 2014 年经济绩效信息

企业名称	资产总额（亿元）	营业收入（亿元）	利润总额（亿元）	税费总额（亿元）
柳工	208.0	102.9	3.0	4.1
英力特	434	19.3	0.8	2.0
特变电工	592.9	360.8	20.5	未公布
盐湖股份	679.0	104.7	13.0	11.9
丽江旅游	26.1	7.4	2.4	0.8
奇正藏药	15.4	9.50	2.4	1.7
中天城投	434	114	16	未公布

注：其中盐湖股份、奇正藏药、中天城投、丽江旅游未公布利润总额，数据为净利润；伊利集团 2014 年度报告未能在公开渠道获取，故未列入。

其次，部分企业披露了其生产经营带动当地产业发展的情况。企业的运作必然对其上下游产业链产生影响，而且企业规模越大，这种影响就越大。从产业链的角度，主要存在供应链、销售链、代理链、生产链和管理链等环节。伊利集团披露了建设奶源基地，带动农民致富增收，带动当地种草养牛卖奶的产业化进程。截至 2006 年，该集团累计投入 15 亿元建设奶源基地，带动农民从事奶牛养殖致富增收，惠及奶农 500 万人；累计投入近 20 亿元用于对奶农购牛借款，每年投入 500 多万元提升奶农技术设备和技术水平，通过设立风险基金、提供奶牛防疫补贴等方式扩大对奶农的服务范围，并不断完善奶农利益保障机制。[①] 柳工在 2006 年度社会责任报告中介绍了企业在城市经济和区域经济发展中发挥的产业聚集和龙头带动作用。截至 2006 年，广西壮族自治区内为柳工配

① 《责任的力量：伊利集团 2006 年企业公民报告》，伊利集团网站，http://www.yili.com/peopleduty/qygmbg/5/zh_1.html，最后访问日期：2016 年 10 月 1 日。

套供应零部件的企业已达146家，仅集团总部所在地柳州市就有113家，年配套总金额近10亿元。[①] 柳工的持续发展培育和推动了企业周边地区200余家协作配套的专业化中小企业的发展，供货金额超过30亿元。[②] 在柳工的指导和帮助下，供应商的企业管理、制造水平和能力及产品质量迅速提高，为促进区域工业经济结构调整和优化升级发挥了巨大作用。特变电工2008年度报告中也介绍了其“带动电磁线、配件等配套生产企业发展，拉动相关行业的发展”[③] 的情况，但语焉不详，没有详细的数据佐证，社会影响力偏弱。除此之外，其他5家企业并未披露其带动产业发展情况，需要进一步充实。

最后，从参与扶贫开发来看，由于民族地区贫困发生率比全国高出一倍，全国14个集中连片特困地区有11个位于民族地区，民族地区是全面建成小康社会的短板、重点，也是难点，因此，加大对民族地区的扶贫开发是实现其跨越式发展的重要途径。企业是民族地区扶贫开发的重要参加者。特变电工于2009~2012年连续4个年度披露了扶贫开发工作，具体介绍了扶贫对象、资金投入和实施效果。其中，2009年公司投入100万元专项扶贫资金，用于其定点帮扶对象、国家级贫困县——吉木乃县托普铁热克乡的吐尕力阿尕什村、播尔克塔勒村、阔克托汗木村的扶贫开发建设。2010年和2011年响应自治区“稳疆兴疆、富民固边”战略部署，特变电工分别投入1997万元和2000万元资金援建新疆维吾尔自治区富民兴牧水利工程——木垒县大浪沙水库。水库工程建成后对于改善区域的生态、居住及农牧业生产环境以及防洪工作，提高农牧民生活水平，增加收入有着重要的意义。2012年向昌吉州木垒县大石头乡石油新村捐赠100万元，用于劳动力培训转移增加工资性收入等项目，帮助当地农牧民早日脱贫。2014年度，特变电工加大对民族地区的支持力度，先后为新疆哈密地区捐赠300万元用于希望工程建设，向新疆喀

① 《广西柳工机械股份有限公司2006年度社会责任报告》，巨潮资讯网，http://www.cninfo.com.cn/finalpage/2007-04-25/23032216.PDF，最后访问日期：2016年10月1日。

② 《广西柳工机械股份有限公司2008年度社会责任报告》，巨潮资讯网，http://www.cninfo.com.cn/finalpage/2009-03-20/50327293.PDF，最后访问日期：2016年10月1日。

③ 《特变电工股份有限公司2008年度社会责任报告》，企业可持续发展报告资源中心，http://www.sustainabilityreport.cn/CSRReport_Show.asp?ID=465，最后访问日期：2016年10月1日。

什地区捐赠300万元、向喀什莎车县捐赠300万元、向乌什地区捐赠600万元用于当地民生工程建设。[①] 柳工介绍了帮扶少数民族贫困地区实施新农村建设和城乡共建工作的情况。柳工积极响应政府号召，帮扶贫困地区实施新农村建设和城乡共建工作，从2004年开始将广西武宣县的贫困乡村作为帮教扶贫的重点对象；2009年开始帮扶“门头瑶寨”实施新农村建设推进；2009年6月开始与融安县大良镇良北村龙船屯结为帮扶对子，将在产业、村屯建设以及生态和能源保护等方面提供扶持；2010年定点帮扶金秀县六巷乡门头村，建设茶叶加工厂，带动产业发展。盐湖股份披露了完成省市党政军企共建示范村帮扶活动和省市定点帮扶民族自治地方文化传承保护和新农村建设等情况：盐湖股份2013年完成省、市党政军企共建示范村活动帮扶306万元；2014年完成省、市两级定点帮扶果洛州藏医院制剂项目、格尔木市郭勒木德镇小岛村等活动361万元，积极承担了国有企业应尽的社会责任和义务。可以说，这些企业响应当地政府号召，积极参与扶贫开发并完整披露了其具体贡献，对于扩大其社会影响，增进企业社会价值具有巨大的推动作用，值得民族地区其他企业借鉴。

2. 企业对员工的责任

从员工责任的角度，企业员工除了期待获得《劳动法》和相关社会保障法规定的员工权益保障，如果他同时是少数民族员工，必然期待民族风俗习惯得到尊重，并合法享有自己的传统节日休假权。

从对员工责任的披露情况来看，样本企业总体上严格遵守《劳动法》，对员工的薪酬体系、福利制度、社会保险、发展空间、培训机会、安全保障等事项进行了详细的介绍，虽然其遵守了劳动法，但在一定程度上存在忽视区域自治法规定的现象。尽管如此，我们还是应当肯定民族地区企业在保障少数民族权益方面的努力。伊利集团2006年报告中提到为回族员工尔代节发放贺金，特变电工2008年度报告中提到公司专门设立民族餐厅，少数民族员工享有肉孜节、古尔邦节等节假日休假及民

---

① 以上数据来源于特变电工2009～2014年社会责任报告，企业可持续发展报告资源中心，http://www.sustainabilityreport.cn/CSRReport_List.asp。

族节日福利等举措，奇正藏药2014年度报告中提到在藏历新年以及拉萨的雪顿节、林芝的贡布节与甘肃省甘南藏区的浪山节期间为员工提供假期。但这些信息披露的连续性较差，比如特变电工在2009年以后就没有了尊重少数民族员工风俗习惯的介绍。

值得一提的是，盐湖股份从发布首份社会责任报告时起，历年报告始终坚持“尊重职工的合法信仰自由”这一表述，阐明“公司尊重职工个人合法宗教信仰，在职工招聘、使用、工资分配、培训机会、职称职务晋升、解职或退休等方面一视同仁，从不因民族国籍、宗教信仰、性别年龄等对职工采取歧视行为，为职工创造和谐、平等的工作环境”的社会责任表现。这说明盐湖股份已经将尊重职工的合法信仰自由作为企业对员工责任的重要组成部分予以披露，值得借鉴。

3. 企业对社区的责任

从社区责任的角度，社区期待企业在经济、社会、文化、教育和医疗等方面加大对社区的支持力度，期待企业促进当地就业，在招收工作人员时，优先招收当地少数民族人员。

企业的发展离不开社区环境的支持，民族地区悠久的历史、丰富的文化和各具特色的风俗习惯为企业发展提供文化滋养，民族文化的传承和发展有利于民族企业的可持续发展。作为中国光彩事业[①]落地西藏的首个项目，奇正藏药致力于成为在传承与保护西藏文化、推广藏医教育和牧区低成本藏医医疗等社会公益贡献的典范企业，确定了承担社会责任的长效机制。多年来，奇正藏药以“保护与传承传统文化，推动民族经济繁荣”为核心理念，筹集资金用于西藏文化的传承与保护等相关项目。奇正藏药在社会责任报告中披露了其在传承与保护西藏文化、推广藏医教育和牧区低成本藏医医疗、推动民族经济繁荣等多方面的社会贡献：2004年，捐建“贡布曼隆宇妥藏医学校”，面向藏族贫困以及肢体残疾的青少年免费招生，聘请具有多年藏区行医经验的专业教师按照传

① 1995年，以“义利兼顾、德行并重”为核心理念的光彩事业开始施行，国家倡导民营企业到“老少边穷”的地区去，兴办项目、开发资源，为缩小地区差异、促进共同富裕做贡献，用实业而非捐助的方式来支持民族地区的经济发展。公司创始人、董事长雷菊芳女士正是响应这一倡议，在西藏林芝创办了奇正藏药。

统教学方式传授西藏医学。2007 年，公司发起设立了中国光彩事业基金会“西藏文化保护与传承专项基金”，截至 2014 年底累计投入 8646 万多元，共完成藏医古籍及大师专著出版、传统藏医学校资助等 217 个文化传承与保护专项项目。2008 年，奇正藏药启动“藏区百家藏医诊所项目”，计划在五省藏区投建 100 家藏医诊所，为当地民众提供方便、低廉医疗服务，推进西部藏区基础医疗建设，同时传承根植于民间的藏医文化，保护和培养一批民间藏医人才。2012 年和 2013 年，奇正藏药分别将“促进民族地区发展”和“西藏文化传承与保护”列为企业社会责任的重要指标，并且于 2014 年设立了企业社会责任关键核心定量指标体系，这是在总结多年支持当地发展的实践经验基础上提炼的指标体系，可以作为民族地区企业社会责任承担的标准指标。[①] 此外，伊利集团和丽江旅游也披露了各自企业在弘扬和扶持民族文化，支持民族教育和体育事业等方面所付出的努力。

在促进当地就业，实现人才本地化管理方面，奇正藏药的做法同样值得推介。奇正藏药依托民族地区人力资源实际，始终关注并重视少数民族员工的招录及培养，已形成由多民族员工组成的管理团队和骨干员工队伍。在实行人才本地化的同时，在藏区获取较难的关键技术岗位人才和高级管理人才，采取内地轮岗派遣与本地人才培养相结合的方式。截至 2012 年底，奇正藏药在西藏、甘南藏区、宁夏等地累计提供就业岗位 300 多个，高层管理人员在这些区域本地化比例达到 70% 以上。2014 年更将“民族地区人才培养”列为信息披露的重要指标，并形成了相对完善的机制。截至 2014 年底，奇正藏药有员工 1631 人，少数民族员工 250 人，占比为 15.3%，当地聘用高层管理人员的比例为 51%。丽江旅游也在 2014 年披露了其促进当地就业的举措，提到公司员工包括丽江当地各民族，其中少数民族占有较大比例。

4. 企业对环境和生态保护的责任

在环境责任方面，既有保护环境、实现集约发展的普遍愿望，又有生态补偿的特殊需要。民族地区生物多样性丰富，是国家的重要生态屏

① 参见 2009～2014 年《西藏奇正藏药股份有限公司年度社会责任报告》。

障保护区，维护资源开发与环境保护之间的平衡关系是实现可持续发展的根本保障。政府和当地社区期待企业在生产中严格执行质量标准，保护和改善当地的生活环境和生态环境，并依照“开发者付费、受益者补偿、破坏者赔偿”的原则，对资源地予以补偿。

从样本企业的环境责任表现来看，都认识到了绿色环保和低碳经济的重要性，展示了生产过程中节能降耗的努力和业绩，并结合行业背景进行了相应的清洁能源和新能源投入，这是值得肯定的成绩。例如，伊利集团将企业自身发展与改善农牧业结构相结合，与国家倡导的退耕还草工程、禁牧工程相结合，改善生态环境，奶农们改变了以往单靠种植农作物为生的生存方式，实现了“种草—养牛—卖奶—牛粪还原土地—种草”的良性循环。但样本企业均未披露资源补偿的机制、做法及费用支出。

三 研究发现

1. 民族地区企业的社会责任意识逐渐增强，但信息披露水平参差不齐

作为民族地区企业中的先行者和行业引领者，样本企业的社会责任报告从2006年度首次发布之后，尽管存在中断发布的现象，但2009年以来基本能够连续发布年度报告。这说明企业在运营过程中，逐渐认识到回应利益相关者的期待，与利益相关者建立相互信任、相互支持的良好企业生态关系，是企业永续发展的基础。

社会责任报告是企业披露社会责任理念和行动的重要载体，样本企业社会责任信息披露的内容基本涵盖了企业在股东、债权人、员工、政府、环境、消费者六个方面的责任表现，但披露水平参差不齐。在报告结构方面，有的企业报告结构完整，包括前言、责任管理、市场绩效、社会绩效、环境绩效和后记等内容，并且严格参照中国企业社会责任报告编写指南（CASS - CSR）编制标准的要求，资料翔实充分，基本实现了与利益相关者的有效沟通；但有些企业报告则只包括市场绩效、社会绩效和环境绩效等内容，对于企业概况、社会责任机制和与利益相关者的沟通情况公布程度严重不足。在责任管理方面，有的企业建立了较为完备的责任管理机制，关键绩效信息发布标准一致，也能历年连续发布，

这就增强了报告的可比性，但有些企业并未有效发布关键绩效信息，而且定性描述偏多而缺乏足够的定量数据予以佐证。在报告篇幅方面，最长的责任报告有 68 页，最短的报告只有 6 页，报告篇幅太短会影响信息披露的完整性，不能实现与利益相关者的充分沟通，使责任报告流于形式。

综上所述，样本企业逐渐认识到通过社会责任报告与利益相关者进行沟通、展现企业社会价值以及与同行业企业进行比对和竞争的重要性，并认识到经济绩效、社会绩效、环境绩效是报告的主体部分，但信息披露深度参差不齐。大部分企业尚未形成完备的社会责任运作机制，社会责任报告发布的完整性和持续性有待进一步提高。

2. 民族地区企业社会责任报告的民族特色和地域特色不强，对民族区域自治基本法要求的关键绩效信息披露不充分

民族地区的企业发展，不可避免地受到所在地域文化、生态和宗教等因素的影响，因此，需要对这些问题做出应对，其承担社会责任的内容和形式也因此具有民族特色和地域特色。民族区域自治制度和《民族区域自治法》及其配套法规对企业的社会表现提出了原则性的规定，但从民族地区企业社会责任报告的内容来看，其对企业遵守民族区域自治法情况的披露存在偶然性、不完整性和非延续性，民族区域自治基本法要求的关键绩效信息披露不充分。

从政府责任角度看，企业在带动当地发展、参与扶贫开发方面的信息披露较多，而对遵守民族地区法律法规尤其是自治法规，以及尊重民族自治地方自治权的行动则并未提及。

从员工责任角度看，企业基本上介绍了员工薪资、培训、福利和安全生产等信息，但对于民族地区企业员工的特殊需求认识不足，大多并未提及尊重少数民族风俗习惯的信息。

从社区责任看，除奇正藏药外，其他企业并未形成员工本地化和重视民族地区人才培养的机制。丽江旅游 2014 年度责任报告提及员工中当地少数民族员工所占比例较高，但无具体数据，在此之前的所有年度报告中并未披露少数民族员工的情况。柳工 2012 年度报告中介绍了“对海外员工实行本地化管理”，“尊重语言、文化传统和习俗”等情况，但在

其对国内业务的介绍中，却并不包括招收本地少数民族员工和尊重其风俗习惯的规定。这是因为企业所在国法律中对于企业促进当地就业有明确的比例规定，而我国民族区域自治法的要求只是原则性的，在企业招收当地少数民族员工并未成为强制性义务时，由于民族地区本土人力资源匮乏，培训成本高，企业往往倾向于选择职业技能和综合素质更胜一筹的外地人。同时，大多数企业披露了参与社会公益的内容，但对于促进当地少数民族就业，支持当地文化、教育事业发展等信息披露不足，这说明有些企业对于民族地区社区的特殊需求、企业自身对这些需求的回应途径与具体作用以及社区作为企业存续发展的文化和社会基础等方面认识不足。

从环境责任来看，可以说样本企业对传统环境责任披露水平较高，基本介绍了环境保护的投入、举措和贡献，作为当地和行业的领导型企业，必定对相关企业起到一定的带动作用。但生态补偿存在集体缺失，这说明企业在一定程度上将生态补偿当作政府责任，而未认识到企业在其中应发挥的积极作用。

第三节 民族地区企业社会责任信息披露的完善机制

一 建立民族地区企业社会责任信息发布平台，完善信息披露机制

在获取各企业社会责任报告的过程中，笔者发现，公司官网对企业社会责任报告的披露水平参差不齐，样本企业中只有伊利集团和奇正藏药在其公司官网专门设立“企业公民”或“公民责任”专栏，并包括“企业公民报告”或“企业社会责任报告”专项，提供了其社会责任报告电子版，其中伊利集团的2014年度最新报告并未及时发布，其余6个企业均未在官网上发布社会责任报告。在其他机构和社会团体提供的企业社会责任信息披露平台上，发布内容各有侧重，其中：深交所、上交所官网和作为中国证监会制定的多层次资本市场信息披露平台的巨潮资讯网提供了部分企业的社会责任报告，但不够全面；和讯网开发了上市公司社会责任报告系统，是国内首家上市公司社会责任专业测评产品，

提供了社会责任报告的分行业、分地域和分概念排行榜，但其收录的社会责任报告并不全面，有的最新年度报告缺失，有的地区年度报告整体缺失；企业可持续发展报告资源中心（又称关键定量指标数据库）将所收录的社会责任报告以年份、行业、地区、发布机构类型、审验情况、报告指南和交易所等为标准进行分类，是目前笔者查找到的最为全面的社会责任发布平台，但有的社会责任报告只公布了发布年份，却无法下载。

关于民族地区企业社会责任报告散见于上述各渠道，对公众查找极为不利，势必影响公司与利益相关者的沟通效果。因此，建立民族地区企业社会责任信息集中发布平台，既可以充分发挥集中发布平台的鼓励和带动作用，吸引更多企业加入社会责任披露行列，又可以根据民族地区企业的制度环境规定特定的指标体系，有助于提高民族地区企业社会责任报告的质量和水平。

二　建立民族地区企业社会责任指标体系，将民族区域自治基本要求纳入考量

企业既是民族地区的资源开发和生产建设者，又是国家民族政策实施的主要力量。对于民族地区企业来说，除了一般法律和制度规制外，不可忽视的是基本政治制度和基本法律对民族区域自治的约束，这是考察民族地区企业社会责任不可忽视的基本政治制度维度。当前，民族区域自治法在扶贫开发、民族文化的传承和保护、人才培养等方面对企业有原则性的要求，但无可操作性的具体规定，致使民族地区企业在遵守民族区域自治制度方面意识淡薄，尚未形成稳定机制。因此，在民族地区企业社会责任建设中，要重视基本法和基本政治制度的贯彻落实，发挥制度对企业责任行为的督促和引导作用。

在具体的社会责任指标体系建立过程中，要将民族区域自治的基本要求纳入考虑，将“支持民族地区扶贫开发”“民族地区人才培养”“民族文化的传承和保护”“促进当地少数民族就业”“民族地区生态补偿”等具体指标纳入关键绩效指标，并委以权重，方能起到制度对企业承担社会责任的促进作用。

第 七 章

制度与保障：民族地区企业社会责任的实现路径

当前，中国的改革开放事业进入关键时期。党的十八届三中全会就全面深化改革进行总体部署，提出“完善和发展中国特色社会主义制度，推进国家治理体系和治理能力现代化”的总目标。在现代化的国家治理体系中，政府、企业与社会三者缺一不可，既强调“使市场在资源配置中起决定性作用”，也要“更好地发挥政府作用”，还要“激发社会组织活力”，在多元治理模式中共同应对复杂的社会问题。[①] 企业社会责任的理念与行动旨在厘清政府、企业与社会在承担社会责任的行为边界，并在此基础上设定企业的法律责任和道德责任。从这种意义上看，全面深化改革为我国企业社会责任建设提供发展契机。

西部大开发和兴边富民行动的实施为民族地区加快发展注入强大的活力，“一带一路”建设的有序推进，又将民族地区推向了改革开放的“最前沿、重要节点和关键枢纽”[②]，随着企业更多地参与民族地区的资源开发和生产建设，民族地区企业社会责任逐渐引起学界、政府和当地民众的关注。前期成果中理论探讨主要围绕民族地区政府与企业的行为边界和利益目标特性、少数民族企业社会责任践行中的民族和宗教因素

---

① 《中共中央关于全面深化改革若干重大问题的决定》，国务院新闻办公室网站，http://www.scio.gov.cn/zxbd/tt/Document/1350709/1350709.htm，最后访问日期：2015 年 8 月 1 日。

② 王正伟：《民族地区要在服务“一带一路”战略大局中大有作为》，《求是》2015 年第 14 期。

以及民族地区企业社会责任在内容、方式和动力方面的特性等方面展开[①]，实证研究主要涉及民族地区社会责任指标体系建设、企业赢利状况与社会责任表现的关联度、特定民族地区社会责任现状等内容[②]，这些研究是将企业社会责任理念应用到民族地区的研究尝试，但其更多地侧重于企业内部的技术环境，普遍回避或忽视了企业社会责任的制度环境视角，忽视了民族区域自治这一基本政治制度和基本法律在民族地区企业社会责任建设中的影响和作用。本书将研究视角聚焦于民族地区，重点考察民族地区制度环境与社会环境对企业社会责任建设的影响，描述企业履责行为对促进民族地区经济社会发展与构建和谐民族关系的重要作用，检验民族地区企业行为对利益相关者社会期待的回应程度、存在问题及改进对策。

第一节　民族地区企业社会责任建设的必要性和可行性分析

一　企业社会责任建设是顺应改革趋势，促进民族地区发展的必然选择

1. *企业社会责任建设是加快改革发展进程的必然要求*

企业社会责任在中国的发展呈现出与改革开放的进一步深化、与经济社会发展战略的多次重大调整和深度转型密切相连的特点。当前，企

① 相关研究成果有：阿青《西部民族地区政府与企业社会责任的经济伦理学思考》，《青海民族研究》2006 年第 1 期；黄玉萍：《少数民族企业社会责任践行中的民族维度——基于利益相关者视角》，《贵州民族研究》2015 年第 4 期；叶奕、王江华：《青海多民族地区宗教信仰对民营企业社会责任的影响研究》，《青藏高原论坛》2015 年第 2 期；苏亚民：《论民族地区企业社会责任的特殊性》，《会计之友》2012 年第 16 期；喆儒等：《我国西部民族地区企业社会责任相关问题研究》，《西南金融》2014 年第 5 期；等等。

② 相关研究成果有：王卫京等《西藏地区矿山企业社会责任评价体系研究》，《中国矿业》2014 年第 10 期；李慧：《民族自治地区中小企业盈利与社会责任表现——基于南宁市的调查分析》，《会计之友》2012 年第 31 期；陆铭宁：《凉山民族地区民营企业承担社会责任的现状及对策》，《商场现代化》2008 年第 14 期；单豪杰：《民族地区企业社会责任研究——以新疆万帮公司为例》，兰州大学民族学专业硕士学位论文，2013；等等。

业履行社会责任的环境发生了重大而深刻的变化。“十三五”时期是我国实现“两个百年”目标、全面建成小康社会、跨越“中等收入陷阱”、基本实现工业化的关键时期，是全面建成小康社会的战略决胜期，是生态文明建设的关键推进期，是全面深化改革的关键突破期，是民生社会事业发展的提质升级期。[①] 在这种背景下，企业履行社会责任的环境发生了重大而深刻的变化。

如果说美国企业是股东至上的股权主义，欧洲企业是重视员工利益的社会资本主义，日本企业是注重供应商关系的财团主义，而中国企业在过去30余年的国内市场竞争中，形成了一种市场导向的“温饱时期的商业模式”[②]。改革开放以来的观念创新与制度创新刺激了企业的逐利动机，国有企业在关系国计民生的工业化体系建设中规模与产值迅速增长，却难以摆脱代理问题而导致大量亏损，从而使国家利益和社会利益受损。民营企业过度迷信市场份额，普遍轻视甚至侵害股东、员工、供应链、社会公众等其他利益相关者的利益。而整个社会环境客观上支持和容忍了这样的企业价值观：为了GDP和规模，土地在地方政府主导下由农业向工业低价转移，环境保护被迫让位于发展速度。实际上，市场环境对于企业经营模式和经营伦理的塑造具有决定性作用，适应企业社会责任的国际趋势，建立起适应全球竞争形势和当地经济社会发展的企业经营模式和经营伦理，是中国企业当前最大的社会责任。

经过多年的改革，国有企业由过去的普遍亏损走向了普遍赢利，其对国民经济的基础作用和对企业社会责任建设的引领作用不容忽视。同时，在中国经济动能转换、提质增效的过程中，服务业已占GDP的50.5%，消费对经济增长的贡献率已达到66.4%，高新技术产业和装备制造业增速已快于一般工业。[③] 在服务业、消费品制造业和高端制造业方面，民营企业有着天然的优势。在国家鼓励、支持、引导非公有制经济发展的宏观政策指引下，民营企业将与国有企业一道，在产业升级、

① 黄群慧等：《中国企业社会责任研究报告：十年回顾暨十年展望（2015）》，社会科学文献出版社，2015，第5页。

② 牛文文：《“利益相关者”，以及法学家时代》，《中国企业家》2006年第7期。

③ 《新常态下民营经济迎来新发展》，《中华工商时报》2016年3月8日第1版。

科技创新、新型城镇化和农业现代化、绿色环保产业、民生建设等方面贡献更多的力量。

2. 企业社会责任建设是实施“一带一路”战略的必然要求

随着我国经济对外依存度的提高，越来越多地感受到来自跨国公司和国际舆论的压力。进入21世纪以来，国际社会普遍实行的跨国企业生产守则、国际组织企业社会责任倡议等客观上推动着中国企业社会责任理念与实践的发展。不可否认的是，发达国家积极推行企业社会责任的确存在以此设置新型贸易壁垒、消解发展中国家在劳动力方面的比较优势、保持本国产品的市场竞争力和占有率等的考虑。但客观的实际是，企业社会责任是所有参与全球化的国家和公司都无法回避的问题，无论赞成或反对，企业社会责任都已成为影响国际贸易往来的重要因素。中国要融入国际社会，就必须接受这样的游戏规则，从这种意义上看，践行企业社会责任是一种务实的态度。同时，我们应该看到，发达国家政府和跨国公司并非推动这一运动的唯一力量，反对资本全球化的劳工运动、倡导人与自然和谐发展的环保运动、消费者运动等共同构成了企业社会责任运动的重要推动力。2004年以来，在珠三角、闽东南、浙东南等地出现的民工荒也说明中国劳动者的维权意识正在觉醒，而以协调效率和公平、维护最大多数人利益的企业社会责任正得到国内相关群体的积极回应。赋予企业社会责任议题太多的政治意味、忽视公司利润与社会责任的平衡问题，本身就反映了我们在经济发展理念上盲目追求GDP增长、在对企业角色定位上过于单纯和僵化、在政策设计上对自由放任和弱肉强食哲学过于迷信的误区。[①] 因此，全球推行的企业社会责任运动是机遇也是挑战，要求我们改变以往的发展观念，贯彻落实全面、协调、可持续的科学发展观。

当前，全球经济社会发展面临重大挑战，国际国内形势对企业践行社会责任，助推可持续发展提出更高的期望。中国政府发起“一带一路”倡议，世界各国政府和工商业组织广泛参与，旨在号召企业以负责

① 楼俊：《公司社会责任法律问题研究》，西南政法大学法律硕士专业硕士学位论文，2006，第14～15页。

任的态度开展建设、投资与贸易，打造“政治互信、经济融合、文化包容的利益共同体、命运共同体和责任共同体”[①]。在“丝绸之路经济带”中，中国少数民族和民族地区与中亚各国山相连、水相通、人同族，语言、文化、风俗、信仰、自然资源禀赋相同或相似，经济社会发展水平相当，在“一带一路”战略中起到“窗口、前沿和民心相通的关键根基作用”[②]。“一带一路”战略的实施为少数民族和民族地区提供了加快发展、实现弯道超越的难得历史机遇。

“一带一路”战略鼓励本国企业参与沿线国家基础设施建设和产业投资，并提出“促进企业按属地化原则经营管理，积极帮助当地发展经济、增加就业、改善民生，主动承担社会责任，严格保护生物多样性和生态环境”的企业社会责任推进要求。[③] 在“一带一路”区域开展社会责任管理推进工作，既要应对沿线复杂多变的经济社会环境，又要增强本国企业的社会责任建设。参与“一带一路”建设的中资企业多涉及水利、电网、建筑、路桥等工程建设类企业，社会责任管理能力差异较大，尤其是钢材、食品、纺织等外贸企业，缺乏在当地经营管理的长期规划，履行社会责任的意愿和能力有待提升。近年来，“一带一路”地区的中资企业在海外运营过程中，经常因为与当地社区融入不足，对当地风俗、文化了解不充分，缺乏与当地民众、非政府组织、媒体的沟通，而引发纠纷、冲突甚至导致项目停滞，民族地区企业社会责任建设任重道远。

3. 企业社会责任建设是民族地区经济社会发展的必然要求

少数民族和民族地区的经济社会发展是我国制定经济发展战略和区域发展规划必须妥善应对的重点和难点问题。西部大开发、“一带一路”战略的实施和产业梯度转移与升级转型要求，为民族地区带来前所未有

① 《推动共建丝绸之路经济带和21世纪海上丝绸之路的愿景与行动》，中华人民共和国商务部网站，http://zhs.mofcom.gov.cn/article/xxfb/201503/20150300926644.shtml，最后访问日期：2016年10月1日。

② 《“一带一路”促进中国少数民族和民族地区与中亚共赢》，中国网，http://news.china.com.cn/txt/2015-06/17/content_35839574.htm，最后访问日期：2016年10月1日。

③ 《推动共建丝绸之路经济带和21世纪海上丝绸之路的愿景与行动》，中华人民共和国商务部网站，http://zhs.mofcom.gov.cn/article/xxfb/201503/20150300926644.shtml，最后访问日期：2016年10月1日。

的机遇和挑战。西部大开发实施的时期是民族地区经济发展最快、人民群众受惠最多、城乡面貌变化最大的时期。但不容否认的是，民族地区经济社会发展与内地尤其是沿海地区的差距在持续拉大。民族地区发展的经济总量小、社会发育程度低、发展速度和质量不高、社会不稳定因素增多的现状并没有得到实质性的改变。发展问题仍是民族地区最大的社会矛盾。因此，支持少数民族和民族地区加快发展，让少数民族和民族地区分享更多的“发展红利”[①]，是党和国家的一贯方针，也是企业社会责任建设的重要着力点。

企业社会责任建设对民族地区的经济与社会协调发展至关重要。企业社会责任是被实践证明的解决企业与资源、环境和社会冲突，保持社会和谐和经济秩序稳定的有效手段，也与我国当前“科学发展”的经济方针、“以人为本”的人文伦理以及“构建和谐社会”的执政理念高度契合。[②] 我国的经济发展长期存在着对劳动力、自然资源与生态环境的高度依赖现象。随着经济全球化和我国对外贸易的发展，我国长期以来建立在低廉的劳动力成本和高昂的资源、环境成本上的贸易优势和产业优势开始遭遇挑战。东部沿海地区在产业结构转型升级过程中开始将落后产能向中西部地区转移。西部民族地区在引入和承接东部甚至是国外的转移产业时，较多考虑经济效益，往往忽视产业相关企业应承担的社会责任。因此，企业社会责任建设对民族地区的经济社会良性发展至关重要。

二　民族地区企业社会责任建设有着充分的观念、制度与社会基础

作为民族团结进步创建的“主阵地、主渠道”之一，企业民族工作和民族团结进步创建活动受到了党和国家的高度重视。党的纲领文献对企业承担社会责任和加强社会责任立法提出了明确的要求，中央宣传部、

---

① 杨明洪：《新一轮西部大开发的战略目标：推动西部民族地区分享更多“发展红利”》，《民族学刊》2011 年第 1 期。

② 喆儒：《我国西部民族地区企业社会责任的现状与推进路径研究》，《中国转型期民族地区经济发展方式转变国际学术研讨会论文集》，2012，第 253 页。

统战部、国家民委对包括企业在内的民族团结进步创建活动进行总体部署，国家民委和国资委联合发文对国有企业民族工作制定具体的指导意见，地方各级人大和政府通过制定相应的法规规章和政策措施，推进着企业社会责任建设的制度化与法治化进程。

2010 年，中央宣传部、中央统战部、国家民委发布《关于进一步开展民族团结进步创建活动的意见》，将“推进党和国家的贯彻落实、促进少数民族和民族地区经济社会发展、维护民族团结、社会稳定和国家统一、依法妥善处理影响民族团结的问题”作为创建活动的总体目标；在整体推进的同时，将包括企业在内的六个领域作为创建活动的主战场；要求各地区各部门站在党和国家事业发展全局的战略高度，充分认识开展民族团结进步创建活动的重要性，制订阶段性计划和长远规划确保创建活动落到实处；将民族团结进步创建活动作为领导干部考核的重要内容；建立宣传、统战、民族工作部门共同负责的领导机制，各相关部门要有专门机构和人员负责具体工作。[①]

随着工业化、城镇化、市场化的深入发展，国有企业在民族地区开发资源过程中与当地少数民族的交往交流加强，企业的少数民族职工逐渐增多，企业成为各民族交往交流的重要平台。做好国有企业民族工作，不仅是实现全面建设小康社会奋斗目标，巩固民族团结、维护社会稳定的内在要求，也是拓宽民族工作领域，实现民族工作开拓创新的时代要求。当前，国有企业民族工作已经成为我国民族工作的重要组成部分。2012 年，国家民委和国资委联合发布《关于进一步做好新形势下国有企业民族工作的指导意见》（以下简称《指导意见》），对加强国有企业民族工作进行全面部署。根据《指导意见》，国有企业民族工作包括加强民族团结宣传教育和民族团结进步创建、支持少数民族和民族地区发展、重视少数民族干部和人才的培养使用、尊重少数民族风俗习惯和合法权益等内容。在具体措施方面，要不断加强和改善党对企业民族工作的领导，相关部门和国有企业要统一思想，提高认识，形成工作合力，要建

① 参见《关于进一步开展民族团结进步创建活动的意见》，中国政府网，http://www.gov.cn/gzdt/2010-07/09/content_1649933.htm，最后访问日期：2016 年 10 月 1 日。

立健全国有企业民族工作的体制机制等。[①] 2014 年，《国家民委关于推动民族团结进步创建活动进机关　企业　社区　乡镇　学校　寺庙的实施意见》又将民族团结进步创建活动的范围扩展至非公有制企业。至此，全社会建立起了以党委和政府系统为领导，以国有企业为表率，以广大民营企业为主体的企业民族工作机制，为做好民族地区企业社会责任建设奠定了组织基础。

在民族地区倡导企业社会责任有着丰厚的本土文化资源。企业社会责任中包含着大量的道德规范，而道德规范主要依据传统和习俗来维系，民族地区的文化传统与地域习俗对企业行为及其社会责任履行有着巨大的影响。有学者将民族地区经济伦理思想总结为：义利统一原则、生态原则、尊重原则和自律与他律原则。[②] 传统的民族观念注重价值判断，鼓励人们在经济活动中追求公平正义与伦理道义，“重义轻利”“以义导利”“义利并行”体现在各民族的传世典籍中，这是民族地区现代化过程中的重要精神文化内核和优秀传统思想资源。民族地区多分布于山地、高原和河流发源地，生态环境脆弱，自然灾害频繁，在长期的生产生活中，民族社会传统中形成了“敬畏自然”“天人合一”的人与自然和谐相处的环境保护思想。这些零散的、自然习得的朴素环保规则经常与图腾、宗教联系在一起，并未形成系统的环保意识，但其对特定民族社会的正向引导作用不容忽视。尊重原则体现在“以人文本”、民族仁爱、尊重各民族合法权益与风俗习惯和扶危济困等方面。自律与他律协同原则强调自律与他律的协调统一。民族地区传统村寨、社区普遍以宗族中的权威者意志为经济活动的标准，容易形成漠视市场经济规则的氛围，既要强化民族自律意识，也要强化市场经济契约精神的法制保障。过度使用他律手段会减弱社会意识形态的道德伦理资本的作用，尤其是当他律的强制规定与民族传统风俗习惯发生冲突时，有可能激起民族的不满情绪，甚至引发民族纠纷和冲突。因此，要综合运用政策、法律与道德手段，实现自律与他律的协调统一。

---

① 参见《关于进一步做好新形势下国有企业民族工作的指导意见》，国家民委网站，http://www.seac.gov.cn/art/2012/1/17/art_142_147131.html，最后访问日期：2016 年 10 月 1 日。

② 唐海燕：《民族地区经济发展的伦理原则》，《广西民族研究》2016 年第 4 期。

第二节 民族地区企业社会责任的制度体系与指标体系建设

一 民族地区企业社会责任的制度体系建设

当前，约束民族地区企业社会责任建设的相关制度已经形成了一定的规模。民族地区企业社会责任制度体系包括一般性制度安排和特别制度要求两个方面。一般性制度安排主要包括：①党的文献的宏观要求；②国务院各部委结合所在行业和具体领域发布的责任倡议；③各级地方政府发布的企业社会责任地方标准；④资本市场的社会责任倡议；⑤各行业协会发布的社会责任标准或指南。笔者在本书第五章已经进行了详细介绍，此处不再赘述。

特别制度要求一般是结合特定地域、产业结构、行业背景等设定特殊的制度安排，就民族地区来讲，主要是指针对民族聚居地区特有的政治、经济、社会的特点而采取的民族区域自治政策、制度、法律的相关要求。民族区域自治是为保障民族平等而赋予聚居少数民族自主管理本民族内部事务权利的基本政策，是中国共产党解决民族问题的基本政治制度，是实施民族区域自治制度的基本法律。[①] 实行民族区域自治，是国家充分尊重和保障各少数民族管理本民族内部事务权利精神的重要体现，也是国家坚持实行各民族平等、团结和共同繁荣的根本保障。在现阶段，我国已经初步形成了“以宪法的相关规定为根本，以民族区域自治法为主干，包括其他关于民族方面的法律规定，国务院及其各部门制定的关于民族方面的行政法规和部门规章，各省、自治区、直辖市及较大的市制定的关于民族方面的地方性法规和规章，民族自治地方自治条例和单行条例在内的中国特色民族法律法规体系”。[②]截至 2015 年底，现

① 刘玲：《民族自治县自治条例立法工作的基本经验和发展方向——以〈长白朝鲜族自治县自治条例〉为样本》，《民族论坛》2015 年第 6 期。

② 《民族法制体系建设“十二五”规划（2011—2015 年）》，国家民委网站，http://www.seac.gov.cn/art/2011/8/11/art_149_133670.html，最后访问日期：2016 年 10 月 1 日。

行法律法规中共有115件法律、47件行政法规涉及民族问题规定，其中包括专门调整民族关系的国务院行政法规，即《国务院若干规定》；民族自治地方共制定和修改自治条例262件，现行有效的139件；制定单行条例912件，现行有效的698件；14个省市制定了实施《国务院若干规定》的地方性法规或政府规章。[①]

改革开放以来，我国在促进少数民族和民族地区经济社会发展、资源开发及利益分配等领域，逐渐形成了较为成熟的政策制度与法律机制，为企业社会责任建设搭建了基本的制度框架。在《宪法》中，确立了“尊重和保护民族自治地方自治权、照顾民族自治地方的利益”的原则，其中规定，《民族区域自治法》和《国务院若干规定》在自然资源优先开发、资源就地加工、促进当地少数民族就业、税费政策优惠、带动相关产业及生态补偿方面对资源输出地民族地区提供法制保障。[②] 1993年的《城市民族工作条例》在规定企业优惠政策的同时，也对企业社会责任提出要求。为贯彻落实根本法、基本法以及国务院行政法规的精神，各自治州、自治县分别出台自治条例和单行条例，辖有民族自治地方的省级人大常委会出台实施民族区域自治法办法（细则），部分多民族省市制定民族工作条例、少数民族权益保护条例，结合当地实际将基本权益和利益保障规定具体化。这些实施规定或细则的共同特点是，将企业视为贯彻实施党和国家的民族政策，促进民族地区经济社会发展的重要经济组织，规制企业行为，对企业践行社会责任提出制度化的要求。

自治条例、单行条例的相关规定主要涉及企业遵纪守法、员工本地化、尊重少数民族语言文字和风俗习惯、参与所在地扶贫开发、服务当地经济社会发展等内容。截至2016年底，全国有14个省市制定了实施民族区域自治法的地方性法规或政府规章，15个省市制定了民族工作条例（办法、若干规定、散居少数民族工作条例），16个省市制定了（散居）少数民族权益保障条例。其中，各省市实施民族区域自治法条例或

① 《全国人民代表大会常务委员会执法检查组关于检查〈中华人民共和国民族区域自治法〉实施情况的报告》，中国人大网，http://www.npc.gov.cn/npc/xinwen/2015-12/22/content_1955659.htm，最后访问日期：2016年10月1日。

② 具体内容详见本书第四章第三节。

办法具体规定的变化体现了民族地区招商引资从资源开发向扶持当地产业发展、结构转型和环境保护等方面发展，同时要求企业加大对民族自治地方的支持力度，并对企业招收当地少数民族员工的比例进行了探索性规定，值得肯定。地方民族工作条例不仅重申了照顾当地少数民族利益、培养和使用少数民族干部和人才及清真饮食服务和食品生产企业的特别规定，而且增加了反歧视的内容。在（散居）少数民族权益保障条例中，有省市对企业回馈社会提出了具体的比例要求，是企业促进社区发展的制度保障。[①]

可以说，促进民族地区企业社会责任建设制度资源不可谓不丰富，但是，客观的现实是，企业在民族地区资源开发中攫取了超额的利润，却远未建立与当地社区的有效沟通机制与社区回馈机制，社区群众在企业开发过程中不仅没有应有的获得感，反而承受着环境污染和生态恶化的巨大成本。巨大的心理失衡导致企业与社区群众之间因资源争夺和利益分配而引发激烈与频繁的冲突。在实现就业本地化方面，一些大型基础设施建设和矿产开发过程中，民族地区尤其是省级地方政府曾实施过一些鼓励企业使用当地人的政策举措，但这些措施或者因为没有具体比例的要求，而企业基于成本和效率的考虑半推半就，地方基层政府痴迷于 GDP 增量的追逐而无暇强求；或者因为边远民族地区劳动力素质较差，组织性和纪律性不强，不能适应现代化工业生产的需求而不了了之，从而导致民族地区少数民族就业平等权缺失现象普遍存在。与此同时，企业对于资源所在地环境污染和资源的破坏，以及对当地民族文化传统保护与传承的忽视，导致企业发展与民族团结未能形成良好的双向促进作用。因此，民族地区企业社会责任能力建设水平不高，责任实践指数领先于责任管理指数等问题普遍存在，这既是中国省域企业的共性，也是民族地区企业需要突出注意的问题。

民族区域自治制度为民族地区企业社会责任建设奠定了良好的制度基础，但现实中没有得到很好的落实。仔细推敲原因：其一，法律法规的相关规定本身过于原则，可操作性不强；其二，《宪法》、《民族区域

① 上述地方性法规或地方政府规章的具体规定及详细内容详见本书第五章第二节。

自治法》及其配套法规的相关规定并未纳入各级政府对企业的要求中，相关法律法规甚至沦为一纸空文；其三，民族工作涉及民族社会生活的方方面面，仅靠民族工作部门一己之力无法保证《民族区域自治法》相关规定的贯彻实施。民族地区要借助民族团结进步创建活动形成的党委领导、民族工作部门具体负责、多部门协调配合的民族工作机制，调动政府、企业、社会的多方面的积极性，通过制度体系的有效整合，方能形成有利于企业社会责任建设的制度合力。

二　民族地区企业社会责任的指标体系建设

企业社会责任指标体系是企业社会责任管理体系的重要组成部分，它由相互联系、相互独立、相互补充的一些社会责任指标所组成，是主要用于推进企业社会责任管理，加强与利益相关者的沟通，对企业社会责任的绩效进行评价的一套系统的工具和标准。[①] 指标体系往往与组织社会责任倡议一并出现，是广泛存在于国际组织、跨国公司、地方政府、行业协会以及研究机构的衡量企业社会责任履行过程和结果的可操作性标准。

民族地区地方政府及部分企业积极推进企业社会责任指标体系建设，在组织管理、日常管理、社会责任指标体系、业绩考核、信息披露、能力建设等方面探索着指标体系建设。在中央政府层面，国家民委《关于推动民族团结进步创建活动进机关　企业　社区　乡镇　学校　寺庙的实施意见》中制定了“全国民族团结进步创建活动示范企业测评指标”[②]，为企业民族团结进步创建活动提供了可操作性的标准。

在民族地区省级政府层面，宁夏、青海、内蒙古、西藏、新疆等地分别制定了省级社会责任评价标准。自2012年起，宁夏分别制定各行业企业社会责任评价办法与指标体系，连续进行个体工商户、工业企业、房地产开发企业、建筑业企业、商贸企业等行业企业社会责任评价。在《个体工商户履行社会责任评价办法》中，设定了“不销售假冒伪劣商

① 参见百度百科“企业社会责任指标体系”词条。

② 详细内容参见第五章第三节。

品”“不短斤少两”“不以次充好”“不从事无照经营”“不经营不卫生的食品”“不偷税漏税”“不哄抬物价”“不污染环境”“不占道经营”“不扰乱公共秩序”“不拖欠员工工资”“吸纳就业”“遵守计生法规”“履行社会公益责任”等14个一级指标，38个二级指标。[①] 在《宁夏建筑业企业履行社会责任评价暂行办法》中设立了“工程质量”“安全生产”“市场行为”“文明施工”“培训教育”等6个一级指标。[②] 在《商贸企业履行社会责任评价标准》中，设定了“依法经营”“诚实守信”“规范服务”“公益责任”等4个一级指标，32个二级指标。其中，在“公益责任”一级指标下，设定了就业贡献、对社会慈善活动参与情况、对弱势群体关注情况和支持教育事业情况及承担市场供应、平抑物价情况等5个二级指标；在就业贡献方面，只对企业残障人士占员工总数的比例提出具体要求。[③]《宁夏建筑业企业履行社会责任评价体系（试行）》中包括了“工程质量”“安全生产”“市场行为”“文明施工”“培训教育”“员工待遇”等6个指标，未提出尊重和保护少数民族职工权益的要求。为推动社会信用体系建设，西藏、新疆、宁夏、内蒙古分别制定了企业环境信用等级评价办法、自治区企业质量信用等级评定实施办法。

从当前的指标体系建设来看，涉及企业的既有综合的社会责任指标体系，也有环境等级评价体系、质量信用等级等专项评价体系，既有涉及所在地域全行业的指标体系，也有以国有企业和非公有制企业划分的指标体系（如青海），以及以各行业领域划分的指标体系（如宁夏）。这是归口于各管理部门分头制定的各项指标体系，从多种角度对企业行为进行规制。但如果将国家民委企业测评指标与省级政府企业社会责任相

① 《关于印发〈2015年个体工商户履行社会责任评价工作安排〉的通知》，宁夏回族自治区工商行政管理局网站，http://www.ngsh.gov.cn/2016/11/18/59937.html，最后访问日期：2016年10月1日。

② 《宁夏建筑业企业履行社会责任评价体系（试行）》，宁夏回族自治区住房和城乡建设厅网站，http://www.nxjst.gov.cn/content.jsp?urltype=news.NewsContentUrl&wbtreeid=1074&wbnewsid=8752，最后访问日期：2016年10月1日。

③ 《关于2015年开展商贸企业履行社会责任评价试点工作的通知》，银川市商务局网站，http://www.ycsw.gov.cn/tzgg/201511/t20151124_102857.htm，最后访问日期：2016年10月1日。

关指标进行对比，我们发现，省级指标更多地指向对企业行为的一般要求，涉及民族地区特殊性的要求以及民族区域自治的具体规定并没有反映在指标体系中。即便是直接借鉴国家民委企业测评标准制定的青海省民族团结进步创建活动进企业测评标准，虽然也将“保障合法权益”和“维护民族团结”作为“贯彻执行党和国家民族政策法规”的重要指标，然而在促进少数民族就业方面，却只保留了“帮助少数民族就业，在同等条件下优先招收当地少数民族人员以及反歧视”的规定，而略去了确定招收少数民族员工比例的要求。

从上述例证来看，在衡量民族地区企业社会责任建设的指标体系中，以工商、建筑、税务、质监局等部门牵头制定的，更多地侧重于对企业行为的一般要求，而由民族工作部门牵头制定的则倾向于民族政策法规的实现，但仅仅依靠民族工作部门本身，难以保障民族政策的全面贯彻落实。在民族地区加强企业社会责任建设，要坚持党委领导、民委负责、各部门配合的工作格局，坚持民族工作社会化的原则和方向，将民族政策的基本要求纳入民族地区企业管理的各个环节与领域，制定具有民族和地域特色的社会责任指标体系，方能使企业民族工作落到实处。

第三节　加强民族地区企业社会责任建设的几点思考

一　完善民族区域自治法及其配套法规，将企业民族工作纳入法治轨道

新中国成立以来，尤其是改革开放以来，民族地区实现了跨越式发展。民族地区的发展离不开党和国家的大力支持，也与国家整体发展战略转型密切相关。从新中国成立初期的重工业发展战略向西部民族地区倾斜，到“三线建设”时期民族地区现代化工业体系的迅速建立，改革开放以后尤其是“西部大开发”的实施使得国家从战略角度支持民族地区基础设施建设与企业技术改造，企业承载着民族地区的工业化、现代化、城镇化建设的重要任务，在促进民族地区经济社会发展、培养和使用少数民族人员和工人、维护当地群众利益等方面起着举足轻重的作用。企业及其所代表的现代化生产生活方式不仅改变了民族地区的经济发展

水平，而且对民族地区的政治生态、文化传统和社会治理产生着重大的影响。

长期以来，企业民族工作作为统战工作的一部分，并未纳入人大和政府工作的重心。具体体现在，《宪法》在对民族区域自治进行原则性规定时，并未对企业进行专门规制；《民族区域自治法》虽然提出了原则性规定，但存在可操作性偏弱，容易流于形式的弊端。唯一的例外是《城市民族工作条例》，其总共 30 条 2000 字，“企业”一词出现了 15 次，涉及 7 个条文，对企业行为的规制是城市民族工作条例的重要组成部分。但其位阶较低，在全国各省市中制定实施这一条例的地方性法规、地方政府规章数量较少。在对上述法律法规制定的有限的实施性地方立法中，也有一些亮眼的创新之举[①]，但多数是在照搬《城市民族工作条例》的内容。在《民族区域自治法》或地方配套法规建设中，应增加或重申具体实施性规定。

可以说，企业民族工作的法律规制现状与企业在民族地区发展中的地位与作用并不相符，应当通过《民族区域自治法》及其配套法规的完善和细化，将企业行为真正纳入法治化轨道。具体的建议有以下几点。其一，在就业促进方面，要求有关行政法规尤其是各省市实施办法将民族区域自治法的规定细化，明确少数民族职工的一定比例。这一点在国家民委民族团结进步创建活动示范企业测评标准中已经有明确规定，但应当上升到国家法律法规的层面方能保证实施。其二，在生态保护方面，要加快在民族地区建立资源有偿使用制度和生态补偿制度，将企业环境保护与生态补偿作为环境责任的重要考核指标。其三，在社区参与方面，应立法倡议少数民族地区资源开发企业拿出利润的一定比例建立社区发展基金，用于建设基础设施和发展社会公益事业。

① 如《贵州省贯彻落实〈中华人民共和国民族区域自治法〉若干问题的规定》：“自治地方在省下达的招工总额中，对其所属企业可以自行确定招收少数民族人员比例，并且可以从农村招 15% 的少数民族农业人员，其年龄、文化程度可适当放宽”；《广东省散居少数民族权益保障条例》（1997、2012）第十一条规定：“从企业或者项目年税后利润中提取 5% ~10% 给民族乡政府，用于发展当地经济和安排群众生产、生活。”参见第五章第二节。

二　提高民族团结创建活动实效，让企业成为民族地区发展的重要推动力量

2012年国家民委、国资委出台《关于进一步做好新形势下国有企业民族工作的指导意见》，意味着“国有企业民族工作已经成为我国民族工作的重要组成部分”①。2014年，国家民委《关于推动民族团结进步创建活动进机关　企业　社区　乡镇　学校　寺庙的实施意见》将企业民族工作作为民族团结进步创建的重要形式，在测评标准中充分体现了国家对民族地区企业社会责任建设的要求。

当前，在创建民族团结进步示范企业的过程中，国家民委制定了全国民族团结进步创建活动示范企业测评指标，将“高度重视民族工作、贯彻执行党和国家民族政策法规和切实履行社会责任”的要求落实到企业运营的全过程，并在健全民族工作组织机构和工作机制、组织开展民族团结宣传教育、尊重各民族职工合法权益、维护民族团结、促进发展、热心公益等方面对企业社会表现提出了测评标准。

民族地区企业在民族团结进步创建活动中，各级政府各组成部门积极引导、广泛推动，并以购买社会服务和提供项目支持等方式，将行业协会与民间组织的力量整合起来，在媒体等公众监督机制的促进下，共同培育民族地区企业社会责任建设的推进机制。在政府、企业与社会的合力推动下，企业将在“解决区域性共同问题、增进群众福祉、促进民族团结”等核心任务上，以扶贫攻坚为重点，以“教育、就业、产业结构调整、基础设施建设和生态环境保护为着力点”，全面促进民族地区经济社会发展。②

三　建立民族地区企业社会责任指标体系，将民族区域自治基本要求落到实处

当前，民族地区各级政府响应国家号召，综合运用多种手段对企业

① 《国有企业民族工作已成为我国民族工作的重要组成部分》，《中国民族报》2012年5月11日。

② 《中共中央、国务院印发〈关于加强和改进新形势下民族工作的意见〉》，新华网，http://news.xinhuanet.com/2014-12/22/c_1113736752.htm，最后访问日期：2016年10月1日。

社会责任履行情况进行全面或专题测评，并将测评标准在各主管部门和全社会共享，致力于建立守信激励与失信惩戒的社会环境。西藏自治区人民政府2009年发布的《西藏自治区企业发展激励办法（试行）》（藏政办发〔2009〕95号），要求各级财政设立“企业发展资金”支持企业发展，年度预算安排的资金不低于上年度企业缴纳税收总额的30%，最高可达该企业年度缴纳各类税收总额的40%。以“企业年缴税额增长额”“年新增在藏生产经营性固定资产投资额（不含各级政府投入的资金）”“年新吸纳西藏户籍员工人数”三项内容作为考核激励指标。各项比重分别占激励资金的40%、30%、30%。这一量化的企业激励机制涉及地方对企业要求的核心内容，很有借鉴意义。民族地区各级政府应当在此基础上，加入环境保护、带动相关产业以及支持民族地区发展等全面的量化指标，将企业社会责任建设真正落到实处。

在政府和行业公布的社会责任指标体系的指导下，民族地区企业主要通过发布企业社会责任报告来披露其社会责任履行情况，并形成了一系列成熟的机制和指标体系，在责任管理与利益相关者识别过程中，披露内容逐渐从一般议题转向影响企业发展与民族团结的实质性议题。奇正藏药2014年度社会责任报告完整地披露了8个方面的利益相关者、对各利益相关者关注的议题进行预判，并将公司沟通与回应的情况公之于众。在“关键绩效”披露中，仍以利益相关者为依托，在环境方面披露了能源能耗、藏药材保护数量及基地面积等内容；员工方面，披露了员工数、少数民族员工数、当地聘用高层管理人员比例等内容；社区方面，披露了违反法规次数、公益资金投入和藏医药文化传播投入等内容；在经济方面，披露了销售收入、净利润和在西藏纳税额。①

将政府、行业协会、研究机构与企业自身对社会责任指标的要求相结合，我们可以初步总结出民族地区社会责任指标体系的基本内容，即主要包括：①政府方面，包括企业遵纪守法、贯彻落实党和国家民族政策法规、尊重自治权，在发展过程中带动当地经济发展并发展相关产业，

① 参见《奇正藏药2014年度企业社会责任报告》，奇正藏药公司网站，http://www.cheezheng.com.cn/gmzr_xx/newsId=1156.html，最后访问日期：2016年10月1日。

同时在力所能及的范围内配合国家发展战略，参与扶贫开发等内容；②员工方面，包括各民族职工风俗习惯和宗教信仰得到尊重，依法保障各民族合法权益等方面；③社区方面，包括加大支持力度，促进当地少数民族就业，无歧视少数民族员工的现象等方面；④环境与生态保护方面，包括保护环境、实现集约发展的一般要求和积极参与生态补偿的特殊需要，以及结合当地资源禀赋的特定保护措施。

结　语

企业社会责任是一场关乎公司治理理念的革命。不同时代的社会利益主张以不同的表达形式出现，当代市场经济条件下的社会利益也有其独特的方式，即在坚持自由理念的前提下确认集体行动的逻辑。如果不重新认识公司的营利性本质，就无法真正解决在现代社会高度陌生化、高度格式化背景下的主体间协调问题。法律是规范主体行为的规则，并以产生一定的稳定关系为己任。企业社会责任也是以观念的形式，力图整合围绕公司及其行为所产生的各种关系。目前，全球的企业界正在经历自公司诞生以来最为重大的一场思想革命，它重新定位公司的目标，将公司视为全球社会利益的源泉，一个有巨大潜力的社会伙伴，一个能将自然资源、经济资源与社会资源融为一体的不断成长的社会共同体。如果这个目标能够实现，人类社会就可以汇聚更强大的能量，增强应对20世纪以来发生的各种危机的能力。因此，提出并强调企业社会责任是为了实现公司和其所属的社会共同体的共赢。从这个意义上说，强化企业社会责任意识是一场公司治理理念的革命。

本书从引发企业社会责任讨论的现实入手，明确了产生企业社会责任的现实基础和理论资源，在充分关注其他学科对企业社会责任相关研究的同时，从法理学的角度对企业理论进行了梳理，明确了企业社会责任绝对不是要摒弃公司自主的主体地位，也不是要回到“企业办社会”的老路上去，而是要在充分肯定公司在社会主义市场经济中的作用的基础上，提高公司的社会责任意识，真正将一些道德规范落实为法律规范。毕竟，法律首先体现为一种具体的制度，若不将企业社会责任的理念转化为具体可操作的法律规范，那么强化企业社会责任只能陷入空谈。但是，本书在强调法律对企业行为规制的同时，也认识到了法律作为工具所不可避免的局限性，这在企业社会责任问题上表现尤为明显。因为企业社会责任很大程度上仍归属于道德义务范畴，法律只能在最低限度内做出对企业社会责任的强制性规范，而在道德范围内的社会责任，法律规范是无法发挥其作用强制企业承担的。也就是说，在对企业行为的规制方式中法律必要但不唯一。

同时，公司治理所引发的思考也是我们必须注意的，即治理不仅仅依赖于政府，而且需要利用一切社会力量；治理不仅仅需要法律，而且需要其他各种手段；治理不仅需要强行性的方法，而且需要沟通、协调和谅解。[①] 这对于一个利益和价值多元化的社会更为重要。正如托马斯·弗里德曼所写的那样“世界是平的”，在技术发展和资本流动的双重推动下，世界正进行着我们尚无法预料结局的转型。全球化的发展使得企业行为在更广阔的时空下发挥作用，也更广泛地影响着国家和社会的方方面面，对企业行为的要求和规制也不再局限于一国疆域。这使得对企业行为的规制和企业社会责任的要求成为全世界必须共同面对的问题，这个过程不仅需要企业参与、政府参与，更需要最广泛的社会公众的参与。

民族地区是我国多民族统一国家的重要组成部分，因其地域和民族的特色而在国家和地方治理中采取了以民族区域自治为核心的一系列民族政策、制度和法制来满足差异化诉求，缩小民族地区与发达地区的发展差距。对于民族地区企业来说，除了一般法律和制度规制外，不可忽视的是基本政治制度和基本法律对民族区域自治的约束，这是考察民族地区企业社会责任不可忽视的制度维度。本书关于民族地区企业社会责任的讨论侧重于实地调研和社会责任报告文本考察，是对上文理论阐释的验证和充实，理论来源于实践，最终服务于实践，通过民族地区企业社会责任制度体系和评价体系的构建，充分考虑民族地区企业承担社会责任的制度因素，是实现制度完善和企业可持续发展良性互动的基础。

① 参见朱景文《从“法治”到“善治”的思考》，《法制日报》2008 年 1 月 27 日第 14 版。

参考文献

中文著作

曹凤月：《企业道德责任论——企业与利益关系者的和谐与共生》，社会科学文献出版社，2005。

陈富良：《放松规制与强化规制——论转型经济中的政府规制改革》，上海三联书店，2000。

陈宏辉：《企业利益相关者的利益要求——理论与实证研究》，经济管理出版社，2004。

陈家刚选编《协商民主》，上海三联书店，2004。

陈敏：《企业责任与投资者要求权——经济体制改革中的企业筹资问题研究》，东北财经大学出版社，2001。

陈启能、姜芃主编《中国和加拿大的社区发展》，民族出版社，2002。

陈义平：《政治人：模铸与发展　中国社会转型期的公民政治分析》，安徽大学出版社，2002。

陈岳堂、郭建国：《经济行为的伦理审视——从"经济人"谈起》，湖南师范大学出版社，2004。

褚松燕：《个体与共同体：公民资格的演变及其意义》，中国社会出版社，2003。

邓辉：《论公司法中的国家强制》，中国政法大学出版社，2004。

邓正来：《国家与社会：中国市民社会研究》，四川人民出版社，1997。

邓正来、J. C. 亚历山大编《国家与市民社会：一种社会理论的研究路径》，中央编译出版社，2002。

高圣平：《新公司法与国企改制》，中国工商出版社，2006。

郭道久：《以社会制约权力：民主的一种解析视角》，天津人民出版社，2005。

郝时远：《中国共产党怎样解决民族问题》，江西人民出版社，2011。

郝时远：《中国特色解决民族问题之路》，中国社会科学出版社，2016。

何增科主编《公民社会与第三部门》，社会科学文献出版社，2000。

何怀宏：《契约伦理与社会正义：罗尔斯正义论中的历史与理性》，中国人民大学出版社，1993。

环境与发展研究所主编《企业社会责任在中国》，经济科学出版社，2004。

胡旭晟：《法的道德历程——法律史的伦理解释（论纲）》，法律出版社，2006。

黄文艺：《全球结构与法律发展》，法律出版社，2006。

李东红：《制度变迁——中国企业成长透视》，经济科学出版社，2004。

李惠斌主编《全球化与公民社会》，广西师范大学出版社，2003。

李建民：《当代中国经济发展问题研究》，中国经济出版社，2006。

李立清、李燕凌：《企业社会责任研究》，人民出版社，2005。

李文良：《中国政府职能转变问题报告》，中国发展出版社，2003。

黄群慧等：《中国企业社会责任研究报告：十年回顾暨十年展望（2015）》，社会科学文献出版社，2015。

李政义：《企业社会责任论》，（台北）巨流图书公司，1990。

厉以宁：《超越市场与超越政府——论道德力量在经济中的作用》，经济科学出版社，1999。

刘诚：《现代社会中的国家与公民——共和主义宪法理论为视角》，法律出版社，2006。

刘汉民：《企业理论、公司治理与制度分析》，上海三联书店、上海人民出版社，2007。

刘俊海：《公司的社会责任》，法律出版社，1999。

刘连煜:《公司治理与公司社会责任》，中国政法大学出版社，2001。

刘宁、张庆:《透视中国重大食品安全事件》，法律出版社，2005。

卢代富:《企业社会责任的经济学与法学分析》，法律出版社，2002。

马长山:《国家、市民社会与法治》，商务印书馆，2002。

马伊里、杨团:《公司与社会公益》，华夏出版社，2002。

马振清:《中国公民政治社会化问题研究》，黑龙江人民出版社，2001。

梅慎实:《现代公司机关权力构造论——公司法人治理结构的法律学分析》，中国政法大学出版社，2005。

彭志源主编《SA8000企业社会责任国际标准实施认证指南》，宁夏大地出版社，2003。

任一飞、周竞红:《中华人民共和国民族关系史研究》，辽宁民族出版社，2003。

单飞跃、卢代富等:《需要国家干预——经济法视域的解读》，法律出版社，2005。

单忠东主编《中国企业社会责任调查报告（2006）》，经济科学出版社，2007。

孙国华:《法的形成和运作原理》，法律出版社，2003。

孙国华:《社会主义法治论》，法律出版社，2002。

沈洪涛、沈艺峰:《公司社会责任思想起源与演变》，上海人民出版社，2007。

谭深、刘开明:《跨国公司的社会责任与中国社会》，社会科学文献出版社，2003。

唐凯麟、罗能生:《契合与升华：传统儒商精神和现代中国市场理性的建构》，湖南出版社，1998。

田虹:《企业社会责任及其推进机制》，经济管理出版社，2006。

汪丁丁:《市场经济与道德基础》，上海人民出版社，2006。

汪应曼:《经济转型与道德发展》，中国财政经济出版社，2004。

王瑞璞、张占斌主编《中国民营企业经济发展与企业家的社会责任》，人民出版社，2006。

王希恩：《民族过程与国家》，甘肃人民出版社，1998。

王希恩：《全球化中的民族过程》，社会科学文献出版社，2009。

王希恩主编《马克思恩格斯列宁斯大林论民族》，中国社会科学出版社，2013。

王妍：《中国企业法律制度评判与探析》，法律出版社，2006。

王粤、黄浩明主编《跨国公司与公益事业》，社会科学文献出版社，2005。

王幼军主编《新兴市场条件下的企业管理——公司治理视角》，西南财经大学出版社，2006。

王玉珍：《道德秩序的经济学分析——对利他行为的一个分析角度》，经济科学出版社，2005。

王志乐主编《公司责任——挑战还是机遇》，中国经济出版社，2006。

王文长：《西部资源开发与民族利益关系和谐构建研究》，中央民族大学出版社，2010。

吴仕民：《西部大开发与民族问题》，民族出版社，2001。

徐向东：《自由主义、社会契约与政治辩护》，北京大学出版社，2005。

薛涌：《草根才是主流》，陕西师范大学出版社，2007。

杨秋宝：《中国企业发展与改革》，中共中央党校出版社，2006。

杨瑞龙、周业安：《企业的利益相关者理论及其应用》，经济科学出版社，2000。

俞可平等：《中国公民社会的兴起与治理的变迁》，社会科学文献出版社，2002。

俞可平等：《中国公民社会的制度环境》，北京大学出版社，2006。

俞可平、黄卫平主编《全球化的悖论》，中央编译出版社，1998。

俞可平主编《治理与善治》，社会科学文献出版社，2000。

余晓敏：《经济全球化与跨国公司的生产守则》，谭深、刘开明《跨国公司的社会责任与中国社会》，社会科学文献出版社，2003。

余治国：《中国民营企业批判》，当代中国出版社，2005。

袁家方主编《企业社会责任》，海洋出版社，1990。

韦森：《经济学与伦理学——探寻市场经济的伦理纬度与道德基

础》，上海人民出版社，2002。

张维迎：《企业理论与中国企业改革》，北京大学出版社，1999。

张维迎：《企业的企业家：契约理论》，上海人民出版社，2014。

张文啓、钟秉林主编《和谐社会：公共性与公共治理》，北京师范大学出版社，2005。

张向前：《和谐社会的企业责任》，中国文史出版社，2005。

中共中央党史研究室科研管理部、国家民族事务委员会民族问题研究中心：《中国共产党民族工作历史经验研究》，中共党史出版社，2009。

中国企业家调查系统编《企业家看社会责任：2007 中国企业家成长与发展报告》，机械工业出版社，2007。

中国企业管理研究会、中国社会科学院管理科学中心编《中国企业社会责任报告》，中国财政经济出版社，2006。

周勇、马丽雅主编《民族、自治与发展》，法律出版社，2008。

周永坤：《规范权力——权力的法理研究》，法律出版社，2006。

朱启才：《权力、制度与经济增长》，经济科学出版社，2004。

朱景文：《比较法社会学的框架和方法》，中国人民大学出版社，2001。

朱景文主编《法社会学》，中国人民大学出版社，2005。

朱景文主编《全球化条件下的法治国家》，中国人民大学出版社，2006。

朱景文：《跨越国境的思考：法理学讲演录》，北京大学出版社，2006。

中文论文

边一民：《企业道德责任的政府关怀》，《浙江经济》2003 年第 13 期。

曹凤月：《企业道德责任研究论纲》，《中国劳工关系学院学报》2005 年第 1 期。

曹凤月：《我国转型期企业道德责任的缺失及原因分析》，《中国劳动关系学院学报》2006 年第 1 期。

陈宏辉：《企业的利益相关者理论与实证研究》，浙江大学企业管理专业博士学位论文，2003。

陈宏辉、贾兴华：《企业社会责任观的演进与发展：基于综合性社会契约的理解》，《中国工业经济》2003年第12期。

陈留彬：《中国企业社会责任理论与实证研究——以山东省企业为例》，山东大学企业管理专业博士学位论文，2006。

高芳：《企业的道德责任与社会责任——斯密与弗里德曼观点的比较研究》，《哲学动态》2006年第4期。

顾中亚：《“道德法律化”的人性论基础》，《兰州学刊》2003年第5期。

郭同峰：《论国有企业的道德风险及防范》，《烟台师范学院学报》（哲学社会科学版）2001年第4期。

郝耀伟、王云峰：《企业社会责任综述》，中国企业家调查系统编《企业家看社会责任：2007中国企业家成长与发展报告》，机械工业出版社，2007。

蒋旭：《当前我国企业道德建设的现状及对策分析》，南京师范大学伦理学专业硕士学位论文，2006。

赖英照：《论全球盟约与公司社会责任》，（台湾）《法令月刊》2007年第2期。

冷和平：《企业与政府关系研究——中国企业与政府新型互动关系之构建》，南京工业大学企业管理专业硕士学位论文，2005。

李健：《企业市场化与企业道德》，《新疆师范大学学报》（哲学社会科学版）1994年第3期。

李四海、李晓龙、宋献中：《产权性质、市场竞争与企业社会责任行为》，《中国人口·资源与环境》2014年第12期。

李兆熙：《政府的公共政策和公共管理——市场经济中各国政府与企业关系研究之一》，《成都市委党校学报》1999年第1期。

刘丹：《利益相关者与公司治理法律制度研究》，中国政法大学经济法学专业博士学位论文，2003。

刘长喜：《利益相关者、社会契约与企业社会责任》，复旦大学政治经济学专业博士学位论文，2005。

吕世伦：《论我国法制现代化中的国家主义障碍》，吉林大学理论法学研究中心编《法律思想的律动——当代法学名家演讲录》，法律出版社，2003。

吕世伦、薄振峰：《社会、国家与法——从法的视角思考国家回归社会问题》，《法制与社会发展》2004 年第 3 期。

彭晓洁：《我国国有企业道德风险的特殊问题和防范思路》，《价格月刊》2006 年第 7 期。

阮航：《论企业道德责任问题的三个层面》，《湖南经济管理干部学院学报》2006 年第 4 期。

任晓娜、梁喜书：《浅析企业道德失范行为的社会危害与根源》，《石油大学学报》（社会科学版）2003 年第 1 期。

石军伟、胡立君、付海艳：《企业社会责任、社会资本与组织竞争优势：一个战略互动视角——基于中国转型期经验的实证研究》，《中国工业经济》2009 年第 11 期。

王凯、黎友焕：《国内企业社会责任理论研究综述》，《WTO 经济导刊》2007 年第 Z1 期。

王泽应：《论企业道德责任的依据、表现与内化》，《道德与文明》2005 年第 3 期。

王淑芹：《企业道德责任论》，《伦理学研究》2006 年第 6 期。

吴宏林、何婷婷、陈时禄：《现代市场经济中企业的道德化要求》，《兰州商学院学报》2006 年第 1 期。

薛涌：《市场经济需要道德基础》，《书摘》2007 年第 4 期。

杨继绳：《中国私有企业的道德偏差》，《中国投资》2002 年第 7 期。

殷格非、李伟阳、吴福顺：《中国企业社会责任发展的阶段分析》，《WTO 经济导刊》2007 年第 Z1 期。

俞可平：《全球化与中国政府能力》，《公共管理学报》2005 年第 1 期。

袁鹏、陈圻、胡荣：《关于“企业社会责任”争论的焦点问题》，《南京航空航天大学学报》（社会科学版）2006 年第 2 期。

张军、王祺：《权威、企业绩效与国有企业改革》，《中国社会科学》2004年第9期。

张维迎：《法律：通过第三方实施的行为规范》，《读书》2000年第11期。

周凌霄：《跨国公司企业道德问题研究》，《经济问题探索》2007年第3期。

周凌霄：《在华跨国公司的企业道德问题》，《当代经济管理》2007年第2期。

周少青：《论三重框架下的劳工标准问题》，《河北法学》2004年第11期。

邹顺康：《依赖关系的演变与道德人格的发展——马克思“人的全面而自由发展”思想的思维路径》，《社会科学研究》2015年第5期。

朱景文：《“从法治到善治”的思考》，中国法理网，http://www.jus.cn/ShowArticle.asp?ArticleID=1841。

朱景文：《公司社会责任/生产守则对中国的影响》，《跨越国境的思考：法理学讲演录》，北京大学出版社，2006。

朱力宇：《论“经济人”假设在法学研究中运用的问题》，《法学家》1997年第6期。

译著译文

〔英〕大卫·罗丁：《企业道德错在哪里?》，《国际社会科学》（中文版）2006年第3期。

〔德〕马克斯·韦伯：《经济与社会》，林荣远译，商务印书馆，1997。

〔德〕马克斯·韦伯：《社会科学方法论》，李秋零等译，中国人民大学出版社，1999。

〔德〕马克斯·韦伯：《新教伦理与资本主义精神》，彭强、黄晓京译，陕西师范大学出版社，2002。

〔德〕P. 科斯洛夫斯基：《资本主义伦理学》，王彤译，中国社会科学出版社，1996。

〔美〕阿奇·B. 卡罗尔、安·K. 巴克霍尔茨：《企业与社会：伦理与利益相关者管理》，黄煜等译，机械工业出版社，2004。

〔美〕菲利普·科特勒、南希·李：《企业的社会责任：通过公益事业拓展更多的商业机会》，姜文波等译，机械工业出版社，2006。

〔美〕理查德·A. 波斯纳：《法律的经济分析》，蒋兆康译，中国大百科全书出版社，1997。

〔美〕理查德·A. 波斯那：《道德和法律理论的疑问》，苏力译，中国政法大学出版社，2001。

〔美〕理查德·C. 博克斯：《公民治理：引领21世纪的美国社区》，孙柏瑛等译，中国人民大学出版社，2005。

〔美〕默里·L. 韦登鲍姆：《全球市场中的企业与政府》，张兆安译，上海三联书店、上海人民出版社，2002。

〔美〕乔治·A. 斯蒂纳、约翰·F. 斯蒂纳：《企业、政府与社会》，张志强、王春香译，华夏出版社，2002。

〔美〕乔治·S. 布莱尔：《社区权力与公民参与：美国的基层政府》，伊佩庄、张雅竹编译，中国社会出版社，2003。

〔美〕托马斯·唐那森、托马斯·邓菲：《有约束力的关系——对企业伦理学的一种社会契约论的研究》，赵月瑟译，上海社会科学院出版社，2000。

〔美〕詹姆斯·E. 波斯纳、安妮·T. 劳伦斯、詹姆斯·韦伯：《企业与社会：公司战略、公司政策与伦理》，张志强译，中国人民大学出版社，2005。

〔英〕H. L. A. 哈特：《法律、自由与道德》，支振锋译，法律出版社，2006。

〔英〕霍布斯：《论公民》，应星、冯克利译，贵州人民出版社，2003。

〔英〕亚当·斯密：《国富论：国民财富的性质和原因的研究》，谢祖钧、孟晋、盛之译，中南大学出版社，2003。

〔英〕约翰·埃尔金顿：《蚕经济：通向“企业公民”模式的企业转型》，庞海丽译，上海人民出版社，2005。

外文资料

A. A. Berle, "Corporate Powers as Powers in Trust," *Harvard Law Review* 44 (1931): 1049.

A. A. Berle, "For Whom Are Corporate Managers Trustees: A Note," *Harvard Law Review* 45 (1932): 1365 - 1372.

Aaron Bernstein, "Too Much Corporate Power?," *Business Week* (September11, 2000): 144 - 155.

A. J. Hillman GD Keim, "Stakeholder Value, Stakeholder Management, and Social Issue: What's the Bottomline," *Strategic Management Journal* 22 (2001): 125 - 139 .

A. B. Carroll, "A Three - Dimensional Conceptual Modal of Corporate Performance," *Academy of Management Review* 4 (1979): 497 - 505.

A. B. Carroll, "Corporate Social Responsibility Evolution of a Definitional Construct," *Business & Society* 38 (1999): 268 - 295.

A. B. Carroll, "The pyramid of Corporate Social Responsibility: Toward the Moral Management of Organizational Stakeholders," *Business Horizons* 34 (1991): 39 - 48.

T. F. Bradshaw, D Vogel, "Corporations and Their Critics: Issues and Answers to the Problems of Corporate Social Responsibility," *Political Science Quarterly* 97 (1981) : 337.

K. J. Hopt, G. Teubner, *Corporate Governance and Directors' Liabilities: Legal, Economic, and Sociological Analyses on Corporate Social Responsibility* (Frankfort: W. de Gruyter, 1985).

W. R. Dill, A. Assembly, "Running the American Corporation, " *Academy of Management Review* 4 (1979): 609.

R. Jeurissen, "Institutional Conditions of Corporate Citizenship," *Journal of Business* 53 (2004): 87 - 96.

Dr. Saleem Sheikh, *Corporate Social Responsibility: Law and Practice* (London: Cavendish Publishing Limited, 1996).

D. Votaw, *Genius Becomes Rare in The Corporate Dilemma: Traditional*

Values Versus Contemporary Problems, (Englewood Cliffs, N. J.: Prentice Hall, 1975).

Edwin M. Epstein, "Dimensions of Corporate Power: Part I," *California Management Review* (Winter 1973): 11.

H. G. Manne, "The Social Responsibility of Regulated Utilities," *Wisconsin Law Review* 4 (1972).

J. Moon, A. Crane, D. Matten, "Can Corporations be Citizen Corporate Citizenship as a Metaphor for Business Participation in Society," *Business Ethics Quarterly* 15 (2005): 429 – 453.

J. W. Anderson, *Corporate Social Responsibility: Guidelines for Top Management*, Quorum Books 1989.

J. T. Ralph, *A Corporate Social Responsibility?*, Lecturer Delivered in Melbourne, 26th June 1996.

Keith Davis and R. L. Blomstrom, *Business and Its Environment* (New York: McGraw-Hill, 1966).

E. M. Dodd, "For Whom Are Corporate Managers Trustees?" *Harvard Law Review* 45 (1932): 1145 – 1163.

M. Hopkins, *The Planetary Bargain: Corporate Social Responsibility Matters* (London: Earthscan Publications, 2003).

R. K. Mitchell, B. R. Agle, D. J. Wood, "Toward a Theory of Stakeholder Identification and Salience: Define the Principle of Who and What Really Counts," *Academy of Management Review* 22 (1997): 853 – 886.

Milton Friedman, *Capitalism and freedom* (Chicago: Univercity of Chicago Press, 1962).

M. Friedman, "The Social Responsibility of Business is to Increase its Profits," *New York Times* 9 (1970).

N. H. Jacoby, *Corporate Power and Social Responsibility: A Blueprint for the Future* (London: Pickering & Chatto, 1973).

N. Hojensgard, *Campaigh Report on European CSR Excellence*, 2002 – 2003, http://www.csrcampaigh.org.

P. Ranard, M. Forstater, "Corporate Social Responsibility: Implication for Small and Medium Enterprise in Developing Countries," *Human Resource* 38 (2002): 268-295.

E. Merrick Dodd, "For Whom Are Corporate Managers Trustees?" *Harvard Law Review* 45 (1932): 1145.

R. Gunness, "Social Responsibility: The Art of Possible," *Business and Society Review* (1986).

R. N. Farmer, WD Hogue, *Corporate Social Responsibility*, (Kentucky: Lexington Books, 1985).

R. R. Sims, "Ethics and Corporate Social Responsibility: Why Giants Fall," *Praeger* 9 (2003): 66-79.

R. R. Smith, "Social Responsibility: A Term We Can Do Without," *Business and Society Review* 6 (1988): 31.

S. F. V. Pufendorf, *On the Duty of Man and Citizen According to Natural Law*, edited by J. Tully, translated by M. J. Silverthorne, 中国政法大学出版社, 2003。

J. A. Batten, T. A. Fetherston, "Social Responsibility: Corporate Governance Issues," *Research in International Business & Finance: A Reserch Annual* 17 (2003).

S. Waddell, "New Institutions for the Practice of Corporate Citizenship: Historical, Intersectoral and Developmental Perspective," *Business and Society Review* 105 (2000): 107-126.

Thomas Hobbes, *On the Citizen*, edited and translated by Richard Tuck, Michael Silverthorne, 中国政法大学出版社, 2003。

S. A. Waddock, S. B. Graves, "The Corporate Social Performance - financial Perfomancee Link," *Strategic Management Journal* 18 (1997): 303-319.

网络资料:

企业社会责任中国网: http://www.csr-china.org/

企业社会责任同盟网: http://www.csr.org.cn/

商道纵横（企业社会责任与投资网）：http://www.syntao.com/

中国企业公民网：http://www.c-c-c-c.org.cn/

社会责任国际组织 SAI：http://sa-intl.org/

SA8000 中文网站：http://www.sa8000.cn/

社会责任在线：http://www.acttconsult.com/

欧洲企业社会责任网：http://www.csreurope.org/

后　记

西部大开发和兴边富民行动的实施为民族地区加快发展注入强大的活力，“一带一路”建设的有序推进，更将民族地区推向了改革开放的“最前沿、重要节点和关键枢纽”。随着企业更多地参与民族地区的资源开发和生产建设，民族地区企业社会责任的理论与实践工作逐渐引起学界、政府和当地民众的普遍关注。

本书是在博士学位论文的基础上，增加了实证调研而完成的书稿。“企业社会责任”是一个理论蕴含和实践意义都很丰富的学术领域，经济学、政治学、法学、社会学和民族学等学科学人都贡献过智慧。本书在进行理论阐释的基础上，将企业社会责任理念和观察视角引入民族地区，重点考察一向为学界忽视的企业社会责任的制度视角，并从制度环境角度考察民族地区企业的社会责任表现，以期更好地把握影响社会责任理念和行动的制度因素，进而从组织与制度互动的角度为制度的坚持和完善提供理论与实践依据。

在本书写作和调研过程中，得到了中国人民大学法学院朱景文教授的悉心指导和中国社会科学院民族学与人类学研究所民族理论研究室周竞红、陈建樾等老师的无私帮助，并从红河哈尼族彝族自治州、云南锡业股份有限公司、红云红河集团股份有限公司、小龙潭矿务局和云河药业等相关部门和工作人员处获得了充足的调研资料。本书参考和借鉴了众多学者专家的研究成果，在此一并对以上人员表示诚挚的敬意和感谢。由于研究水平有限，本书存在一定的不足，恳请各位读者赐教和批评指正。

刘　玲

2017 年 1 月于北京

图书在版编目(CIP)数据

企业发展与民族团结：民族地区企业社会责任的理论与实践 / 刘玲著. -- 北京：社会科学文献出版社，2017.5

(中国特色民族团结进步事业丛书 / 王德强主编)

ISBN 978-7-5201-0523-1

Ⅰ.①企… Ⅱ.①刘… Ⅲ.①民族地区-企业责任-社会责任-研究-中国 Ⅳ.①F279.23

中国版本图书馆CIP数据核字(2017)第056549号

·中国特色民族团结进步事业丛书·

企业发展与民族团结

——民族地区企业社会责任的理论与实践

著　　者 / 刘　玲

出 版 人 / 谢寿光

项目统筹 / 宋月华　周志静

责任编辑 / 周志静　孙以年

出　　版 / 社会科学文献出版社·人文分社(010)59367215

地址：北京市北三环中路甲29号院华龙大厦　邮编：100029

网址：www.ssap.com.cn

发　　行 / 市场营销中心(010)59367081　59367018

印　　装 / 北京季蜂印刷有限公司

规　　格 / 开　本：787mm×1092mm　1/16

印　张：21.25　字　数：325千字

版　　次 / 2017年5月第1版　2017年5月第1次印刷

书　　号 / ISBN 978-7-5201-0523-1

定　　价 / 98.00元